劉伯驥著

唐代政教史

（修訂本）

中華書局印行

唐代政教史 目次

中篇　唐代教育內容

黃序

抗戰初期，文山與劉石濤先生初遇於廣州，承以所著廣東書院制度沿革見示，展而讀之，覺其對嶺南文獻，如數家珍，欣忭不能自已，當卽爲修函請王雲五先生在商務印書館出版。其後石濤來美，好精研教育學及史學，今且逾十年，又以所著而在臺灣出版之中西文化交通小史見寄，山見其對六朝隋唐各代間東西交通發展與文化接觸之經過，捃摭遺言，旁證衍引，作系統之敍述，至其蒐討之博，條貫之密，求諸東西並世作者之林，實罕其儔。石濤淵淵以思，嘗致函於山，謂我國介紹西方近代文化已亙五六十年，仿歐效美，或則主全盤西化，雜然採用，多不免張冠李戴，削足適屨；或則高談本位文化，而獨對大唐昔日聲教之隆，不唯不繼往開來，發揚蹈厲，抑且數典忘祖，失所依據。石濤既慨乎言之，乃窮數年之力，發憤著唐代政教史，書旣竣，徵序於文山。山憶二十年前在美讀書，稍稍治中國文化史，其時對英史家韋爾斯 (H. G. Wells) 初版之世界史綱，卓識新見，贊佩莫名。其書對唐代文化之隆，最所重視，認爲第七八世紀中國乃世界上最安定最文明之國家，其時歐洲人民，住在茅舍小城或捍盜的堡壘中，正苦於宗教桎梏的黑暗，而中國人民生活已進到安樂，慈愛，思想自由，身心舒爽之境。中國船隻同時已在海上航行，海外貿易，極爲發達。中國人在六世紀時亦已知利用火藥，用煤，此殆較歐洲早進數百年，而橋樑建築，水力工程尤爲進步。歐洲人直到一千年後的十六七世紀，發現了美洲，乃至印刷書籍及教育之廣播，現代科學的發明，然後敢信自己超邁中國而上之。韋爾斯指出中國文化以唐爲最偉大，實可比隆羅馬而未遑多遜之後，嘗進一步追問中國文化在漫長的時期中，占有領導地位，顧何以轉至現代，不能在文化上、政治上支配世界？世界現代科學之發達，有賴於系統的記錄，合作研究的組織，顧中國學人對此獨多忽略，而純正科學卒不揚，又何故？山對韋爾斯所提出之問題，二十年來始終未能忘懷，國內學人如錢賓四（穆），羅元一（香林），嚴耕望等對於唐代文化之偉大，均能在韋爾斯之後，闡揚盡致，但迄今尚未有作精詳之列擧，比較之說明，功能之分析與綜合之研究，今石濤獨能從事於此，將唐代文化之全貌，通盤托出，而對于韋爾斯所提出之問題，亦作直接間接之解答，名言絡繹，故山認是書不僅爲學院式之探索而已，而實亦可爲光復華夏與建設新中國文化呈獻一寶典。

且文山對於石濤的唐代文化研究，認爲可以提出若干根本假定，爲之評量：

一、史學最高之理想，在乎對過去事變，作想像上的重建，重建的歷程，在決定上則爲科學的，而在表現上則爲藝術的。石濤根據科學方法，分析唐代文化，確能達到相當的客觀性，而在藝術的表現上，華實並茂，生氣盎然。經過此種重建後，吾人乃深知唐代確能完成一創古未有之大國家，在政府組織上，以中書門下三省制，確立內閣的行政系統，以租庸調制，奠定全國農民的經濟生活，以府兵制，建立健全的武裝，以貢擧制，甄拔人才，開放政權，消融階級，促進全社會的平民教育。在法律上，六典唐律，完成有組織有秩序的社會。至於唐人之詩文、藝術、宗教、哲學、工業、在唐代盛況下孕育出來，擬造成偉大而勻稱的文化體系，經石濤一一指出後，眞可稱『經天緯地，震爍古今。』石濤認為自秦漢以來，一切文化質素，至唐實為大綜合，開啓宋元明清四朝文化之大機運，誠非虛語。亦惟如是，而大唐文化之全貌，乃畢呈於讀者之前，史家之能事，始告成功。

二、史象因果，素稱複雜，莊生所謂變動不居，周流六虛，既無法加以測量，更無法控馭而作實驗之研究，故史家對文化起因之分析，至感不易。中國文化入唐以後，早已由門第社會變為科舉社會，舉凡宗教、文學、藝術、理學、經濟、工業以及一切生活思想，都在變遷，由貴族門第轉而落到羣衆之手，儼然成為簇新的文化體系。顧此種文化體系何以在中古時代突興，其因素究出諸物理，抑出諸生物？究出諸心理抑為純文化的表現？曩者傅孟真（斯年）為韋爾斯著世界史綱作說明時，則列舉中國自由文化，古典主義，北方勇氣與新血輪之輸入為創造唐代新文化之主要因素。石濤對此一問題之解釋，則異乎是，而謂『唐代文化之發達，實由於唐代文化自己有固定之文化體系，對外來文化之傳入，如非排拒，則為吸收者，揚精棄粕，引為己用，外來文化之傳入，始能咀嚼而消化之。』對于外來文化之接受，則謂『西方宗教及文化思想之傳入，如佛教、伊斯蘭教、景教、祆教、摩尼教，流行無禁，遍於國中。』又謂『儒家政治為治國之準繩，形成一種精神文化體系，由此種文化體系所孕育陶鑄之人物類型，為國家政治社會之領袖。』『全國民性，由唐代聲靈，範鑄為一。』此種看法，實與山多年來在文化學上所主張之文化決定論互相發明。誠以唐代文化為一複雜而勻稱之體系，其變遷原因，蓋出于體系本身，恍如有機體之內在的作用，不斷發生系列的內在變遷，結果不但改變環境，且改變體系自身，而體系的命運，不啻為體系本身內在潛能之次第開展。外在的力量雖然影響文化的構成，但不能根本改變體系的內在潛能及其常態命運。故文化一方對人類的文化行爲既有決定的力量，而其自身亦是自己決定的，外在的因素，對於文化體系之影響，所以不是永恒的；體系之愈勻稱，愈合理，愈統整者，其自制之力愈大。唐代文物制度之璀璨，誠如石濤所謂「睥睨秦漢，而示範宋明，」其發生之歷程，似不能求諸地理環境，種族血輪，或經濟條件，而仍應求諸文化因素本身。

三、一種文化體系進至燦爛極盛以後，必漸趨沒落，此殆爲史家及文化學者所周知的事實。唐代，經初唐、盛唐、中唐以後，轉入晚唐便造成大時代之沒落，其原因安在？法國漢學家馬伯樂（Maspero）嘗謂中國在八世紀末葉，地主階級僅佔全人口百分之五，農民因賦稅繁重，兵役頻數，强迫徵工，債臺高築，乃至一變而爲農業的無產階級。格魯思（Grousset）繼起，亦以七八一年至七八三年左右，全國商業頻於破產，長安爲印度波斯與中國貿易交通之起點與終點，至是亦一蹶不振。此種舞臺，乃爲導演革命之先聲，黃巢爲當時富有活力之知識份子，屢擧進士不第，結果乃發動及組織一空前之農民革命，不數年而襲沂州，過淮南，掠襄邑，雍邱。從宣州寇浙東，踰江西，破虔、吉、饒、信等州。趨建州，陷桂管，進寇廣州，會大疫北還。自桂沿湘下衡水，破潭州（長沙），渡江，攻鄂州（武昌）轉掠江西，由采石渡江，又渡淮攻汝州，陷東都，攻潼關，陷京師，羣臣迎謁灞上。巢從騎士數十萬，國號大齊。唐以沙陀之援，巢不敵，敗而東，衆猶十萬，東入徐兗，先後七年而亡，而時代遂向另一方向趨進，唐代亦至是而中斷，不復保其殘壘。此種解釋，大抵偏于經濟的。石濤異是，曾列擧當時閹豎擅權，藩鎭作亂，黨爭頻仍，流寇作亂，爲唐代傾覆之要因。總之，唐經百餘年之昇平，百餘年治亂相乘，卒至魚爛鳥散，吾人從文化學上作比較之決定，相信文化歷程之重演，固無可能，而永久的直線的文化歷程之推進，事實上亦所不許。文化體系的直線演進，必然受到時間的限制，而有一定的限度，迄至窮則變的時候，遂有新體系起而代之，歷史所以是永新的，非重演的，在創造上是無窮無限的，其原因在此。故唐代文化之沒落，謂為受文化的有限可能性所限制，誰謂不然？

四、從科學的，美學的，道德的興趣言，歷史的透視，雖不能產生『方諸四海而皆準，百世以俟聖人而不惑』的絕對眞理，但文化的普遍法則之尋求，則為研究唐代文化所不能不有的大膽的嘗試。文山讀石濤之唐代政教史，從歷史哲學或歷史社會學乃至文化的觀點看，由唐代文化變遷，似可以推知文化法則者共有數端：

（一）一民族的文化，在文化領域上的創造活動，從數千年歷史觀察，決不止一次，反過來看，却可達到二次三次以上。中國文化，在唐以前之商、周、秦、漢、及以後之宋、元、明、清，其文化體系之輝煌，仍為全世界所重視，但均不及唐之恢宏而偉大，凝成最大的綜合。此種事實，證明斯賓格拉（Spengler）及唐比（Toynbee）所謂每種文化只有一次的眞正『艷花怒放』，雖非盡確，亦不無正當根據。

（二）一切偉大的文明，其創造成果，不只顯見諸一個特殊領域，例如印度之於宗教，希臘之於美術，而可以顯見諸多方的領域。試尋繹唐代政教史，便可證明當時的政治、法律、軍事、教育、美術、宗教及哲學思想均有偉大的創造。

（三）然而一個民族在文化上的創造，當然不會無所不包，無所不能。唐代對於各種文化領域，雖然創詣達於顚點，形成奇造之局，但對于科學的創造力，則薄弱以至不能張其軍。

（四）文化的創造力不會是永恒的，而必然是變動不居，有時如春花艷放，如驚濤拍岸，有時則又如葉落草枯，機運全變。大唐一代文化在粗枝大葉上，可劃分爲初唐、盛唐、中唐、晚唐各階段，便可概見。

（五）整個文化體系的綿遠，必比次文化體系的生命線延長得多。大唐整個文化體系幾達三百年，而法律、兵制、經濟制度等次文化體系之生命，則未及三百年而趨于崩潰。

（六）文化變遷及創造，絕不如馬克思派之所設想，謂物質文化（技術、經濟、生產工具）的創變，必比非物質文化早。在唐代文化的歷程中，總可看出民族文化的創造，首先見諸政治、軍事、敎育、法律、宗敎、文學，後來然後有工藝（印刷術、茶、糖、陶器）之發達。

（七）由唐代文化的發達，可證明物質文化與非物質文化皆爲累積的，而一種新的文化價值，經本民族或集團創造以後，往往可以分播到其他民族或集團。所謂一波纔起萬波隨，唐代法律集秦、漢之大成而加以改進，其影響可以比美羅馬法，曾廣被日本、朝鮮、安南、高昌、于闐、契丹、蒙古，實非偶然。其次，李翱復性論之興起，慧能禪宗之創造，經宋儒攝取其要義，而別創新儒學之理學後，不特支配千餘年的思想界，而且激發歐洲十八世紀法國的唯理主義，德國觀念論的哲學，海波盪漾，法國革命，美國革命，均受其影響。至考試制度之被近世英、法、美等國之採取，更爲有目共覩之事實。

（八）文化現象在各該領域上之創造，例如政治、法律、教育、藝術、哲學、宗教、文學、戲劇、倫理等，皆互相聯繫，凝成整個的統合的勻稱的文化體系。吾人從唐代文化的輪廓上，總可窺見其調和性，聯繫性，交光互涉，不能分離。

（九）文化在空間上之分播，有如時間上之傳遞，有其同樣的重要性。因爲如此，所以文化分播的歷程，輒引至文化體系之內在發展與外來質素混合，凝成一致的體系。人類學上所說的『刺激的分播』，尤爲簇新的文化模式產生之因素。唐代文化模式之創新，一方固然出自文化體系之內在發展，而外來文化之激發固有莫大之助力。天寶盛時，首都人口殆二百萬，殊方民族如猶太人，希臘人，波斯人，韃旦人，敍利亞人，回紇人，突厥人，印度人，日本人，高麗人等皆奔赴來歸，其所輸進之文化質素，模式複雜而衆多，自可推見。至玄奘游印，傳入唯識學，影響整個的文化宗教思想，迄今未替，更無論矣。

以上爲文山讀唐代政教史所推論而獲知之諸種文化法則。最後文化當切國情而不能無所依據，文山雖亦隨石濤先生而有所覺悟，在抗戰時期且曾以創造民族文化相呼號，然而時至二十世紀的原子時代，誠如英史家唐比所云，吾人由過去偉大的歷史建樹，因而恍然於創造歷史時，吾人實已超越自己的歷史，進而爲世界秩序之建立，爲人類聯合開新路。吾人今日一方回顧過去，一方瞻望歐美，因而對於過去與現在均有更客觀更圓滿的瞭解，自不能不轉向實證的價值與更新的觀念往前追求，則石濤先生熱情所注，暢談唐代文化，既可爲建立現代國家與民族文化作楷模，且亦可據以進一步來建立新的世界秩序，爲世界和平奠永久的基礎。文山讀先生書，循誦再三，附加一言，爲新時代祈禱。至先生本書之發明尚多，不一一詳舉，當世君子不難於原著得之。

民國四十二年十二月一日黃文山於紐約新學院

何序

造史難，造通史尤難，其難，在科學方法之運用耳。其方法維何？分析與綜合是也。法國史學家朗格洛埃（Charles V. Langlois）與塞諾布（Charles Seignobos）二氏著史學緒論一書，於歷史科學之方法，獨具創見，發前人所未發，今之治史學造通史者，多推重之。吾友劉伯䦉先生，學淹中西，潛心文史，撰唐代政敎史，將以問世。余受而讀之，其書，網羅事蹟，窮原竟委，博取精裁，自抒新得，洵爲不刋之典，當不讓陳寅恪之唐代政治史述論專美於前矣。儁識之士，作一書，恒十數年而後定稿，始足以傳世而爲人所重。劉先生講學海外，積多年之功，深得科學方法之秘，凡數易稿而書乃成。其用心之審，致力之勤，有如是者！且以大唐政敎激勵國人，有裨世道，寧淺鮮哉！故樂爲之序，以介紹於讀者。

民國四十三年四月，何聯奎序於臺北。

導言

唐朝建國（由西紀六一八至九〇七年），帝祚凡二十，歷年幾三百，此悠久統一之大唐帝國，猶西方之羅馬焉。西諺謂「條條路通羅馬」(All roads lead to Rome)，當李唐之世，凡萬國之會，四夷之來，天下之道塗，亦何曾不畢出於長安者哉？長安者，不僅爲大唐之首都，抑亦爲亞洲政治文化之中心，是以天寶盛時，人口殆二百萬（註一），元和之際，亦不下百萬（註二）。此關中古都，當年政教之聲靈，訖於四海；且立國規模之宏濶，文物制度之璀璨，直可睥睨秦漢，而示範宋明。誠以唐人氣魄之磅礴，膽識之豪邁，經天緯地，充份表現其特殊之活力，承先啓後，深植根基。故唐代社會，實爲中古期中國文化之黃金時代，又爲中華民族史上一段壯偉進步而具有創造性之時期。

夫唐於建國之初，李淵父子，乘隋亂挺身而出，以武功削平羣雄，開基創業。李世民又以曠代英雄，繼攝君統，凛於「馬上得天下不能以馬上治之」之旨，特信任秦王府十八學士及其他學養有素之名臣，引爲股肱，相與弼輔。政制治術，則沿襲北魏周隋，稍加變革，自立規模。人民於厭亂之餘，宇內一旦統一，施以仁政，休養生息，君臣魚水，勵精圖治，故成初唐之盛業。論者謂唐之政教，非全用儒術（註三），然此亦可見李唐當開國之際，高瞻遠矚，三代損益，因時而異。太宗嘗謂朕好堯舜周孔之道，杜黃裳且云「國家法周制」，但多變法爲治，亦不需盡師古。此則大唐之所以能獨創一嶄新局面也歟。

唐代治運，從變革上言，略可分為三個時期。第一期，由開國（六一八）至天寶十四載（七五五），為初唐鼎盛之時期。其間雖有武韋之亂，但僅乃一二婦人，謀奪朝政，對於社會秩序，國本元氣，未受嚴重之破壞，不旋踵撥亂反正，禍息於無形。故此一百三十三年間，社會安定，民生樂裕，又加以開元初期之勤政愛民，海內昇平，文德武功，均臻隆極。此為唐世之黃金時代。第二期，及安史之亂（起於天寶十四載），兩京陷落，廬舍邱墟，社會蕩然，中樞搖動，成崩潰之勢；幸聲靈尚赫，人心未嘗去，亂事不久敉平，鑾駕還都。此後治亂相尋，直至宣宗朝（八四七—八五九），一百年間，為中唐之世，社會經濟空虛，政治一蹶不振，內則有宦豎之擅權，外則有藩鎮之跋扈，交相為禍，腐蝕而無以自拔。其間非無略思振作之英主，如德宗、憲宗、與宣宗，頗欲有為；更非無堅貞廉厲之能臣，如顏眞卿、李絳、裴度、李德裕輩，皆忠勤體國，為主分憂，顧仍受制於閹宦，朝政罔能革新。加以黨爭之排擠，綱紀之日壞，貞觀開元之舊觀，固無法恢復，即使稍事安定，重整威信，亦殆不可能，至其所以未致崩潰者，蓋賴於先世遺規之尚可循守，而社會基礎深厚故耳。然中唐之世，雖治亂循環，尚足維持現狀。第三期，由懿宗朝（八六〇—八七三）起，政教日衰，威信喪隳，不足以維繫，閹豎擅權愈熾，民間騷動益烈。裘甫、南蠻、桂州、南詔之亂未已，王仙芝黃巢之亂又起，中原鼎沸，魚爛鳥散，朝政秩序，破壞殆盡，國本民生，不絕如縷，其禍較安史之亂為酷，用兵時間為尤長。夫以開元天寶間社會基礎之深厚，經安史八年之亂，面目已全非，何況黃巢之亂凡十年，殺人如痲，流血遍全國，迨其剿平，大局已不堪收拾，政權實無法支持。黃巢亂後，又加以秦宗權之亂，李茂貞之叛，王行瑜韓建之刼駕，及朱溫李克用之交鬨。是時也，外既有巨盜强藩之循環稱兵，而內則權宦之不斷剝蝕中樞，宗室凋零，大勢遂去。荏弱人主，非刼持於閹豎，則仰息於一二武臣鋒刃之下，苟延殘喘，曠度歲月。僖宗昭宗之世，名存而實亡，最後卒遭朱溫之篡奪（九〇七），故晚唐四十餘年間，實爲掙扎殘局而趨於滅亡之時期，以結束其三百年統治之政權也。綜論唐世之社會，有百餘年之昇平景象，百餘年之治亂相乘，及數十年之酷亂靡已。

當初唐開國之際，英主賢臣，眼光宏遠，魄力雄毅，創規制憲，苦心擘劃；百年爲邦，直保持於開元而不墜。以武后之專政，亦具有一番創造之精神。玄宗初年，更勤於興革，故初唐治運之隆，並非偶然倖致也。玄宗以精勤致極治，以荒淫致極亂，自古人君成敗，未有如此之速，從而貽致中世後一蹶不振者，豈非由於貪便苟且，擅開惡例，而獨失先制遺意之弊乎？蓋藩鎮之患，原於節度使之制；而宦官之禍，則肇於中官典兵之例。二者之厲階，起自玄宗，爲促唐室覆亡之要因，而其害尤以宦官爲烈。宦官者以刑餘之男僕，服侍宮闈，伺候上旨，投其所好，昏瞶之主，不信文武大臣，每引此嬖佞以爲心腹，謀諏相委，作操術之計。既又授以禁兵之權，予以廢弒之柄，故常玩人主於掌股之上，弄朝政於愛惡之間，此爲中唐以後政治上最矛盾之現象。然而唐室並非不知其禍，知之而不能自拔，則其隱患之深可知矣。至於藩鎮之跋扈，不過爲兵權倒置之結果。節度使既擁有府兵，予以土地人民，又予以度支政治之權，不啻爲封建之變相。秦既凜於封建之禍，乃廢封建，置郡縣。漢又懲秦代郡縣制之失，恢復封建，及武帝用主父偃議，削弱宗室，封建遂有名無實，而變爲中央集權制。自此以後，封建制乃形同廢棄。唐之節度使，非初唐立制之本意，但自睿宗玄宗以後，積弊而成，雖無封建之形式，而具有封建之實害。百餘年間，割據稱兵，卒貽爲唐室破亡之禍。然節度使尚可制也，以河北藩鎭之盤根錯節，憲宗用李絳之策，曾將其解決於一時。獨宦官之禍，自玄宗以後，卒無法消除，其後憲宗死焉，敬宗死焉，太子永死焉，三親王、三宰相、一節度合九族而死焉，流毒中樞，以至於覆亡爲止。故曰：宦官之禍，較藩鎭爲尤烈也。

唐代社會，沿襲南北朝門第之風，每以望族相矜。初期政治經濟文物，皆由北方人領導，氣質渾樸，嶺南人入相，全唐不過張九齡、姜公輔、劉瞻三人而已。其後南方人漸衆，流於虛文。又因社會安定，生活樂裕，加以武功強盛，經略西域，出塞入關，眼界擴大，故志氣高遠，爲歷代所不及。民間之遊樂，及貴族婦女之服飾，染有胡風，或騎或射，或著男裝，或男女同郊遊，同博戲，皆無禁妨。王侯貴族，每窮奢極慾，名園華第，廣畜奴婢（註四），盡享受之能事。李林甫、元載、王涯之狼藉固無論矣，卽賢如姚崇、張說、李德裕，亦競爲奢侈。由於習俗之浮誇，士子之豪華，人恒以富貴風流自賞，耽於逸樂。民間愛重節序，好修故事，以樸素言，迥不如兩漢。當魏晉之際，士子多悲觀，好清談，至唐一洗其風氣，持積極態度，作入世之思想。然而偏重文學，好佛老，乏廉恥節義，士風柔靡卑屈，爲世詬病。王船山曰：「唐以功立國，而道德之旨，自天子以至于學士大夫，置不講焉」（註五），正謂此也。夫唐世社會，太注重現實，且歷長期安定之統治，初期之冒險創造精神，遂遲滯於保守狀態。然觀於首都之宏偉，城郭寬廣，街道正直，廨舍宏敞；幷州東西二城隔汾水，而築城相接；建蒲津橋，鎔鐵爲牛以繫絙；長安東中西三渭橋，列爲方軌，官槐官柳，遍植六街，直通灞關；兩京置郵傳命，三日可達；龍門水利工程，渠堰穿鑿，則唐人氣魄之雄豪，猶隱然在焉。

至其經濟生活，班田之制，本與租庸調相輔而行，又配以府兵制，實爲初唐開國期間一種國民戰鬪體之組織。其後因人口繁殖，社會環境變動，戶口遷徙空缺，簿册失修，班田日就廢弛。夫班田之制，並非純屬分田，蓋口分田佔百分之八十，永業田佔百分之二十；口分田可流動，永業田不能再分，從而啓兼併之風，故行至開元天寶之間，土地逐漸趨於集中，班田制無法繼續維持，此乃制度本身有缺陷而未能補救使然。而租庸調之制，亦因簿籍不全，缺課者多，行之既久，形同虛設，流弊滋熾，故建中元年（七八〇），改用兩稅法。其法按資財多寡征課，雖稱簡便，惟已失班田爲民制產，賦予國民以權利義務相等之遺意。夫班田制施行，僅及百年，此雖由制度本身未克盡善之故，然初唐仿自北魏均田制，而創立此耕者有其田之土地政策，基於以農立國之義，亦不能不謂爲注意基本解決民生之一道也。唐代因與西方來往頻仍，商業勃興，大都市如長安、洛陽、揚州、杭州、廣州等，人煙稠密，舟車蝟集。驛道暢行，館舍供應行旅，有池沼竹林之盛。對外貿易，觀於市場之遠被，貨運之數量，與物產之種類，可知其相當繁榮。且以驛運、水道、漕運制度之完備，人口之增加，貨幣之流通，貨品經營之擴大，故國內貿易，亦比前代爲盛，商人實力，遂因而增强。對內對外貿易既進步，徵稅範圍擴充，新稅自多，國家財政之收入，曩昔全以田賦是賴者，至是商稅所得，亦佔重要之成份也。初唐之際，西北人口殷繁，經濟充實，故貞觀永徽間，賴關東歲漕，不過一二十萬石，足以周贍。天寶時，隴右仍豐饒，閭閻相望，桑麻翳野。其後迭遭兵禍，人口逐漸南移，生產廢弛，仰給東南漕運，歲達二百萬石。元和二年（八〇七），李吉甫撰元和國計簿十卷，全國共二百四十四萬零二百五十四戶（河北未報課），而浙西、浙東、宣歙、淮南、江西、鄂岳、福建、湖南等道，合四十州，一百四十四萬戶，竟佔其泰半之數。故晚唐之際，西北已漸形空虛，無論農業生產或商業貿易，均以東南爲盛。王船山曰：「安史作逆以後，河北亂、淄青亂、朔方亂、汴宋亂、山南亂、涇原亂、淮西亂、河東亂、澤潞亂、而唐終不傾者，東南爲之根本也。唐立國於西北，而植根本於東南，第五琦、劉晏、韓滉皆藉是以紓天子之憂，以撫西北之士馬」（註六）。是則東南爲唐代經濟之命脈，東南無事，唐室斯安焉。

唐代學校制度，原沿襲隋制而加以擴充者也。隋代學制，置國子、太學、四門、書、算等五學，而唐則添律學而爲六學，或宏文館而爲七學，又增設崇文館、醫學、玄學等，故制度範圍，較隋代爲大。從性質上分類，則爲經學、書學、算學、法律、醫學、與玄學。但授經之國子學、太學、四門小學、宏文館、崇文館等，則限於官蔭大小階級高低之子弟而分別授課，書、算、律等學亦然，既嫌有架床疊屋之譏，又存有階級高低之別，此種學制，殊欠合理。大抵以唐人之教育眼光看之，經、史爲經世之學，其餘書、算、法、醫、玄、爲應世之學耳。授經世之學者，爲國家棟樑人才所必需之基本訓練，然以囿於儒家之一套經史理論，而忽視其他智識之發展，僅予以較低之機構而安插之，故教育之內容，謂其比前代稍爲豐富則可，若謂其能發生大變革大進步則不可也。雖然，唐代教育特闢學校而專門授予書學、算學、律學、醫學、與玄學，學科範圍，已較前代爲廣，假使唐人不拘泥於儒家傳統而桎梏於五經三史，毅然衝破藩籬，擴展思想之領域，將書、算、法、醫、玄等學藝，與經學同樣重視而發展之，以唐人魄力之强，定能使中國文化放出豪芒之異彩也。然唐世教育之精神，在於文學而非經史，進士所以爲貢舉中之最矜貴者，蓋進士以試雜文及詩賦而取，然則唐人心理上之崇尚文學可知矣。至於地方教育，等於具文，雖有官學，亦僅爲釋奠祀孔之所，屬訓導之示範，或負責督課主考，而非爲講肄之用。自有鄉貢單軌之制，學子不必循學校出身，祇通過州縣考試，再參加省試入選，則平地登青雲，扶搖直上而爲紫衣郎，又何需經歷學校之攻讀乎？卽使循學校出身，而貢舉落第，亦無以出人頭地，是則鄉學雖有其名而無其實，蓋限於實際環境使然。莘莘學子，多由私學勤奮攻讀，懸貢舉以爲鵠的，此乃讀書人第一件大事。抑中央之國學，雖有博士助教及生徒之講經問義，又雖有三年九年之修業期限，但生徒出身，亦須通過貢舉，學校之畢業與否似無關重要。由此言之，唐代之教育，實爲貢舉教育。學校教育不啻爲貢舉之附屬制度，本身並未有獨立之功能。然則唐代之教育，在政制上無其地位歟？是又不然。掌教育者歸於禮部，由國子監轄之。國子監猶今之教育部，國子祭酒，猶教育部長也。其教育行政權，統屬全國；各道之教育行政長官，則由司功曹充之。皇帝亦嘗獎飭教育，親臨太學，釋奠開講。惟教育無獨立之經費，國學之博士助教，屬於朝廷之學官，不啻以吏爲師。從表面言之，教育似爲國家政教之準繩，但實質上，舍爲國掄才外，實無其他之目的。而爲國掄才，則教育乃附屬於政治，又以政治之目的為依歸，所以然者，「思得賢能，用清治本」（註七）故耳。要言之，唐代之教育，純為官學，即國家集權式之教育也。由於人人所傾慕之貢舉考試制重壓之下，私學亦僅補官學之不足，本身實無法抬頭，因而創立者少，故山林講學，風氣不盛，寺院雖有藏籍，老僧亦有精湛經史，偶爾授徒者，然非普遍之事。因此，唐世之富於教育理想者少，有名之教育理論家亦不多，職是之故。

夫貢舉考試，乃開放政權使士子有人人可以參政之機會。「苟有才藝，所貴適時；潔己登朝，無嫌自進」，（註八），武德之詔，對貢舉之重視，已充份說明。且朝廷公開獎拔，又屢下求賢之詔，遞年令擧天下鴻儒碩學之士。垂拱四年（六八八），張說中詞標文苑科，令寫策本於尚書省，頒示朝集及蕃客等，以光大國得賢之美。褒寵如此，故士子之追求科第，皓首暮年，蓄志而未已。有唐三百載，自武德五年起至天祐三年止，貢舉殆無歲無之。天寶十五載（七五六），安祿山陷兩京，肅宗即位於靈武，貢取進士三十三人。奉天之難，德宗出幸興元，亦貢舉進士，未嘗因離亂而罷輟。昭宗之世，離亂極矣，取五老之榜，尚能眷眷於寒儒，謂：「念爾登科之際，當予反正之年，宜降異恩，各膺寵命」（註九）。至貢舉所以偶停者，因遇凶年，受饑荒影響故耳。夫靑燈寒士，每貧無立錐，既無門第，又無身份，一旦考試膺選，釋褐而可實際參與政權，因此貴族門第之勢力日衰，平民參政之機會大增，遂激引士子之求進取，求出路。此種吸引力，壓倒其他一切空想，重實際講功利之唐人，自然趨之若鶩，三百年間，士子腦際，縈廻此種科第觀念，依戀此種政治實際生活，逾此尺度者少。此時卽使有山林講學，亦不引起大衆之興趣。除現實生活之外，其作超現實之想者，領域一部份，已爲佛教所佔奪。故儒家之在唐代，完全走上治術之一途，思想範圍，逐漸縮小。韓愈雖向此點用功，爲儒家力爭思想之控制，亦未有顯著之成功。由於教育上太集權與貢擧考試太偏重，遂使儒家漸失其原有之活力，而困於狹隘之境，唐代教育理論之中，除韓愈爲純儒家觀點外，李翺與柳宗元所立論，仍混雜佛釋之思想而成，故唐代儒家，實短於理論而逈不及宋儒者也。若夫唐代對於文獻，曾遺留極大之功績，補葺古籍，搜藏典册，以國家之力，維護圖書，在文化史上，其功誠不可沒也。

唐代學藝，蒸皇發達，宛如於中古期間，羣葩吐艷；而名家輩出，常爲後世所師法。以文學言，散文獨推韓柳，駢文以王楊爲之伯，燕許擅其宗，詩則以李杜爲冠。經學則有孔穎達、陸德明、馬嘉運、賈公彥。史學有房玄齡、姚思廉、李百藥、李延壽、令狐德棻、岑文本、溫大雅、許敬宗等，其晉書、梁書、陳書、北齊書、周書、隋書、南史、北史，卷帙著作之富，超邁前古，而劉知幾之史通，更爲評史之名著。地理則有賈耽李吉甫，獨精輿學。法律則以長孫无忌等之唐律疏義，爲各朝之律宗，可媲美於羅馬法典焉。書法除虞、歐、褚、薛外，張旭、顏眞卿、柳公權輩，卓然名家。圖畫則以閻立本、尉遲乙僧、吳道玄、王維、李思訓、張璪、韓幹爲著，多能創作，啓廸後學。醫學則有孫思邈之千金要方，及王燾之外臺秘要，爲歷代醫藥之要典。數學則推王孝通之緝古算經，最爲精穀，而李淳風與僧一行，亦爲曆算之權威者也。夫自秦漢以來之學藝，至唐爲一大綜合，一大進步，而成爲唐代型之產物，開宋明以後各家之師承。雖然，唐代學藝之發展，僅爲中國學藝主流中一大進步之階段，而產生此豐碩之結果。是以唐代之學藝，並非突然與獨特之出現，乃融滙前代各家之學派，發揚光大而得之者。蓋文學原追踪於周秦兩漢以來歷代之作家，私淑其思想，摹擬其文章。經學本於南學之注疏。史學師法於兩漢書，三國志。地理則仿自山海經、禹貢地域圖、水經注、西域圖志等。法律乃集秦、漢、魏、晉、北齊、北魏、及隋律之大成。書法揣摩鍾王。圖畫傳自張僧繇、曹仲達、展子虔、董伯仁、閻毗等。數學則學周髀、九章、徐岳、夏侯陽、與張邱建。醫學則師素問、靈樞、本草、傷寒、金匱、王氏脉經、甲乙經。夫以唐人魄力之强毅，旣稟抱師承，又孜孜治學，擴展思想之領域，漑植學藝之精華，故能各有其超越之成就。然唐代學藝之能劃時代發達者，一則由於政治大統一，國家社會安定，士子有閒情向學之機會；再則亦因國家尚文，朝廷獎飭儒林，於是羣競於學，蔚爲風氣。睿智之士，每舒其所長，或則青出於藍，優逾師法；或則人自力學，獨能創樹，三紀文運，遂燦爛於中古也。至於唐代學藝，雖全非直接由學校與貢舉所自出，然除圖畫外，其經、史、文、輿、書、律、算、醫等學科，亦與學校授課之內容相同。故唐代學藝之進步，與教育之發展，仍有不可分離之關係。

夫唐代當中古之際，爲東方一大帝國焉，國勢强盛，兵威遠加，西至拂菻（敍利亞），南及闍婆（爪哇），東居日本，北迄朔方，幾奄有亞洲全部。四鄰各國，皆稱嚮服，遣使朝貢，而傾慕文教。然唐廷對各國文化之政策，純取乎自然，並未有實施强迫性之傳播者，此乃基於儒家「柔遠人」之理論故也。玄奘大師遊印度，戒日王謂聞大唐之破陣樂甚美，頗願嚮慕。此爲印度之間關所聞，蓋唐之破陣樂，實未有直接傳入印度者。大抵葱嶺以西，商胡使節，重譯始至唐廷；漢賈西去，亦唯以牟利爲目的。文物之傳播者多，制度之採用者少。西域之高昌國，受唐化甚深，法制習慣，極力摹仿華夏。高昌以西之于闐，亦有受唐化之傾向（註十）。近代之西域考古者，並發現唐代所遺留之文物甚多。故唐代文化，實具有世界性。然唐代文化之影響西方，不及對東鄰之深且厚。日本於奈良、平安兩朝，舉凡教育、政制、文學、藝術以至風俗習慣，均力仿大唐。高麗半島，因地理上政治上與中國之關係較深，對唐向慕與學習之心，不亞於日本。因此，唐代教育遂深植日本高麗千餘年之文化基礎。

綜上言之，唐世爲中國武功顯赫，文德鼎盛之朝代；及其既衰，人亡政息，百制頹廢，以迄於沒落。惟以全部三百年歷史觀之，大唐文教之瑰偉，聲勢之雄豪，殊值得後人之嚮往依歸。唐代社會，曾爲中國史上最具活力之社會，而其教育發達，陶冶學藝之精華，遂產生國家之强大力量，增厚以後千年中國文化之基礎。史家謂唐代多能臣，豈徒能臣衆多已哉？各朝人才之盛，恐以唐代爲冠。此則研究唐代教育者，所引爲興趣之問題也歟！

是書分爲三篇：第一篇爲唐代社會概觀，內分政治之變革，經濟之生活，與社會之風俗，捃摭史材，作系統之論述，以綜覽社會之全貌，透視文化之背景。第二篇爲唐代教育內容，首述學校之組織與編制，對學制之體系，可窺其輪廓。次爲貢舉考試制度，貢舉既爲唐代教育之中心，銓選用人之法則，舉論特詳，闡發其教育精神之所在。第三爲教育家與教育理論，並附以婦女教育與家庭教育，唐人教育思想，可領略其梗概。第四爲學藝，此乃教育之結果，文化之精華，特追溯其源流，分析其派別。第三篇爲唐代文化敎育之影響，首述宋元明清之文化敎育，乃接承唐代之遺產，其次東鄰日韓兩國受大唐涵煦者至深且厚，亦可謂爲唐代文化敎育之支派，故備陳於末焉。

（註一）天寶元年，長安戶三十六萬二千九百二十一，人口一百九十六萬一百八十。

（註二）韓昌黎集，卷三十七，論今年權停舉選狀。

（註三）資治通鑑：卷一九三，「上（太宗）問王珪曰：近世爲國者益不及前古：何也？對曰：漢世尚儒術，宰相多用經術士，故風俗淳厚；近世重文輕儒，參以法律，此治化所以益衰也。上然之。」

（註四）張鷟朝野僉載卷一謂安南都護鄧祐，韶州人，家巨富，奴婢千人。孔平仲續世說卷九，亦謂韋陟，安石之子，門地豪華，早踐清列，侍兒閹閽，列侍左右者千數。

（註五）王夫之，讀通鑑論，卷二十二，玄宗。

（註六）同上書，卷二十六，宣宗。

（註七）徐松，登科記考，卷一，武德五年詔。

（註八）同上書，同卷。

（註九）唐摭言，卷八，放老。

（註十）于闐南道諸國之遺蹟，有細長木片之木簡；木簡中有前漢之日曆，李斯蒼頡篇，史游急就篇，此可知當時居此漢人之敎育程度。又宋王延德高昌行記，謂高昌「佛寺五十餘區，皆唐朝所賜額；寺中有大藏經、唐韻、玉篇、經音等。」

上篇　唐代社會概觀

第一章　政治變革

一、武功開基創業

唐高祖李淵，隴西狄道人，爲太原留守。隋大業十三年（六一七），全國變亂，淵起兵太原，以其子世民、建成、元吉，將兵南下。先破西河郡（汾陽），謀入關。晉陽宮監裴寂，上淵號爲大將軍，開府置官，淵遂離隋獨立。命子元吉留守晉陽，自率軍十三萬趣霍邑，斬郎將宋老生，進克臨汾。劉文靜亦以突厥兵至，乃渡河，下韓城，遣建成、文靜等屯永豐倉（在華陰縣），守潼關以備東方兵。世民率諸軍，徇渭北。淵女（柴紹之妻）及淵從弟神通，亦各起兵於鄠縣以應。關中勢略定，淵自引兵而西，同年十月，進至長安附近，集諸軍凡二十餘萬。十一月克長安，淵舍於長樂宮，與民約法十二條，悉除隋苛禁，立代王侑爲皇帝，尊煬帝爲太上皇，自爲大丞相，封唐王，以建成爲世子，就武德殿爲丞相府，置官屬，改敎稱令。時煬帝廣在江都爲宇文化及所弒。義寧二年（六一八），恭帝侑遂禪位於淵，於是關中之隋亡，而唐業以成。煬帝孫侗留守東都，及廣被害，留守官乃共奉侗即位，朝政以王世充輩掌之。皇泰二年，世充廢侗而稱帝，於是東都之隋亦滅。

高祖淵既定長安，先破隴西之薛舉，及河西之李軌，無後顧之憂，並力東向，誅李密。武德三年

（六二零）大破宋金剛於介州，金剛與劉武周奔突厥，遂平幷州；又降劉季眞。四年（六二一），擒竇建德於武牢，降王世充，斬朱粲，破苑君璋，俘江陵蕭銑。五年（六二二），虔州林士宏與江都李子通求降，杜伏威亦請入朝。六年（六二三），擒殺劉黑闥於饒陽，平徐圓朗於兗州，又執洪州張善安。七年（六二四），破丹陽輔公祏，滅漁陽高開道，羣雄次第削平。當其建國平亂之初期，秦王世

圖一 唐高祖立像

（國立故宮博物院藏品）

民，善用兵，立功爲最多。太子建成齊王元吉忌之，與世民發生兄弟之爭。九年（六二六）六月四日，世民爲羣下所迫，殺建成元吉於玄武門。高祖乃以世民爲太子，並下詔自今軍國庶事，悉委太子處決，然後聞奏。八月，淵內禪世民；世民卽位，是爲太宗。

二、貞觀之政風與治績

太宗英明有爲，洪量之資，爲自西漢以來第一人，延攬英才，勵精圖治。在秦王府時期，開文學館，杜如晦等以本官兼學士，號曰十八學士，及卽位，用爲朝廷之基榦。前期賢輔，有房玄齡（五七八—六四八）、杜如晦、魏徵（五八零—六四三）、王珪、溫彥博（五七三—六三六）、戴冑等；後期名臣，有長孫旡忌、高儉（五七六—六四七）、楊師道、岑文本（五九五—六四五）、劉洎（六四五年卒）、馬周（六零一—六四八）、褚遂良（五九六—六五八）等。餘若孔穎達（五七四—六四八），虞世南（五五八—六三八）、蕭瑀等，亦各有所長。名將如李靖（五七一—六四九）、李勣（五九四—六六九）、尉遲敬德（五八五—六五八）、張亮、張公謹、程知節、秦叔寶、侯君集等，均所向有功。得人之盛，遠邁前古。唐代多能臣，實由太宗開此風氣。初時羣臣亦爭權，惟太宗善於駕馭，不以私恩與勳臣同賞，以用賢爲準，不以新舊爲先後，故濟濟多士，爲朝廷盡力，各能善始善終。然唐初直諒多聞之士，多由僭僞中拔擢而出者，「蓋新造之國，培養無漸漬之功，而隋末風教陵夷，時無巖穴知名之士，可登進之以爲楨榦。朝儀邦典與四方之物宜，不能不待訪於亡國之臣，流品

圖二　唐太宗立像

（國立故宮博物院藏品）

難以遽清，且因仍以任使，唐治之不古在此，而得天下之心以安反側者亦此也」（註一）。王船山之言，乃唐初所以能用人唯才之肯論也。夫太宗「性本强悍，勇不顧親，而能畏義而好賢，屈己以從諫，刻厲矯揉，力於爲善」（註二）。不聽封德彝刑罰之言，而用魏徵偃武修文之勸，明其號令，不必嚴刑以爲威。徵之策，首在安民，中國安，四夷自服，專論王道，開百年大計。徵、議臣也，房杜、宰相也。徵、犯顏而善諫，房、辦事精細而善謀，杜、剖決如流而善斷，故魏徵論其治體，房杜助其施爲，以開貞觀之治焉。陸象山曰：「太宗以弓矢定天下，其智略之出於己者，班班見於紀傳，大焉制勝千里之外，小焉決機兩陣之間，超逸變化，不可窮極。及天下既定，談治道，論政理，則老師宿儒詘其

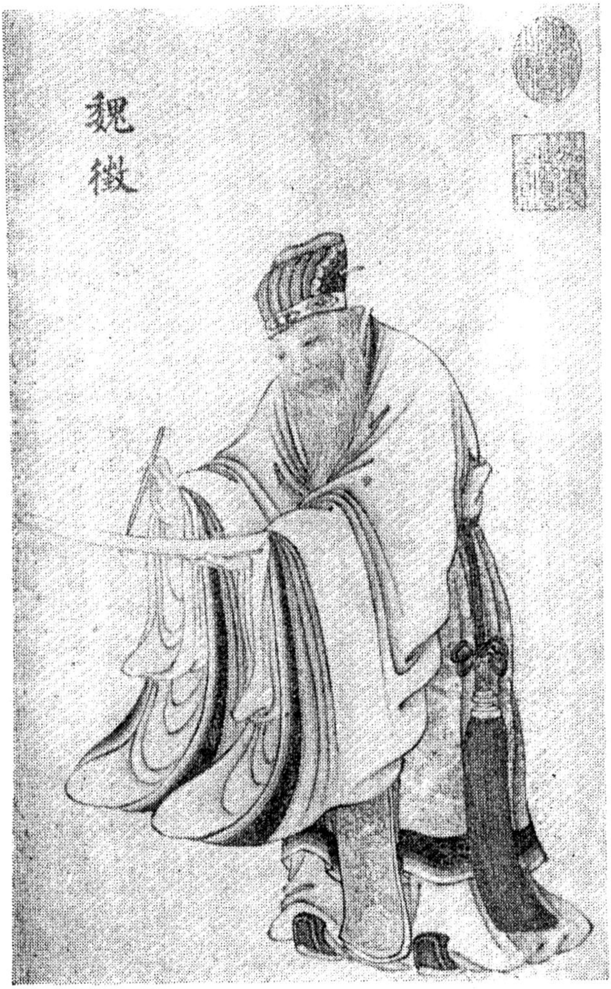

圖三　魏徵像

（國立故宮博物院藏品）

辯，此亦難乎其爲臣矣。然而自渭北一見之初，秦府表留之後，謀必於房，斷必於杜，則夫二公之才智，豈淺淺者所可得而窺議哉？及考之傳紀，則夫謀斷之迹，有不可得而見焉。嗚呼，此二公之才智，所以爲不可及歟！史臣取柳芳之言曰：「帝定禍亂，而房杜不言功；王魏善諫，而房杜遜其直；英衞善兵，而房杜濟以文，此眞足以知房杜謀斷之本矣」（註三）。論史者傳以爲未有無弊之法，其要唯在

圖四　房玄齡像

（國立故宮博物院藏品）

得人，太宗能得人，故其善治，自三代以來，未見其比也。

貞觀政治之特點，約言之，有如下兩端：

一曰確定行政三聯制，爲中央行政之最高樞紐。初定官制，三省（中書、門下、尚書）總大政於上，六部（吏、戶、禮、兵、刑、工）典機要於中，九寺（太常、光祿、衞尉、宗正、太僕、大理、鴻臚、司農、太府）五監（少府、將作、國子、軍器、都水）分庶政於下。政制所重，仍在集權，於

圖五　杜如晦像

（國立故宮博物院藏品）

九寺之上，制之以六部；六部之上，總之以三省，統攝之者，層纍相仍，而分治者奉行而已。中書、門下、尚書三省，實施行政三聯制，即從內閣一機能中，再劃分立法、監察、與執行三小單位，授以主管，各負獨立之責任，為中國古代政制上一種特色。其體制之美，運用之妙，實集漢魏以來政制之大成。凡軍國大事，中書舍人七八名，各執所見，分別擬稿，雜署其名，謂之「五花判事」。中書侍郎，中書令省審之。中書省起草敕詔制令，為出命之官，備有命令之權，此所謂「定旨出命」也。（皇帝內制，則由翰林學士掌之。）敕旨既下，給事中，黃門侍郎駁正之，有不便者塗竄而奏還之，稱為塗歸，論執封駁，具有駁議之權。尚書省總六揆，主一切治道，似周六官之制，奉行之官也，具有行政之權。然尚書細務，屬左右丞，唯大事應奏，乃關僕射。三省權責分明，統攬大政，故君主原不負行政上之實權也。王船山謂：「宰相（侍中與中書令）之賢者，且慮有未至，而見有或偏，不肖者之專私無論也。先以中舍之雜判，盡羣謀以廸其未達，而公論以伸，則益以集而權弗能擅，其失者庶乎鮮矣。猶且於既審之餘，有給事之駁正以隨其後，於是宰相之違以塞，而人主之愆以繩，斯治道之至密，而恃以得理者也」（註四）。政制如此精良，故臺閣規模以立，三百年間，雖有失國之君，而國終存者，賴初期立法以持之也。

然而事權分立，不免有流弊焉，中書門下兩省，或檢察駁正，或論難往來，各逞意氣，日有爭論，紛紜不決，每誤機要。太宗乃令三省長官，於門下省合署議事，議定然後奏聞，是謂政事堂。光宅元年（六八四），移於中書省。至開元十一年（七二三），張說改政事堂為「中書門下」，別為置「

中書門下之印」，皇帝命令，在敕字之下，須加蓋此印，否則爲違法。宰相分直主政事堂，即爲主席，號令四方，其所下書曰堂帖。尚書左右僕射，品秩雖崇，但要加同中書門下平章事及知政事、參知機務等名義，始得出席政事堂。代宗德宗之際，有以中書侍郎爲眞宰相，又有以門下侍郎爲眞宰相者，以其同平章事，即有參加政事堂之權，而以主政事堂者爲眞宰相，秉鈞持衡，分直主政事堂筆。代宗末年，郭子儀朱泚雖以軍功爲宰相，皆不預朝政，常袞獨居政事堂，奏事代二人署名而已。「中書門下」通稱爲北省，在禁中，位居清切。開元中，列五房於其後，一曰吏房，二曰樞機房，三曰兵房，四曰戶房，五曰刑禮房，分曹以主衆務。凡百制命，皆由「中書門下」決議取旨，付中書省起草，下門下省審駁，然後頒與尚書省施行之。

尚書省設在宮城外，通稱南省，置六部二十四司，分掌國家大政，承君相之制命，製爲政令，下於九寺諸監，促其施行而爲之節制；九寺諸監，奉令執行，而對六部負責。故六部爲上級機關，主政務，長官爲政務官；寺監爲下級機關，掌事務，長官爲事務官。凡事屬地方性質者，則下地方政府執行之，尚書僅處於頒令節制之地位。凡事屬中央性質者，小部份由六部自己執行，如吏部銓選，禮部貢舉是也；大部份則下寺監等執行之，如刑獄、財計、馬政等是也，尚書亦僅處於頒令節制之地位。此分其事而各專其職，因名責實，因實課功，分層負責，各盡功能。唐之中央官制，深得綜核之要術也。

二曰獎勵諫諍，開直言之路。唐制：御史臺以糾察官邪，一曰臺院，置侍御史，糾察百寮，及入閣承詔，知推彈雜事；二曰殿院，置殿中侍御史，掌殿庭供奉之儀；三曰察院，置監察御史，分察百寮，巡按州縣獄訟軍戎祭祀營作太府出納皆涖焉。至於諫諍得失，侍從贊相，每與天子爭於廷者，則有諫官，卽諫議大夫，隸於門下省。諫官之設置，乃開直言之路也。太宗嘗謂所乏者非財，但恨無嘉言以利民，又謂：「君自爲詐，何以直臣下之直乎？」（註五）彼以至誠治天下，求治心切，恥權譎小數，而拳拳納善。恐人不諫，常導之使言。當時御史認爲法者天子所與天下共也，非天子所獨有；又認爲赦者出於一時之喜怒，法者國家所以布大信於天下也，故爲政莫若至公，人主應兼聽則明。時論如此，奉勸相尙。中書門下及三品以上入閣議事，制命諫官隨之，一言之謬，一事之失，輒諫於面前

圖六　唐太宗納諫圖

（國立故宮博物院藏品）

，故言無不盡，而治得其理，是無大小，下清於公卿，群相論執。開唐代諫諍最盛之風。此既足以抑制君權之過濫，而太宗究亦英明好善，從諫如流。故魏徵王珪等之面折廷諍，每繩愆糾繆，無不怡顏嘉納。貞觀二十年（六四六）令羣臣直言詔。謂：「惟魏徵美顯余過，自其逝世，雖過莫彰。」其篤念魏徵之善諫可知也。且除諫官有權諫諍外，平民亦可以直奏。太宗著司門式，其有無門籍之人，有急奏者，皆令監門司與仗家引對，不許關礙，並置立仗馬二疋，須有乘騎便往。貞觀之際所以平治天下，正用此道也（註六）。

地方政治，設官以經之，置使以緯之。諸道置按察使採訪使以理州縣，節度團練等使以督理軍事、租庸、轉運、鹽鐵、青苗、營田等使，以毓財貨。其餘細務，後世因事臨時置使者，不可悉數，而治廢不常。州郡有刺史，刺史者守郡與兼刺察之任，統理屬縣，有稟承稽核之任，而誅賞廢置之權，則由縣令專之。縣有尉，乃縣令之佐也，縣令闕，佐官攝令，曰知縣事，知縣者使之知縣中之事也。太宗對於地方政治，亦殊留心，嘗令京官五品以上，更宿中書內省，迭次延見，問以民間疾苦及政治得失（註七）。初時朝廷唯重內官而輕州縣之選，刺史多用武人，或京官不稱職，始補外任，邊遠之區，用人更輕，貞觀十年（六三六），馬周疏奏，太宗始自選刺史，京官以上各舉一人爲縣令。又嘗錄刺史姓名於屏風，坐臥觀看，得其在官善惡之迹，註於名下以備黜陟。恐州縣有不盡職者，遣大理卿孫伏伽，黃門侍郎褚遂良等二十二人，以六條巡察州郡，黜陟官吏；又命尙書史僕射李靖，特進蕭瑀楊恭仁等十三人，使於四方，觀風俗之得失，察政刑之苛弊。以後頻遣使者，或名按察，或名巡撫，督導地方政治。太宗亦親自臨決，進賢黜惡，除民疾苦，故治績甚善。太宗年十八，猶在民間，百姓疾苦，體察至深，又凜於前代亡國之覆轍，在失人心，故對於勞民重斂之事竭力避免。或說重法以禁盜，太宗則謂：「當去奢省費，輕徭薄賦，選用廉吏，使民衣食有餘，則自不爲盜」（註八）。且鑒於齊後主周天元之重斂百姓，厚自奉養，致力竭而亡，以「饞人自噉其肉，肉盡而斃」喩其愚（註九）。又認爲治國如治病，雖愈猶宜將護，倘遽自放縱，病復作則不可救（註十）。此種政論雖平凡無奇，然基於民生之觀點，省財力，恤民困，以求安民治國，實千古不易之至理也。是以權萬紀言利，太宗黜之，無他，貴能自節用，外謹制度，絕權倖，無過費耳（註十一）。太宗對侍臣且告以體恤民艱之政策曰：

「國以人爲本；人以衣食爲本。凡營衣食以不失時爲本。夫不失時，在人君簡靜，乃可致耳。若兵戈屢動，土木不息，而欲不奪農時，其可得乎？」（註十二）

故每抑情損欲，尅己自勵，從消極上防止浪費，以免增重人民之負擔，而不勞民，不擾民，實爲求治之首要條件也。當時朝廷所置文武官，祇六百四十員，多得才能而無冗食。其養兵之法，畿內及諸路府兵，僅六十萬，惟元從禁軍三萬及府兵番上或出征者有所贍給外，皆散之農畝而養焉（註十三）。度支之省儉如此，故國計民生，易於維持。貞觀元年，（六二七），關中饑，米每斗値絹一匹；二年天下蝗災；三年大水。太宗勤而撫之，民雖東西就食，未嘗嗟怨。至四年大豐稔。流散者咸歸鄉里，米每斗不過値三四錢（註十四）。貞觀十六年（六四二），全國米價平均計每斗値五錢。其尤賤者，每斗値三錢。太宗因語侍臣，唯欲躬務儉約，必不輒爲奢侈，謂：「今省徭賦，不奪其時，使比屋之人，恣其耕稼，此則富矣」（註十五）。其他施政，宗室封建，持「不過大」之政策。刑罰從輕，死刑以五覆奏，故貞觀四年（六三零），全國判死刑者僅二十九人，六年（六三二），縱死囚三百九十人，如期自詣朝堂。是時國內四境，已臻於謐安，戶不夜閉，行旅不齎糧也（註十六）。

太宗素性，雅重實用，不嗜虛文，對揚雄司馬相如班固之詞賦，皆認為文體浮華，無益勸誡。凡上書論事，應詞理切直，以裨於政理者為旨（註十七），尤不必希擬上古，但比近世差勝為得。且認為人主惟在德行，制事出令，求有益於人，詞藻非所必須，故不允以其文章編集（註十八）。其於用人也，謂為政之要，在乎得人；用才必須以德行學識為本（註十九）。又以為人雖稟定性，必須博學以成其

圖七　閻立本職貢圖　（國立故宮博物院藏品）

道；人性含靈，待學成而爲美（註二十）。故重學崇儒，廣設文教，黌舍連雲，造士八千。且貞觀之世，歷二十三年（六二七—六四九），國勢强盛，聲威遠播，夷突厥，平鐵勒，制西域，伐遼東，通吐蕃，服天竺，外蕃酋長，並列於朝；異國生徒，駢羅於學。遂作王會圖，以褒國運之隆。然其撫綏夷落，懷柔遠人，且持一視同仁之政策，嘗謂：「自古皆貴中華，賤夷狄，朕獨愛之如一」（註二十一），蓋對外國常用政治以聯絡之，文化以提携之，無貪戎土，以啓大患，故四夷遠服，共尊太宗爲天可汗；並奏請開參天可汗道；置六十八驛，以爲貢使往來焉（註二十二）。

三、武韋專政

初唐由於儲貳之爭，故宗禍特多，論史者譏之。經玄武門之變，立世民爲太子。及太宗立，太子承乾又與魏王泰爭，兩棄之，聽長孫无忌之言，謂晉王治仁恕，眞守文良主，乃立爲太子。然太宗嘗謂：「雉奴儒，得無爲社稷憂」。唐代女禍之萌，果發生於治之時也。太宗崩，遺言以長孫无忌與褚遂良同心輔政，高宗既立，尤其倚重太尉无忌最深，恭己以聽。執政之初，日引刺史十人入閤，問以百姓疾苦及其政治。劉祥道謂在官者以善政粗聞，論事者以一言可採。故能繼承前規，百姓阜安，永徽之治，比隆貞觀。名將如劉仁軌、裴行儉、黑齒常之等，開拓疆土極遠，就歸附諸蕃國，設羈縻州八百五十六。及高宗崩，諸蕃君長來送葬者六十一人，及作乾陵，以諸蕃之君長石像六十一座，列於陵前，以示帝之雄風，永徽之强可知也。永徽五年（六五四），高宗以太宗才人武氏爲昭儀，於是宗嗣搆煽之變終，而婦人干政之端，又由茲始矣。翌年，廢皇后王氏立武氏，綱紀紛亂，過失寖多，褚遂良被貶，朝臣鉗口，乍進乍退，似無一人而可篤信者。顯慶之間，朝政大壞。許敬宗李義府輩，朋比爲姦，希武氏旨用事。武后乃專作威福，肆行己志，流長孫无忌於黔州，逼其自縊，殺太子忠，下上官儀（六六四年卒）獄。高宗每視事，武后則垂簾於後，政無大小皆預聞，謂之二聖，其威權內外畏之，無敢忤其意者。既又酖太子弘，廢太子賢，而立太子哲，是爲中宗，武氏之禍遂起。高宗既崩，又廢中宗，立其弟旦，是爲睿宗，國家大事，仍取決於武后，御紫宸殿以朝百官，殺太子賢，遷中宗於房州，諸武多用事，唐室人人自危，衆心慨憤。李勣孫敬業，與其弟敬猷，及長安主簿駱賓王，於嗣聖元年（六八四）七月，起兵揚州，開三府，以匡復廬陵王（中宗）爲辭，又僞稱太子賢在軍中，旬日間得勝兵十餘萬，移檄州縣，聲討武氏。武后遣李孝逸將兵三十萬以討之。敬業卒爲所敗，揚州之亂平（註二十三）。

圖八 則天武后像
（永泰公主墓壁畫）

自敬業舉兵不成，武后疑天下人多圖

己，又自以久專國政，知宗室大臣怨望不服，欲大誅殺以威之，乃盛開告密之門。胡人索元禮，因告密召見，擢爲游擊將軍，令案制獄。周興來俊臣之徒效之，專以告密爲事（註二十四）。網羅無辜，競爲酷法，凡有十號，中外畏之，甚於虎狼；一人被訟，百人滿獄，入新開門者，百不全一。與元禮所殺各數千人，俊臣所破千餘家。大臣如侍中裴炎，同中書門下劉禕之（六三一—六八七），太子舍人郝象賢，左肅政大夫同平章事騫味道，地官尚書檢校納言魏玄同，皆先後被害。內外大臣坐死及流貶者甚衆。武將如右衛大將軍李孝逸，右武衛大將軍黑齒常之，下獄縊死。越王貞，琅琊王冲，起兵謀復王室，事敗被誅數十百人。於是唐之宗室，殺戮殆盡；其幼弱者，流放嶺南，又爲六道使所殺（註二十五）。至載初元年（六九零），武后改唐號曰周，稱天授元年，以睿宗爲皇嗣，改姓武氏。居洛陽，稱爲神都，自號曰神聖皇帝，改官名，易服色，又依周制改正朔，未幾而復如舊。夫武后以一婦人而臨天下，凡十六年，欲示尊貴，屢易年號。初謀代唐，務行殺戮，以威海內；及其謀成，屠誅更酷，大臣之被殺者甚衆，尤慘者如箕州刺史劉思禮等三十六家之獄，皆族誅，親黨連坐流竄者千餘人。刑罰濫施，實逾唐律也。自垂拱以來，武后假手酷吏，先誅唐宗室數百人，次及大臣數百家，其刺史郎將以下，不可勝計。狄仁傑魏元忠，初亦幾不免，於是滿朝側息不安。而厚植嬖寵，濫用爵祿，無恥之徒，夤緣併進，如李義府、蘇味道、楊再思等，諛佞希旨，盤據要津；薛懷義、張易之、張昌宗等，燕昵男妾，淫蠱無復畏羞。然武后有權略，善用人，故人才競爲效力。將相之中，如魏元忠之公正，婁師德（六三零—六九九）之清愼，姚元崇（六五一—七二一）之純直，狄仁傑（六三零—七零零）之寬厚，俱不易求。武后尤信重仁傑，稱爲「國老」而不名。仁傑好面引廷諍，多薦名臣，如張柬之姚元崇等，皆由仁傑所拔擢者也。其餘如劉仁軌（六零一—六八五）、姚璹（六三二—七零五）、王方慶、杜景佺、王求禮、張庭珪、朱敬則、李嶠（六四四—七一三）、桓彥範（六五三—七零六）、蘇安恒等，論列朝政，武后每曲意相從，蘇安恒且諫曰：「陛下蔽太子之元良，枉太子之神器，何以教天下母慈子孝，焉能使天下移風易俗。陛下思之，將何聖顏以見唐家宗廟？將何誥命以謁大帝墳陵？（註二十六）」雖不納其言，亦能容之。至其所最寵倖而諱之者，莫如薛懷義、張易之、張昌宗，然宰相蘇良嗣批懷義之頰，而周矩又劾之。至於桓彥範，宋璟（六六三—七三七），李邕，韋安石，朱敬則等之奏劾二張，痛斥淫穢，亦未聞一一加罪。此殆爲宮中府中之事體分明，而武后尤能善爲駕馭故也。孫甫謂：

「武后臨朝僭竊二十餘年，所用之人，奸正相半。蓋后俊智之性，有過於人，謂不用姦人，無以成已欲；不用賢人，無以庇已過。然持大權者多賢才也，如狄仁傑，姚元崇相於內，婁師德，郭元振將於外，天下事何慮乎？故雖兇殘不道，不至禍敗者以此也」（註二十七）。

趙翼亦評之曰：

「夫以懷義易之等，牀第之間，何言不可中傷善類，而后迄不爲所動搖，則其能別白人才，主持國是，有大過人者。……至用人行政之大端，則獨握其綱，至老不可撓撼。陸贄謂后收人心，擢才俊，當時稱知人之明，累朝賴多士之用。李絳亦言后命官猥多，而開元中名臣，多出其選。

舊書本紀贊，謂后不惜官爵，籠豪傑以自助，有一言合，輒不次用；不稱職，亦廢誅不少假，務取實才眞賢。……而知人善任，權不下移，不可謂非女中英主也」（註二十八）。

此等評論，頗稱允當。右補闕朱敬則，侍御史周矩，屢上疏緩刑用仁。而周興來俊臣等既伏誅，狄仁傑姚元崇等執政，武后亦漸悟其淫刑之非，制獄遂稍衰。至於武后朝，討突厥，敗吐蕃，破契丹，克平邊患，然則是時兵力，固非云弱，故能保持強雄知國勢。如巴里坤、敦煌之莫高窟、廣西之龍州關外，雲南之昆陽，廣東之羅定。雖極邊遠徼，文教隔絕，然碑銘所遺，猶能使用武后新製之字，比諸秦漢之強，聲威遠訖，何以加焉（註二十九）。

夫武后之志，原欲篡奪李唐，而代之以武姓也。其姪承嗣、三思，屢營求爲太子，但以狄仁傑之「廟不祔姑」一詞而感悟，始復迎廬陵王哲為太子。唐室不中斷者幾稀矣。長安四年（七零四）多，武后疾。明年正月，張柬之（六二五—七零六），崔玄暐（六三八—七零六），敬暉，桓彥範，袁恕己等，率羽林兵迎中宗，斬易之昌宗，迫武氏傳位太子。中宗遂復位，復唐國號。武氏黨流貶嶺南，而武三思等勿誅，祇降爲公，遂遺下韋氏禍政之種子，其咎則在張柬之敬暉一念之差也。及中宗復位後，立妃韋氏爲后，而以武三思爲司空。中宗女安樂公主，適三思子崇訓，韋氏又攬政，與武后相同，由是武氏之勢復振。時張柬之，敬暉，桓彥範，袁恕己，崔玄暐並執朝政，與武氏黨不相容。而武三思與韋后朋比爲奸，乃日夕讒譭柬之等。中宗用三思計，封張柬之等五人爲王，皆罷政事，雖外示優崇，而實奪其權也。既又貶五王爲遠州司馬，尋矯制殺之。五王既死，三思勢益横，穢亂朝政，委用羣小。太子重俊，矯制發羽林兵，殺三思及其子崇訓，但告敗績，爲左右所殺。武氏强宗，雖爲重俊所殺，而韋氏固無恙，於是武韋兩外戚之專政，又變爲韋氏之專政，而唐政日非。韋溫、宗楚客專柄以恣，婦人女子，亦多因韋后而聯翩用事，依勢營私。安樂公主尤驕横，宰相以下，多出其門；後又與太平公主輩不睦，各自樹黨，濫官充溢，政出多門，大柄寸裂，禍患潛伏。安樂公主亦欲韋后臨朝，得踐其向時皇太女請求之願；母女同謀，中宗遂爲所毒害。韋后秘不發喪，自總庶政，召諸宰相入禁中，徵諸府兵五萬人屯京師，而以兵權分寄於諸韋。立溫王重茂爲太子，是爲少帝。韋氏爲太后，臨朝攝政，命韋溫總知內外兵馬事。景雲元年（七一零），相王旦之子臨淄王隆基，與太平公主謀，勒兵入朝，斬韋氏、安樂公主、武延秀、上官婕妤；迎旦入，輔少帝，閉城門，收捕韋溫及諸韋親黨，與宗楚客、馬秦客、葉靜能、趙履溫、韋巨源、楊均、紀處納等，皆斬之（註三十）。諸韋襁褓兒無倖免者。其對外戚之酷誅，較張柬之敬暉等之貶武氏黨，尤爲徹底。事定，遂以少帝制傳位於旦，是爲睿宗，隆基爲太子。乃韋氏之難平，而太平奪權之禍又起。太平公主武后女，方額廣頤，多陰謀，以誅二張，殺諸韋，其勢日重，權移人主，益形驕恣；憚隆基英武，欲更立闇弱者以久其權。惟太平計不行，旦傳位隆基，是爲玄宗，尊旦爲太上皇。太平公主不自斂抑，仍專權，依附上皇，干擅用事，宰相七人，五出其門，文武之臣，大半附之。其黨竇懷貞、岑羲、蕭至忠、崔湜等，結太平尤力，相與謀廢隆基。於是隆基戮其黨羽，太平與諸子皆伏誅（註三十一）。延和元年，上皇下詔，自今後軍國刑政，一事以上，並取皇帝處分（註三十二）。唐室歷二十九年之女禍，至是始平。

四、開元之勤政與盛治

玄宗卽位，大赦天下，改元爲開元（七一三），復用姚崇宋璟，勤政任賢，留心理道。初，玄宗不受張說之譏，而以大柄付姚崇，荷其信任之意，力救時弊，行之不疑，數十年紛亂之局，旬日而變，紀綱法令，卓然振起（註三十三），開元之政，誠足比隆貞觀。崇吏事最敏，持大體而不苛細務，三爲宰相，皆兼兵部尚書；受徵之初，先上十事：一、政先仁恕；二、不倖邊功；三、法行自近；四、宦豎不預政；五、租賦外一絕之；六、戚屬不任臺省；七、接大臣以禮；八、羣臣皆得批逆鱗犯忌諱；九、絕道佛營造；十、鑒戒漢之祿莽閻梁（註三十四），必能從，方就職。玄宗納之，故得君甚專。姚崇爲相，盧懷愼佐之，開元四年（七一六），因事請避相位，薦宋璟代。璟爲相，蘇頲（六七零—七二七）佐之。璟爲人耿介有大節，務在擇人，隨材授任，使百官各稱其職，刑賞無私，又敢犯顏直諫，風度凝遠，爲玄宗所敬憚，雖不合意，亦曲從之。史稱崇善應變成務，璟善守文持正，志操不同，而協心輔佐，使唐室中興，而宋之剛正，實過於姚也（註三十五）。其後相臣行事，與宋璟相彷彿者，又有韓休（六七三—七四零）與張九齡（六七三—七四零）。休爲相直方，不務進取，輿論翕然。九齡大才，當開元政事中落時，諤諤有名臣節，所引皆正人，遇玄宗有失，必極言之。其餘如張嘉貞（六六六—七二九）尚吏，張說（六六七—七三零）尚文，李元紘，杜暹尚儉，蘇頲尚讓，皆著稱於時。凡此皆由玄宗之善任而來，所以能弼成開元之治者，賴此數人而已。王船山謂：「開元之世，以清貞位宰相者三，宋璟清而勁，盧懷愼清而愼，張九齡清而和，遠聲色，絕貨利，卓然立於有唐三百餘年之中，而朝廷乃知有廉恥，天下乃藉以久安。開元之盛，漢宋莫及焉」（註三十六）。是以當開元之世，天下大理，河清海晏，物殷俗阜，四方稔熟，百姓樂業，人家糧儲，皆及數歲，太倉委積，陳腐不可校量。米每斗值三錢，絹一匹值錢二百。丁壯之夫，不識兵器，路不拾遺，行不齎糧。（註三十七）杜少陵詩謂：「憶昔開元全盛日，小邑猶藏萬家室。稻米流脂粟米白，公私倉廩俱豐實」（註三十八），此正為人煙稠密物產豐盈之描繪也。唐興既百年，長安富實，財貨輻輳，四方之交通日盛，社會益趨於繁榮。上自王侯之邸宅，池館園囿之壯麗；下至閭巷戚里，花柳冶遊之狀態，皆無一而不見太平駘蕩之盛。清河為國家之北庫，供應北軍之用，所儲者有江東布三百餘萬疋，河北租調絹七十餘萬疋，當郡綵綾十餘萬疋，累年稅錢三十餘萬緡，倉糧三十餘萬斛（註三十九）。此可見當時財富充牣，國力贍足之一斑。元稹詩謂：「戍煙生不見！村豎老猶純」（註四十），又可見盛世昇平，民風渾厚，故開元十八年（七三零），全國奏死罪者僅二十四人。夫社會安定，人口自然逐漸增加。開元二十二年（七三四），全國戶八百零一萬八千七百一十，口四千六百二十八萬五千一百六十一（註四十一），至開元二十八年（七四零），戶增至八百四十一萬二千八百七十一，口四千八百一十四萬三千六百零九（註四十二），天寶十三載（七五四），戶又增至九百六十一萬九千二百五十四，口五千二百八十八萬四百八十八，平均每十戶約五十八口。戶口之繁殷，達最高點，自是以降，戶口衰減，迄北宋眞宗大中祥符六年（一零一四）之戶籍，數量猶未及此也（註四十三）。

玄宗既勤求治道，對地方政治之發展，亦甚爲留意，制選京官有才識者除都督刺史；都督刺史有政績者除京官。張九齡嘗建言：「欲治之本，莫若重守令；守令既重，則能者可行。宜遂科定其資，凡不歷都督刺史，雖有高第，不能任侍郎列卿；雖有善政，不得任臺郎給舍」（註四十四）。此爲精覈刺史縣令之資歷，循序陟級，重視地方政治之道也。玄宗以選除縣令流於冗濫，乃悉召諸新除縣令，試以理人之策。又敕京官五品以上，外官刺史四府上佐，擧縣令一人，視其政績善惡，爲擧者科予賞罰。疑吏部對官吏選試不公，乃分爲十銓，以禮部尚書蘇頲等十人掌之，試判將畢，遽召入禁中決定。又置十道採訪處置使，巡察天下，對吏治之整頓，較貞觀時尤爲積極。其餘如敎崇儉德，圖禁風俗侈靡，發展文敎，更不遺餘力；六典五禮之修撰，亦惟開元朝能見其盛耳。舊唐書謂：

「自武后移國三十餘年，朝廷罕有正人，附麗無非險輩，持苞苴而請謁，奔走權門；效鷹犬以飛馳，中傷端士。……朋比成風，廉恥都盡。我開元之有天下也，糺之以典刑，明之以禮樂，愛之以慈儉，律之以軌儀。黜前朝徼倖之臣，杜其姦也；焚後庭珠翠之玩，戒其奢也；禁女樂而出宮嬪，明其敎也；賜酺賞而放哇淫，懼其荒也；敍友于而敦骨肉，厚其俗也；蒐兵而責帥，明軍法也；朝集而計最，校吏能也。廟堂之上，無非經濟之才；表著之中，皆得論思之士。貞觀之風，一朝復振」（註四十五）。

自唐開國（六一八）至安史之亂之前夕（天寶十四載，七五五），一百三十八年間，國勢隆盛，聲威遠播，實前代所未有。然而玄宗善德不終，晚年流於怠荒，不唯政治窳敗，且唐代亂亡之因，多種於此時。其釀成禍變者，有如下數端。宦官自武后稱制始預事，然尚未有擅權著名者。開元之初，宦官高力士，與謀誅太平公主有功，使爲右監門將軍，知內侍省事，宦官勢始盛，總額並增至三千，人主之信任宦官，未有甚於玄宗也。其後李林甫安祿山之進用，仍由力士爲之階。林甫病唐，尤隱而烈，與宦官妃家結託，而與力士尤厚。開元二十四年（七三六），罷張九齡政事，專相林甫。林甫口蜜腹劍，老奸巨猾，引用牛仙客，互爲表裏，屢興大獄。郡臣奏事，必先白宰相，上意不能下宣，下情不能上達，理亂之勢，從此而分。玄宗晚年，自恃承平，深居宮中，專以聲色自娛，政事一委林甫，杜絕逆耳之言，恣行宴樂，主德日衰。及林甫欲廢太子亨（肅宗）不成，與楊釗交惡，憂懣而死。林甫任相十九年（七三四－七五二），固寵市權，蔽欺天子耳目，養成唐室之亂，此政治之一大詬病也。玄宗之世，官吏冗濫，開元二十一年（七三三），官自三師以下一萬七千六百八十六人，吏自佐史以上五萬七千四百一十六人，俸祿所給，開支龐大，而益事邊功，財計不足。方調兵食，用宇文融計，使融括逃移戶口及籍外田凡八十餘萬，州縣希旨，多張虛數，以正田爲羡，編戶爲客，歲終籍錢數百萬緡，議者多言煩擾，不利百姓，不聽。其後韋堅以漕運寵，楊崇禮楊愼矜以積財進，王鉷楊釗之徒，競爲聚歛。王鉷歲供羡餘錢帛百億萬，納於內庫，以奉玄宗私費。天寶六七載（七四七及七四八）以後，州縣殷富，倉庫積粟帛動以萬計。楊釗請所在糶變爲輕貨，又悉令國內義倉及丁租地課，皆變布帛，內輸京師。金粟錢貨，輦於內帑，置之無用之地，積久而不可用，愈積愈冗，而數不可稽，一聽宦官戚畹，及主藏之姦胥，日竊月匿，以致於銷耗。且復以有爲無，增賦以殫民之生計，盜國傷民，莫此爲甚。玄宗以國豐衍，益視金帛如糞壤，賞賜貴寵之家，無有紀極。浪費如此，此又財政上一大詬病也。且好巡幸，而宮闈宴樂，驕侈淫逸，天寶三載（七四四），玄宗更寵楊貴妃，其從兄楊釗，則賜名國忠。國忠既以專歛得幸，益以外戚，權勢尤豪。自開元以來，豪貴之雄盛，無若楊氏比，而其禍因，則胥基於楊妃。至於邊荒生事，如契丹、吐蕃、東突厥、南詔，警患頻仍。由於用兵太多，開元以前，每歲供邊兵衣糧費不過二百萬，天寶之後，邊將奏增兵浸多，每歲用衣一千零二十萬匹，糧一百九十萬斛，公私勞費，民始困苦矣（註四十六）。夫自玄宗倦勤，善治隳落，百弊叢發，用人不愼，蠹害朝政，結果乃釀成安史之亂。由貞觀以來之統治，卽使武后所維繫勿絕者，亦俱蕩然。唐之治運，遂一蹶而不復振矣。

五、安史之亂

安祿山肇變之遠因，由於設立節度使，重任蕃將。當時以攻伐奚與契丹，厚集祿山兵力，而加以溺惑嬖寵，養成其實患，而其禍莫大於節度使之制也。趙翼謂：

「唐之官制，莫不善於節度使，其始察刺史善惡者有都督，後以其權重，改置十道按察使。開元中，或加采訪、觀察、處置、黜陟等號，此文官之統州郡者也。其武臣掌兵，有事出征，則設大總管；無事時，鎭守邊要者，曰大都督。自高宗永徽以後，都督帶使持節者，謂之節度使，然猶未以名官。景雲二年，以賀拔延嗣爲涼州都督河西節度使；節度使之官由此始。然猶第統兵，而州郡自有按察等使，司其殿最。至開元中，朔方、隴右、河東、河西、諸鎭皆置節度使，每以數州爲一鎭，節度使卽統此數州，州刺史盡爲其所屬。故節度使多有兼按察使，安撫使，度支使等，旣有土地，又有其人民，又有其甲兵，又有其財賦，於是方鎭之勢日强。安祿山以節度使起兵，幾覆天下。及安史旣平，武夫戰將以功起行陣爲侯王者，皆除節度使，大者連州十數，小者猶兼三四，所屬文武官，悉得署置，未嘗請命於朝，遂成尾大不掉之勢。或父死，子握其兵，而不肯代；或取舍由於士卒，往往自擇將吏，號爲留後，以邀命於朝。天子不能制，則含羞忍恥，因而撫之，姑息愈盛，方鎭愈驕。其始爲朝廷患者，祇河朔三鎭，其後淄、青、淮、蔡，無不據地倔强。甚至同華迫近京邑，而周智光以之反；澤潞亦連畿甸，而盧從史劉稹等以之叛。迨至末年，天下盡分裂於方鎭，而朱全忠遂以梁兵移唐祚者，推原禍始，皆由於節度使掌兵民之權故也」(註四十七)。

趙翼之論，對於節度使之禍，誠慨乎言之！夫太宗出身戎伍，以武功建國，審勢定策，府兵之部署，不可謂不縝密。玄宗不明此意，旣罷府兵而爲長從、彍騎，復以節鎭十九皆在邊徼，畿輔無備，腹地空虛，忽視居重馭輕之策，兵權放任於武夫之手，而養成外重內輕之弊。當貞觀之世，「沿邊爲節度府，范陽朔方之軍，皆帶甲十萬以上，上足以制夷狄之難，下足以備匹夫之亂，內足以禁大臣之變，而其將帥之臣，常不至於叛，內有重兵之勢，以預制之也。貞觀之際，天下之兵八百餘府，而在關中者五百，擧天下之衆而後能當關中之半。然朝廷之臣，亦不至於乘間釁以邀大利者，外有節度之權以破其心也」（註四十八）。此卽兵力重點分配，保持平衡，內外牽掣，故收以安反側之效。且唐興以來，邊帥皆用名臣，不久任，不遙領，不兼統，其四夷之將，亦不專大將之任，皆以大臣爲使以制之。及開元中，爲邊將十餘年不易，又有遙領及兼統，專任胡將，而加以寵倖。天寶之際，府兵四出，萃於范陽，天寶十四載（七五五），安祿山遂乘機反叛。太子與楊國忠等各大臣，皆知祿山反，言於玄宗，玄宗不聽，而國忠屢言其反，數以事激之。及其反也，雖緣欲命爲相而中止之故，其實祿山旣兼領三鎭，刑賞已出，日益驕恣，於長安廣置耳目，蓄謀已久。又見武備墮弛，有輕中國之心，擁兵凡十五萬衆，號二十萬，乃反於范陽。唐室因承平日久，百姓累世不識兵革，外強中枵，一旦作亂，河北州縣，望風瓦解，鼓行如入無人之境。朝廷遣將拒敵，統軍東征，時府兵已敝廢，彍騎亦不可用，出內府錢帛，始募兵得十一萬，皆市井囚徒，未受訓練，兵多將雜，遇敵卽潰。故洛陽旋陷，潼關告急。玄宗徬徨失措，詔斬封常清，高仙芝，議親征，制太子監國，爲楊國忠所厄。哥舒翰病廢在家，拜爲太子先鋒兵馬副元帥，將兵號二十萬，駐潼關禦敵。顏杲卿（六九二—七五六）亦起兵平原，河北響應者凡十七郡，糾衆二十萬，威脅其後路。天寶十五載（七五六），祿山自稱大燕皇帝，遣史思明率衆攻常山，執顏杲卿，幾奄有河北。朔方節度使郭子儀（六九七—七六三），遣部將左兵馬使李光弼（七零八—七六四）爲河東節度使，出井陘，定河北，與史思明大戰於九門、嘉山，敗之，軍威大震。祿山以漁陽路絕，大懼，遂有棄洛陽之議。時哥舒翰主張潼關採守勢，郭子儀李光弼亦上言，引兵北取范陽，潼關大軍，唯應固守以疲敵。會楊國忠嫉哥舒翰之功，趣其戰益急；與戰靈

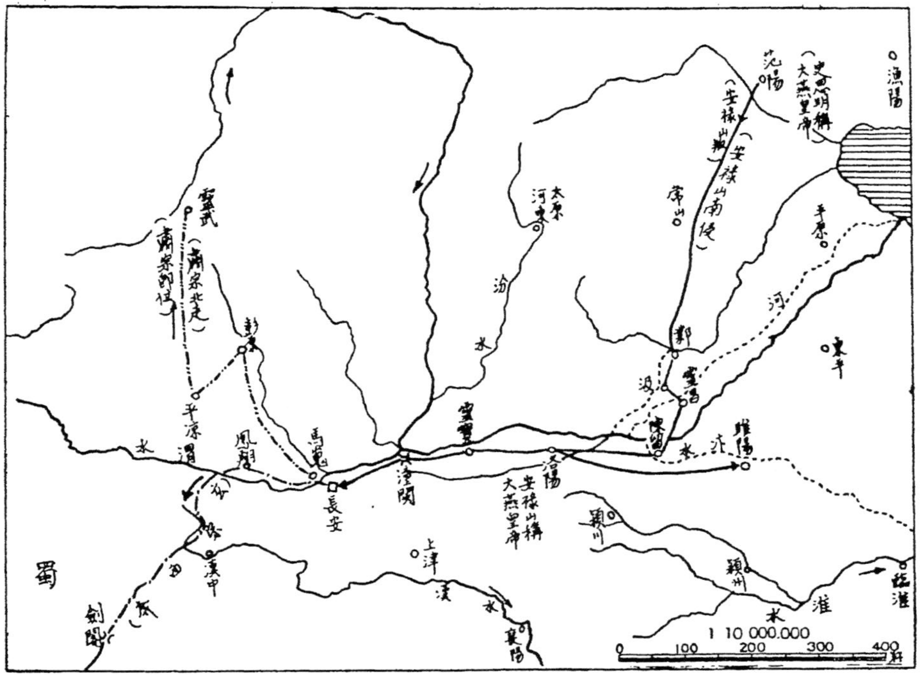

蜀
劍閣
漢中
長安
馬嵬
鳳翔
平涼
渭水
靈武
(肅宗即位)
(肅宗北走)
彭原
潼關
靈寶
洛陽
安祿山稱大燕皇帝
陳留
汲
鄴
常山
范陽
(安祿山叛)
(安祿山南侵)
(史思明稱大燕皇帝)
漁陽
太原
河東
汾水
平原
河
東平
睢陽
汴水
潁川
潁州
淮水
臨淮
上津
漢水
襄陽
1 10 000 000
0 100 200 300 400 粁

圖九　安祿山進兵路線圖

寶，大敗，翰被俘，潼關失陷，京師震動，玄宗幸蜀，軍次馬嵬，將士飢疾而憤怒，國忠爲禁軍所殺，並及楊妃姊妹。又請誅妃，乃命高力士縊殺之。太子亨應衆人之勸，折而西北，就兵朔方，至靈武卽位，是爲肅宗。尊玄宗爲上皇，召李泌爲謀士，拜平原顏眞卿爲工部尙書，並致赦書，眞卿頒下諸郡，又遣人頒於河南、江淮，諸道始知靈武之事，徇唐之心益堅，庸調亦至，而河南一帶之聲勢，藉以聯固，會張巡堅守睢陽，賊不能窺江淮；魯炅捍衛南陽，賊不能侵江漢，而南方賴以稍安。肅宗旣立，郭子儀自河北將兵五萬來會，朔方兵最勁强，於是靈武之軍威復盛，人有興復之望。又以廣平王俶爲兵馬元帥，借援回紇，發兵東討。肅宗幸彭原，房琯請自將兵復兩京，大敗於咸陽之陳濤斜。至德二載（七五七），祿山爲其子慶緒所殺，唐室以子儀爲司空兵馬副元帥，進取河東；並自鳳翔，進取長安。廣平王俶親率大軍四十三萬並發，回紇之師亦至。九月，收復京師，迎上皇還京。安慶緒旣不能保長安，益突向東南，睢陽陷，張巡南霽雲皆被殺。未幾，郭子儀敗慶緒於新店，克洛陽，兩京均告恢復。慶緒走保鄴郡，史思明投降，唐室危而復安，河南關中一帶全靖。李光弼以思明將終叛，謀之急，思明復反，僞稱燕王，以范陽爲燕京。唐室仍用兵，分由子儀光弼統兵，以其皆元勳，難相統屬，故不置元帥，而以宦官魚朝恩爲觀軍容宣慰使督師，圍鄴城，措置失當，然爲宦豎擅兵權之漸。乾元二年（七五九），史思明援鄴，九鎭之師六十萬敗績於相州，思明殺慶緒，併其衆，已而陷汴，再陷洛陽。上元二年（七六一），思明爲其子朝義所殺。肅宗崩，太子豫（俶）立，是爲代宗，又向回紇乞師，以皇子雍王适爲兵馬元帥，僕固懷恩副之，會同李光弼之師，大敗史朝義於洛陽北邙山

圖十　郭子儀像

（國立故宮博物院藏品）

下，克東京及河陽，河朔告平。但回紇入東京，肆行殺掠，死者以萬計，火累旬不滅，鄭、汴、汝、州亦比屋蕩盡。懷恩使其子右廂兵馬使瑒，乘勝追朝義，至鄭州再捷，大戰於下博，擊破之，再追擊於歸義。廣德元年（七六三），朝義走范陽，爲其部李懷仙遣兵所追逼，自縊於林中，安史之亂遂全靖。夫安史之滅，自滅也，互相殘殺而四賊夷，唐兵實未能俘馘之也。無何，吐蕃入寇，長安陷落，代宗狼狽幸陝州，官吏藏竄，六軍逃散。吐蕃立故邠王守禮之孫廣武王承宏爲帝，改元置百官。代宗發詔徵諸道兵，李光弼等皆忌權宦程元振居中，莫有應者。郭子儀閑廢已久，召爲關內副元帥，赴商州收散兵，討平之。

圖十一　陝西馬嵬楊貴妃廟堂

六、藩鎮之禍

安史亂後，朝政依然惡化，動搖莫定，其禍根有二：一爲假力於外兵，致回紇萌輕唐之心。僕固懷恩討平史朝義，其功最大，因程元振之擅權，又以魚朝恩駱奉仙辛雲京李抱玉言其反，上表謂：「來瑱受誅，朝廷不受其罪，諸道節度，誰不疑懼。近聞詔追數人，盡皆不至，實畏中官讒口，虛受陛下誅夷，豈惟羣臣不忠，正爲回邪在側」(註四十八)。心迹無以自明，因懼而復叛，誘回紇吐蕃入寇，迫奉天，京師震駭，魚朝恩欲挾代宗奔河中。郭子儀守涇陽，單騎見回紇，約攻吐蕃，始戡平之。二爲分柄於閹人，當安史之亂，宦官漸得志，代宗曾受制於李輔國，而魚朝恩程元振因之，權勢坐大，掌握權柄，殘害忠良，典掌禁兵，蠹害朝政，致紀綱日壞。且代宗竟聽程元振之譖，以宰相餌來瑱，又誣以通賊而殺之，故藩鎮皆懷叛志。僕固懷恩欲幸禍植黨，於是請以河北地封三降將，養亂以自固，終爲唐之巨患(註四十九)。代宗雖誅殺李輔國與魚朝恩，又以柳伉一疏，去程元振，既又誅之，然當大亂之餘，此三豎循環控制中樞，作惡萬端，元氣備受摧殘。元載以一書生，爲權相而貪猥無狀，弄權舞智，僭侈無度，政刑更日壞。顏眞卿議論風節，時無倫比，竟爲之坐貶；楊綰左遷，李少良杖死，且寄鄴侯李泌於江外，故大曆之政，法度廢弛，由此致也。其後元載伏誅，任楊綰爲相，三月之間，天下震動，興利革弊，本可有爲，綰遽卒，常袞不足以勝任，而代宗又崩矣。

夫安史之亂也，由於節度使尾大不掉之故，及其亂平，餘黨叛將，仍命爲節度使，方鎭之勢遂强，遂種下河北藩鎭驕橫之禍。新唐書謂：

「安史亂天下，至肅宗大難略平，君臣皆幸安，故瓜分河北地付授叛將，護養孽萌，以成禍根。亂人乘之，遂擅署吏，以賦稅自私，不朝獻於廷，效戰國肱髀相依，以土地傳子孫，脅百姓加鋸其頸，利忧逆汚，遂使其人自視由羌狄然。一寇死，一賊生，訖唐亡百餘年，卒不爲王土」（註五十）。

平盧節度使劉客奴（正臣）被其將王玄志酖殺，取而代之。及玄志沒，其裨將高麗人李懷玉，殺玄志之子，推其戚侯希逸，代玄志，節度使由軍士廢立自此始。史朝義敗，其將薛嵩、張忠志、田承嗣、李懷仙皆降，其後皆封爲節度使。既而李懷玉逐侯希逸，代宗以懷玉知留後，賜名正巳，又與承嗣結爲婚姻，互相表裏。朝廷專事姑息，不能復制，諸人自此漸目無唐室。巳而幽州兵馬使朱希彩殺懷仙，成德李寶臣（張忠志）討之，爲希彩所敗，唐廷不復助寶臣，卽以希彩爲節度使。未幾，希彩又爲其兵所殺，衆未知所從，經略副使朱泚，代知留後，唐以盧龍節度使授之。薛嵩死，弟崿代知留後，唐又卽以相衛留後授之，崿爲其兵所逐，衆歸承嗣。承嗣遂有相衛地。朱泚入朝，使其弟滔留後，唐許之。薛崿既被逐，詣闕謝罪，唐廷並不問。延至大曆十年（七七五），藩鎮交閧之患成，而田承嗣乃反。命李寶臣討之，但遣宦官劉清潭馬承倩勞軍，恩賞失時，又復貪橫，李寶臣復與承嗣相結。明年承嗣自請入朝，唐廷特赦許之，而汴宋之亂又起。同年，汴宋留後田神功沒，都虞侯李靈曜殺兵馬使孟鑒，北結田承嗣爲援，詔以靈曜爲汴宋留後。靈曜益驕慢，唐命李忠臣李勉等五節度使進兵擊靈曜，敗之，承嗣遣其姪悅將兵來援，敗績，靈曜被擒，送京師伏誅。但諸藩鎮仍驕橫，承嗣亦終不入朝，諸節度使攻靈曜，所得之地，各爲已有。其後諸藩鎮擅自殺立，朝廷卒不能過問。黠將悍卒，相與蔑視王室，署置官吏，隱然戰國連衡之勢，朝廷不得已賜節鉞，雖在中國，實如戎狄。夫藩鎮之禍玄宗造其因，肅代兩朝，專務姑息，縱容叛臣，咎由於任用宦官。其始也，「各專其地以自世，旣則迫於利害之謀，故其喜則連衡而叛上，怒則以力而相并；及其甚，則起而凌王室。唐自中世以後，收功弭亂，雖常倚鎭兵，而其亡也，亦終以此」（註五十一）。

德宗适卽位，初政可觀，罷貢獻，撤梨園，停榷酤，却祥瑞，出宮人，又以常袞爲不稱相職罷之，代以崔祐甫（七二一—七八零），務崇寬大，有志振作。淄青節度使李正己憚其威名，表獻錢三十萬緡，德宗用祐甫計，以之頒賜淄青將士，正己慚服。又先世用第五琦爲度支使，奏請國中財賦，盡貯大盈內庫，使宦官掌之，由是以公賦爲人主私藏，有司不得窺其多寡者，殆二十年，及是乃用楊炎之言，使財賦悉輸左藏。又言租庸之害，定兩稅以便天下。故建中初政，當時稱爲有貞觀之風，肅代以來，惟此時爲暫治。然而强藩裂土，積弊之勢久成，雖有善治，終不足屈諸鎭之心，而戢其未來之亂。祐甫旋病，薦楊炎自代。炎亦善爲理財之法，乃忌劉晏而殺之，又專以復恩讐爲事，爲政多乖誤。德宗又惡炎，擢盧杞並相。杞一小人，性險，陰狡有口辯，卒逐炎而專政，德宗不能辨，建中之亂，自此養成。杞又引裴延齡爲集賢學士，小人多得志，炎亦旋爲所害。黃伯思謂：「以張鎰之忠蓋而棄外，杞之姦而當國，泚之陰賊而位三公，建中之政可知矣」（註五十二）。建中之朝政如此，於是內治漸不舉，而諸鎭稱兵之禍益滋矣。

德宗頗思維持威信，不許藩鎭世襲，魏博、平盧、成德、山南東四鎭，遂連合抗命，命諸將分道討之，凡四年始少定。初成德李寶臣與李正己田承嗣等相結，期以土地傳子孫，故承嗣死，寶臣力爲田悅請繼襲。建中二年（七八一），寶臣死，子惟岳自稱留後，田悅屢爲惟岳請，唐廷不許。悅乃與正己各遣使於惟岳共謀興師。悅攻臨洺，詔河東節度使馬燧、神策兵馬使李晟救之，又詔幽州留後朱滔討惟岳。三年（七八二），馬燧大敗田悅，朱滔亦戰勝惟岳，殺之，傳首京師。自寶臣據成德，凡二十九年，始告壓服，事垂定矣，乃唐廷對此難制之藩臣，不能立施其綏靖之謀，亂事將戡平，復以賞功問題，討叛者亦從之而叛。朱滔王武俊共建討悅之功，而唐吝予朱滔地，又不畀王武俊節度使，二人皆怨，忽絕唐而與田悅李納相約，共稱王，以滔爲盟主，稱孤，河北軍事形勢又爲之一變。同時，山南東道節度使梁崇義，治襄陽，與河朔淄青諸鎭相結，被徵入朝，不受詔。德宗命淅寧節度使李希烈討之。崇義敗死，而希烈遂強，謀欲得其地，而唐不從。希烈亦怨，暗與朱滔呼應。河北之難未已，河南之警又起，希烈自稱天下都元帥建興王（註五十三）。四年（七八三），遣顏眞卿宣慰之，稱兵如故，乃發涇原等道兵討之，於是東面之警未平，而奉天之役又起矣。是年十月，涇原節度使姚令言，將兵五萬至京師，軍士冒雨寒甚，詔犒師，惟糲食菜餤，衆怒鼓噪還京師，德宗倉卒出幸奉天（陝西乾縣）。亂兵由晉昌里迎朱泚爲王（註五十四），號大秦皇帝，稱應天元年（註五十五）。李懷光卽率衆至長安赴難，河北節度使李晟亦以師至。泚自長安偪奉天，幸金吾大將軍渾瑊挫之，懷光之師亦至，奉天之圍解。但懷光至奉天，欲謁德宗，以格於盧杞，咫尺不得見君王，意殊怏怏，頓兵抗表，論盧杞之罪。詔貶杞司馬，懷光志猶不愜。興元元年（七八四），德宗用陸贄（七五四—八零五）謀，下罪己之詔，赦免李希烈、田悅、王武俊，李納之罪，惟朱泚不赦；從前所增間架竹木茶漆榷鐵之稅，一切停罷，四方人心，爲之大悅。田悅、王武俊、李納均去王號，上表謝罪，詔復其官爵。惟李希烈自恃兵强財富，僭稱楚帝，以汴州爲大梁府。俄而李懷光又密與朱泚通謀，反於咸陽，連兵相偪，車駕再幸梁州（南鄭）。六月，李晟會駱元光尙可孤兵收復京城，泚與姚令言率衆四走，俱爲下所殺。車駕還長安，命渾瑊馬燧等討懷光。貞元元年（七八五），懷光兵連爲燧、瑊所敗，自縊死。二年（七八六），希烈爲其將陳仙奇所毒殺，舉衆來降。仙奇又爲其將吳少誠所殺，詔以少誠爲淮西留後。河朔一方，田悅爲兵馬使田緒（承嗣之子）所殺，仍奉表歸唐，詔以緒爲魏博節度使，又授王武俊平章事，令與李抱眞協力擊朱滔。滔敗還幽州，又爲武俊所攻，上章待罪，旣卽病死，詔以劉怦爲幽州節度使。未幾怦沒，以其子濟知節度事。夫藩鎭悍將，循環稱叛，將吏士卒，大多厭亂。如田悅李惟岳朱滔李懷光之叛，其部衆皆有不顧從逆之情，抗凶豎而思受王命，然而卒爲驅使者，以利啗之。田緒殺田悅，慮將士之不容，乃登城大呼，許緡錢千萬，而三軍屏息以聽；李懷光欲奔河東，衆皆不順，而許以東方諸縣，聽其俘掠。凡據軍府結衆心以擅命者，皆用此術。此可見藩鎭悍將，其所以盤據稱叛者，乃乘唐室中樞昏闇，威信廢墮，利用部衆之心理弱點，誘而驅策之耳。向使唐廷紀綱不紊，明於賞罰，處置適當，自可以討伐而戡平之也。

初，魚朝恩旣誅，代宗不復使宦者典兵，神策一軍，仍歸禁衞。德宗卽位，任之中官，初委白志貞，後以竇文場代之。及還京後，委權宦寺，分典禁旅，故是時邊兵統於番將，禁兵則統於宦豎，而頗忌宿將握兵也。又志圖苟安，一意聚斂，山東之事，任其自相攻併，不復過問。雖然，德宗對藩鎭務姑息，而用人則彌猜忌，故任賢不永。盧杞知其弱點，因以疑似離間羣臣，又勸德宗以嚴刻御下，遂致中外失望。用裴延齡當國，致陸贄遭其讒貶。夫陸贄自奉天得主以來，任翰林，事無有不言，言無有不盡，而德宗之不從者，十不一二，亦終不克以善信之也。自陸贄貶官，尤不任宰相，天下細務，但自決之，中書行文書而已。李吉甫對憲宗謂：「德宗自任聖智，不信宰相而信他人，是使姦臣得乘間弄威福，政事不理，職此故也」（註五十六）。德宗既暱近宦官貪吏，致晚年政績不舉，而藩鎭愈橫，又困於吐蕃之患，李泌爲三朝元老，有謀略而佐之，亦不能救其弊。貞元之弊，與大曆正同，後人太息唐鎭之强，大曆與貞元，所以輒相對舉也。

七、元和中興

德宗在位二十六年崩（八零五），太子誦立，是爲順宗。王伾王叔文以東宮舊人用事，與宦官李忠言等交結，結黨植勢，政自己出，頗思振作，但居心不正，好謀務速，欲盡據大權，又謀奪宦者兵。順宗在位八月，因有風疾，失音，乃傳位太子純，是爲憲宗，貶王伾王叔文及其黨。伾病沒，叔文賜死，於是朝政復理。門下侍郎杜黃裳（七三八—八零八），深論德宗姑息之弊，謂陛下必欲振擧綱紀，宜稍以法度裁制藩鎭，然後天下可得而理（註五十七）。於是始用兵討蜀，以神策軍使高崇文，討平西川節度副使劉闢。又以李演等爲夏綏節度使，斬留後楊惠琳，西北得無事。鎭海節度使李錡素驕縱，生變，制削其官爵，並遣淮南節度使王鍔統諸軍進討之。元和二年（八零七），執錡送京處斬，不因親貴而議輕典，以錡斂民財而輸浙西百姓，由是唐之恩威，復布於東南。魏博節度使自田承嗣傳至懷諫，凡四世，歷四十九年，而傳於田興（弘正）。七年（八一二），憲宗用宰相李絳（七六四—八三○）之計，即除興節度使，仍令中書舍人裴度（七六四—八三九）至魏州宣慰，賜魏博三軍賞錢一百五十萬緡，六州百姓均給復一半，軍民咸悅（註五十八）。興事唐甚謹，旋即入朝，憲宗亦待之甚厚。成德節度使王承宗抗命，四年（八○九），以宦官吐突承璀爲招討處置等使，出討承宗，發兵二十萬，費七百餘萬緡，無功。李絳獻議，請釋承宗於恒冀，而困吳少誠於申蔡，以其孤立可討也。少誠沒，元濟領其衆，據淮西三州，十年（八一五），發十六道往討，師稍久無功。明年，以李愬主用兵事，雪夜襲蔡州城，擒元濟（註五十九），其將董重質亦單騎詣降。蔡城自少誠拒命，唐軍不至者三十餘年，至是淮西之亂遂平。然而唐廷對承宗用兵未已也，命田興出師臨其境，並鄰道六節度使之衆討之。及元濟被誅，河北震驚，承宗始懼，求救於田興。十三年（八一八），興遣承宗男知感知信於京師爲質，又獻德棣二州圖印（註六十）。下詔寬恤，復其官爵，承宗奉法益謹。十四年（八一九），田興入朝。十五年（八二○），承宗沒，弟承元不敢世爲留後，而以田興領其地，承元改爲義成節度使。元和十三年，淄青節度使李師道抗命，遣兵討之。師道孤立無援，翌年被其部下都知兵馬使劉悟所襲殺，淄青等十二州俱定。自李正已割據，傳四世，歷五十四年，始削平其地。盧龍節度使劉總，本持兩端，見各藩鎭均削平，爲圖自安之計，長慶元年（八二一），上疏落髮，表請歸朝（註六十一），盧龍亦受唐號令。自天寶以後，兩河陷於强藩者六十餘年，幾如化外，至是始復隸中央。期年之間，易鎮三十有六，中唐以來所未有也。孫甫謂：

「憲宗自卽位，有興復大業之志，首得杜黃裳陳安危之本，啓其機斷，繼得武元衡裴垍李絳裴度謀議國事。數人皆公忠至明之人，故能選任將帥，平定寇亂，累年叛渙之地，得爲王土」（註六十二）。

最後，橫海節度使程權內不自安，亦表請擧族入朝。烏重胤奏言：河朔藩鎮所以能抗命者，由諸州縣各置鎮將領事，收刺史縣令之權，自作威福耳。於是下詔諸道節度防禦等使，所統支郡兵馬並令領於刺史。此乃從政治基層消除藩鎮之患，宋趙普除節度使權，以兵付各州刺史，亦用此策也。是時裴度賢相執政，憲宗委任不疑，崔羣爲翰林學士，以讜言正論聞於時，故勳烈之盛，一時無比。肅宗以後無稱，惟元和之政，號爲中興焉。惜諸鎮既平，憲宗意漸驕侈，縱欲娛樂，池臺館宇，稍增崇飾。判度支皇甫鎛，鹽鐵使程异，漸喩其意，數進羨餘，由是有寵，任同平章事，朝野驚駭。鎛异務聚斂而無相才，宰臣裴度崔羣三上書，極言其不可，不從。度羣又爲鎛黨所排斥，於是元和之政日敝。憲宗晚年，又慮年壽之不長，侈樂之不極，鎛進方士柳泌，以長生惑之。宦官衆多，日益親寵。不數月爲金丹所誤，躁怒無常。在位之十五年（八二〇），卒爲宦官陳弘志所害。

八、宦官與朋黨之禍

自安史亂後，國中政柄，屢分於閹宦。肅宗時之李輔國與程元振，狼狽爲奸，專橫無比，明對代宗曰：「大家但居禁中，外事聽老奴處分。」憲宗治國，以明決聞，顧其以宦官劉光琦任樞密，導宦官得志之機。唐初，典兵禁中，出於帷幄之議，故機密名官。開元中，設堂後五房，而樞密自為一司，其職秘，獨宰相得知，舍人官屬無得預也。貞元之後，以藩鎮之亂，不願以兵屬人，乃以宦官公領左右神策軍，而樞密之職，歸於北司。當其盛時，其貴者號中尉，次則樞密使，皆得貼黃除吏。故樞密之制，分宰相之權，統禁兵之職也，吐突承璀王守澄資之以擅廢立。憲宗之死，雖由陳弘志為之，而指使之者，實為王守澄。既害憲宗，奉太子恒即位，是為穆宗，唐世宦官擅行弒立自此始。趙翼謂：

「自德宗懲涇師之變，禁軍倉卒不及徵集。還京後，不欲以武臣典禁兵，乃以神策天威等軍，置護軍中尉、中護軍等官，以內官竇文場霍仙鳴等主之，於是禁軍全歸宦寺。其後又有樞密之職，凡承受詔旨，出納王命多委之，於是機務之重，又為所參預。是二者皆極重要之地，有一已足攬權樹威，挾制中外。況二者盡為其所操乎？其始猶假寵竊靈，挾主勢以制下，其後積重難返，居肘腋之地，為腹心之患；即人主廢置，亦在掌握中。僖宗紀贊謂自穆宗以來八世，而為宦官所立七君。…統計此六七代中，援立之權，盡歸宦寺，宰相亦不得與知」（註六十三）。

宦官禍害之淵源，新唐書論之更詳：

「太宗詔內侍省，不立三品官，以內侍為之長，階第四，不任以事。惟門閤守禦，廷內掃除，稟食而已。武后時，稍增其人。至中宗，黃衣乃二千員，七品以上員外置千員，然衣朱紫者向少。玄宗承平，財用富足，志大事奢，不愛惜賞賜爵位。開元天寶中，宮嬪大率至四萬，宦官黃衣以上三千員，衣朱紫者千餘人。其稱旨者，輒拜三品將軍，列戟於門。其在殿頭供奉，委任華重，持節傳命，光焰殷殷動四方，所至郡縣，奔走獻遺至萬計。…監軍持權，節度反出其下。於是甲舍名園，上腴之田，爲中人所名者，半京畿矣。肅代庸弱，倚爲扞衞，故輔國以尚父顯，元振以援立奮，朝恩以軍容重，猶未得常主兵也。德宗懲艾泚賊，故以左右神策天威等軍，委宦者主之。置護軍中尉、中護軍，分提禁兵，是以威柄下遷，政在宦人，舉手伸縮，便有輕重。至慓士奇材，則養以爲子；巨鎭彊藩，則爭出我門。…又日夕侍天子，狎則無威，習則不疑，故昏君蔽於所昵，英主禍生所忽，玄宗以遷崩，憲敬以弒殞，文以憂僨，至昭而天下亡矣。禍始開元，極於天祐」（註六十四）。

穆宗在位，荒昵侈靡，畋遊無度，不恤國事，雖曾貶皇甫鎛，誅柳泌，而其後並無善政。輔相崔植杜元穎輩庸才，無遠略，不知安危大體，皆不足道。王播專以承迎爲事，元稹李逢吉亦祇沮壞朝政。元和三年（八〇八），牛僧孺李宗閔對策，指陳時政之失，譏切李吉甫（七五八—八一四）；吉甫，李德裕之父也。及長慶元年（八二一），以禮部侍郎錢徽放榜，所取進士，皆子弟無藝，事發，株連宗閔，貶爲劍州刺史，故釀成李德裕（七八七—八四九）與李宗閔各分朋黨相傾軋，四十餘年之黨爭，此則導機也。牛僧孺（七七九—八四七）、李逢吉，又與李德裕相傾軋，由是德裕與宗閔相聯絡，牛李之憾日深，分黨相傾，至憲宗崩而益烈。朝臣之樹黨爭權，又自此始。王船山痛論其是非曰：

「李宗閔牛僧孺攻李吉甫，正也。李德裕修其父之怨而與相排擯，私也。乃宗閔與元稹落拓江湖，而投附宦官以進，則邪移於宗閔稹，而德裕晚節，功施赫然，視二子者有薰蕕之異矣。李逢吉之惡，夫人而惡之，德裕不與協比正也，而忽引所深惡之牛僧孺於端揆，以抑逢吉而睦於僧孺，無定情矣。德裕惡宗閔訐貢舉之私以抑之，累及裴度，度不以爲嫌，而力薦德裕入相，度之公也。李宗閔與度均爲被訐之人，乃背度而相傾陷，其端不可詰矣。宗閔與稹始皆以直言進，旣皆與正人忤，而一爭進取，則稹合於德裕以沮宗閔，兩俱邪而情固不可測矣。楊汝士之汙濁固已，德裕以私怨蔓延而訐之使貶，俾與裴度李紳同條受謗，汝士之爲貞邪不決矣。白居易故爲度客，而以浮華與元稹爲膠漆之交，稹之傾度，居易不免焉，而德裕亟引其從弟敏中，抑又何也？李訓鄭注，欲逐德裕而薦宗閔以復相，乃未幾陷楊虞卿而竄宗閔於明州，何其速也？聚散生於俄頃，褒貶變於睚眥，是或合或離，或正或邪；亦惡從而辨之哉？」（註六十五）

此可見朋黨之爭，翻雲覆雨，無眞是眞非，而唐之諸臣，皆知有門戶，不知有天子，困擾政局凡四十餘年，遺禍不可謂不大也。

憲宗時；河朔三鎭，已奉朝命。至穆宗朝，長慶元年，盧龍之朱克融，成德之王庭湊，魏博之史憲誠，均與唐絕，河朔三鎭，復淪化外。朝廷發兵十五萬，月費二十八萬緡，以裴度元臣宿望，烏重胤李光顏，皆當時名將，討幽鎭萬餘之衆，屯守踰年，多觀望不進。又以運輸艱難，餉糈匱乏，遂不得已而罷兵，河北再失，訖於唐亡，不能復取。穆宗在位四年（八二四），以酒色致疾，餌金石而崩，子湛立，是爲敬宗。年十六卽位，方倚大臣；大臣李逢吉，凶人也，欺天子幼弱，大植朋黨，專報私怨，而竄李紳。然敬宗能聽韋處厚忠言，辨李逢吉奸黨，知裴度大賢而召之復相，本可以有爲。無如宦官王守澄仍專權，而敬宗務嬉遊，狎近羣小，善擊毬，好手搏，故羣小益肆，染坊供人張韶襲擊禁庭，幾爲所算。敬宗在位三年（八二六），爲宦官劉克明所害。守澄討誅克明，迎穆宗次子涵，更名昂卽位，是爲文宗。初卽位，好節儉，尚仁惠，納諍諫，重儒術，任韋處厚爲相，時與大臣論國事，勤勤懇懇，以致太平爲念。又出宮人，放鷹犬，罷別儲錢穀，悉歸有司，省敎坊總監冗食一千二百員，革除「債帥」之習。然資性優柔，乏明斷之才，求治雖切，卒成孱弱之態，宦官之禍，朋黨之爭，終無術解除。尤以朋黨興而人心國是，如亂絲之不可理。文宗謂去河北賊易，去朝廷朋黨難，實慨乎言之！

夫唐自憲宗當國，治理秩然，後雖漸卽驕奢，尚不爲其初政之累。穆宗之世，唐政荒落，閹權由此烈，黨爭由此紛，河朔三鎭，由此日強，故自敬宗至武宗二十年中，唐幾不能再治，推其禍端，皆由穆宗時釀成之。王守澄陳宏志兩宦豎，推刃天子，無有敢斥言之者，縱橫兩代，天子每以擁虛器爲恥，至文宗之末年，而後以他罪誅之。太和二年（八二八），舉子劉蕡應賢臣方正能直言極諫科策試，痛陳宦豎之惡，謂：

「今軍容合中官之政，戎律附內臣之職，首戴武弁，嫉文吏如仇讎；足蹈軍門，視農夫如草芥。謀不足以翦除兇逆，而詐足以抑揚威福；勇不足以鎭衞社稷，而暴足以侵軼里閭。羈紲藩臣，干凌宰輔，隳裂王度，汨亂朝經。張武夫之威，上以制君父；假天子之命，下以御英豪。有藏姦觀釁之心，無仗節死難之義」（註六十六）。

文宗畏宦官之擅權，初用宋申錫爲相，謀之不克，申錫反被王守澄誣以竄死，而宦官益暴，文宗不能堪。李訓鄭注，皆姦佞小人，有才辯，初因王守澄以進，旣而爲文宗畫太平之策，先除宦官，乃更倚訓注謀誅之。會稱左金吾廳後，石榴夜有甘露，文宗命諸宦官往視之，李訓因伏兵縱擊。謀洩，反爲仇士良等殺傷一千六百餘人，宰相王涯及賈餗等坐斬者千餘人，朝士橫殺，曝屍闕下，帝亦惴惴不保，僅而倖免。自是宦官愈恣橫，朝臣日憂破家，京城常騷動不安，而迫脅天子，下視宰相，陵暴朝士如草芥，太子竟不能保，國事皆決於北司，宰相第行文書而已。會昭義節度使劉從諫上表請頒王涯等罪名，願以死請君側。士良等忌之，由是鄭覃李石粗能秉政，文宗倚之，亦差以自強。然文宗對直學士周墀言，受制於家奴（註六十七）。仇士良歷數帝過，文宗俯首受辱而已。及士良致仕，嘗戒其黨曰：「今日爲諸君言久遠計，天子莫敎閑；閑則讀書，讀書則近文臣。重文臣則廣納規諫，減玩好，省遊幸，如此則吾輩恩澤漸薄，權力不重。諸君常以毬獵聲樂惑亂之，遊幸之所，極奢侈，盡奇伎，使一處盛於一處。如此則不暇讀書，不親萬機，不知外事，吾輩恩澤，永無疏間」（註六十八）。觀士良之言，則宦官奸巧，惑亂人主之術盡見矣。文宗在位十四年（八四〇）鬱鬱而崩，弟潁王瀍（炎）立，是爲武宗。

是時朋黨爭衡之烈，猶未已也，僧孺以德量高，德裕以才氣勝，論治政策，僧孺以無事爲安，而德裕以制勝爲得。對范陽之計，維州之論，牛李聚頌，互相排斥。及武宗卽位，加悉怛謀爲右衞將軍，維州之論乃定。以李德裕爲相，李宗閔黨，不容於朝。由於藩鎭專橫已久，河北三鎭旣專地自封，唐勢力實不能及，而昭義節度使（治潞州）亦謀世襲，武宗用李德裕之策，用兵澤潞，進討劉稹，卒平之。夫唐之積弊，在內則中官與樞密相表裏也，在外則節度使與監軍相呼吸也。王守澄陳宏志等躬行大逆，不畏天下有問罪之師，實恃外有監軍之使，深結將帥，諸帥之兵，皆宦者之爪牙，故德裕痛乎言之，謂宦者監軍政於外而封疆危，宦者統禁兵於內而天子危。德裕爲裁損內豎之權，自監軍始；監軍失權，而中尉不保神策之軍。所謂革弊須從源頭理會者，此從兵柄上徹底裁抑宦豎之術也。於是宦官與德裕有不兩立之勢。德裕更由行政上裁制之者，首請政事皆出中書，使朝廷尊，臣下肅，仇士良挾定策之功，而不能不引身謝病以去。唐自肅宗以來，內豎之不得專政者，僅見於會昌耳。故李德裕之相武宗，實有功烈，而爲唐賢相，惜武宗早夭，德裕被竄，否則唐室或可以復興也。葉夢得謂：

「李德裕是唐中世第一等人物，其才遠過裴晉公，錯綜萬務，應變開闔，可與姚崇並立，而不至爲崇之權譎任數。使武宗之材如明皇之初，則開元不難至。其卒不能免禍，而唐亦不競者，特怨恩太深，善惡太明，及墮朋黨之累也」（註六十九）

會昌六年（八四六），武宗因餌金丹，性躁急，喜怒不常，日覺煩渴，疽發於背。及疾篤，宦官馬元贄等密於禁中定策，以皇子幼沖，立光王怡爲皇太叔，更名忱，應軍國政事。武宗崩，忱卽位，是爲宣宗。

九、大中暫治

宣宗之政，善於文武，唐治久息，賴此一振。然宦官暗害李德裕，白敏中又竭力排之，故宣宗以德裕可畏而竄之；又貶竄李宗閔牛僧孺，朋黨之爭始息。宣宗嘗與宰臣令狐綯韋澳，謀處宦官之策，於是宦官權勢，爲之稍斂；但宣宗對宦官閉目搖首，以其握內侍之權，若與外廷議之，恐生內變，故瞿然尚畏之，而宦官益與朝士相惡，南北司如水火。大中三年（八四九），武寧（治徐州）軍亂，詔以盧弘止爲節度使，平徐餘亂，東南節鎮爲之稍安。安史亂後，河湟之地爲吐蕃有，五年（八五一），張義潮復取河湟之地，西川節度使杜悰，亦取維州，又以畢諴爲邠寧節度使，招諭黨項，黨項遂安，西北邊方，爲之悉定。宣宗性明察沉斷，用法無私，從諫如流，凡諫官論事，門下封駁，苟合於理，多屈意相從；詔刺史毋得外徙，必令至京師，面察能否然後除。又重惜官賞，節儉愛民，故大中之政，訖於唐亡，人思詠之，奉以「小太宗」之號焉（註七十）。范祖禹曰：

「宣宗之治以察爲明，雖聽納規諫，而性實猜刻；雖吝惜爵賞，而人多僥倖。外則藩方數逐其帥守，而不能治；內則宦者握兵柄，制國命自如也。然百吏奉法，政治不擾，海內安靖，幾十五年。繼以懿僖不君，唐室壞亂，是以人思大中之政，爲不可及。……若宣宗者，豈不足爲賢君哉？」（註七十一）

雖然，宣宗好用申韓之術，聽馬植刻覈之言，持法律以核吏民，廣逮繫以成鍛鍊。故周墀爲相，韋澳謂之曰：「願相公無權」，所以懲德裕之禍，而歎宣宗猜刻不可與有為也。夫德宣二宗，皆懷疑以御下者也。德宗疑其大而略其小，忘人於偶然之失，則人尚得以自容。宣宗則視人謦欬笑語，流目擧踵之間，而好惡旋移，是非交亂，然則大中之政，不過以刻覈為治也歟？宣宗在位之十三年（八五九），亦因餌道士藥，疽發於背而崩，由宦官王節實擁立鄆王溫為太子，更名漼，是為懿宗。

懿宗即位，以路巖韋保衡為相，納賄樹私，大紊時政，刑殺無辜甚衆。二凶表裏為患，中外所憂，生民日以困敝，大中之政，為之衰替。懿宗初立，佞佛怠政，游宴無節，習於淫靡，賦歛過度，所在羣盜，半是逃戶，故軍亂方興，民亦相尋而為盜。浙東裘甫聚衆為亂，旬日而得三萬，派王式討平之。咸通三年（八六二），徐州軍亂，逐節度使溫璋，詔式赴定難。南詔之酋龍，自稱皇帝，改國號曰大理，數窺安南及唐邊，邕州西川等地，受禍甚烈。七年（八六六），嶺南西道節度使高駢大破前詔，遂收復交趾，南陲之禍暫平，但酋龍為邊患殆二十年，唐廷為之虛耗。九年（八六八），桂州戍兵滿六載，以軍帑空虛，未有代，戍卒叛，推龐勛為主，刼庫兵北還，輾轉陷彭城。詔以康承訓為行營都招討使，督諸道兵出討。及奉命，奏乞西突厥別種沙陀諸部落使朱邪赤心，及吐谷渾、韃靼、契苾酋長，各帥其衆以自隨。及龐勛之亂全定，詔嘉朱邪赤心之功，置大同軍於雲州，以赤心為節度使，賜姓名李國昌，是為沙陀種人圖功中國之始，而為唐亡之禍基。宣宗之世，祇知防河北，而忽視東南，夫河北諸帥，皆庸豎耳，雖割據不歸王土，尚未足為大憂，獨東南為唐廷餉糈所自出，素為安定唐室之根基，一旦動搖，則全局瓦解。蠻寇積年未平，兩河兵戍嶺南，懿宗時南方之多事，為其嚆矢。

至於閹宦，依然擅權，樞密使駕凌宰相，當時士大夫深疾之，事有小相涉，則衆共棄。懿宗在位十四年（八七三）有疾，宦官劉行深韓文約等立其少子普王儼爲太子，更名儇，是爲僖宗。

十、黃巢之亂

僖宗初立，時年十四，尤荒肆，專務遊戲，縱方鎮，寵宦官，政事一委田令孜，呼爲阿父，南牙北司，互相矛盾，國日益亂，民日益離，唐亡之機，蓋決於此。乾符二年（八七五），王郢刼庫作亂，聚衆萬人，攻陷蘇常州，轉掠二浙，南及福建，迄四年（八七七），始被剿滅於明州。自懿宗以來，用度日繁，兵戈不息，重爲聚斂，民不堪其苦。加以關東連年水旱，百姓流離日多，其僅存者，乃相聚爲盜賊。僖宗卽位之初，王仙芝聚衆數千，起事長垣。翌年，與其黨尙君長陷曹濮二州，轉入河南、淮南與荆南。四年，遣尙君長請降，招討使宋威執之，送京師斬首。（註七十二）翌年，黃梅之戰，仙芝被殺，死者五萬人，餘黨盡散。寃句（山東菏澤縣南）人黃巢，粗涉書傳，屢舉進士不第，遂爲盜，本與仙芝輩爲同黨，仙芝陷曹濮，巢聚徒相應，攻剽州縣，數月間，衆至數萬。孫甫謂：

「夫巢賊本負販之民，非祿山輩，但因饑年，驅細民刼財物，資朝夕之用耳，何至成大亂？由朝廷衰微，邪臣誤計，任高駢宋威輩皆奸險無節，爭功忌能，玩寇自重，養成賊勢」（註七十三）

此誠持平之論也。時僖宗以幼主臨朝，號令出於臣下，巢師既起，士人從而附之，其馳檄四方，指目朝弊，多爲士不逞者之辭。巢徒黨既盛，與仙芝爲聲援，及仙芝敗死，巢方攻亳未下，尙君長之弟讓，帥仙芝餘衆歸之，推巢號衝天大將軍，署官屬。攻陷沂濮，南掠淮南，遂渡江，奪江西諸州，轉入浙東，繼竄福建，旋爲鎭海節度使高駢兵所敗。遂趣廣南，破廣州，乞授天平節度使，唐不許；又求廣州節度使，唐亦不許，此爲乾符六年（八七九）也。自春及夏，巢衆大疫，死者什三四，衆謀北歸以圖大事。乃自桂州編筏沿湘而下，陷潭州，遣尙君讓偪江陵下之，號五十萬，進趣襄陽，山南東道節度使劉巨容拒之荊門，巢敗。巨容養寇以脅上，不追殲之。巢渡江東走，轉陷鄂州，東掠饒、信、杭等十五州，衆至二十萬。翌年自采石渡江，圍天長六合，又渡淮而西，陷洛陽，入潼關（註七十四）。朝廷震懼，急以天平節鉞授巢，然不能止也。巢破京師，廣明元年（八八零）十二月，僖宗走興元。巢殺唐宗室在長安者無遺類，遂入宮，自稱大齊皇帝，年號金統，以尙讓爲太尉，命朱溫屯東渭橋，扼唐援師。是時諸道勤王之兵，四面而至。巢遣溫攻河中節度使王重榮敗績，重榮遂與諸道兵進圍長安。中和元年（八八一），諸道兵攻逼益力，巢率衆東走。二年（八八二），義武軍節度使王處存率軍二萬先入長安，百姓歡呼叫噪，而軍令不整，爲巢悉，自灞上還師襲長安，縱兵屠殺，流血成川，謂之洗城（註七十五）。長安仍爲巢所據。時長安中斗米值錢三十緡，賊買人於官軍以爲糧，每人一口值錢數百緡，以肥瘠論價。王重榮與宦官楊復光謀，設法召李國昌之子克用，以爲雁門節度使。克用遂將兵四萬趣河中，賊憚之稱爲鴉軍。（註七十六）三年（八八三），克用兵進圍華州，巢遣尙讓往救，大敗，是時諸道兵皆會長安，大戰渭橋，巢兵敗走，克用乘勝，夜襲京師，巢焚宮室東遁，衆猶十五萬。長安恢復，詔以克用同平章事。黃巢將朱溫，初守華州，既又以州降唐，賜名全忠，使爲宣武節度使。適巢東略，取蔡圍陳，聲勢轉盛。四年（八八四），溫等求救於克用；克用將蕃漢兵五萬救之，巢解陳圍，趣汴，克用追擊於中牟北王滿渡，大破之，尙讓降。巢東走，讓追之，巢入泰山，其甥林言斬巢首降唐（註七十七）。黃巢自京而東遁也，與其衆屯於陳蔡間，瀕河下寨連絡，號八山營，於時蔡州節度使秦宗權懼巢，以城降之，時旣饑乏，野無所掠，惟捕人爲食，肉盡，繼之以骨，或碓搗，或磑磨，咸用充餓（註七十八）。及巢敗死，宗權轉張，遣將寇荆襄，陷東都，衆皆剽銳，師行所至，屠殺人物，其殘暴又甚於巢，焚燒郡邑，西至關內，東極青齊，南繚荆郢，北亘衞滑，魚爛鳥散，人煙斷絕，旣窮於食，則啖人爲儲，軍士四出，鹽屍而從。關東州邑之僅存者，惟趙犨保陳，朱溫保汴而已。光啓元年（八八五），僖宗自成都返蹕，下詔招撫，而宗權益悍。至昭宗卽位，始爲其將申叢所擒，送於朱溫，解京師梟首（註七十九）。其黨孫儒，後轉掠江南，攻下常潤蘇，卒爲楊行密所敗死。秦宗權滅後，朱溫之勢遂坐大。

十一、唐室之瓦解與覆亡

唐末，藩鎭相鬩，禍始於朱李。李克用因在汴上源驛被朱溫夜圍，曾八次乞遣使按問，且謂異日必爲國患，請發兵討之。但朝廷方務姑息，以顧全大體爲名，祇下詔和解，而不乘兇勢未張，倚克用之兵，動師伐討，失此機便卒致諸鎭交亂，亘盜肆逆。因此各藩鎭素不相得者，各以權力相競爭，互相呑噬，唯力是視，皆無所稟畏。全國騷動，常賦殆絕，藩鎭廢置，不自朝廷，唐之威信遂益衰矣。

僖宗既歸京師，仍任宦官田令孜當國事。黃巢之反，禍實由令孜，而令孜因自兼兩池榷鹽使，又與河中節度使王重榮不相得，徙重榮爲泰寧節度使，而結邠寧節度使朱玫，鳳翔節度使李昌符以抗之，重榮遂求援於克用。玫昌符出兵討重榮，克用引師救之，敗玫昌符之衆，進逼長安，僖宗出走鳳翔，此爲光啓元年也。翌年春，令孜刼僖宗幸寶雞，亂兵復焚宮闕，玫昌符恥爲其用，且憚克用重榮之强，轉與之合，追逼車駕，僖宗又幸興元。玫昌符別奉襄王熅居京師，權監軍國事，玫自爲大丞相，年號建貞，承制行封拜，以悅藩鎭，貢賦多不至興元，而至長安。興元將士乏食，大勢幾不保。後玫與昌符因爭權，復決裂，昌符背玫而通表於興元。興元諸臣急遣使重榮使討玫，李克用亦遣使上表討玫熅，期自湔洗，於是克用重榮之師再出。玫將王行瑜數戰敗，自鳳州還軍襲長安，擒斬朱玫。諸軍大亂，焚掠京城，士民無衣凍死者蔽地。裴澈鄭昌圖奉襄王熅奔河中，就重榮，爲重榮所殺，長安亂復定。三年（八八七），始下詔削奪令孜三川都監，長流於端州。令孜時爲西川監軍，竟不行；其後爲王建下獄死。車駕至鳳翔，被李昌符所留，走保於隴州。河中軍同時亦亂，王重榮爲其下常行儒所殺。詔遣武定節度使李茂貞平昌符於隴州；昌符死，茂貞代爲鳳翔節度使。文德元年（八八八），車駕始還京（註八十）。

僖宗在位十五年（八八八）有疾，宦官楊復恭請立其弟壽王傑爲太弟，監軍國事。僖宗沒，太弟傑立，是爲昭宗。昭宗體貌明粹，有英氣，喜文學，有恢復前烈之志。踐祚伊始，人心厭亂思治，意其足以有爲，中外忻忻焉。然楊復恭輩當權，終無法自拔，帝不平，政事多謀於宰相，欲抑宦官權，時張濬爲相，以功名爲己任，惟無實用。李克用攻雲州，防禦使赫連鐸，盧龍節度使李匡威表請討之。時朱李交惡，朱溫亦表言克用新敗可伐，議者多言不可，獨宰相張濬力主之，乃以濬爲行營都統，韓建爲副，與克用戰趙城，大敗。克用兵大掠晉絳，至於河中，赤地千里。大順元年（八九零），李克用附表訟寃，謂已集蕃漢兵五十萬，欲直抵蒲潼。朝廷震恐，復拜克用河東節度使，貶濬連州刺史。復恭益專政，養壯士爲假子，多出爲節度使；又養宦官子六百人，皆爲監軍。帝常切齒恨復恭，乃出爲鳳翔監軍，嗣詔其致仕。復恭退居京外，復趣興元起兵。景福元年（八九二），鳳翔節度使李茂貞，靜難（即邠寧）節度使王行瑜攻復恭，復恭兵敗，亡走閬州；後欲北奔太原，爲韓建邏士所擒斬（註八十二）。宦官之禍稍定，而茂貞等又强。

自僖宗以來，戰禍連年不絕，喪亂已極，朱溫、李克用、朱瑄、楊行密、朱瑾、錢鏐、王建等，恃力吞併，互相攻戰。浙東之董昌稱帝，號大越羅平國，改元順天，被錢鏐所攻殺。關中之李茂貞、王行瑜、韓建等，稱兵於京畿。朝廷但觀强弱，不計是非，或畏其勢，動以同平章事加之，全無威信可言。復恭亂定，繼以茂貞。茂貞與王行瑜互爲表裏，朝廷動息，皆禀於邠岐，殺相國杜讓能，兼有四鎭十五州之地，刼制朝政，跋扈靡極。乾寧元年（八九四），河中節度使王重盈（重榮弟）死，重榮子珂與重盈子珙爭留後，珂爲克用婿，求援於克用，而珙厚結茂貞行瑜，及鎭國節度使韓建。行瑜求尙書令既不獲，與茂貞建爲珙請又不得，恥之，乃使其弟行約竟攻河中，自與茂貞建各將精騎數千人入朝，坊市民皆竄匿，擅殺宰相韋昭度李谿，並謀廢昭宗，立皇弟吉王保未果，而克用舉兵來救，三師出走。行瑜弟行實，茂貞養子繼鵬，謀刼帝幸鳳翔，京師大亂。昭宗出居於石門（藍田縣西南）。克用進軍來援，攻行瑜；茂貞以兵至鄠縣，斬繼鵬自贖，且遣使和克用。已而車駕還京，克用攻克邠州，行瑜爲部下所殺。詔克用進爵晉王。克用請乘勝取鳳翔，作一勞永逸之計。但朝廷忌沙陀太盛，不聽，乃詔罷歸克用軍。初，克用屯渭北、李茂貞韓建憚之，事朝廷禮甚恭。克用走，茂貞驕橫如故，二鎭貢獻漸疏。三年（八九六），昭宗自石門還，置殿後四軍，選補數萬人，使諸王將之。茂貞謂朝廷將討已，亦治兵請覲，京師大恐，居民亡入山谷。茂貞逼京師，昭宗出幸華州，依韓建（註八十二）。楊行密表請遷都江淮，王建亦請幸成都，蓋大權已落，各鎭遂向昭宗逐鹿。茂貞入京師，宮室市肆，焚燒殆盡，八月，克用再發兵入援，未至，昭宗遣宰相孫渥以兵討茂貞，但因循不出師。翌年（八九七），韓建逼帝罷諸王領兵及殿後四軍，於是人主之宿衛盡，不復如石門之固，因是時諸王尚統兵十三萬宿衛故也。建專橫刼逼，甚於茂貞，又當李克用與朱溫相爭，無暇顧及之際，故其視帝也，正如甕中之鼈。既而建與宦官劉季述，矯制發兵圍諸王十六宅，捕殺皇弟通王滋等十一人，又謀廢帝，立太子裕，未果。及聞李克用朱溫皆將西迎車駕，稍懼，得無廢。無何，宦官之禍復起，昭宗從相臣崔胤計，殺宦官樞密使宋道弼景務脩，但胤勢益張，宦官側目。其黨劉季述等，共謀矯詔，以太子裕監國，幽昭宗於少陽院。季述手持銀撾，於帝前以撾畫地，數帝罪狀曰：「某時某事，汝不從我言，其罪一也」，如此數十不止。乃手鎖其門，鎔鐵錮其扃鐍。時方凝寒，嬪御無被，哭聲聞於外，穴牆通食者兩月。司馬光曰：

「東漢之衰，宦官最名驕横，然皆假人主之權，依憑城社，以濁亂天下，未有能劫脅天子，如制嬰兒，廢置在手，東西出其意，使天子畏之，若乘虎狼而挾蛇虺如唐世者也。所以然者，非它，漢不握兵，唐握兵故也。……然則宦官之禍，始於明皇，盛於肅代，成於德宗，極於昭宗」(註八十三)。

崔胤以朱溫爲外援，季述不敢殺之，祇罷相。胤與神策指揮使孫德昭遂謀復位，天復元年（九零一）春，德昭結右軍都將董彥弼，周承誨，夜殺季述黨王仲先，迎帝御長樂門樓，復帝位，誅季述及其黨二十餘人，黜裕爲德王。德昭等三人均賜姓李，以使相留宿衞，時人謂「三使相」。崔胤復相位，權益專。季述雖誅，宦官韓全誨輩又起。胤以宦官終爲肘腋之患，請帝盡誅之，但以宮人掌內司事。事爲韓全誨等所知。胤知事急，密遺朱溫書，令以兵迎車駕，時朱溫與李茂貞各有挾天子令諸侯之意，溫得胤書，以屢挫克用之餘威，舉師大梁。宦官聞溫將至，刼帝遷鳳翔，依李茂貞。昭宗全無主宰，密賜崔胤札，謂我爲宗社大計，勢須西行，卿等但東行也，惆悵惆悵！時中樞均是小人，無一忠臣，孫甫謂昭宗之世，「大臣無不與方鎭相結；方鎭藉大臣爲援，內外將相不忠，天下大勢橫流，以至於此，昭宗欲何施爲乎？」(註八十四) 唐室垂亡，人主玩於權臣與宦豎掌上，直同傀儡耳。溫師入長安，旋趣鳳翔；詔溫還鎭，不聽。二年（九零二），溫新敗李克用，無後顧之憂，圍鳳翔益急，凍餒而死者甚衆，茂貞出師不勝，乃密謀誅宦官自贖。又明年，遂殺韓全誨等七十二人，與溫和解。溫又密令京兆捕誅九十人。鳳翔圍解，車駕歸京師，復以胤爲相。內官盡屠戮，諸使悉罷，止留黃衣幼弱者三十人，以備灑掃。天子傳宣詔命，惟令宮人，於是唐室宦官之禍遂終。詔進溫爵梁王，還鎮汴，以其部衆控制京師。胤察溫有取唐而代之意，因又密戒兵備，以籌不虞。事爲溫知，天祐元年（九零四），溫欲遷帝都洛，知胤必立異，令其子友諒，以兵圍開化坊第，殺胤，遂脅帝遷洛陽。(註八十五)。臨發前，昭宗發間使求救於李克用王建楊行密，令糾帥藩鎮，以圖匡復，未有應。溫乃遣人弒帝，立輝王祚，更名柷，是爲哀帝。至四年（九零七），被逼下詔禪位於溫，廢柷爲濟陰王，遷於曹州，酖殺之(註八十六)，唐遂亡，歷主二十，凡二百九十年。

(註一)王夫之，讀通鑑論，卷二十，唐高祖。

(註二)范祖禹，唐鑑，卷六。

(註三)象山先生全集，卷三十，房杜謀斷如何論。

(註四)王夫之，讀通鑑論，卷二十，唐太宗。

(註五)資治通鑑，卷一九二。

(註六)顏魯公文集，卷一，論百官論事疏。

(註七)資治通鑑，卷一九二。

(註八)同上書，卷一九二。

(註九)同上書，卷一九四。

(註十)同上書，卷一九三。

（註十一）孫甫，唐史論斷，卷上。
（註十二）吳兢，貞觀政要，卷八。
（註十三）唐史論斷，卷上。
（註十四）資治通鑑，卷一九三。
（註十五）貞觀政要，卷八。
（註十六）新唐書，卷五十一，志四十一。
（註十七）貞觀政要，卷七。
（註十八）同上書，同卷。
（註十九）同上書，同卷。
（註二十）同上書，同卷。
（註二十一）資治通鑑，卷一九八。
（註二十二）同上書，同卷。
（註二十三）舊唐書，卷六十七，列傳十七，李勣附李敬業傳。
（註二十四）資治通鑑，卷二〇三。
（註二十五）趙翼，二十二史劄記，卷十九，武后之忍。
（註二十六）孔平仲，續世說，卷十。
（註二十七）唐史論斷，卷上。

（註二十八）二十二史劄記，卷十九，武后納諫知人。

（註二十九）葉昌熾，語石，上冊，卷一。武氏則天新造十九字：𠀑為天，埊為地，㘰為日，𠥱為月，〇為星，𠺞為君，𠡦為年，𠙺為正，𢘑為臣，曌為照，𠔁為戴，𡕀為載，圀為國，𡔈為初，𤵂為證，𥠢為授，𤯔為人，𨲢為聖，𤯓為生。當時臣下章奏與天下書契，咸用其字。載初以後，百姓奉行新造之字維謹，然獨能行於一世而止。（宣和書譜，卷一，賜錢鏐衣襟書。）

（註三十）舊唐書，卷七，中宗紀。

（註三十一）同上書，卷一八三，列傳一三三，太平公主傳。

（註三十二）同上書，卷七，睿宗紀。

（註三十三）唐史論斷，卷中。

（註三十四）全唐文，卷二〇六，姚崇十事要說。

（註三十五）新唐書，卷一二四，列傳四十九，姚崇李璟傳贊。

（註三十六）讀通鑑論，卷二十二，唐玄宗。

（註三十七）王讜，唐語林，卷三。

（註三十八）杜少陵集詳註，卷十三，憶昔。

（註三十九）顏魯公文集，附行狀，因亮，顏魯公行狀。

（註四十）元氏長慶集，卷十，代曲江考人百韻。

（註四十一）唐六典，卷三。

（註四十二）新唐書，卷三十七，志二十七，地理志。按此數若與隋初比較，人口增加亦不大，蓋隋滅陳後，全國戶八百九十萬七千五百三十六，口四千六百零一萬九千九百五十六。（同上書）。

（註四十三）宋大中祥符六年，全國戶九百零五萬七千，口二千一百九十七萬。

（註四十四）新唐書，卷一二六，列傳五十一，張九齡傳。

（註四十五）舊唐書，卷九，玄宗紀下，紀論。

（註四十六）資治通鑑，卷二一五。

（註四十七）二十二史劄記，卷二十，唐節度使之禍。

（註四十八）資治通鑑，卷二二三。

（註四十九）讀通鑑論，卷二十三，唐代宗。

（註五十）新唐書，卷二一〇，列傳一三五，藩鎭傳序。

（註五十一）舊唐書，卷六十四，方鎭表序。

（註五十二）黃伯思，東觀餘論，卷下。

（註五十三）資治通鑑，卷二二七。

（註五十四）舊唐書，卷一二七，列傳七十七，姚令言傳。

（註五十五）同上書，卷二百下，列傳一五〇下，朱泚傳。

（註五十六）資治通鑑，卷二三八。

（註五十七）同上書，卷二三七。

(註五十八) 同上書，卷二三九。

(註五十九) 舊唐書，卷一四五，列傳九十五，吳少誠附吳元濟傳。

(註六十) 同上書，卷一四二，列傳九十二，王武俊附王承宗傳。

(註六十一) 同上書，卷一四三，列傳九十三，劉怦附劉總傳。

(註六十二) 唐史論斷，卷下。

(註六十三) 二十二史劄記，卷二十，唐代宦官之禍。

(註六十四) 新唐書，卷二〇七，列傳一三三，宦者傳序。

(註六十五) 讀通鑑論，卷二十六，唐文宗。

(註六十六) 唐文粹，卷三十之下，奏。

(註六十七) 資治通鑑，卷二四六。

(註六十八) 唐史論斷，卷下。

(註六十九) 葉夢得，避暑錄話，卷上。

(註七十) 范祖禹，唐鑑，卷二十一。

(註七十一) 同上書。

(註七十二) 舊唐書，卷二百下，列傳一五〇下，黃巢傳。

(註七十三) 唐史論斷，卷下。

(註七十四) 舊唐書，卷二百下，列傳一五〇下，黃巢傳。

(註七十五) 舊唐書，卷十九下，僖宗紀，又同書，卷二百下，列傳一五〇下，黃巢傳。
(註七十六) 資治通鑑，卷二五五。
(註七十七) 新唐書，卷一百五十下，逆臣下，黃巢傳。
(註七十八) 孫光憲，北夢瑣言，卷十六。
(註七十九) 新唐書，卷一百五十下，逆臣下，秦宗權傳。
(註八十) 舊唐書，卷十九下，僖宗紀。
(註八十一) 新唐書，卷二〇八，列傳一三三，楊復恭傳。
(註八十二) 舊唐書，卷二十上，昭宗紀。
(註八十三) 資治通鑑，卷二六三。
(註八十四) 唐史論斷，卷下。
(註八十五) 新唐書，卷二二三下，列傳一四八下，崔胤傳。
(註八十六) 舊唐書，卷二十下，哀帝紀。

第二章　經濟生活

一、糧價與民食政策

唐世盛衰，於民食價格足以覘之，蓋糧價之漲落，可察知民生之豐嗇，而驗證政治社會之治亂也。足食足兵，有絕大之因果關係存焉。貞觀初年，戶不及三百萬，絹一匹始易米一斗（註一），及其治時，四年（六三零），米每斗值三錢。永淳元年（六八二）饑饉，米每斗三百錢。景龍三年（七零九），關中饑，米每斗價一百錢（註二）。開元時海內昇平，十三年（七二五），東郡米每斗十錢，青齊米每斗五錢，兩京米每斗不及二十錢，麵三十二錢，絹每匹值二百一十錢。據唐律所定：平功庸者計一人一日爲絹三尺。假定絹每匹四丈，值二百一十錢，三尺約值十六錢，此可爲一人每日工錢估值之基數，以當時糧價之賤，則其生活之易於維持可知也。安史亂後，社會經濟，爲之一變。永泰元年（七六五），京師米價每斗漲至一千四百錢（註三），二年（七六六），米每石估錢五百，帛每匹估錢二千，尚覺其賤，則米價仍徘徊每斗五十錢之間，但較諸開元年間兩京之米價，已增高兩三倍。凶年之歲，米價飛騰，每斗輒值一千錢以上。乾元三年（七六零）春饑，米每斗一千五百錢，其後續漲至七千錢，人相食。廣德二年（七六四）秋，關輔饑，米每斗售一千錢。建中元年（七八零），米價似趨穩定，每斗二百錢。貞元元年，春大饑，東都河南河北米每斗值一千錢，河中米則每斗五百錢。明年五月，麥將登而雨霖，每斗仍售一千錢。三年（七八七）豐稔，米價急激下降，每斗值一百五十錢，粟則八十錢（註四）　八年（七九二年），江淮所謂米貴者，每斗亦不過一百五十錢。長慶之際，物價較賤，米每斗五十錢，絹每匹八百錢，故中唐之際，人民生活，略趨安定。及至唐末，天災人禍洊臻，民生痛苦萬狀，光啓二年（八八六）二月，荊襄大饑，米每斗漲至三千錢；三年，揚州大饑，每斗竟值萬錢（註五）。綜觀上述米價升降之數，以貞觀開元之際爲最賤，民食問題易於解決，故社會安定，乃臻平治。次爲建中貞元長慶等朝，除凶年外，米價仍穩定於一二百錢之間，漲落之風不大，民生亦可以維持。其餘年代，禍患頻仍，米價騰踊，動盪不已，民生至感痛苦，而反映政治之騷亂也。故糧價之變動，與政治之興替盛衰，可軌迹相尋，有密切之關係。雖然，唐代對於民食之維持，嘗苦心籌劃，論其政策，有如下兩端：

第一、用轉運調劑之法。長安爲全國首都，人口繁密，天寶盛時，凡二百萬，元和之際，亦不下百萬。西北產糧不足，故長安民食，及西北軍糈，每年缺米甚多。開元時，隴右尚富庶，仍缺二十萬人之食；代宗時，兵荒馬亂，約缺四萬人之食；德宗時則約缺十萬人之食。此非謂糧食生產已足，其供求較低者，實乃長安人口減少之故。每年所缺乏之糧食，不能不仰給於東南。王船山曰：「自唐以上，財賦所自出，皆取之豫兖冀雝而已足，未嘗求足於江淮也；恃江淮以爲資，自第五琦始。當其時賊據幽冀，陷兩都，山東雖未盡失，而隔絕不通。蜀賦既寡，又限以劍門棧道之險，所可資以贍軍者惟江淮。故琦請督租庸，自漢水達洋州，以輸於扶風。……自是以後，人視江淮爲腴土。劉晏因之，輦東南以供西北」（註六）。故唐世大計，悉仰東南。元和之際，東南大縣，歲賦錢二十萬緡，負擔頗重。東南產米豐饒，運糧接濟關中，於是注意運河通渠，以利轉運。「歲運米二百萬石輸關中，皆自通濟渠（卽汴河）入河而至」。（註七），此爲經常運糧之通道也。初，舟運江淮之米，至洛陽含嘉倉，賃車陸運，三百里至陜，運費平均每兩石用十錢。開元二十二年，裴耀卿爲江淮河南轉運使，於河口置輸場；於輸場以東置河陰倉，西置栢倉。又於三門峽以東置集津倉，西置鹽倉。鑿漕渠十八里，以避三門之險。令江淮舟運之米，悉輸河陰倉，更用河舟運至含嘉倉及太原倉，自太原倉入渭水，輸關中；凡三歲運米七百萬石，節省賃車錢三十萬緡（註八）。裴耀卿之法，卽盡量利用水運，沿途設站，轉遞以相續，就地之險易，任人之智力，以溝通東南之糧運也。代宗時，京師米價每斗曾漲至千錢，理財家劉晏（七一六—七八零），移書宰相元載，論漕運利病。載卽盡以漕運之責委晏。晏得盡其才，歲運四十萬石，自是關中雖水旱，而物不翔貴。劉晏之調劑民食，首先注意物價之情報，重視轉移，實抑末之遺意。其掌南計時，數百里外，物價高下，卽日知之。其次就糧價高下，以糴入多寡而調劑之：

「令多粟通途郡縣以數十，歲糴價與所糴粟數高下，各爲五等，具籍於主者，粟價纔定，更不申稟卽時廩收。但第一價則糴第五數，第五價則糴第一數；第二價則糴第四數；第四價則糴第二數。乃卽馳遞報發運司，如此粟賤之地，自糴盡極數，其餘節級各得其宜，已無極售。發運司仍會諸郡所糴之數計之，若過於多則損貴與遠者，尙少則增賤與近者，自此粟價未嘗失」（註九）。

此爲劉晏穩定糧價之辦法，實富有技術性以控制民食也。貞元八年，江淮米貴，每斗值一百五十錢；關輔以穀賤傷農，每斗糴三十七錢，陸贄奏糧食政策，則又以裁減糧食輸運關中之法而調劑之，謂：

「今河陰太原倉，現米猶有三百二十四萬斛，京兆諸縣，斗米不過直錢七十。請令來年江淮止運三十萬斛至河陰，河陰陝州以次運至東渭橋。其江淮所停運米八十萬斛，委轉運使，每斗取八十錢，於水災州縣糶之，以救貧乏，計得錢六十四萬緡，減僦直六十九萬緡。請令戶部先以二十萬緡，付京兆，令糴米以補渭橋倉之缺數，斗用百錢，以利農人。以一百二萬六千緡，付邊鎮使糴十萬人一年之糧，餘十萬四千緡，以充來年和糴之價。其江淮米錢僦直，並委轉運所折市綾絹絁綿以輸上都，償先貸戶部錢」（註十）。

蓋由淮南運米至東渭橋，每斗船脚二百文，而米之原價每斗不過一百五十文，運費如此昂貴，陸贄之法，亦收節省運費之利也。是時運糧輸關中，又改爲沿途分貯，按倉供應。每年自江湖淮浙運米一百一十萬石至河陰，留四十萬石貯河陰倉；至陝州，又留三十萬石貯太原倉，餘四十萬石輸東渭橋（註十一），然則所運米百分之六十，仍屯貯於關東也。而此一百一十萬石之米，以每人一年消耗十二石計，祇約供十萬人一年之食。唐世仰賴於東南之重大如此，德宗時，淮南浙江大水，權德輿奏請宜擇羣臣明識通方者，持節勞徠，問人所疾苦，免其租賦，與連帥守長，講求所以佐農者，於是奚陟等遂奏朝而行，其厪念東南之農業可知也。

第二、用貯倉備荒之法。唐置常平倉及義倉，常平倉積穀或錢，而義倉惟積穀，按畝徵之，以備荒年。「凡王公以下，每年戶別，據已受田及借荒等具所種苗頃畝，造青苗簿，諸州以七月以前申尚書省，至徵收時，畝別納粟二升，以爲義倉。凡義倉之粟，唯荒年給糧，不得雜用」（註十二）。開元七年（七一九），敕關內、隴右、河南、河北五道，及荊、揚、襄、夔、綿、益、彭、蜀、資、漢、劍、茂等州，並置常平倉。其本，上州三千貫，中州二千貫，下州一千貫，每糴則具列本利與正倉帳同申報（註十三）。洛、相、幽、徐、齊、并、秦、蒲等州，亦置常平倉，粟藏九年，米藏五年；下濕之地，粟藏五年，米藏三年（註十四）。天寶八載（七四八），全國諸色米積九千六百零六萬二千二百二十石，而義倉佔六千三百一十七萬七千六百六十石，常平倉佔四百六十萬二千二百二十石（註十五），則兩倉所貯，佔全國米積數三分之二矣。開元十二年（七二四），以河東北蒲同兩州旱災，出太倉米減價十錢，糶與百姓。天寶十三載，秋霖雨積，京城乏食，又出太倉米百萬石，賤糶以濟貧民，此則官倉之米，亦可爲緊急救濟之用。故當時貯倉備荒，搶救民食，效用甚宏也。

初唐對於民食，最爲重視，爲令者常用一方之財，鑿渠築堰，興修水利，以暢灌溉，新唐書地理志特詳紀之。如龍門縣之瓜谷山堰、十石壚渠、馬鞍塢渠，其著者也。沿邊備守，又有屯田營田之置。天寶八載，河西收二十六萬石，隴西收四十四萬石，亦足爲補救糧食之一助也。至遇凶荒之年，徙民就食諸州。水旱蝗患，常免其田租，下下戶及夷獠不徵稅。歲不登則賑民，或貸種子，至秋而償（註十六）。貞觀二十二年（六四八），以諸州水旱，貸民種子糧食。開元間亦以水旱貸種。貞元中，詔遭水旱諸州，貸糧救濟。元和中，制京畿舊穀已盡，粟麥未登，宜以常平義倉糧二十四萬石，貸借百姓，諸道州府有乏糧者，可依例辦貸。此亦恤念民艱，以免稅、農貸而維持民食之另一法也。

二、土地政策

上節所述各端，僅爲補救民食一種治標之法，而欲徹底解決民食，必須注重生產，使人人有生產之機會，民食自然解決，此則土地分配，爲最急要之務焉。唐初土地政策，仿後魏孝文之均田，而頒佈班田法，可謂集晉魏以來田制之大成。武德七年，定丁男年十八以上者，官給田一百畝。凡給田之制：丁男（二十一歲）中男（十六歲）以一頃；老男（六十歲）篤疾、廢疾者以四十畝；寡妻妾以三十畝，若爲戶者，則減丁男之半。田又分爲兩種：一曰永業，一曰口分。丁男之田二（二十畝）爲永業，八（八十畝）爲口分（註十七）。開元二十八年，戶部帳應受田凡一千四百四十萬三千八百六十二頃，若以是年人口四千八百一十四萬三千六百零九名計，平均每人得田約二十九畝。官令雖然規定給田之數，但土地仍不敷分配，故有許多地方，未能依制悉數授田，而衹給一部份者。據唐律所定：「戶內永業田，課植桑五十根以上，榆棗各十根以上。土地不宜者，任依鄉法。凡應收授之田，每年起十月一日，里正預校勘造簿，縣令總集應退應受之人，對共給授。又授田先課役，後不課役，先無後少，先貧後富，其里正皆須依令造簿通送」（註十八）。口分田則嚴禁私售，其懲處：「一畝笞二十，二十畝加一等，罪止杖一百，地還本主，財沒不追」（註十九）。又嚴禁占田過限，「一畝笞十，十畝加一等，過杖六十，二十畝加一等，罪止徒一年，若於寬閑之處者，不坐」（註二十）。蓋防給田後發生流弊，而以法律繩之也。然而永業田因家貧賣供葬費；又因充屋宅，置碾磑邸店，或狹鄉遷徙就寬者，口分田並許賣之；而官賜之田，亦可售焉。因有此例，遂萌弊端。天寶以後，法令弛緩，土地兼併之風，有踰漢成哀之間，故班田制漸壞矣。

三、租庸調制度

租庸調之法，以人丁為本，有田則有租，有身則有庸，有戶則有調。凡授田者，丁每歲輸粟二石，稻三石，謂之租；丁隨鄉所出，每歲輸絹二匹，綾絁二丈，布加五之一，綿三兩，麻三斤，非蠶鄉則輸銀十四兩，謂之調；用人之力每歲二十日，閏月加一日，不役者每日計輸絹三尺，謂之庸。有事而加役二十五日者免調，三十日則租調皆免，通正役不過五十日（註二十一）。此制之推行，必先整頓籍帳。戶籍分九等，共三本，一留縣，一送州，一送戶部，以為租調之根據，計帳預定翌年之課役數，以為庸之根據。武德六年（六二三）制，每歲造計帳一次，三年造戶籍一次，由正月開始，至三月造畢。天寶年間，戶籍則造四本，餘一本送東京尚書省戶部。每載庸調，八月徵收，農功未畢，恐難濟辦，乃改至九月二十日為限。夫租庸調之制，亦猶漢之田租口錢力役，惟漢制不授田，丁戶之於國家，有義務而無權利，此唐制之所以優於漢制。然租庸調實施之精神，乃重之於庸調，而輕之於租粟。王船山論其義曰：

「故惟重之於庸，而輕之於租，民乃知耕之爲利，雖不耕而不容偸竄以免役，於是天下無閒田，而田無鹵莽。耕亦征也，不耕亦征也，其不勸於耕者鮮矣。……粟之取也薄，而庸調之取絹綿土物也廣，則官吏胥役百工之給皆以庸調之所輸給之，使求粟以贍其俯仰，皆出貨賄以讐糴於農民，而耕者鹽酪醫藥昏喪之用，粟不死而貨賄不騰。調庸之職貢，一定於戶口而不移，勿問田之有無，而責之不貸，則逐末者無所逃於溥天率土之下，以嫁苦於農人。徭不因田而始有，租以薄取而易輸，汚吏猾胥，無可求多於阡陌，則人抑視田爲有利無害之資，自不折入於彊豪，以役耕夫，而恣取其半。以此計之，唐之民固中天以後樂利之民也」（註二十二）。船山之論，乃闡發其重農觀點而言。陸贄評租庸調之法，亦謂：「天下爲家，法制均一，雖欲轉徙，莫容其姦，故人無搖心，而事有定制」（註二十三）。此蓋由於國家安定，簿帳完備，其法可行也。但自武后專政後，民避徭役，逃亡漸多；田移豪戶，官不收授。開元八年（七二〇），重頒租庸調法，然版籍既紊，朝廷又不注意民生疾苦，徒務於追徵誅求，而社會則兼併之風甚熾。安史亂後，戶籍頓減，更難整理，於是租庸調之法雖善，亦不得不廢棄之矣。

貞觀時，詔每畝稅二升（每百畝稅二石），約爲十五而稅一；常收半租，則三十而稅一，約與西漢時之租稅相同。若以百畝稅一石計（除去永業田不論），祇是四十而稅一，比諸東晉北魏以來稅率則爲低，蓋東晉咸和五年（三三〇），每畝稅米三升，北魏孝昌三年（五二七），每畝五升也。至於粟麥秔稻，隨土地所宜，鄉斂甚寬。商賈無田者，列其戶爲九等，納粟自五石至五斗爲差（註二十四）

。以庸而論，漢制更役，每歲一月，唐則祇二十日，等於漢制三分之二。若夫調，西晉戶調，丁男之戶，每歲輸絹三匹，綿三斤，比唐制爲多。故唐之租庸調法，乃具有輕徭薄賦之精神，而班田制則又有爲民制產之遺意也。高宗即位，海內乂安，增戶十五萬。及李義府許敬宗輩用事，役費並起；永淳（六八二）以後，給用亦不足。加以武后之亂，紀綱大壞，民不勝其毒（註二十五）。景龍三年（七〇九），韋嗣立上疏，謂比者造寺極多，務求崇麗，大則用錢百數十萬，小則四五萬，無慮所費千萬以上，人力勞敝，怨嗟盈路。又食封之家，其數甚衆，戶部用六十餘萬丁，一丁絹兩匹，凡一百二十餘萬匹。頃太府每歲庸絹多不過百萬，少則六七十萬匹，比之封家，所入殊少（註二十六）。此爲中宗時浪費無度，給用不足之證也。玄宗初立求治，免徭役者給蠲符。開元二十五年（七三七）後，全國歲入之數，租錢二百餘萬緡，粟一千九百八十餘萬石，庸調絹七百四十萬匹，綿一百八十餘萬屯，布一千零三十五萬餘端（註二十七）。天寶年間，都計租庸調，每歲錢粟絹綿布，約得五千七百餘萬端、疋、屯、千貫、石，歲出總計五千四百餘萬端、疋、屯、千貫、石，剩餘尚有三百餘萬（註二十八）。是時海內清平，民殷物阜，故歲入總量爲前代之冠。開元以前，每歲邊防所用，不過錢二百萬貫，但自開元中及於天寶，開拓邊境，每歲軍用日增，特別支出計錢一千二百八十萬貫，故財政相差約九百八十餘萬，而賜賚之費不與焉。其時錢穀之司，唯務割剝，迴殘賸利，名目萬端，府藏雖豐，而閭閻困矣（註二十九）。

四、兩稅法

安史亂後，戶籍銳減，而財用日繁，科斂百出，無濟國用，廣德二年（七六四），京師用兵，庫藏空竭，稅天下青苗錢，每畝十五文，以給百官俸。所謂青苗錢者，以國用急，不及待秋，方苗青而徵之，故號青苗錢，主其任者爲青苗使，遂爲後代豫借之始。蓋天下喪亂之餘，租庸調久與實際情形脫節，賦役無所出。例如道州准勑及租庸等使徵率錢物都計一十三萬六千三百八十八貫八百文，嶺南西原賊未破州前，實納一十三萬二千四百八十貫九百文；賊陷城一月，退後，徵率突降至三千九百零七貫九百文，至永泰二年，事經兩載，元氣仍未復，亦僅得四萬一千二十六貫四百八十九文（註三十）。道州如此，其他州縣情形，大率類是，朝廷給用之匱乏可知也。永泰元年，第五琦效古什一遺意，作十畝收一之法，民苦其重，多流亡，遂罷之。大曆四年（七六九），勑有司定全國百姓及王公以下，每年稅錢分爲九等：上上戶四千文，上中戶三千五百文，上下戶三千文，中上戶二千五百文，中中戶二千文，中下戶一千五百文，下上戶一千文，下中戶七百文，下下戶五百文（註三十一）。此改依九等戶徵稅錢之法也。五年（七七〇），夏稅上田每畝六升，下田每畝四升；秋稅上田每畝五升，下田每畝三升，此實爲兩稅法之濫觴，稅率雖重，較前法簡便而可行。六年（七七一），韓滉爲戶部侍郎判度支，作賦斂出入之法，倉庫蓄積始充。然以需用緊急，科斂多端，百姓窮於應付，大曆末年，一歲所入，總計錢一千二百萬貫，幸藉鹽利所得，居其大半。故大曆財政，依然無法解決。

是時，均田制事實上已廢止，租庸調亦無法施行，而以徵稅之實際需要，不能不創簡便之法以代之。德宗用楊炎爲相，建中元年，頒行兩稅法。每州取大曆中一年科率最多者，以爲兩稅定額。夏輸限六月，秋輸限十一月。先度經費而賦於民，量出制入。戶無主客，以現居爲簿；人無丁中，以貧富爲差。不定居而行商者，於所在州縣課三十分之一。其租庸雜徭悉省，而丁額不廢。此種以資產爲標準，依資產多寡分別等第而負擔賦稅，雖推行上不無困難，但原則上實無可訾議。其制簡捷明白，徵科均平，且可止吏姦。然此僅爲徵租而不授田，於百姓有田無田，田多田少，置之不問，全失班田制與租庸調相配而行寓有爲民制產之精意。唐初徵粟帛，兩稅法始改而徵錢，亦爲妨農而利商。且此法行之日久，流弊復生，蓋自初定兩稅，貨重錢輕，乃計錢而輸綾絹，既而物價愈低，所納愈多，輸一者過二，雖賦不增舊，而民愈困矣。度支以稅物頒諸司，皆增高本價虛估其值以給之，苟且繆濫。督州縣剝價，謂之「折納」，復有「進奉」、「宣索」之名，無非層層剝削。又改科役曰「召雇」，率配曰「和市」，以巧避徵文，賦斂之繁，比大曆之數再倍。且癘疫水旱，戶口減耗，而刺史析散民戶，報虛數以寬責逃死，闕稅則取於居者，一室空而四鄰亦盡。戶籍不整緝，無浮游之禁，州縣每施小惠以傾誘鄰境，新移入者優假之，唯安居不遷之民，賦役日重（註三十二）。貞元十年（七九四），宰相陸贄認爲兩稅法施行之缺陷有二：一由資產查定之困難，二由物價之自然變動，故奏表反對，謂：

「兩稅之立，惟以資產爲宗，不以丁身爲本，曾不寤資產之中，有藏於襟懷囊篋，物雖貴而人莫能窺；其積於場圃囷倉，直雖輕而衆以爲富；有流通蕃息之貨，數雖寡而計日收贏；有廬舍器用之資，價雖高而終歲無利。如此之比，其流實繁，一概估計算緡，宜其失平長僞。由是務輕資而樂轉徙者，恒脫於徭稅；敦本業而樹居產，每困於徵求。此乃誘之爲姦，驅之避役」（註三十三）。建中初年，全國每歲共斂錢三千餘萬貫，其中二千五百餘萬貫以供外費，九百五十餘萬貫供京師。外稅米麥共一千六百餘萬石，其二百餘萬石供京師，一千四百萬石給充外費（註三十四）。此與天寶年間之歲入額，大致相近，但百姓在凋殘之後，負擔重稅如此，故民困益甚。且建中三年，朱滔王武俊田悅叛亂，兩河用兵月費錢一百三十餘萬貫，國用不給，又行借錢令，搜督嚴峻，然總京師豪戶田宅奴婢之估值，僅得錢八十萬貫。又取僦匱納質錢，及粟麥糶於市者，四分取其一，長安爲之罷市，遮邀宰相哭訴，而所獲亦僅二百萬貫。歲給既不足，文武官員裁減薪俸，以資維持。沈既濟謂天下財賦耗斁之大者惟二事，最多者兵費，次多者官俸，其餘雜費，十不當二者之一。兵費既不可裁，除減官薪外，實無他途可循。時兩河用兵久不決，賦役日滋，陸贄以兵窮民困，恐別生內變，乃奏言：人者邦之本也，財者人之心也，其心傷，則其本傷；其本傷，則枝榦顚瘁矣（註三十五）。因此主張罷京城及畿縣間架等雜稅，俾稍蘇民艱。貞元之初，兵戈甫解，而蝗旱爲災，邑多逃亡，百姓殍餧。三年，德宗入新店民趙光奇家，問百姓樂否？對曰：「不樂，詔令不信，前云兩稅之外，悉無它徭，今非稅而誅求者，殆過於稅，後又云和糴，而實强取之，曾不識一錢，始云所糴粟麥，納於道次，今則遣致京西行營，動數百里，車摧馬斃，破產不能支！」（註三十六）此爲民間感受重斂痛苦之自述。夫貞元之和糴，本爲軍食，實乃散配人戶嚴加徵收而強奪農產品之法，病民最大，百姓苦之，故白居易斥之爲害民也。且物價日高，官員生活實無法維持，貞元四年（七八八），於是又有加薪之擧，京文武官及京兆府縣官三千零七十七名，舊薪俸額三十四萬八千五百貫四百文，新加二十六萬八千三百五十五貫零四文，共計薪俸額爲六十一萬六千八百五十五貫四百零四文。薪俸增加，賦役更重。九年（七九三），連年諸州欠負錢計八百餘萬貫（註三十七），此可知百姓無力負擔，逋稅者之衆矣。十年，京畿田，官稅每畝五升，而私家收租，殆有每畝至一石者，是二十倍於官稅（註三十八）。此兼併之家，私歛重於公稅，故陸贄曾奏請爲占田條限。十四年（七九八），更設宮市，置白望數百人，以賤價強奪民物，韓愈對此苛例，竭力反對。德宗雖有求治之心，但施用此種竭澤而漁之財政政策，故民生依然憔悴也。憲宗時，分全國之賦以爲三：一曰上供，送度支；二曰送使，送本道；三曰留州，存留本州，（註三十九），賦稅更日繁，百姓交困。元和元年（八〇六），獨孤郁對策曰：

「今天下困於商稅不均，可謂甚矣。百姓之忘本，十而九矣。昔嘗有人有良田千畝，柔桑千本，居室百堵，牛羊千蹄，奴婢千指，其稅不下七萬錢矣。然而不下三四年，桑田爲墟，居室崩壞，牛羊奴婢，十不餘一，而公家之稅，曾不稍蠲，督責鞭笞，死亡而後已」（註四十）。

重稅交壓之下，殷戶爲之破產，而稅重之原因，由於消耗太大，不能不向百姓身上剝削誅求。五年（八一〇），李吉甫奏言：

「天寶以後，中原宿兵，見在可計者八十餘萬，其餘商賈僧道，不服田畝者，什有五六，是常以三分勞筋苦骨之人，奉七分待衣坐食之輩也。今內外官以稅錢給俸者，不下萬員」（註四十一）。

國用龐大如此，未聞有節流之策，而生產者少，消費者多，賦稅之徵歛，安得而不重。七年，鹽鐵使王播，每月進奉錢帛數萬貫，謂之月進，完全是剝削之結果。十二年（八一七），定州饑，募人入粟授官。歲給既難於維持，不得不以爵易粟，以作救荒之計。且徵歛驅迫，逃戶稅又攤於比隣，未遷者亦相率俱逃，造成人口空虛之象。渭南密邇京畿，逃戶數量，竟佔全縣人口三分之二。十四年，庫部員外郎李渤奏言：「臣過渭南，聞長源鄉舊四百戶，今纔百戶，閿鄉縣舊三千戶，今纔千戶，其他州縣，大率相似」（註四十二）。元和財政，實未見比貞元爲稍好，此則兩稅法施行以來，四十年間，橫徵暴歛，民不聊生，社會經濟，每況而愈下，故中唐政治，一蹶不振者以此也。

五、通　貨

唐初幣制，民間多沿用線環錢，其製輕小，凡八九萬僅滿半斛。及武德四年，鑄開元通寶，徑八分，重二銖四參，每十錢重一兩。此種開元錢，唐三百年治鑄相繼，信用最久。永徽年間，印發大唐寶鈔，與錢通用。乾封元年（六六六），改鑄乾封泉寶錢，徑一寸，重二銖六分，以一當舊錢之十，踰年而舊錢多廢，後以商賈不通用，米帛踊貴，復行開元通寶錢。開元中，勅綾羅絹布雜貨等，皆可作當錢通用。乾元元年（七五八），戶部侍郎第五琦以國用不足，幣重貨輕，乃請鑄乾元重寶錢，徑一寸，以一當十，每貫重十斤，與開元通寶並行。既又命絳州諸鑪鑄重輪乾元錢，徑一寸二分，以一當五十，每貫重十二斤。上元元年（七六〇），重輪錢貶值，改以一當三十。是時民間行用三種錢，錢法既屢易，物價騰踊，斗米有售至七千錢者。其後重輪錢雖不行用，而京師人人私鑄，其弊不絕。開元通寶與乾元重寶錢，皆以一當十，稱爲實錢與虛錢。大曆四年，於絳州汾陽銅源兩監，增置五鑪，鑄大曆元寶錢，徑九分，重三銖六參。鑄錢用料不贍者由於銅貴，開元中劉秩，太和時楊嗣復曾議禁銅器，故開元十七年（七二九），大曆七年（七七二），貞元九年，元和元年，均頒令禁用銅器。大曆七年禁銅後，而民間錢益少，綿帛價輕，州縣禁錢出境，商賈皆絕。劉晏以淮楚之銅，歲鑄錢十餘萬貫，以補其闕。建中初，鑄建中通寶錢十萬二千貫。貞元二十年（八〇四），命市井交易，以綾羅絹布雜貨與錢並用。元和六年（八一一），貿易用錢十貫以上者，參用布帛（註四十三）。元和初，當時以錢少，復禁用銅器，商賈至京師，委錢於諸道進奏院及諸軍諸使富家，而以輕裝趨四方，合券乃取之，號爲飛錢，如今之滙票是也。京兆尹裴武請嚴禁之，搜索諸坊，十人爲保（註四十四）。京師飛錢既廢，家有滯藏，物價頓輕，後雖許用飛錢，而錢

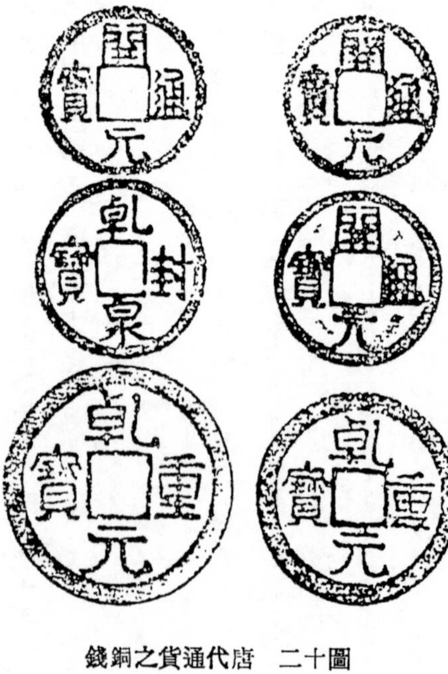

圖十二 唐代通貨之銅錢

重貨輕如故（註四十五），蓋因通貨硬幣不足，致幣值日高也。建中元年，初定兩稅時，絹一匹值錢四千，米一斗值錢二百，稅戶之輸納一萬錢者，折絹二匹半已足。遲四十餘年後，約在長慶之際，情形變化，米絹之值日賤，錢益加重，絹每匹價降至八百，米每斗不過五十，即錢值已高四倍。由是豪家大商，皆多積錢，以逐輕重，金融爲其所操縱，故農人日困，商賈日裕矣（註四十六）。錢重貨輕之原因，自然由於通貨不足與塞滯所引起，長慶元年（八二一），戶部尚書楊於陵論之甚詳。楊氏謂：

「錢者所以權百貨，貿遷有無，所宜流散，不應蓄聚。今稅百姓錢，藏之公府。又開元中，天下鑄錢七十餘爐，歲入百萬；今纔十餘爐，歲入十五萬。又積於商賈之室，及流入四夷。又大歷以前，淄青太原魏博，貿易雜用鉛鐵，嶺南雜用金銀丹砂象齒，今一用錢，如此則錢焉得不重，物焉得不輕。今宜使天下輸稅課者，皆用穀帛，廣鑄錢而禁滯積及出塞者，則錢日滋」（註四十七）。

通貨恐慌，實由於兩稅法輸稅以錢代粟帛而發生之畸形現象，楊氏之論，切中此弊。韓愈所奏「錢重物輕狀」，共提四點辦法：一、准以產物納賦；二、禁以銅爲器及蓄銅，並禁錢流出於五嶺；三、更其文貴之，鑄一當五之重錢；四、以重錢給吏俸（註四十八）。此狀大率與楊氏之意見相同。至於錢幣行用既久，盜鑄者多，雜以鐵錫，輕漫穿穴，無復錢形。唐律諸私鑄錢者流三千里，雖畏之以重刑，仍無法以禁絕之。開元六年（七一八），勅禁惡錢，宋璟又發大府粟及府縣粟十萬石糶之，斂民間惡錢，送少府銷毀之，亦未能杜其患也。蓋惡錢流行已廣，江淮間爲尤甚。貴戚大商，往往以良錢一，易惡錢五，運入長安，市場不勝其害，然無法遏制。八年，遂弛錢禁。天寶十一載（七五二），命有司出粟帛，及庫錢十萬貫，於兩市易惡錢，但商賈囂然，以爲不便。至上元元年，嚴捕私鑄錢者，數月間榜死者八百餘人，仍不能禁絕之也。同時，錢每貫之實數常不足，元和中，京師用錢，每貫頭除二十文，謂之除陌錢。長慶元年，以九百二十文成貫，蓋除八十文。昭宗末，京師以八百五十文爲貫，每陌僅八十五文，河南府則以八十文爲陌，實數相差更遠矣。

唐人以銀爲貢，而不以爲賦，故通貨不用銀。以銀交易，惟嶺南行之。韓愈奏狀，言五嶺買賣一以銀；張籍詩謂海國戰騎象，蠻州市用銀；元稹奏狀，亦言自嶺以南，以金銀爲貨幣，自巴以外，以鹽帛爲交易，可證也。

六、各種雜稅

交通運輸組織，儼然成制。凡三十里爲一驛，全國共一千六百三十九所，內水路二百六十所，陸路一千二百九十七所，水陸相兼八十六所。陸路步騾車之行程險易長短，水路舟載之輕重，行流之順逆，均有制度，載脚運費，亦詳爲規定。是以唐人行旅暢通，貨運頻繁，商業發達。由於商業發達，故兩稅以外，另制定各種新稅，以代丁田，亦財政史上之一進步也。中唐以後，雖賦課不足，但國家財政，賴此等新稅之歲入，彌補甚大。其著者有如下列四種：

（一）關稅。唐代以長安、洛陽、廣州、揚州、荆州、成都爲商業中心，設市場，其中以揚州爲最盛。陸路邊地設交市，貞觀六年，改爲互市監。海路上則置提舉。又於廣州、泉州、杭州等海港設市舶司，由市舶使主之，徵稅入官。杜牧曾謂杭州戶十萬，稅錢五十萬（註四十九），當時各海港之繁盛可知也。內地津會，亦徵收有類於釐卡之雜稅。德宗時，判度支趙贊請諸道津會置吏，檢閱商賈錢每貫徵稅二十文，竹木茶漆稅十分之一。開成二年（八三七），武寧節度使薛元賞奏設泗口稅場，凡衣冠、商客、金銀、羊馬、斛斗、現錢、茶鹽、綾絹等過境，一物以上者並稅之（註五十）。

（二）鹽稅。唐初鹽價甚賤，天寶至德間，每斗不過值十錢。乾元二年，鹽鐵鑄錢使第五琦初變鹽法，加價一百錢而售之，每斗爲錢一百一十文，此官鹽病民所由出也。貞元四年，江淮鹽每斗又增價二百，故鹽價至每斗值三百一十錢，有以穀數斗而易鹽一升者。其後復增價六十，河中兩池鹽，每斗爲錢三百七十文；江淮豪商射利，或時倍之，官收不能過半，民始騰怨（註五十一）。雖然如此，但朝廷之財政收入，仰賴於鹽稅者亦至大。代宗時，劉晏初任鹽鐵使時，江淮鹽利，每歲僅四十萬貫，至大曆末，乃達六百餘萬貫，天下之賦，鹽利居半。宮闈服飾，軍餉俸祿，皆賴仰給（註五十二）。晏之法但於出鹽之區置鹽官，裁減鹽吏，俾鹽商鬻售官鹽。故晏理財，注意整頓鹽利，軍食以足。元和五年，收買鹽價錢六百九十八萬五千五百貫，抬估價錢一千七百四十六萬三千七百貫，除鹽本外，付度支收管之，此乃公賣所獲之利也。

（三）酒稅。酒稅始自廣德二年，各量定酤酒戶，隨月納稅。大曆六年，量定三等，逐月稅錢。建中三年，每石收值三十錢。貞元二年，全國置店以酤酒者，每斗榷一百五十錢。至太和八年（八三四），凡全國榷酒，爲錢一百五十六萬餘貫，而釀費居三分之一。會昌六年，置官店酤酒，代百姓納榷酒錢，並充資助軍用。昭宗時，以用度不足，易京畿邊鎭麴法，其後榷酒以贍軍費(註五十三)，此皆爲專賣之制也。

（四）茶稅。稅茶始自建中元年。貞元九年，鹽鐵使張滂奏，以去年水災減稅，用度不足，初稅茶，十分稅一，得稅錢四十萬貫。十年，約得五十萬貫。元和九年(八一四)，置榷茶使(註五十四)。穆宗卽位，增加茶稅，其率每百錢增五十，加斤至二十兩。武宗時，又增江淮茶稅，但私販益起。大中初，全國稅茶增倍於貞元(註五十五)。

建中元年，歲收稅錢一千零八十九萬八千餘貫，米二百一十五萬七千餘石(註五十六)；元和二年，歲收總共三千五百一十五萬一千二百二十八貫石；大中三年，歲入九百二十二萬貫(註五十七)，此包括全國兩稅榷酒茶鹽錢之數也。七年(八五三)，度支奏報，每歲全國所納錢九百二十五萬餘貫，其中五百五十萬餘貫爲租稅，八十二萬餘貫爲榷酤，二百七十八萬餘貫爲鹽利(註五十八)。此可見各種新稅在歲收中所佔數額之大也。然自中唐以後，正苦於河北之亂，奉天之難，淮西之亂，及西北之邊患等，養兵八九十萬，國庫窮竭，苛歛百出，除上述新稅外，又有戶錢，邸店行舖錢，間架稅，青苗錢，地頭錢等，聚歛既重，民生遂大受影響。唐末政治窳敗，戰禍頻仍，咸通末年，民生已異常憔悴。乾符元年(八七四)，關東旱饑，有司徵已蠲之稅倍急，翰林學士盧攜上言：

「臣竊見關東去年旱災，自虢至海，麥纔半收，秋稼幾無，冬菜至少，貧者磑蓬實爲麵，蓄槐葉爲齏，或更衰羸，亦難收拾。常年不稔，則散之鄰境，今所在皆饑，無所依投，坐守鄉閭，待盡溝壑。其蠲免餘稅，實無可徵，而州縣以有上供，及三司錢，督趣甚急，動加捶撻，雖撤屋伐木，雇妻鬻子，止可供所由酒食之費，未得至於府庫也。或租稅之外，更有他徭，朝廷倘不撫存，百姓實無生計」（註五十九）。

敕已允停重徵，但有司之追呼自如。唐末民生痛苦如此之深，而重稅苛歛，又未嘗稍戢，不唯叛臣盜賊之覆唐社稷，卽經濟之窮涸，已促使唐祚崩潰而有餘。乾符五年（八七八），以東都軍儲不足，貸商旅富人錢穀，以供數月之費；仍賜空名殿中侍御史告身五通，監察御史告身十通，有能出家財助國稍多者賜之，時連歲旱蝗，寇盜充斥，耕桑半廢，租賦不足，內藏虛竭，無所依助（註六十）。廣明二年（八八一），以用度不足，亦向富戶及胡商借貨財。蓋百姓既破產，無可再剝歛，不得不以借債支持給用，此可見唐末經濟，已臨破產之境者也。

七、戶口之增減

唐承隋亂之餘，政治雖復趨安定，但戶口未繁興，貞觀之初，戶籍不過三百萬。至開元天寶之際，境內昇平，民生樂裕，故戶口增長之數，爲各代冠。及安史亂後，人多逃亡，戶籍散軼，數乃銳減，訖於唐亡，戶口數未及天寶年間之半。玆將各代戶口數列表如下：

年代	西紀	戶數	人口數	附註
永徽三年	六五二	三、八〇〇、〇〇〇		
神龍元年	七零五	六、一五六、一四一	三七、一四〇、〇〇〇	（註六十一）
開元十四年	七二六	七、〇六九、五六五	四一、四一九、七一二	
二十年	七三二	七、八六一、二三六	四五、四三一、二六五	
二十四年	七三六	八、〇一八、七一〇		
二十八年	七四零	八、四一二、八七一	四八、一四三、六〇九	
天寶元載	七四二	八、五二五、七六三	四八、九〇九、八〇〇	（註六十二）
十三載	七五四	九、〇六九、一五四	五二、八八〇、四八八	
至德元載	七五六	八、〇一八、七一〇		
乾元三年	七六零	一、九三一、一四五		
廣德二年	七六四	二、九三三、一二五	一六、九〇〇、〇〇〇	
建中元年	七八零	三、八〇五、〇七六		

元和			二、四七三、九六三	
長慶			三、九四四、九五九	
寶曆			三、九七八、九八二	
太和			四、三五七、五七五	
開成	四年	八三九	四、九九六、七五二	
會昌	五年	八四五	四、九五五、一五一	（註六十三）

上表所列，爲戶部徵課之戶口數，逃報不課者，自然尚多，此雖未足爲戶口之準確數，然亦可見唐世戶口變遷之梗概也。乾元末，全國上計一百六十九州，戶一百九十三萬三千一百二十四，由於安史之亂，不課者一百一十七萬四千五百九十二；口一千六百九十九萬零三百八十六，不課者一千四百六十一萬九千五百八十七，減天寶戶五百九十八萬二千五百八十四，口三千五百九十二萬八千七百二十三。區區五年之間，此龐大戶口之銳減，由於兵禍之故，死亡遷徙，故中原一帶，戶口變爲空虛，如唐鄧等州，自經逆亂，千里荒草，萬室空亡。方城縣原有戶萬餘，乾元三年，祇得二百戶以下，南城向城等縣，更爲破碎（註六十四）。至於南移戶籍，亦難於統計。又遲五年，元氣仍未恢復，廣德二年之戶口，僅得天寶十三年總數三分之一，且尚有播遷減少之象。民生痛苦之情形，永泰元年獨孤及

上疏曾慨乎言之：

「自師興不息十年矣，萬（百）姓之生產，空於杼軸。擁兵者第館亘街陌，奴婢厭酒肉，而貧人羸餓就役，剝牀（刻剝）及膚。長安城中，白晝椎剽，京兆尹不敢詰。加以官亂職廢，將墮卒暴，百揆隳刺，如紛麻沸粥，百姓不敢訴於有司；有司不敢聞於天聽。士庶茹毒飲痛，窮而無告。今其心顒顒獨恃於麥；麥不登則易子齕骨，可跂而待」（註六十五）。

旣殘於大兵，政治混亂，貧窮饑疫相仍，戶口十耗其九，至劉晏充使，戶仍不過二百萬。晏與元載書，具報大兵後中原人口空虛之慘狀，謂函陝凋殘，東周尤甚，「起宜陽熊耳武牢成皋五百里，見戶纔千餘，居無尺椽，爨無盛煙，獸遊鬼哭」（註六十六）。元氣受創之深可知矣。大曆初，關東大疫，人死如麻，滎陽每鄉爲一大墓，以葬棄屍，謂之鄉葬（註六十七）。大兵之後，加以疫癘，當年開元天寶之殷阜，頓呈一片蕭條。故安史之亂，影響唐代社會根基實深且大，中唐以後，國力一蹶不振，不可謂非受此役亘傷重創之故，卽使遲八十年後，元氣亦未恢復。開成四年（八三九），全國戶籍四百九十九萬六千七百五十二，至會昌五年（八四五），亦僅得四百九十五萬五千一百五十一，戶口數遲滯不進，比乾元末當略爲增加，但比開元天寶盛時，相差仍遠。至懿宗以後，兵禍迭起，加以黃巢秦宗權之亂，殺人如麻，流血遍全國，戶口更大爲減少矣。

唐代政治勢力雖在西北，但經濟財力則在東南；東南受兵禍較少，戶口繁殷。肅宗時，兩京陷沒，民物耗敝，乃遣御史徵諸江淮富商大族，貲富者什收其二，謂之率貸；諸道以稅商賈，以贍軍錢。

故肅宗中興，實靠東南財賦之力。至元和之際，東南財賦始重，韓愈謂當今賦出天下，而東南居十九是也。全國戶籍二百四十七萬三千九百六十三，當時供歲賦者，浙西浙東宣歙淮南江西鄂岳福建湖南八道，戶籍一百四十四萬，已佔其大半。而養兵八十三萬，平均以二戶養一兵，京西北、河北、以屯兵廣無上供，至長慶時，戶籍三百三十五萬，而兵九十萬，率三戶以奉一兵（註六十八）。此皆仗東南之力也。

（註一）新唐書，卷五十一，志四十一。
（註二）資治通鑑，卷二零九。
（註三）二十二史劄記，卷二十。
（註四）資治通鑑，卷二三三。
（註五）新唐書，卷三十五，志二十五。
（註六）讀通鑑論，卷二十三，唐肅宗。
（註七）李肇，唐國史補，卷下。
（註八）資治通鑑，卷二一四。
（註九）沈括，夢溪筆談，卷十一。
（註十）資治通鑑，卷二一四。
（註十一）同上書，同卷。
（註十二）唐六典，卷三，戶部，倉部郎中員外郎。
（註十三）馬端臨，文獻通考，卷二十一，市糴二。

（註十四）新唐書，卷五十一，食貨志四十一。
（註十五）鄭樵，通志，卷六十二，食貨二。
（註十六）新唐書，卷五十一，食貨志四十一。
（註十七）唐六典，卷三，戶部。
（註十八）唐律疏義，卷十三，戶婚中，里正授田課農桑條。
（註十九）同上書，卷十二，戶婚上，賣口分田條。
（註二十）同上書，同卷。
（註二十一）新唐書，卷五十一，志四十一。
（註二十二）讀通鑑論，卷二十，唐高祖。
（註二十三）資治通鑑，卷二三四。
（註二十四）新唐書，卷五十一，志四十一。
（註二十五）同上書，同卷。
（註二十六）資治通鑑，卷二零九。
（註二十七）新唐書，卷五十一，食貨志四十一。
（註二十八）杜佑，通典，卷六，食貨六。
（註二十九）鄭樵，通志，卷六十一，食貨一。
（註三十）元次山文集，卷十。

（註三十一）舊唐書，卷四十八，志二十八，食貨志上。
（註三十二）新唐書，卷五十二，食貨志四十二。
（註三十三）資治通鑑，卷二三四。
（註三十四）通志，卷六十一，食貨一。
（註三十五）資治通鑑，卷二二八。
（註三十六）同上書，卷二三三。
（註三十七）同上書，卷二三四。
（註三十八）同上書，卷二三四。
（註三十九）新唐書，卷五十二，食貨志四十二。
（註四十）徐松，登科記考，卷十六，才識兼茂明於體用科。
（註四十一）資治通鑑，卷二三八。
（註四十二）同上書，卷二四一。
（註四十三）新唐書，卷五十四，食貨志四十四。
（註四十四）文獻通考，卷八，錢幣一。
（註四十五）同上書，同卷。
（註四十六）李文公集，卷九，疏改稅法。
（註四十七）資治通鑑，卷二四二。

（註四十八）韓昌黎集，卷三十七。
（註四十九）樊川文集，卷十五，上宰相求杭州啓。
（註五十）文獻通考，卷十四，征榷考一。
（註五十一）新唐書，卷五十四，食貨志四十四。
（註五十二）劉晏代榷鹽，「法益精密，初歲入錢六十萬緡，末年所入逾十倍，而人不厭苦。大曆末，計一歲所入，總一千二百萬緡，而鹽利居其太半」。（資治通鑑，卷二二五）。
（註五十三）文獻通考，卷十七，征榷考四。
（註五十四）舊唐書，卷四十九，志二十九，食貨志下。
（註五十五）新唐書，卷五十四，食貨志四十四。
（註五十六）資治通鑑，卷二二六。
（註五十七）新唐書，卷五十二，食貨志四十二。
（註五十八）資治通鑑，卷二四九。
（註五十九）同上書，卷二五二。
（註六十）同上書，卷二五三。
（註六十一）同上書，卷二零八。
（註六十二）同上書，卷二一五。
（註六十三）唐會要，卷八十四。

（註六十四）元次山文集，卷十。
（註六十五）毘陵集，卷四，諫表。
（註六十六）新唐書，卷一四九，列傳七十四，劉晏傳。
（註六十七）李肇，唐國史補，卷上。
（註六十八）新唐書，卷五十二，食貨志四十二。

第三章　社會風俗

唐代社會，人民分爲良人與奴婢兩階級。奴婢之身份，與馬牛騾驢相同，是可買賣，過價，立市劵者也。而良人者分爲士農工商，「凡習學文武者爲士，肆力耕桑者爲農，工作貿易者爲工，屠沽興販者爲商。工商之家，不得預於士；食祿之人，不得奪下人之利」(註一)。各有其本業，若廻避而改入他色之類，是曰避本業，爲法律所不許。社會階級既劃分如此，故唐人生活，實以貴賤爲差等。又有所謂雜戶者，原爲良人，因前代犯罪沒入官，而散配諸司驅使者也，亦附州縣戶貫，但賦役不同於白丁。唐律規定，凡良人與雜戶奴婢，均不准通婚，階級貴賤，劃限甚嚴。

本章所述風俗習慣，大都爲良人方面之生活。茲從京都風物、服飾、飲食居室、婚喪禮制、風流韻事、與嗜好娛樂等各端，論列如下。

一、京都風物

唐初建國，襲用隋之大興城爲京都，復稱長安。長安城東西十八里一百一十五步，南北十五里一百七十五步，周六十七里，城高一丈八尺。北面爲禁苑，東西南三面，各開三門，共九門。城中南北街十四，東西街十一，衢道寬廣，車馬塡咽。街又劃分爲坊，共一百零八坊，各坊長短不同，每坊具有四門。當皇城南面朱雀門，衔接有貫通南北之大街一條，曰朱雀門街，東西廣百步，京兆府之萬年長安二縣以此街爲界。萬年管轄街東五十四坊及東市，長安則管轄街西五十四坊及西市。

城北爲禁苑，即隋之大興苑也，東距滻水，北枕渭水，西包漢長安城，南接都城，東西二十七里，南北二十三里，周一百二十里，正南阻於宮城。又有西內苑（北苑）及東內苑，合稱爲三苑，皆天子之御苑，有宮，有殿，有樓，有園，有亭，有橋，並擅林泉之勝，所謂大內之禁地也。

皇城爲朝廷三省、六部、九寺、五監各機關所在地。宮城爲天子之所居，宮闕殿門制度，雄偉而華麗。皇城以南之長安城，亦稱爲外郭城，爲寺觀，邸第，編戶錯居焉。公卿大夫百官之第宅，散置於城內各坊。大小佛寺道觀，星羅棋布，計僧寺六十四，尼寺二十七，道士觀十，女觀六，波斯寺二，胡祆祠四，可見其宗教傳布之盛。進昌坊大慈恩寺有大雁塔（永徽三年玄奘建），高七層；開化坊薦福寺有小雁塔（景龍年間建），高十五層，皆用磚築，並峙於城中。其他伽藍寺觀，多爲木造之建築物。

城內劃定商業區域，置東西兩市，皆有市署，監督市場，又設平準局，管理斗秤。東市附近，顯宦貴族之邸宅林立，故市況平靜。西市爲商賈雲集之區，尤以賈胡特多，南北異邦之名產，充斥羅列，故商場熱鬧。兩市由正午打鼓三百開市，日落前七刻則擊鉦三百閉市（此制唐末五代間廢止）。由於門外禁止夜行，故營業於夜間停止。商業種類，東市有一百二十行，例如肉行、鐵行、衣行、鞦轡行、絹行、藥行、魚行、金銀行、樂器行、秤行、及茶肆、酒肆、飲食店、煎餅糰子店等，西市亦然

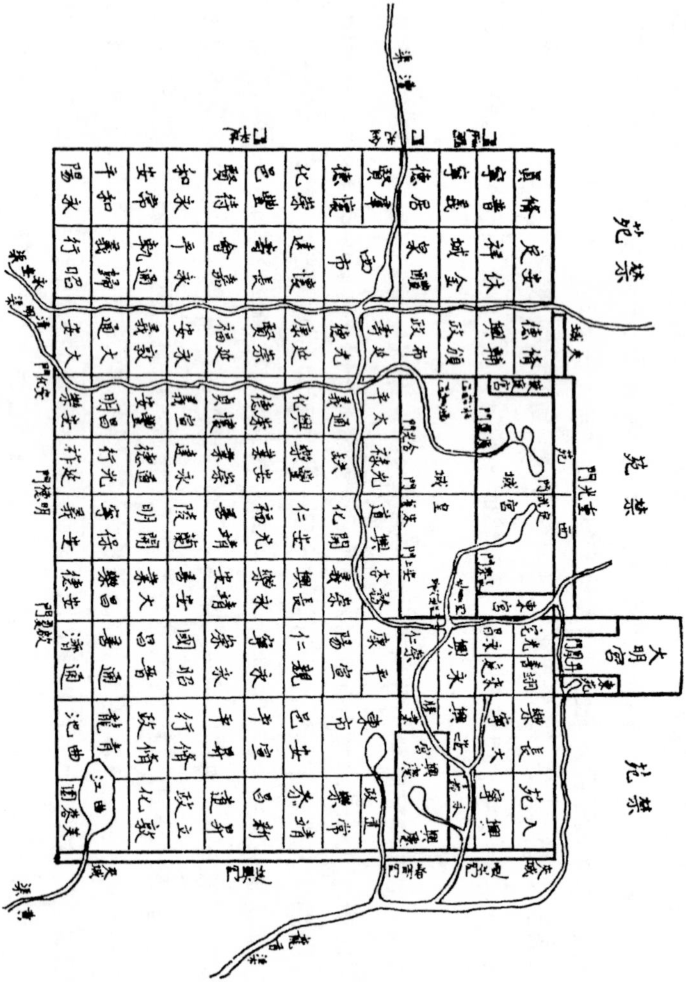

圖十三 長安城圖考

。各街坊間，皆設有旅舍，接待旅客。商行有行頭、行首、行老者，主理行內之商店。客商與坐賈（本地商人）之間，售貨交易，亦有經紀，所謂牙人、牙儈、牙行，作買賣之媒介，並對價格之決定。市場附近有市四壁邸店，便客商之居停；有倉庫，利客貨之寄存；有櫃坊，供客商財寶之保管。又有車坊（馬車場），碾磑等，皆可租用。

城中名勝，首推曲江與芙蓉園。曲江者，流水屈曲，中有長洲，開元中所疏鑿也，南爲紫雲樓、芙蓉園，西即杏園、慈恩寺，築有玄宗行宮，花卉周環，煙水明媚，都人遊賞之勝地，宴飲之良所。中和上巳節，遊客如雲。杜甫詩有曲江對酒，暢懷盡歡又有哀江頭，「少陵野老吞聲哭，春日潛行曲江曲。江頭宮殿鎖千門，細柳新蒲爲誰綠？」此雖傷亂而感曲江之蕭條，亦可見其原爲繁華遊樂之區。芙蓉園與曲江相連，青林重複，綠水瀰漫，亦帝城勝景也。城東有灞橋，橫灞水上，路通潼關，楊柳夾道，都人送客東行，多在此橋上挹別，故又名銷魂橋。詩人離情詠歎，每多絕唱。

胡人有官職者，散居於城中，而賈胡則大多聚居於西部，集中於西市。胡人娶中國婦女，買田宅，作久居，凡數千戶，波斯胡尤擁有雄厚之貲財。胡人既源源移寓於中國，因而傳入西域文化，官民之服飾、飲食、音樂、歌舞、遊戲，皆染有胡風。長安城內胡樂、胡服、胡帽、胡食、胡餅，頗爲流行。賈胡經營酒肆，由胡姬當爐，招待顧客，「頭上藍田玉，耳後大秦珠」，別有豐姿，故長安少年，趨之若騖焉。

二、服飾

衣服之制，別之以色。隋制：文武官皆戎衣，五品以上通著紫袍，六品以下兼用緋綠，胥吏以青，庶人以白，屠商以皂，士卒以黃（註二）。唐代禮服，兼用歷代之制，衣冠束帶，莊重而華麗。百官有朝服、公服、弁服、平巾、幘服、袴褶之服，而常服則用袍。常服者，「親王三品已上二王後服用紫，飾以玉；五品已上服用朱，飾以金；七品已上服用綠，飾以銀；九品已上服用青，飾以鍮石；流外庶人服用黃，飾以銅鐵」（註三）。色別與隋代不同也。通常之衣服，上衣爲衫（單衣）、襦（短衣）、袍、襖，下衣爲袴。學生之服裝，「黑介幘簪導，深衣青褾領，革帶，烏皮履。未冠則雙童髻，空頂黑介幘，去革帶，國子太學四門學生參見則服之。書算學生州縣學生則烏紗帽，白裙襦青領」（註四）。唐末士人之衣色尚黑，故有紫綠、墨紫之色（註五）。衣服濶狹長短，均有定例。婦女衣服，冬季穿夾絮之襦，夏季則以衫代之，如羅縠紗等是。襦衫以紅紫最流行，尚窄袖。亦有穿袍襖者，多以五色繡羅製成，或以錦爲之。又有穿半臂者，即背子。裙以羅綃爲之，色尚紅紫青，繡以飾。裙之腰部，每繡以金銀線。又裙裾多曳地，裙襞甚多，有五幅者，八幅者。中宗時，安樂公主之單絲碧羅籠裙及百鳥毛裙，號爲最精美。文宗革除奢侈，曾著禁令：「袍襖衫等曳地不得長二寸已上，衣袖不得廣一尺三寸已上。婦人制裙，不得濶五幅已上，裙條曳地，不得長三寸已上，襦袖等不得廣一尺五寸已上」（註六）。然各地時裝風氣，亦有變遷，不因禁令而止，奢妍者往往流於長濶焉。故開成四年，淮南觀察使李德裕奏轄境內婦人袖先濶四尺，今令濶一尺五寸；裙先曳地四五寸，今令減五寸（註七）。此可見唐代婦女衣服尙長濶之風也。婦女又有帶，前結末長垂，唐詩有紗帶、羅帶、錦帶之名，大抵以薄紗羅或錦爲之，常染紋繡飾。肩背掛披帛或帔子巾（在室搭披帛，出適披帔子），質料用薄羅，有黃紫綠紅等色。

冠帽之制：親王戴遠遊三梁冠；朝臣五品以上，兩梁冠；九品以上，一梁冠；武官及中書門下九品以上，服武弁平巾幘；御史戴法冠（註八）。男子日常戴幞頭，其後又有巾子，兩帶以繫巾，兩帶垂以爲飾（註九）。又有編籐爲蓋曰席帽，取其輕也；以細色罽代籐曰氈帽，貴其厚也。其餘有烏紗帽，趙公渾脫氈帽，韉帽，豹皮帽，及搭耳帽等，後兩者爲胡裝，而搭耳帽則將士均用之。婦女帽曰冪䍦，此爲一種頭巾，掩蔽頭與頸部，有將全身障蔽者，以繒帛爲之。帽帷亦有作笠狀者。履則有韡、靴、千重蘶；吳越間好穿高頭草履。武德間，婦女曳履及線韡。開元中，初有線鞋，以絲織之，取輕巧便於事（註十）。又有纈平頭小花草履，彩帛縵成履等。襪則有羅襪及衲襪。

婦女首飾，貞元中盛行歸順髻。貴妃有假髻爲首飾曰義髻；又有愁來髻、飛髻、百合髻、囚髻，及亂髮爲胎，垂障於目者。段柯古髻鬟品曰：

「高祖宮有半翻髻，反綰髻，樂遊髻。明皇宮中，有雙鐶望仙髻，廻鶻髻；貴妃作愁來髻。貞元中，有歸順髻，又有鬧掃妝髻（形如焱風散鬅，蓋盤鴉墮馬之類）。長安城中，有盤桓髻，驚鵠髻，又拋家髻（兩鬢抱面狀，如椎髻）及倭墮髻（如墮馬之形）」（註十一）。

鬢髻裝束，形形式式，每隨風氣而異。婦女好以白粉塗面，頰唇施紅，額抹黃粉，眉描青黛。岑參詩：「朱唇一點桃花殷」（註十二），正爲頰唇施紅之詠也。有以薄粉輕朱施面，又以丹青點頰，謂之粧靨。指甲則染紅。面飾貼附花鈿，卽貼五色花子。頭髻裝飾，有步搖（以黃金珠玉貫釵垂下），翠翹（以翡翠尾造之）（註十三），金鈿（註十四），釵（以金、銀、珠、玉、珊瑚、琥珀、水晶、琉璃等製之，雕飾爲鳳、鸞、鴛鴦、燕、雀、鸚鵡、蟬、蝶、魚等），及梳（以木、犀、玉、水晶、象牙等製之）。耳穿玉環，又以瓔珞飾頸。指環以金玉製之，臂飾則有金條脫，卽今釧是也。

至於胡服，亦頗流行。沈括謂：「中國衣冠自北齊以來，乃全用胡服，窄袖緋綠短衣，長靿靴，有蹀躞帶，皆胡服也」（註十五）。其中尤以開元天寶之際，胡服最爲時尚。開元初，宮人馬上戴胡帽，靚粧露面，士庶咸效之。天寶初，貴族及士民，亦好爲胡服胡帽，婦人則簪步搖釵，衿袖窄小（註十六）。胡服成風，競爲趣時矣。唐代以婦女服飾之奢侈，開元二年（七一四），頒發禁令，綿繡珠玉於殿前焚之，又廢長安織錦坊，但天寶以後，貴妃楊家一族，僭侈如故。大曆六年，又令禁奢侈。至於文宗之蓄意改革，亦告失敗焉。

三、飲食居室

唐人飲食，公卿食料，每循階級而分配其多寡。膳部郎中，掌國家牲豆酒膳，辨其品數：凡親王以下，常食料發給，各有差等。三品以上常食料九盤，四品五品常食料七盤，六品以下至九品以上，常食料五盤。其食料有：細白米、粳米、粱米、粉、油、鹽、醋、蜜、粟、梨、酥、乾棗、木槿、炭、葱、韭、豉、蒜、薑、椒、羊、猪肉、魚、酒、細米、麵、醬、瓜、葵、小豆，皆由朝廷供給。凡諸王以下，並有小食料，午時粥料，亦各有差。復有設食料設會料，每事皆加常食料。通歲節日，如寒食麥粥，正月七日，三月三日煎餅，正月十五日並晦日膏糜，五月五日粽䊦，七月七日斫餅，九月九日麻葛糕，十月一日黍臛，按其差等，各配食料（註十七）。此爲朝廷公膳之制也。一般食品，有湯料、飯、膏、粥、臛、炙、膾、蒸、丸、脯、羹、糲、䭔、飣、餤、餅、餛飩、糕、酥、包子、麵、糭子。所用之肉，除六畜外，兼有鹿、熊、狸、兎、雞、鵝、鴨、鶉子、鱖、鮓、鼈、蟹、蝦、蛤蜊、蛙等（註十八）。

唐人嗜茶，研究極精，緩火炙，活火煎，陸羽撰有茶經三篇，講究飲茶藝術。封演謂：「自開元中，泰山靈巖寺有降魔師大興禪教。學禪務於不寐，又不夕食，皆許其飲茶。人自懷挾到處煮飲，從此轉相倣效，遂成風俗。自鄒齊滄棣，漸至京邑城市，多開戶舖，煎茶賣之，不問道俗，投錢取飲」（註十九）。然則飲茶之風，興自開元也。唐人煎茶每用薑，故薛能詩謂：「鹽損添常戒，薑宜煮更誇」則又有用鹽者（註二十）。茶葉以川產爲著，劍南有蒙頂石花，或小方，或散牙，號爲第一（註二十一）。唐人亦嗜酒與餳，故官署又設有餳匠及酒匠。長安酒價每斗約酤三百文，美酒有酤至十千者。著名之酒，則有郢州之富水，烏程之若下，滎陽之土窟春，富平之石凍春，劍南之燒春，河東之乾和蒲萄，嶺南之靈谿，博羅宜城之九醞，潯陽之湓水，京城之西市腔、蝦蟆陵、郎官清、阿婆清等。

嶺南有椰花酒，以椰花爲之。又有三勒漿類酒，釀法出自波斯（註二十二）。

居室之制，以貴賤爲差等。其制掌於左校令，「天子之宮殿，皆施重拱藻井，王公諸臣三品已上九架，五品已上七架，並廳厦兩頭，六品已下五架。其門舍三品已上五架三間，五品已上三間兩厦，六品已下及庶人一間兩厦。五品已上得制鳥頭門」（註二十三）。後世民居，多則五間，少則三間，沿唐制也。至於名園別墅，甚爲流行，丘壑林泉，風花雪月，大自然景緻，納於窗几之間，爲高人雅士閒居之勝地。此種風氣，迄宋代以洛陽爲最盛。

四、婚喪禮制

婚姻之制：男年十五，女年十三以上，於法皆聽婚嫁，蓋自魏晉以後，早婚之習，至唐初仍未絕。貞觀元年詔：「其庶人男女無室家者，並仰州縣官人，以禮聘娶，皆任其同類相求，不得抑取。男年二十，女年十五已上，及妻喪達制之後，孀居服紀已除，並須申以婚媾，令其好合。若守志貞潔，並任其情，無勞抑以嫁娶」（註二十四）。結婚年齡，明文規定；寡婦再嫁，並無限制。凡士庶娶親，要經納采、問名、納吉、納徵、請期、親迎、六禮手續。初行納采，有合歡、嘉禾、阿膠、九子蒲、朱葦、雙石、綿絮、長命縷、乾漆九種禮物，皆有詞：膠漆取其固，綿絮取其調柔，蒲葦爲心，可屈可伸也，嘉禾分福也，雙石義在兩固也（註二十五）。婚禮時，當迎婦，男家以粟三升塡臼，席一枚以覆井，枲麻三斤以塞窗，箭三隻置門上。女嫁之明日，其家作黍臛。婦將上車，以蔽膝覆面。及上車，婿騎而環車三匝。婦入門，舅姑以下，悉從小門出，更從正門入，謂當躡新婦跡。入門後，婦先拜豬欄及竈，娶婦之夫婦並拜，或共結鏡紐（註二十六）。婚姻須以黃昏爲期，上及王公，廣奏音樂，多集徒侶，遮擁道路，留滯婦車，謂之障車，邀其酒食，以爲戲樂；所邀財物，富厚者動踰萬計，遂使障車禮既，過於聘財（註二十七）。婚嫁之初，雜奏絲竹，以窮歡宴，明日早，舅姑坐堂，行執笲相見之禮，共觀華燭，燭三日不息也。

唐初婚姻，猶重門第。南北朝時之望族，太原王、范陽盧、滎陽鄭、清河博陵二崔，隴西趙郡二李，是時好自矜誇，仍稱望族。雖復累葉陵遲，猶恃其舊地，女適他族，必多求聘財，又不顧與卑姓爲婚。尤以崔盧兩姓爲最，有女皆居爲奇貨，除門第外，非百萬聘財不能得。太宗惡之，以爲甚傷敎義。貞觀十六年詔：「乃有新官之輩，豐財之家，慕其祖宗，競結婚媾。多納貨賄，有如販鬻。或貶其家門，受屈辱於姻婭；或矜其舊族，行無禮於舅姑。積習成俗，迄今未已；既紊人倫，實虧名敎」（註二十八）。形同賣婚，勅令悉禁。乃命高士廉合二百九十三姓，一千六百五十一家，爲九等，修氏族志凡一百卷，例降一等，王妃主婿，皆取勳臣家，不議山東之舊族。顯慶四年（六五九），詔後魏隴西李寶，太原王瓊，滎陽鄭溫等子孫，不得自爲婚姻。仍定全國嫁女受財之數，三品以上之家不得過絹三百匹，四品五品不得過二百匹，六品七品不得過一百匹，八品以下不得過五十匹，皆充所嫁女資裝等用，其夫家不得受陪門之財（註二十九）。唐律訂婚，男家致書禮請，女家答書允許，此爲正式手續。或雖無許婚之書，但受聘財亦是。聘財無多少之限，而其效力甚大，女家一受聘財，不得反悔；若男家自悔，則不追聘財。然望族爲財所尙，高索厚聘，終不能禁；或載女竊送男家，或女老不嫁，終不與異姓爲婚（註三十）。當時大臣如魏徵房玄齡李勣諸人家，皆樂與山東舊族議婚。張說亦好求山東婚姻。詔令雖抑之，但舊望不能滅。「薛中書元超謂所親曰：吾不才，富貴過分，平生有三恨，始不以進士擢第，娶五姓女，不得修國史」（註三十一）。娶望族女竟與進士修國史相提並論，則其傾慕望族之虛榮心理，雖富貴而不能忘。又「伊愼每求甲族以嫁子，李長榮則求時名以嫁子」（註三十二）。此可見議婚重門第重勢利之深入人心，雖以政治力量亦不能禁絕之也。因此貧家女兒，每不易嫁。白居易議婚詩謂：「綠窗貧家女，寂寞二十餘。荆釵不直錢，衣上無眞珠。幾回人欲聘，臨日又痴厨」（註三十三）。故門第高下與財幣厚薄，仍爲唐代議婚者兩大先決條件。至於帝室公主，齊大非偶，却有難婚之感。岐陽公主，爲憲宗愛女，詔宰相李吉甫擇大臣子爲婚，皆辭疾，唯杜悰以選（註三十四）。又當時十宅諸王，女嫁選婿，皆由宦官厚爲財謝，乃得遣（註三十五）。宣宗愛萬壽公主，欲下嫁士人，侍郎鄭顥擢進士第，有閥閱，宰相白敏中擇其充選，但顥與盧氏婚，將授室而罷（註三十六）。公主之選婿，每由强迫而成，在時尙中實敵不過舊望之盧氏女也。

同宗共姓，皆不得爲婚。唐律同姓爲婚者，各處徒刑二年，緦麻服以上者以姦論。凡外姻有服屬之尊卑，及其他親屬，皆不得同婚。夫妻以偕老爲重，但不相安諧，亦准離婚。諸奴婢與雜戶配隸諸司，均不得與良人通婚。凡違婚律而由祖父母，父母主婚者，獨坐主婚。有妻更娶，以妻爲妾，以妾或婢爲妻者，均以犯法論處。至於唐代婚姻佳話，如姻緣天定，媒人曰月老，定婚男女爲赤繩所繫等觀念，又如雀屏中選，紅線牽絲等故事，嘗遍傳於民間也。

喪祭之制，多循古禮。衣冠士族，辰日不哭，謂之重喪，親賓來弔，輒不臨舉。又閭里庶民，每有重喪，不即發問，先造邑社，待營辦具，乃始發哀。至假車乘雇棺槨以榮送葬；既葬，鄰伍會集，相與酣醉，名曰「出孝」（註三十七）。唐人營葬甚奢，王公百官，競為厚葬，偶人像馬，雕飾如生，風俗流行，下兼士庶。送葬有明器，又有墓田。開元時，三品以上，先是明器九十枚，減為七十；五品以上，由七十減為四十，九品以上，由四十減為二十。庶人限十五枚，以素瓦為之（註三十八）。墓田之廣濶亦減，庶人則定方七尺，墳四尺（註三十九）。送葬者每於當衢設祭，張施幃幕，有假花假果粉人粉帳之屬，普通大者不過方丈，其後祭盤帳幕，高至九十尺，用牀三四百張，雕鐫飾畫，窮極技巧，饌具牲牢，復居其外。大曆中，又有祭盤，刻木為古戲。靈車過時，縗絰者皆手擘布幕，輟哭觀戲。又有歸葬時，沿途設祭，每半里一祭，連續相次，大者費錢千餘貫，小者三四百貫（註四十）。弔喪者穿白衫，祠禱家祭，或焚紙錢。開元二十年（七三二年），寒食上墓，定為常式。文官遭父母喪，聽其去職，自非金革，不可從權，注重親喪，仍合古制。避諱之習，亦甚重視。

慶壽之禮，起於齊梁之間，而相沿至唐，自皇帝至於庶人，無不崇飾此日，開筵召客，賦詩稱壽（註四十一）。開元十七年八月五日，玄宗誕辰，大宴百僚，張說等上表以是日為千秋節。誕日建節，實始於此。至若卜筮看相，談命運，定休咎，甚為流行。大和中，鍾輅著前定錄，看相有勾龍生，中屠生；易筮有王生；休咎預言有鄭相如，僧惟瑛，僧道明等。

五、風流韻事

唐代社會，色情意味濃厚，官妓最盛，文人墨客，進士新貴，多以風流相尚，皇帝且多出外作狎遊者。唐詩中贈名妓贈歌女懷妓者甚多，情致纏綿。開元五年（七一七），新進士及第三十人，宴遊飲妓，曲江水漲，舟覆盡溺死。此雖慘劇，但飲妓習俗之盛可知也。長安、洛陽、揚州、湖州諸處，妓女尤多。孫棨之北里誌述長安官妓規例，云妓分三曲（等），妓之母為假母。妓女來源有三：（一）自幼丐有者，（二）或傭其下里貧家，為不調之徒所漁獵而失身者，（三）良家女為其家聘之，以轉求厚賂，誤陷其中者（註四十二）。入曲以後，教以歌令，督責甚嚴；微涉退志，鞭扑備至。長安妓因有公卿舉子相往還，聲價甚高。進士及第，以紅紙名刺訪平康坊名妓以為榮。「諸妓居平康里，舉子新及第，進士三司幕府，但未通朝籍，未直館殿者，咸可就詣，如不惜所費，則下車水陸備矣。其中諸妓，多能談吐，頗有知書言話者，自公卿以降，皆以表德呼之。其分別品流，衡尺人物，應對排次，良不可及，信可輟叔孫之朝，致楊秉之惑。比聞蜀妓薛濤之才辯，必謂人過言，及覩北里二三子之徒，則薛濤遠有慚德矣」（註四十三）。開元天寶遺事亦謂：「長安有平原坊，妓女所居之地，京都俠少，萃集於此，兼每年新進士，以紅牋名紙，遊謁其中，時人謂此坊為風流藪澤」（註四十四）。且唐妓能詩者多，因此每為文人學士所傾倒，著名者如劉國容之短書（註四十五），張窈窕之春思詩，薛濤之春詞（註四十六），多屬抒情之作。其餘又有飲妓，歌女等，亦大同小異耳。

六、嗜好與娛樂

唐自立國以來，競爲奢侈，詠富貴詩，多紀其奉養服器之盛，故以衣裘、僕馬、亭樹、歌舞相尙，盡享受之能事。大臣如張說、韋皋、李德裕，亦講究豪華。社會風氣，耽於逸樂。好鬪花，牡丹芍藥，尤爲鍾愛。牡丹自武后以後始盛。長安三月五日，兩街看牡丹，奔走車馬，慈恩寺元果院牡丹，半月盛開。劉夢得、元微之、白樂天以牡丹形於篇什者甚衆。劉夢得賞牡丹詩：「惟有牡丹眞國色，花開時節動京城」（註四十七）。徐凝詩亦詠：「三條九陌花時節，萬馬千車看牡丹」（註四十八）。牡丹一開，市民爭往鑑賞，長安全城爲之騷動。李肇謂：「京城貴遊，尙牡丹三十餘年矣，每春暮，車馬若狂，不以耽玩爲恥。執金吾鋪官圍外寺觀種以求利，一本有直數萬者」（註四十九）。市民鍾愛牡丹如此狂熱，於是不惜重資，購花競鬪，以奇花多者爲勝。長安王士安，每用千金購名花，植於庭苑中，以備春時之鬪也（註五十）。洛陽之俗亦好花，春時城中無分貴賤皆戴揷，雖負販亦然。洛陽人宋單父，善種牡丹，變易千種，紅白鬪色，玄宗召至驪山，使植花萬株。此可見洛陽酷愛牡丹之風，亦不減長安之盛。

遊宴相沿已久，貞觀六年詔曰：「比年豐稔，閭里無事，乃有墮業之人，不顧家產，朋遊無度，酣宴是耽，危身敗德，咸由於此。自非澄源正本，何以革茲弊俗」（註五十一）。當時太宗倡儉約，以遊宴太濫，勅令禁之。但朝廷每三兩歲，必於春時，內殿賜宴宰輔及百官，備太常諸樂，設魚龍曼衍之戲，連三日，抵暮方罷（註五十二），賜宴之際，遞起爲舞，杯獻萬歲壽，樓下撒金錢，備極狂歡。玄宗御勤政樓，舉行大酺宴；又從士庶觀看百戲，人物塡咽，顧謂高力士曰：「吾以海內豐稔，四方無事，故盛爲宴樂，與萬姓同歡，不謂衆人喧鬧若此！」（註五十三）。此則承平之世，生活流於奢侈，春宴行樂，自所不免。然大曆會昌之際，四海困窮，而遊宴仍盛，酒酣高歌，廣陳妓樂者，蓋相沿已成俗矣。李肇謂：「長安風俗，自貞元侈於遊宴，其後或侈於書法，圖畫，或侈於博弈，或侈於卜祝，或侈於服食，各有所蔽也」（註五十四）。夫風俗習尙，因時變異，民之所好，久而成風，此又不獨長安爲然。公卿致仕，退隱林泉，興之所至，或作耆英之會，或約文酒之遊，兕觥高舉，吟詠自娛。宴樂飮酒，以酒令相戲，每擲骰子十枚，依采而飮。麟德（六六四—六六五）中，壁州刺史鄧弘慶始創平索看精四字令，至李稍雲而大備。此法大抵有律令，有頭盤，有拋打，常工於舉場而盛於使幕，男女雜履舃，長幼同燈燭，外府有立將校而坐婦人（註五十五），極盡狂歡。又都人士女，每至正月半後，各乘車跨馬，設帳於園圃或郊野中，爲探春之宴（註五十六）。

唐律：諸博戲賭財物者，各杖一百，贓重者，各依己分，準盜論。輸者亦依己分爲從坐。大抵不滿五匹以下，各杖一百；五匹以上，合徒一年（註五十七）。禁賭律令雖嚴，但博戲仍盛。如九勝局，雙陸，弈局，長行（註五十八），樗蒱，彈棊，圍棊，甚爲流行，其中以長行爲最熾。清明節有鬪鷄亦屬賭類。鬪鷄之風，戰國時已有之，至唐而特盛。諸王世家，傾帑破產，市鷄以償鷄値：都中男女，

圖十四 唐人文會圖

(國立故宮博物院藏品)

圖十五 唐人春郊遊騎圖

（國立故宮博物院藏品）

以弄鷄爲事。玄宗卽位，治鷄坊於兩宮間，又設有鬪鷄殿，索長安雄鷄之金毫鐵距高冠昂尾者千數養之，選六軍小兒五百人，使馴擾敎飼。長安人賈昌以善鷄，卽日爲五百小兒長，全國號昌爲神鷄童，時人爲之語曰：「生兒不用識文字，鬪鷄走馬勝讀書」（註五十九），蓋諷之也。穆宗時有臧平者，亦善鷄：

「威遠軍子將臧平者，好鬪鷄，高於常鷄數寸，無敢敵者。威遠監軍與物十疋，强買之，因寒食，乃進；十宅諸王，皆好鬪鷄，此鷄凡敵十數，猶擅場怙氣。穆宗大悅，因賜威遠監軍帛百疋。主鷄者想其蹠距，奏曰：此鷄實有弟，長距善鳴，前歲賣之河北軍將，獲錢二百萬」（註六十）。

長安少年，好遊俠，日以醉飲娼樓及鬪鷄爲活。張籍詩謂：「日日鬪鷄都市裏，贏得寶刀重刻字。百里報讎夜出城，平明還在娼樓醉」（註六十一）。皇帝如高宗、中宗、睿宗、玄宗、代宗、穆宗、文宗、僖宗，亦皆有鬪鷄癖。文人畫家，吟詠繪染，有聲有色。如韓愈與孟郊有鬪鷄聯句，韓渥觀鬪鷄偶作；閻立德張萱及周昉，均繪有鬪鷄圖，其著者也。

其他娛樂，有蹴鞠，寒食時節於春郊行之，僖宗最嗜好。又有打毬，蹋毬，拔河（註六十二），繩技，春郊遊騎，秋季放鷹，寒食節競豎鞦韆（註六十三），端午節射盤中粉團（註六十四），競渡（註六十五），錢塘弄潮，乞巧（註六十六），中秋玩月，重陽日餻酒登高，朝野相習，風尚一時。又胡人騎馬之風傳入，故婦女騎馬亦盛。至於歲時節物，元日則有屠蘇酒，五辛盤，咬牙餳。人日則有煎餅。上元則有絲籠。二月二日則有迎富貴果子。三月三日則有鏤人，寒食則有假花鷄毬鏤鷄子，子推蒸餅，餳粥。四月八日則有餻糜。五月五日則有百索糉子。夏至則有結杏子。七月七日則有金針織女臺乞巧果子。八月一日則有點炙杖子。九月九日則有茱萸花酒餻。臘日則有口脂面藥澡豆。立春則有綵勝鷄燕生菜（註六十七）。夫娛樂與節物，每因時因地而不同，但全國性之風土習尙，唐代率能一致，而形成特有之社會風俗也。

（註一）唐六典，卷三，戶部。

（註二）資治通鑑，卷一八一。

（註三）唐六典，卷四、禮部。又貞觀四年詔：「自今三品已上服紫，四品五品服緋，六品七品服綠，八品服青，婦人從其夫色。」（資治通鑑，卷一九三。）

（註四）舊唐書，卷二十，志二十五、輿服。

（註五）王讜，唐語林，卷七。

（註六）王溥，唐會要，卷三十一。

（註七）同上書，卷三十一。

（註八）同上書，同卷。

（註九）太宗嘗服翼善冠，貴臣服進德冠。至武后朝以絲葛爲幞頭巾子，以賜百官。開元間始易以羅。又別賜供奉官及內臣圓頭宮樣巾子，至唐末方用漆紗裹之。（郭若虛，圖畫見聞誌，卷一〇。）沈括謂：「幞頭一謂之四脚，乃四帶也，二帶繫腦後垂之，折帶反繫頭上，令曲折附頂，故亦謂之折上巾。又庶人所戴頭巾，唐人亦謂之四脚，蓋兩脚繫腦後，兩脚繫頷下，取其服勞不脫也，無事則反繫於頂上」。（夢溪筆談，卷一）。

（註十）新唐書，卷二十四，車服志第二十四。

（註十一）段柯古，髻鬟品。

（註十二）岑嘉州詩，卷七、醉戲竇子絕句。

（註十三）韋應物，韋江州集，卷九、長安道詩：「頭上鴛鴦雙翠翹。」

（註十四）岑嘉州詩，卷二、敦煌太守後庭歌：「側垂高髻插金鈿。」

（註十五）夢溪筆談，卷一。

（註十六）新唐書，卷三十四，五行志第二十四。

（註十七）唐六典，卷四、禮部。

（註十八）韋巨源，食譜。

（註十九）封演，封氏聞見記，卷六。

（註二十）東坡詩話，書薛能茶詩。

（註二十一）唐國史補，卷下。

（註二十二）同上書，卷下。

（註二十三）唐六典，卷二十三、左校署。

（註二十四）通典，卷五十九、禮十九。

（註二十五）段成式，酉陽雜俎，卷一、禮異。

(註二十六) 同上書，同卷。
(註二十七) 通典，卷五十八、禮十八。
(註二十八) 唐會要，卷八十三、嫁娶。
(註二十九) 通典，卷五十八，禮十八。
(註三十) 資治通鑑，卷二百。
(註三十一) 劉餗，隋唐嘉話。
(註三十二) 唐國史補，卷上。
(註三十三) 白氏長慶集，卷二。
(註三十四) 新唐書，卷一六六、列傳九十一、杜佑傳附杜悰傳。
(註三十五) 同上書，卷一四六、列傳七十一、李吉甫傳。
(註三十六) 同上書，卷一一九，列傳四十四、白敏中傳。
(註三十七) 同上書，卷九十八、列傳二十三、韋挺傳。
(註三十八) 通典，卷八十六，禮四十六。
(註三十九) 同上書，同卷。
(註四十) 唐語林，卷八，補遺。
(註四十一) 日知錄，卷十三、生日。
(註四十二) 孫棨，孫內翰北里誌。

(註四十三)同上書，序。

(註四十四)王仁裕，開元天寶遺事，風流藪澤。

(註四十五)進士郭昭述戀長安名妓劉國容，國容作有鷄聲斷愛之短書：「歡寢方濃，恨鷄聲之斷愛；恩憐未洽，歎馬足以無情。使我勞心，因君減食。再期後會，以結齊眉。」(開元天寶遺事，長安名妓。)

(註四十六)張窈窕春思詩：「門前梅柳爛春輝，閉妾深閨繡舞衣。雙燕不知腸欲斷，銜泥故故傍人飛。井上梧桐是妾移，夜來花發最高枝；若教不向深閨種，春過門前爭得知。」薛濤春詞三首：「攬草結同心，將以遺知音；春愁正斷絕，春鳥復哀吟。風光日將老，佳期猶渺渺；不結同心人，空結同心草。那堪花蒲枝，翻作兩相思；玉筯垂朝鏡，春風知不知?」

(註四十七)劉夢得文集，卷五。

(註四十八)容齋隨筆，(一)卷二，唐重牡丹。

(註四十九)唐國史補，卷中。

(註五十)開元天寶遺事。

(註五十一)通志，卷四十四，禮略三、鄉飲酒。

(註五十二)唐語林，卷七，補遺。

(註五十三)同上書，卷一、政事篇上。

(註五十四)唐國史補，卷下。

(註五十五)同上書，同卷。

（註五十六）開元天寶遺事，探春。
（註五十七）唐律疏義，卷二十六。
（註五十八）王公大臣，躭翫長行，至於廢慶弔，忘寢食，閭里用之，於是强名爭勝，謂之撩零；假借分晝，謂之囊家；囊家什一而取，謂之子頭。有通宵而戰者，有破產而輸者。（唐語林，補遺，卷八）。
（註五十九）陳鴻，東城老父傳，「唐代叢書，第十二册。）
（註六十）酉陽雜俎，續集，卷八，支動。
（註六十一）唐張司業詩集，卷一、少年行。
（註六十二）景龍四年清明，中宗幸梨園，命侍臣爲拔河之戲。以大麻絙兩頭繫十餘小索，數人執之，以挽六弱爲輸。（武平一、景龍文館記。）
（註六十三）天寶宮中至寒食節，競豎鞦韆，令宮嬪輩獻笑以爲宴樂，帝呼爲半仙之戲，都中士民因而呼之。（開元天寶遺事，半仙之戲）。
（註六十四）宮中每到端午節造粉團角黍，貯金盤中，以小角造弓子，纖妙可愛，架箭射盤中粉團，中者得食。（開元天寶遺事。）
（註六十五）孔平仲續世說：「江南風俗，春中有競渡之戲，方舟並進，以急趦疾進者爲勝。」（卷九），王建宮詞：「競渡紅頭掉綵旗，兩邊泥水濕羅衣。池東爭向池西岸，先到先書上字歸。」（唐詩紀事，卷四十四）。
（註六十六）乞巧者夜設祠，置厚粥、餅餌、瓜果，設香插竹，且拜且祈禱於天女。宮中則以錦結成樓殿高百尺，上可以勝數十人，陳以瓜果酒炙，設坐具，以祀牛女二星。嬪妃各以九孔針五色線向月穿之。過者爲得巧之候，動清商之曲，宴樂達旦，士民之家皆效之。（開元天寶遺事，乞巧樓）。

（註六十七）龐元英文昌雜錄，卷三。

中篇　唐代教育內容

第一章　學校組織與編制

唐代學校制度，原沿襲隋制而略加以變革者，但比以前各朝代之學制，繁複而完備。其制度本質，具有階級性，中央各學之學生，多限定官蔭高低之子弟，爲入學之資格。因此官學編制，不以程度之深淺而列級，僅憑階級之高低而分校，架床疊屋，拘於形式，內容亦簡陋，加以唐世偏重貢舉考試，官學等於告朔餼羊。夫原爲作育人才而設之學制，却忽略學校固有之功能，枉費教育所賦予之作用，有其名而無實，不可謂非立學者之一病。至於地方教育，雖定有規制，然課而不教，僅屬具文，無補於啓蒙養正。雖然，唐初對於學校制度之創立，規模相當宏大，表露一番心思與魄力，又未可遽就其功效之良窳而概論之也。其教育宗旨，在培養治術之人才，故太學之設立，所以「聚天下賢英，爲政之首」（註一）。開元十七年，國子祭酒楊瑒之奏言，更闡論此義。其言曰：

「太學者教人務禮樂敦詩書也。古制：卿大夫子弟及諸侯歲貢小學之異者咸造焉，故曰十五入大學，學先聖禮樂而知朝廷君臣之序，班以品類，分以師長。三德以訓之，四教以睦之，人既知勸，且務通經，學成業著，然後爵命加焉。以之效職，則知禮節；以之莅人，使識廉讓，則棫樸之詠興也」（註二）。

唐祚歷三百載，年代綿延，敎育盛衰，嘗與年代治亂相因應，大抵貞觀、永徽、開元、天寶、大曆、建中、貞元、元和、大中等朝，敎育較爲發達，每多建樹，其餘則廢弛。高宗朝，自永淳（六八二）後二十餘載，國學廢弛，學生衰缺。武后執政，嗣聖元年，陳子昂上疏，謂：「國家太學之廢，積歲月久矣，學堂荒穢，略無人蹤；詩書禮樂，罕聞習者」（註三）。自安史之亂，至永泰間，國子監室堂頹壞，軍士借居，至大曆元年（七六六），始修復之。然則唐世敎育，與替亦無定也。若夫學校制度，雖屬一貫，惟內容時有變革。玆章所述，僅就其輪廓，列分中央官學，地方敎育，私人講學與讀書，學校行政及管理，圖籍與圖書館，及釋奠等六節，備詳其編制如次。

一、中央官學

唐官制：尙書省禮部掌學校，蓋禮部職權，掌理禮樂、學校、衣冠、符印、表疏、圖書、册命、祥瑞、鋪設及百官宮人喪葬贈賻之數。學校僅爲其職權之一部份，實權仍由國子監任之。國子監相當於現代政制之敎育部。其編制：祭酒一人，司業二人，掌儒學訓導之政令，管轄國子、太學、四門、律、書、算凡六學，或加廣文館而稱爲七學。每遇皇帝視學，皇太子齒胄，則主持釋奠，執經論義。又有丞一人，掌判監事，即管理學生之學業成績，六學學生之學業有成者，上於祭酒司業，試其所習業，而轉呈禮部。主簿一人，掌印勾檢監事，即管理學生之行爲，六學學生不率敎者，舉而免之。錄事一人，府七人，史十二人，亭長六人，掌固八人（註四）。國子監分設於長安洛陽兩都，西監沿隋制，東監則於龍朔二年（六六二）所置也。國子監所管轄之六學或七學，編制如下表：

學名	教授				學生		附註
	博士	助教	直講	大成	資格	人數	
國子學	二人（或五人）	一人（或五人）	四人		文武官三品以上國公子孫，二品以上曾孫。	三百人	另有典學四人，廟幹四人，掌固四人。
太學	三人（或六人）	三人			文武官五品以上及郡縣公子孫，從三品曾孫。	五百人	每一經學生一百人
四門小學	三人（或六人）	三人（或六人）	四人	二十人	文武官六品七品及侯伯子男之子五百人；庶人子為俊士生者八百人。	一千三百人	
律學	一人（或三人）	一人			文武官八品以下，及庶人子，年十八以上二十五歲以下者。	五十人	貞觀六年復置
書學	二人	一人			同右	三十人	貞觀二年復置
算學	二人	一人			同右	三十人	顯慶元年復置

廣文館	五經博士五人博士二人（或四人）	二人			諸生習進士者	六十人	天寶元載置
總計	二十人（或三十三人）	十二人（或十九人）	八人	二十人		二千二百七十人	

國子學、太學、四門小學及廣文館，屬於大學性質，律學、書學及算學，則屬於專門性質。武德元年（六一八），詔皇族子孫，及功臣子弟，於秘書外省，別立小學教之。此則於七學之外，又有所謂小學也。

學舍設備，通常有館舍，講堂及論堂。館舍居宿學生，論堂教授學科，講堂所以宴會賓客及舉行典禮。貞觀二年（六二八），國學增築學舍四百餘間（註六）。十四年（六四〇），又增築學舍一千二百間，國學、太學、四門小學亦增加學生，凡三千二百六十人。其書算等學，各置博士。至於玄武門屯營飛騎，並設博士，授以經業。四方學者，雲集京師，升講筵者至八千餘人（註七）。開元十年（七二二）所撰六典，謂：三館學額，國子館學生三百人，太學館學生五百人，四門館學生五百人。東都洛陽，亦設立六學。自安史亂後，學校益廢，學生流散，員額均減於舊。貞元十四年間，六學生員，僅得百餘人。十九年（八〇三），四門館博士韓愈奏稱：

「近日趨競，未復本源，至使公卿子弟，恥遊太學；工商凡冗，或處上庠。……今請國子館並依六典，其太學館，量許取常參官八品已上子弟充；其四門館，亦量許取無資廕有才業人充。如有資廕，不補學生應舉者，請禮部不在收試限。……緣今年舉期已近，伏請去上都五百里內，特許非時收補；其五百里外，且任鄉貢，至來年春，一時收補。其厨糧度支，先給二百七十四人。今請準新補人數，量加支給」（註八）。

此可見貞元年間，三館學生數量之降減，韓愈奏請之用意，乃在設法維持最小限度之員額。元和元年，國子監奏：兩京諸館學生，總六百五十員，請每館定額如後：西都國子監學生，總計五百五十員，國子館八十員，太學館七十員，四門館三百員，廣文館六十員，律館二十員，書館十員，算館十員。又十二月勅：東都國子監，量置學生一百員，國子館十五員，太學館十五員，四門館五十員，廣文館十員，律館十員，書館三員，算館三員（註九）。東都學生之數額，實較西都爲少。十五年（八二〇），韓愈任國子監祭酒時，七學學生有六百人（註十）。故元和年間學生之數額，與貞觀十四年比較，僅得五分之一，而與貞元年間比較，則增加二三倍。

除國子監直轄七學外，尚有宏文館、崇文館、崇玄館、及醫學等，皆屬旁系之進修機關，其資格較七學爲高，而程度反較低。此四館之編制如下：

（一）宏文館。武德四年，於門下省置修文館，至九年，改爲宏文館。同年九月，太宗初卽位，大闡文教，於宏文殿聚四部羣書二十餘萬卷，於殿側置宏文館，選賢良文學之士，虞世南、褚亮、姚思廉、歐陽詢、蔡允恭、蕭德言等，以本官兼學士，輪流值宿；聽朝之暇，引入內殿，講論文義，商量政事，或至夜分方罷。褚遂良受命檢校館務，號爲館主，因成故例。神龍元年（七〇五），改爲昭文館，二年（七〇六），又改爲修文館。景龍二年（七〇八），增置大學士四員，學士八員，直學士十二員，徵文學之士以充之。然此僅爲一研究及諮詢性質之機關，未爲學校作育之用也。至開元七年，復改爲宏文館，置學生三十八人，補宏文館崇文學生例（註十一），始爲學生講肄之地。天寶十四載，其編制：學士人數無定，其職掌理圖籍，敎授生徒，朝廷制度沿革，禮儀輕重皆參議焉。校書郎二人，掌校理典籍，刋正錯謬。令史二人，楷書手三十人，典書二人，搨書手三人，筆匠三人，熟紙裝潢匠九人，亭長二人，掌固四人。學生三十人，其授課考試，如國子學之制（註十二）。學士、直學士、學生願夜讀書及在館內留宿者亦聽之。又令學士一人，專主持館事，並派給事中一人，掌理雜務。學生既在館內宿，學士及直館，每夜各一人輪値管理。（註十三）

（二）崇文館。崇文館隸屬於東宮。初，貞觀十三年（六三九）置崇賢館。顯慶元年（六五六），太子宏請於崇賢館置學士，並置生徒；始置學生二十人，其東宮三師三少等侍奉大臣，及崇賢館學士之子孫，宜通取之。至上元二年，改爲崇文館（註十四）。學士掌理經籍圖書，敎授諸生，課試擧送如宏文館例。學士直學士人數無常定。又置校書郎二人，令史二人，典書二人，楷書手二人，書手十人，熟紙匠三人，裝潢匠五人，筆匠三人（註十五）。永隆二年（六八一）二月六日，皇太子親行釋奠之禮，並表請博延耆碩英髦之士，充當學士（註十六）。乾元初，以宰相爲學士總理館事。廣德元年勅：宏文崇文兩館生，皆以資廕補充。所習經業，務須精熟，楷書字體，皆得正樣。通者與出身；不通者罷之。貞元八年，改隸左春坊，有學生十五人。宏文崇文兩館，原屬貴冑學校，學科與國子學等相同，惟學生養尊處優，故程度較低，僅試取粗通文義者充之。

（三）崇玄館。唐六典謂：「天下觀總一千六百八十七所，每觀觀主一人，上座一人，監齋一人，共綱紀衆事。而道士修行有三號：其一曰法師，其二曰威儀師，其三曰律師。其德高思精，謂之鍊師」（註十七）。由於設觀之數量，可見當時道教之鼎盛。開元十七年制：每年三元日（正月一日），令崇玄館學士講道德經，百官咸就觀禮。二十九年（七四一），兩京及諸州，各置玄玄皇帝廟一所，兼置崇玄學，是爲道教有官學之始。天寶元載（七四二），兩京置博士助教各一員，學生一百人（諸州無常員），令習道德經、莊子、文子、列子，三年業成後，每年隨貢舉人例送至門下省，依明經例考試。二載（七四三），改崇玄學爲崇玄館，博士爲學士，助教爲直學士，又置大學士二員。諸州郡崇玄學改爲通道學，博士爲學士。寶應永泰間，學生存者無幾。大曆三年（七六八年），復增至一百人。學生共習道德（老子）、南華（莊子）、通玄（文子）、沖虛（列子）、洞虛（庚桑子）等五眞經（註十八）。開元中，道藏共有三千七百四十四卷，其後雖殘缺，但玄學之教讀，典籍仍相當豐富。

（四）醫學。醫學隸屬太醫署。太醫署所屬有四：一曰醫師，二曰針師，三曰按摩師，四曰咒禁師。皆教以博士，考試登用如國子監例。玆分述四科如下：（甲）醫師。醫博士一人，助教一人，掌以醫術，教授諸生以本草、甲乙、脈經，分而爲五業：一曰體療，二曰瘡腫，三曰少小，四曰耳目口齒，五曰角法。醫生四十人，醫生既讀諸經，乃分業教習，平均約二十人，以十一人學體療，三人學瘡腫，三人學少小，二人學耳目口齒，一人學角法。畢業年限，體療者七年，少小及瘡腫五年，耳目口齒之疾並角法二年（註十九）。（乙）針師。針博士一人，助教一人，針師十人，掌教針生以經脈孔穴，使識浮沉澁滑之候，又以九針爲補瀉之法，教如醫生。針生二十人，習素問、黃帝針經、明堂、脈訣，兼習流注、偃側等圖，赤烏神針等經。業成者試素問四條，黃帝針經、明堂、脈訣各二條（註二十）。上述醫針諸生，讀本草者卽令識藥形而知藥性，讀明堂者卽令檢圖識其孔穴，讀脈訣者卽令遞相診候，使知四時浮沉澁滑之狀。讀素問、黃帝針經、甲乙、脈經，皆使精熟。博士每月一試，太醫令丞每季一試，太常丞於年終則總試之。若業術超於現任官者，卽聽補替；其在學九年無成者，皆退從本色（註二十一）。（丙）按摩。按摩博士一人，按摩師四人，按摩生十五人（隋朝一百人，武德中，三十人，貞觀中，減至十五人）。按摩博士，掌教按摩生以消息導引之法，以除人八疾：一曰風，二曰寒，三曰暑，四曰濕，五曰飢，六曰飽，七曰勞，八曰逸。凡人肢節腑藏積而疾生，導而宣之，使內疾不留，外邪不入，若損傷折跌者，以法正之（註二十二）。（丁）咒禁。咒禁博士一人，掌教咒禁，祓除爲厲者，齋戒以受焉，咒禁生十人（註二十三）。初貞觀三年（六二九）置醫學，有醫藥博士及學生。開元元年（七一三），改醫藥博士爲醫學博士，諸州置助教，寫本草百一集驗方藏之。未幾醫學博士學生皆罷省，僻州縣缺乏醫藥如故，二十七年（七三九），復置醫學生，掌州境巡療。永泰元年（七六五），復置醫學博士，京都各府、都督府、上州、中州，各有博士助教各一人，下州置博士一人。學生數額，京都各府二十人，大中都督府、上州、十五人；下都督府、中州、十二人；

下州十人（註二十四）。

二、地方教育

武德七年，詔諸州縣及鄉，設置學校，學生有通一經以上者，有司試册加階。此爲唐初注重地方教育之先聲。開元二十一年勅：諸州縣學生，年二十五歲以下，八品九品官員之子；若庶人生年二十一歲以下，通一經以上；及未通經，而精神通悟，有文詞史學者，每年銓量舉選，有司簡試，准其入四門學，充俊士。卽諸州人經省試不第，情願入學者亦聽之。國子監所管學生，由尙書省補送；州縣學生，則由其長官補送。諸州縣學生，除專習五經正業外，仍令兼習吉凶禮，公私禮有擧行者，令示儀式；餘皆不得輒使。又許百姓任立私學，其欲寄州縣受業者亦准之。二十六年（七三八）勅：古者鄉有序，黨有塾，將以宏長儒敎，誘進學徒，化民成俗，率由於是。其全國州縣，每鄉之內，各置一學校，仍擇師資，令其敎授（註二十五）。開元間對於地方敎育之法令，仍爲秉承武德七年置學詔而內容加以補充者。地方各學校，歸司功曹管轄，修習年限無定，通一經似可畢業。畢業後出路有二：一爲經簡試而升入中央之四門學，一爲準備參加貢擧試。

景雲（七一〇—七一一）以前，鄉貢每歲二三千人，應試者如此衆擠，則鄉學之蔚盛可知。鄉學學生之人數，假定以開元時爲例，略可見其梗概。開元時，全國分爲十五道（貞觀時分十道），府州三百二十八，縣一千五百七十三。依其地方敎育之學制，府學州學之學生平均五十名，縣學之學生平均三十名，由此推算，學生數約有八萬三千五百九十名。鄉學之組織如下表：

府縣／員生	京兆、河南、太原等府	大都督府	中都督府	下都督府	上州	中州	下州	京畿（六）	諸州上縣	中縣	中下縣	下縣
經學博士	一	一	一	一	一	一	一	一	一	一	一	一
助敎	二	二	二	一	二	一	一	一	一	一	一	一
學生	八十	六十	六十	六十	六十	五十	四十	五十	四十	二十五	二十五	二十

（註二十六）

此等鄉學之學生，即官學之生員也；生員猶曰官員，有定額故謂之員。學生之人數，即生員之學額也。貞元（七八五—八〇四）以前，兩監之外，頗重府州學生，然其時亦由鄉學簡升，直補監生而已。貞元以後，鄉學衰廢，而膏粱之族，率以學校爲鄙事，所謂鄉貢者，僅假名就貢（註二十七），開元時所頒地方教育之制，已形同虛設者矣。

三、私人講學與讀書

唐代鄉學，爲官學性質，百姓不得隨便設立私學（註二十八）。雖然如此，私人講學之風仍盛。蓋國學與鄉學，多有名無實，且官階太嚴，名師宿儒，每設帳於鄉里；世家子弟，多就家自學。而清寒之士，更羣聚山寺，論學會友；迨學成，乃出應試，一舉成名，自不必以官學爲進身之階。名師宿儒之私人講學，其著者如下：

王恭，滑州白馬人，敎授鄉閭，弟子數百人，貞觀初，召拜太學博士（註二十九）。馬嘉運，魏州繁水人，貞觀初，累除越王東閣祭酒，退隱白鹿山，諸方來受業者至千人，十一年（六三七），召拜太學博士（註二十九）。張士衡，瀛州樂壽人，仕隋爲餘杭令，以老還家，唐興，士衡復講授鄉里（註三十一）。曹憲，揚州江都人，仕隋爲秘書學士，聚徒敎授，凡數百人，公卿多從之（註三十二）。盧浩然，開元中嘗賜隱居服，官爲其營草堂，逮還山，乃廣其學廬，聚徒肄業（註三十三）。王質，元和六年進士，寓居壽春，專以講學爲事，門人受業，大集其門（註三十四）。唐五經，荆州人，學識精博，咸通中，聚徒五百輩，以束修自給，優遊卒歲，有西河濟南之風（註三十五）。此輩宿儒，多爲致仕居鄉，或隱處故里，而聚徒講學，蔚爲風會者也。

唐代佛敎鼎盛，僧徒多兼通經史，不少士子，就學於山林巨刹。寒酸子弟，每隨僧齋粥，而論學讀書。唐摭言敍段維故事，可爲一例：

「段維……年及壯仕，殊不知書，一旦自悟其非，聞中條山書生淵藪，因往請益。衆以年長，猶未發蒙，不與授經。或曰：以律詩百餘篇俾其諷誦。翌日，維悉能强記，諸生異之。……因授孝經，自是未半載，維博覽經籍，下筆成文，於是請下山。……咸通乾符中，聲名籍甚」（註三十六）。

當時中條山，實爲書生淵藪，有敎、有學、更有書籍也。至於寺院爲寒士聚讀之所，在寺隨僧齋飧，讀書而至宰相者，大有人焉。如王播（相文宗）嘗客揚州惠昭寺木蘭院，隨僧齋飧。徐商（相懿宗）寓中條山萬固寺泉入院讀書，隨僧洗鉢。韋昭度（相僖宗昭宗）曾依左街僧錄淨光大師，隨僧齋粥（註三十七）。

又有入山中道士觀而讀書成名者，如樊川文集卷九「范陽盧秀才墓誌」，述盧生立志讀書事：「竊家駿馬，日馳三百里，夜抵襄國界，捨馬步行，徑入王屋山，請詣道士觀，道士憐之，置之門外廡下，席地而處，始聞孝經論語。布褐不襪，捽草爲茹，或竟日不得食。如此凡十年。年三十，有文有學。……開成三年，來京師，擧進士」（註三十八）。

此外讀書於山寺者，如呂溫，薛大信同時讀書於廣陵之靈巖寺，討論數載（註三十九）。張謂，少讀書於嵩山（註四十），天寶二載進士。李端，少時居廬山依皎然（僧）讀書，大曆五年進士（註四十一）。李紳，貞元元和間肄業於無錫慧山寺，始年十五六（註四十二）。李蟾，太和中習業於常州善權寺（註四十三）。李隲，太和五年（八三一）肄業於無錫惠山寺，居三歲，諷念左傳、詩、易、及史記、漢書、離騷、莊子、韓非子，並著歌詩數百篇（註四十四）。此其著者也。

四、學校行政與管理

（一）進學手續

長慶二年（八二二），祭酒韋乾度奏學生進學手續，謂四館有闕額，每年請補招學生者，須先經監司陳狀，開列某人應補之闕額，監司則先將補生考試通畢，然後具姓名申呈禮部，仍稱爲「堪充學生」；如無監司之解送申請，不在收錄之限。當監進士明經等學生，待禮部補署畢，關牒到監司，再學行覆試。其進士等若覆試及格，當日便給公膳厨房；其明經等覆試及格後，待經監司牒送，始給之（註四十五）。

（二）入學束脩禮

入學束脩，由國家規定。開元禮：皇子束脩，束帛一篚五匹，酒一壺二斗，脩一案三脡。皇子服學生之服，至學門外，陳三物於西南，稍進曰：「某方受業於先生，敢請見。」執篚者以篚授皇子，皇子跪，奠篚再拜，博士答再拜。皇子還避，遂進跪取篚，博士受幣，皇子拜謁乃出。國子生初入學，束脩例定置束帛一篚，酒一壺，脩一案，其州縣學生，束脩禮亦然。神龍二年（七零六）勅：學生在學，各以長幼爲序。初入學皆行束脩之禮，禮於師。國子太學之束脩，每生奉絹三匹，四門學絹二匹，俊士及律、書、算、州、縣等學，各絹一匹，皆有酒脯。其束脩五分之三歸博士，五分之二歸助教（註四十六）。

（三）教　師

各學設有博士以掌教，博士者，主管教授者也。助教則以進士充之，「佐博士以掌鼓篋榎楚之政令，令分其人而教育之。其有通經力學，必於歲之杪，升於禮部，聽簡試焉。課生徒之進退，必酌於中道，非博雅莊敬之流，固不得臨於是，故有去而升於朝者」（註四十七）。由於六學之地位不同，博士助教，品秩各異，高者爲五品六品，低者爲八品九品，委任遷調，主於吏部。因此教師既屬朝廷之官，亦有黜陟焉。四門學助教每升爲太學助教，或又升爲太學博士。如施士丐（七三四－八零二），明毛鄭詩，通左傳，在太學者十九年，由四門助教爲太學助教，又由助教而爲博士。秩滿當去，諸生輒拜疏乞留，或留或遷，凡十九年，不離太學（註四十八）。廣文館教師，不用博士之名而置學士，其直學士等於助教，教職原無異也。

（四）授　課

諸博士助教，皆分經教授學生，有每一經置博士兩名，又有博士兼授一二經者。每授一經，必須終講；所講未畢，不得改業。諸博士助教，皆計其當年講授多少，以爲考課等級。授課之規制如下：

甲、經學。經學分大中小三種，以禮記、左傳爲大經，詩、周禮、儀禮爲中經，易、尙書、公羊傳、穀梁傳爲小經。通二經者，大經小經各一種，或中經兩種。通三經者，大經中經小經各一種。通五經者，大經皆通，餘經各一種。孝經論語皆兼通之（註四十九）。凡治孝經、論語，共限一年。尙書、公羊、穀粱各一年半。易、詩、周禮、儀禮各二年。禮記、左傳各三年。其習經有暇者，命習隸書，以銓選之時，方取楷法遒美者也。

乙、律學。律學以律令爲專業，格式法例亦兼習之。應習之律令格式，如貞觀律十二卷，令二十七卷，格十八卷，留司格一卷，式三十三卷，凡律五百條，令一千五百四十六條，格七百條。又如永徽律十二卷，式十四卷，式本四卷，令三十卷，留本司行格十八卷。

丙、書學。學書每日臨紙一幅，間習時務策，讀國語、說文、字林、三蒼、爾雅。習石經三體書限三年，說文二年，字林一年。

丁、史學。史學以史記、前後漢書、三國志爲三史。

戊、算學。算學分其經爲兩組，以爲習業。第一組，習九章、海島、孫子、五曹、張邱建、夏侯陽、周髀者十五人；第二組習綴術、緝古者十五人。習孫子、五曹共限一年；九章、海島共三年；張邱建、夏侯陽各一年；周髀、五經算共一年；綴術四年；緝古三年。紀遺、三等數皆兼習之。李淳風等注五曹孫子十部算經，二十卷，爲當時行用。

諸生先讀熟經文，然後授文講義。每旬放假一日，假前一日博士考試，讀書每千言內試一帖，帖三言；講義者每二千言內問大義一條。共試三條（帖試、講解及大義），通二條爲第，不及格者有罰。歲終通考全年學業，口問大義十條，通八條爲上等，六爲中等，五爲下等。如學年考試，連續三次俱下等，則開除學籍。

每歲五月有田假，九月有授衣假，二百里外給程期。其不率教，及歲中違程期滿三十日，因事缺課百日，緣親病缺課二百日，亦皆罷歸（註五十）。天寶十四載（七五五）勅：國子監諸生等，既非貢擧之時，又屬暑月，在於館學，漸困炎蒸，其有欲歸私第及還鄉而習讀者，聽之；但仍委本司長官具名申報，至貢擧時赴監（註五十一）。此卽暑期所放之長假。然路遠之學生，淹留京師，或一二年始一歸也。

（五）修業期

學生修業期，律學限六年，玄學三年，其餘各學則爲九年。國子監之主簿，掌印勾檢，凡學生其連三年考試下等，九年在學不貢擧者，則擧而免之。然學生何蓄，入太學歷二十餘年，尙許在監，蓋亦有通融之例也。律生逾六年不成者並解退。其從縣向州者，肄業年數及下第，並須通計；服闋重仕者，則不在計限。半途不得改業（註五十二）。

（六）考試

每年仲多，國子監所管學生，由國子監試之；州縣學生，當州試之。並選藝業優長者爲試官，仍由長官監試。參加考試之學生，通計其一年所受之業，考口問大義十條，通八條以上者爲上等，通六以上者爲中等，通五以上者爲下等（註五十三）。若試經一年，而等第不進者則停給公膳。國子學每歲學生有能通兩經以上而求出仕者，則呈報於監；堪充秀才、進士者亦如之。四門小學每三年一試，學生通四經業成，上於吏部試，登第者則加一階放選爲官吏；其不第者，習業如初。六學之學生，每歲有業成行尊者，同學相與薦言於助教博士，助教博士以狀申於國子監之司業。司業就其所受之業而試之：明經生則帖經，口試，策經義；進士生帖一中經，試雜文，策時務，徵故事。其明法，明書，明算等生，亦各試所習業，登第者白祭酒，以狀申報禮部（註五十四）。太和五年（八三一）所定：其試法皆依考功口試，明經生帖經限通八以上，明法生等皆通九以上（註五十五）。國子州縣課試，其成者長吏令屬僚設賓主，陳俎豆，備管絃，牲用少牢，行鄉飲酒，歌鹿鳴之詩，徵耆艾敍少長而觀焉，就餞而與計偕。其不在學而舉者，謂之鄉貢（註五十六）。

（七）管　理

官定學生管理規條，可概括如下六項：

一、學生有及第出監者，由館子先收同住房，待有新補學生公試畢後，便給其居住。

二、每館由衆推定一人知館事，如生徒無故喧爭者，由館子與業長，將狀報告，知館博士則依監司條例處分。其中事有過悞，衆可容恕，監司自議科決。

三、其有悖慢師長，强暴鬪打，請移牒府縣錮身，解回原籍。

四、其有藝業不勤，遊處非類，樗蒱六博，酗酒喧爭，凌慢有司，不守法度，有一於此，並請開除。

五、又有文章帖義，不及格限，頻經五年，不堪申送者，亦請開除。

六、如違限程，及作樂雜戲者亦同；唯彈琴習射不禁（註五十七）。

唐律規定，對於毆打師長，嚴懲不貸。普通以手足毆人杖四十，若鬪毆無品博士，刑罰加凡人二等，合杖六十；九品以上合杖八十。若毆五品博士，亦於本品上累加之。毆斃受業師者合斬（註五十八）。國子監諸館生，常洿雜無良，及貞元七年（七九一），陽城爲司業，以道德訓喻；有遺親三年者，勉之歸覲。由是學生風氣稍變（註五十九）。元和十五年，韓愈爲祭酒，整肅學風，管理學官學生頗嚴。有直講能說禮而容陋，學官多豪族子，擯之不與共食。愈命吏曰：「召直講來，與祭酒共食」。學官由是不敢賤直講。又奏選有經藝堪訓導生徒者爲學官，常使其會講，學生多奔走聽聞，皆相喜曰：韓公來爲祭酒，國子監不寂寞矣！（註六十）。然而中唐之世，政治窳敝，學生受其影響，學行偷惰，不顧廉恥，若祭酒司業不得其人，訓導稍懈者，學風愈敗壞不堪。柳宗元與太學諸生書，曾慨乎言之：

「僕少時，嘗有意遊太學，受師說，以植志持身焉。當時說者咸曰：太學生聚爲朋曹，侮老慢賢，有墮窳敗業而利口食者，有崇飾惡言而肆鬪訟者，有淩傲長上而誶罵有司者，其退然自克特殊於衆人者無幾耳。僕聞之，恟駭怛悸，良痛其遊聖人之門而衆爲是嗒嗒也，遂退託鄉閭家塾，考厲志業，過太學之門而不敢跼顧」（註六十一）。其深惡當時學風之隳喪，正有所見而言也。而唐代學風，每與魏、晉、南北朝相提並論，豈無故哉？

（八）用　費

唐代學款，初無定額，中葉以後，支絀不堪。至德間，已有學生不能稟食，堂壖任其頹壞。元和間，國子監旣廢，無法修葺。可知敎育財政，國家尙乏固定之預算。學校經費收入，可得而言者，約分爲兩種：（甲）經常收入者：一、學生之束脩，以實物爲之，歸教師所得；二、官債項下，貸錢一萬貫，收取五分利息；三由靑苗地頭項下，抽取附加一百文（註六十二）。（乙）特別收入：一、由宮中賜與；二、由羣臣捐納，如元和十四年，大順元年，扣抽公卿俸給，或捐納光學錢，以修葺學舍；咸通中，禮部侍郎劉允章，請令羣臣輸錢治學，定額爲宰相五萬，節度使四萬，刺史一萬，皆此例也。開支方面，敎師薪俸，依官俸發給，不在此限。最重要開支者，除六館糧料雜費外，當其盛時，兩京國子監二千餘生，及宏文、崇文、崇玄等學之學生，皆給廩膳，此項用費龐大，維持至感不易。永泰二年二月朔，上丁釋奠，蕭昕奏諸宰相元載，杜鴻漸、李抱玉，及常參官、六軍（神策）軍將等，就國子學聽講論，賜餐錢五百貫造食。八月，國子學修成，祠堂、論堂、六館院舍、及官吏所居廳宇，用錢四萬貫（註六十三）。此大抵由國庫撥給，爲特別用費之開支者也。

其後學校廢弛，每由於用費不足，尤以地方敎育爲然。劉禹錫謂：「今之膠庠，不聞弦歌，而室廬圮廢，生徒衰少，非學官不欲振擧也，病無貲財以給其用」（註六十四）。當時夔州所轄四縣，每歲釋奠物之價値，緡錢十六萬有奇，乃請罷之，改爲學校之用焉。

（九）留學生

唐代國勢强盛，學藝昌明，爲各國所傾慕，貞觀年間，高句麗、百濟、新羅、高昌、吐蕃等五國君長，均遣子弟請入國學。劉夢得謂：「貞觀中，增築學舍千二百區，生徒三千餘人。時外夷上疏請遣子弟入附於三雍者五國。」（註六十五）中宗朝乃規定留學之例：三衛番下日願入學者，聽附國子學、太學及律館習業。蕃王及可汗子孫願入學者，附國子學讀書（註六十六）。各國之中，以日本、新羅學生遣唐留學爲最多（詳見第三篇）。

五、圖籍與圖書館

（一）圖　籍

由漢至唐代，中國圖籍之編纂與遺失，變革如下：一、漢哀帝時，天祿閣圖書，劉歆總括羣篇，撮其指要，著爲集、六藝、諸子、詩賦、兵書、術數、方伎等七略，凡三萬三千九百卷，王莽末竟被焚燒。二、魏荀勗總括羣書，分爲四部，一曰甲部，紀六藝及小學等書；二曰乙部，有古諸子家，近世子家，兵書，兵家術數；三曰丙部，有史記舊事，皇覽簿雜事；四曰丁部，有詩賦，圖讚，汲冢書，凡四部共二萬九千九百四十五卷。此爲歷代圖書分爲四部之始。及惠懷之亂，京華蕩覆，渠閣文籍，靡有孑遺。三、其後遺書稍流江左。宋元嘉八年（四三一），秘書監謝靈運造四部目錄，凡六萬四千五百八十二卷。元徽元年（四七三），秘書丞王儉又造目錄，凡一萬五千七百零四卷。四、齊永明中，秘書丞王亮、監謝朏又造四部書目，凡一萬八千零一十卷。齊末兵火延燒秘閣，經籍遺失（註六十七）。五、梁任昉於文德殿內集藏凡二萬三千一百零六卷（註六十八）。梁元帝克平侯景，收文德殿之書，及公私經籍，歸於江陵，凡七萬餘卷。承聖二年（五五三），周師入郢，咸自焚之。六、隋開皇間，搜訪異本，補續殘缺為正副二本，藏於宮中，其餘以實秘書內外之閣，凡三萬餘卷（註六十九）。

及至唐初，武德五年，克平王世充，盡收其圖籍古蹟，命司農少卿宋遵貴，載之以船，泝河西上，將運長安；行經砥柱，多被漂沒，存者十不一二。其目錄亦為所浸濡，時有殘缺。將現存者分為四部，合為一萬四千四百六十六部，有八萬九千六百六十六卷（註七十）。是年，秘書監令狐德棻奏購募遺書，重加錢帛，增置楷書，專令繕寫（註七十一）。至貞觀二年，秘書監魏徵，以喪亂之後，典章紛雜，奏引學者，校定四部書，數年之間，秘府粲然畢備。景雲三年（七一三），以經籍多缺，又令京官分行全國，搜檢圖籍。此為整補圖書之初期。國家之經籍圖書，由秘書省掌之。秘書省設秘書監，下置兩局：一曰著作，一曰太史。設秘書郎四人，校書郎八人，正字四人，主事一人，令史四人，書令史九人，典書八人，楷書手八十人，亭長六人，掌固八人，熟紙匠，裝潢匠各十人，筆匠六人。秘書郎掌四部之圖籍，分庫以藏之，以甲乙丙丁為之部目。甲部為經，其類十一；乙部為史，其類十三：丙部為子，其類十四；丁部為集，其類三。共二千七百九十二部，三萬零二百七十一卷（註七十二）。故秘書省之職權，實為掌管國家圖籍及修書之機關也。

開元間整補圖書，更為積極，七年，勅秘書省、昭文館、禮部、國子監、太常寺及諸司，並官及百姓等，借書繕寫，及整理四部書成，凡五萬一千八百五十二卷，貯於乾元殿東廊。凡四部之書，必立三本，曰正本、副本、貯本，以供進內及賜人。九月，又勅令麗正殿寫四庫經，各於本庫每部為目錄，若有與四庫書名目不類，依劉歆七略例，排為七志，其經史子集及人文集，以時代為先後，以品秩爲次第(註七十三)。此乃另設一獨立機關，擴增修書之工作。九年(七二一)十一月，國子祭酒元行沖，上羣書四錄(甲部經錄，乙部史錄，丙部子錄，丁部集錄)，凡書四萬八千一百六十九卷(註七十四)。十九年冬，集賢院四庫書，總計有八萬九千卷(註七十五)，經庫一萬三千七百五十二卷，史庫二萬六千八百二十卷，子庫二萬一千五百四十八卷，集庫一萬七千九百六十卷，其中雜有南北朝及隋代古書，與貞觀、永徽、麟德、乾封、總章、咸亨等年奉詔繕寫者。二十四年，勅減省集賢院書籍，三分留一，貯在東都。至天寶三載(七四四)，四庫更造現在庫書目，經庫七千七百七十六卷，史庫一萬四千八百五十九卷，子庫一萬六千二百八十七卷，集庫一萬五千七百二十卷。從三載至十四載，庫續寫又加一萬六千八百四十二卷，至開成元年(八三六)，秘書省四庫，新舊書籍，共五萬六千四百七十六卷(註七十六)。

綜上所述，中國圖籍，實隨修隨毀；而隨毀又隨修。圖籍最大毀滅，有如下列八厄：一、秦始皇之焚書；二、王莽末，長安兵起，宮室圖書，並從焚燼(三萬三千九百卷)；三、漢獻帝移都，圖書七十餘車，屬西京大亂，一時燔蕩；四、晉代惠懷之亂，京都淪陷，文籍靡有孑遺(二萬九千九百四十五卷)；五、承聖二年，周師入郢，蕭繹將所藏圖書，悉自焚之(七萬卷)(註七十七)，六、武德五年，克平王世充，收其圖籍，運回西京，在砥柱沉沒；七、安史之亂，開元七年之四部書亡散殆盡(五萬一千八百五十二卷)；八、開成初之四部書又毀(五萬六千四百七十六卷)(註七十八)。由此八厄，可見歷代圖籍損失之重且大矣。

雖然，上述數量，不過爲國家公藏之圖籍，而私人藏書，亦甚豐富。蘇弁（滁州刺史）聚書至二萬卷（註七十九）。韋述（起居舍人）蓄書二萬卷，皆手校定，黃墨精謹，內秘書不逮（註八十）。蔣乂（秘書監）家藏書一萬五千卷（註八十一），田弘正（節度使兼中書令）起樓聚書萬餘卷（註八十二）。韋處厚（中書侍郎同中書門下平章事）家書讎正至萬卷（註八十三）。杜兼（河南尹）家聚書至萬卷（註八十四）。吳兢之西齋，藏書一萬三千四百餘卷（註八十五）。鄴侯李泌之家多書，插架三萬軸，一一懸以牙籤（註八十六）。柳宗元素窮，亦謂家有賜書三千卷（註八十七）。孫樵自謂代襲簪纓，藏書五千卷（註八十八）。李襲譽（出仕揚州）俸祿散給宗親，餘貲寫書數萬卷（註八十九）。李磎（相昭宗）家世藏書，多至萬卷，時號李書樓（註九十）。就上述之十二人，其藏書約有十五六萬卷，較國家之庫貯爲多，然則私人藏書之盛可知矣。唐代學者，著書亦勤，據開元年間之著錄，學者自爲之書，凡二萬八千四百六十九卷，雖多是詩歌文辭訓詁注釋之類，然亦有爲一家之說者。書籍可以購取，呂溫詩謂洛陽南市賣書肆，有人買得研神記（註九十一）。柳玭在蜀，嘗閱書肆有字書小學發售。各大城市，似均有書店專售書籍者也。

（二）圖　書　館

麗正書院，開元十一年（七二三）置，其性質爲國立圖書館或修書館。玄宗聚文學之士，秘書監徐堅，太常博士賀知章，監察御史趙冬曦等，或修書或侍講，以張說爲修書使以總之（註九十二）。十三年，改爲集賢院。院內設學士及直學士。學士掌「刊緝古今之經籍，以辨明邦國之大典，而備顧問應對，凡天下圖書之遺逸，賢才之隱滯，則承旨而徵求焉」（註九十三）。又設正副知院事，侍講學士、校理、待制、留院、入院、侍講、刊校、修撰、修書及直院等。又有造書直及寫御書一百人，校書四員，正字兩員。鑄小印一面，以御書爲印文（註九十四）。集賢院與秘書省，雖同歸中書省管轄，但不相統屬。集賢院除修書藏書外，尙爲皇帝備顧問，地位較秘書省爲崇高。集賢院修書：

「所寫皆御本，書有四部，一曰甲爲經，二曰乙爲史，三曰景（丙）爲子，四曰丁爲集。故分爲四庫，每庫二人，知寫書出納名目次序，以備檢討焉。四庫之書，兩京各二本，共二萬五千九百六十一卷，皆以益州麻紙寫。其經庫書，鈿白牙軸，黃帶，紅牙籤；史庫書，鈿青牙軸，縹帶，綠牙籤；子庫書，雕紫檀軸，紫帶，碧牙籤；集庫書，綠牙軸，朱帶，白牙籤，以爲分別」（註九十五）。

開元間修書，太府月給蜀郡麻紙五千番，季給上谷墨三百六十丸，歲給河間、景城、清河、博平四郡兎一千五百皮爲筆材。設備供應，充份如此，故藏書莫盛於開元。然安史之亂，尺簡不藏；代宗時，元載爲相，奏以千錢購書一卷（註九十六），蓋喪亂之餘，書籍已變爲奇缺者矣。大中四年（八五零），集賢院奏：大中三年正月一日以後，至年終，寫完貯庫，及塡缺書籍三百六十五卷，計用小麻紙一萬一千七百零七張（註九十七）。翰林院亦置有藏書所，元和以後，南北二庫書，各有錄約八千卷，由小使主之（註九十八）。

（三）印　刷

書籍之有雕板，實肇自隋時，行於唐世，擴於五代，精於宋人。陸深謂：「隋文帝開皇十三年十二月八日，勑廢像，遺經悉令雕造」（註九十九）。此卽爲雕板之始。石林燕語以爲雕板印書始自馮道，然柳玭訓序言：其在蜀時，嘗閱書肆，云字書小學，率雕板印紙，則唐固有之矣（註一百）。朱昱猗覺寮雜記謂：唐末，益州始有墨板，蓋雕刻印賣也。唐以前，凡書籍皆有寫本，未有模印之法，人以藏書爲貴，不多有，而藏者精於讐對，故往往皆有善本。學者以傳錄之艱，誦讀亦精詳。自五代官刻六經板印行，書籍刋鏤者益多，士大夫遂不復以藏書爲意（註一零一）。

六、釋奠—訓導之象徵

教育以儒家之學爲本，以孔子爲表率，故釋奠之禮，歷代行之。釋奠爲祀孔；祀孔爲學者之範式，乃訓導之象徵也。隋制：國子寺每歲以四仲月上丁釋奠於先聖先師，年別擧行一次鄉飲酒禮；州郡學則以春秋仲月釋奠，亦每年於學一行鄉飲酒禮。學生皆乙日（二日）試書，丙日（三日）給假焉（註一零二）。唐初，以周公孔子爲二聖而崇祀之。武德二年（六一九）詔曰：

「盛德必祀，義在方册；達人命世，流慶後昆。爰始姬旦，主翊周邦，創設禮經，大明典憲，啓生民之耳目，窮法度之本源。粤若宣尼，天資睿哲，四科之教，歷代不刋；三千之徒，風流無歇。惟茲二聖，道著生民，宗祀不修，孰明褒尚。宜令有司於國子監立周公孔子廟各一所，四時致祭」（註一零三）。

及貞觀二年，詔停周公爲先聖，始立孔子廟堂於國學，稽式舊典，以孔子爲先聖，顏回配享爲先師（註一零四）。乾封元年（六六六），追贈孔子爲太師。開元二十七年（七三九），追諡爲文宣王，其兩京國子監及全國諸州，夫子南面坐，十哲等東西行列侍（註一零五）。此則對孔子之崇敬，在祭祀上已臻於最高之形式化者矣。

武德七年二月十七日，貞觀十四年二月十日，皇帝幸國子學，親臨釋奠。釋奠之儀式，由國子監祭酒爲初獻，祝詞稱皇帝謹遣，仍令司業爲亞獻，國子學博士爲終獻。其諸州，刺史爲初獻，上佐爲亞獻，博士爲終獻。縣學，令爲初獻，丞爲亞獻，主簿通爲終獻。學令祭以太牢，樂用軒懸六佾之舞，並登歌一節。州縣常用上丁，無學，則祭用少牢。開元七年，以貢舉人將謁先師，勅皇太子及諸子行齒冑禮，在國學舉行，並由右常侍褚無量開講孝經並禮記文王太子篇。十年，玄宗訓注孝經頒於全國。天寶三載，令全國家藏孝經一本，精勤教習；學校之中，倍加傳授，州縣官長，明申勸課焉（註一零六）。釋奠享先師後，例舉行講學。歐陽詹於貞元十四年紀其盛事曰：

「我國庠春享先師，後更月命太學博士清河張公講禮記，……束脩既行，筵肆乃設。公就几，北坐南面，直講抗牘，南坐北面，大司成端委居於東，小司成率屬列於西。國子師長，序公侯子孫自其館；太學師長，序卿大夫子孫自其館；四門師長，序八方俊造自其館；廣文師長，序天下秀彥自其館。其餘法家、墨家、書家、算家，綴業以從，亦自其館。沒堦雲來，即集鱗居，攢弁如星，連襟成帷」（註一零七）。

此種官方講學，場面相當偉大。顧炎武謂：「觀此可見當日養士之制寬，而教士之權一，是以人才盛而藝術修，經學廣而師道重」（註一零八）。

地方長吏之興學，亦不外修建孔廟，勤於釋奠，督課講論，選薦賢士，舉行鄉飲酒之禮，仍爲古鄉學之制也。此可以成倚在福州之興學爲例。大曆八年（七七三），成倚爲福州都督，考頖宮之制，作新學而寓政焉：

「先師寢廟七十子之像在東序，講堂書室函丈之席在西序，齒冑之位列於廊廡之左右。每歲二月上丁，習舞釋菜。先三日，公齋戒肄禮，命博士率冑子，脩祝嘏，陳祭典。釋菜之日，齍器用幣，籩豆在堂，樽罍在阼。公玄端赤舄，正詞陳信。是日舉士之版，視其藝之上下，審問愼思，使知不足，教之導之，講論以勗之。八月上丁，如初禮，歲終博士以遜業之勤惰，覃思之精粗，告於公。斂其才者，進其等而貢之於宗伯，將進必以鄉飲酒禮禮之。賓主三揖，受爵於兩楹之閒堂，下樂作歌以發德，鹿鳴、南陔、由庚、嘉魚、南山、有臺，以將其厚意。由是海濱榮之，以不學爲恥。州縣之教，達於鄉黨；鄉黨之教，達於衆庶矣」（註一零九）。

（註一）唐會要，卷三十五、陳子昂疏。

（註二）登科記考，卷七。

（註三）同上書，卷三。

（註四）武德初年，以國子監曰國子學，隸太常寺。貞觀二年復曰監。龍朔二年，改國子監曰司成館，祭酒曰大司成，司業曰少司成。咸亨元年，復曰監。垂拱元年，改國子監曰成均。（新唐書，卷四十八、百官志三十八。）

（註五）舊唐書，志卷二十四、職官三。新唐書，卷四十八、百官志三十八。
（註六）貞觀政要，卷七。
（註七）唐會要，卷三十五。貞觀政要謂國學之內，鼓篋升講筵者幾至萬人（卷七。）
（註八）韓昌黎集，卷三十七。
（註九）唐會要，卷六十六。
（註十）韓昌黎集，卷三十九、請上尊號表。
（註十一）唐會要，卷六十四。
（註十二）舊唐書，卷四十三，志第二十三、職官二。
（註十三）唐會要，卷六十四。
（註十四）同上書，同卷。
（註十五）舊唐書，卷四十四、職官三。
（註十六）唐會要，卷六十四。
（註十七）唐六典，卷四。
（註十八）唐會要，卷六十四。
（註十九）唐六典，卷十四。

(註二十)同上書，同卷。
(註二十一)同上書，同卷。
(註二十二)同上書，同卷。
(註二十三)新唐書，卷四十八、志第三十八、百官志。
(註二十四)同上書，卷四十九下，志第三十九下、百官志。舊唐書。卷四十四、職官三。
(註二十五)唐會要，卷三十五。
(註二十六)舊唐書，卷四十四、職官三。
(註二十七)唐摭言，卷一。
(註二十八)文獻通考，卷四十六、學校七。
(註二十九)新唐書，卷一九八、列傳一二三。
(註三十)同上書，同卷。
(註三十一)同上書，同卷。
(註三十二)同上書，同卷。
(註三十三)廣川畫跋，卷六。
(註三十四)舊唐書，卷一六三、列傳一一三。
(註三十五)北夢瑣言，卷三。
(註三十六)唐摭言，卷十，海敘不遇。

（註三十七）同上書，卷七、起自寒苦篇。
（註三十八）樊川文集，卷九。
（註三十九）全唐文，卷六二八、呂溫送薛大信歸臨晉序。
（註四十）唐才子傳，卷四。
（註四十一）同上書，同卷。
（註四十二）全唐文，卷八一六、李濬慧山寺家山記。
（註四十三）同上書，卷七八八、李蠙請自出俸錢收贖善權寺奏。
（註四十四）同上書，卷七二四，李騭題惠山寺詩序。
（註四十五）唐會要，卷六十六。
（註四十六）文獻通考，卷四十一。
（註四十七）河東先生集，卷二十六、四門助教廳壁記。
（註四十八）韓昌黎集，卷二十四、施先生墓銘。
（註四十九）文獻通考，卷四十一。
（註五十）新唐書，卷四十四。
（註五十一）登科記考，卷九。
（註五十二）唐會要，卷六十六。
（註五十三）同上書，卷三十五。

（註五十四）唐六典，卷二十一。
（註五十五）唐會要，卷六十六。
（註五十六）册府玄龜，卷六三九。
（註五十七）唐會要，卷六十六。
（註五十八）唐律疏義，卷二十三、鬪訟三。
（註五十九）唐國史補，卷中。
（註六十）韓昌黎集，附朱子校昌黎先生集傳註。
（註六十一）河東先生集，卷三十四。
（註六十二）舊唐書，卷四、禮儀四。
（註六十三）同上書，同卷。
（註六十四）劉夢得文集，卷二十五、奏記丞相府論學事。
（註六十五）唐會要，卷三十五。劉夢得文集，卷二十五，奏記丞相府論學事。
（註六十六）新唐書，卷四十四。
（註六十七）隋書，卷三十二。
（註六十八）封氏聞見記，卷二。
（註六十九）隋書藝文志共計圖籍五千一百八十部，三萬九千一百〇八卷。（隋書，卷三十二至三十五）。
（註七十）隋書，卷三十二。

(註七十一)登科記考(卷一)謂：「武德九年九月，上於宏文殿聚四部書二十餘萬卷。」

(註七十二)唐六典，卷十。

(註七十三)唐會要，卷三十五。

(註七十四)資治通鑑，卷二一二。齊東野語謂：「梁元帝江陵蓄古今圖書十四萬卷，隋嘉則殿書三十七萬卷，唐惟貞觀開元最盛，兩都各聚書四部至七萬卷。」(卷十二、書籍之厄。)

(註七十五)柳宗元龍城錄謂：「有唐惟開元最備文籍，集賢院所藏至七萬卷。」

(註七十六)唐會要，卷三十五。

(註七十七)隋書，卷四十九。

(註七十八)舊唐書，卷四十六，經籍上。

(註七十九)新唐書，卷一〇三，列傳二十八。

(註八十)同上書，卷一三二，列傳五十七。

(註八十一)同上書，同卷。

(註八十二)同上書，卷一四八，列傳七十三。

(註八十三)同上書，卷一四二，列傳六十七。

(註八十四)同上書，卷一七二，列傳九十七。

(註八十五)周密，齊東野語，卷十二。

(註八十六)韓昌黎集，卷七，送諸葛覺往隨州讀書。

（註八十七）河東先生集，卷三十，寄許京兆孟容書。
（註八十八）孫樵集，序。
（註八十九）劉肅，大唐新語，卷三。
（註九十）宣和書譜，卷四。
（註九十一）呂和叔文集，卷二、上官昭容書樓歌。
（註九十二）資治通鑑，卷二一二。
（註九十三）唐六典，卷九。
（註九十四）唐會要，卷六十四。
（註九十五）唐六典，卷九。
（註九十六）新唐書，卷五十七，藝文志四十七。
（註九十七）唐會要，卷三十五。
（註九十八）李肇，翰林志。
（註九十九）陸深，燕閒錄。
（註一百）陸深，金臺紀聞。
（註一〇一）石林燕語，卷八。
（註一〇二）隋書，卷九。
（註一〇三）唐會要，卷三十五。

（註一〇四）貞觀政要，卷七。
（註一〇五）唐會要，卷三十五。
（註一〇六）同上書，同卷。
（註一〇七）歐陽行周文集，卷五。
（註一〇八）日知錄，卷十七。
（註一〇九）毘陵集，卷九、福州都督府新學碑銘。

第二章　貢舉考試制度

一、官吏銓選制

唐代國勢强盛，政治機構龐大，用人較前代爲多。然衡才之法雖嚴，而予士人以進身參政之機會則寬，出身之途徑亦廣。歐陽修謂：

「唐取人之路蓋多矣，方其盛時，著於令者，納課品子萬人，諸館及州縣學六萬三千七十人，太史歷生三十六人，天文生百五十人，太醫藥童針咒諸生二百一十一人，太卜卜筮三十人，千牛備身八十人，備身左右二百五十六人，進馬十六人，齋郎八百六十二人，諸衞三衞監門直長三萬九千四百六十二人，諸屯主副千九百八人，諸折衝府錄事府史一千七百八十二人，校尉三千五百六十四人，執仗執乘每府三十二人，親事帳內萬人，集賢院御書手百人，史館典書楷書四十一人，尙藥童三十人，諸臺省寺監軍衞坊府之胥吏六千餘人。凡此者皆入官之門戶，而諸司主祿已成官及州縣佐史未敍者不在焉」（註一）。

據格令規定，內外官凡一萬八千八百五十員，而合入官者自諸館學生以降，凡十二萬餘員。此外文武貢士，及應制挽郎輦脚軍功使勞徵辟奏薦神童陪位，諸以親蔭並藝術百司雜直，或恩賜出身，受職不爲常員者，不可勝數，平均約八九人，爭官一員（註二）。然入仕者，概括言之，可分爲門蔭、納財（納粟入官）、銓選、選擧等四主要途徑，其中以門蔭入仕人數較多，但以銓選爲最普遍，用人甄才，亦富有技術性者也。

銓選取吏，擇人原則，以四事辨其良：一曰身，取其體貌豐偉；二曰言，取其言詞辨正；三曰書，取其楷法遒美；四曰判，取其文理優良。以三類觀其異；一曰德行，二曰才用，三曰勞效。德鈞以才，才鈞以勞，其優者擢而升之，否則量以退焉（註三）。凡選，每歲五月，頒格於州縣，示人科限而集之。初應選者皆投狀於本州，而上尙書省，由吏部侍郎分主之，乃考覈其資叙，州縣、鄉里、名籍、父祖官名，內外族姻、年齡、狀貌、優劣課最、譴負刑犯必詳具焉。十一月一日，會於尙書省，由吏部主試，元和之際，都計擧者約五六千人。其試之日，除場圍棘，譏察防檢，如禮部擧人之法。（註四）。迄三月三十日，銓選始畢其事。初用筆試，考以書判，始取州縣案牘疑議爲題，試其斷割，而觀其能否。試畢而銓，察其身言，有留有放，留者入選，放者不得入選。旣銓而注，詢其志願，而擬其官。已注而唱示之，不滿意者，得反訴其辭。三唱而不滿意，聽多集（註五）。此所謂三注三唱而後擬官（六品以下官）之法也。至開元十八年，侍中裴光庭奏用人根據資格，各以罷官若干選而集，官高者選少，卑者選多。無問能否，選滿則注，限年躡級，不得踰越，非負譴者皆有升無降。中庸之人皆喜悅，才俊之士無不怨歎。宋璟反對無效，及光庭卒，中書令蕭嵩奏罷之，其法僅行兩年；於是有異材高行者，聽擢不次（註六）。貞觀三年，官吏擢升，即叙以四善二十七最（註七），然則裴光庭之專以資格選吏，原無可非議。玄宗嘗欲引用張守珪爲相，牛仙客爲尙書，張九齡力諫不可，蓋亦本於資歷而言。至楊國忠爲相，任情廢法，而選法遂大壞矣。至於武官考試，歸兵部主理，亦明定標準。課試之法，如擧人之制，取其軀幹雄偉，應對詳明，有驍勇才藝及可爲統帥者。文武官取中後，則給以憑照，謂之告身。告身者以金花五色綾紙爲之。而印其上，其文曰「吏部告身之印」。自出身之人，至於公卿皆給之。武官則受於兵部（註八）。除吏部銓選外，又有所謂南選者，其黔中、嶺南、閩中州縣之官。不由吏部銓選，而派京官五品以上者一人，充使就地補試，御史一人監之，每四年一次，謂之南選。貞觀時，選人會集於洛陽擧行，謂之東選。凡流外兵部禮部選人，郎官得自主之，亦謂之小選。

凡經吏部試之一關，中式方授以官，所謂釋褐試是也。故有才華辭藻，旣擧進士而累年不第者。韓愈三試於吏部無成，則十年猶布衣，且有出身二十年不獲祿者。蓋進士登科後，或爲人所論薦，或應吏部試中式，或藩方辟擧，然後始得釋褐（註九）。初官多授秘書省校書郎，位爲正九品。故擧進士而未第者曰進士曰擧進士；得第者則曰進士第。溫庭筠苦心硯席，尤長於詩賦，初擧進士至京師，人士翕然推重，然士行塵雜，不修邊幅，好歌飲徵逐，由是累年不第。羅隱有詩名，然多譏諷，因此亦不中第也（註十）。開元十七年，國子祭酒楊瑒上言，謂省司奏限全國明經進士及第，每年不過一百人，竊見外流出身，每歲二千餘人，而明經進士，不能居其十分之一（註十一）。此可知明經進士及第者之入流，爲數甚小，而大部份官吏，仍須由銓選外流出身者所充當。

夫銓選原屬公務人員考試之制，唐初相當認眞，仕途之競進不烈。貞觀中，全國豐饒，士子皆樂鄉土，不窺仕進，至於官員不充，省令追人，赴京參選，遠州皆率衣糧以相資送，然猶辭訴求免（註十二）。司馬光謂：「唐初職事官，有六省一臺九寺三監十六衞十率府之屬，其外又有勳官散官。勳官以賞戰多，散官以褒勤奮，故必折馘執俘，然後賜勳；積資累考，然後進階，以其不可妄得，故當時人以爲榮」（註十三）。銓選而不苟且，朝無倖進，則士子之不窺仕進者，蓋摒棄營逐之念，而人之以進階爲榮者，正以不易倖得故也。及其流弊，選司取士，傷多且濫。顯慶二年（六五七），黃門侍郎知吏部選事劉祥道上疏謂內外文武官，由一品至九品，凡一萬三千四百六十五員，服官者平均不過三十年，此則一萬四千人（大數），歷三十年而略盡。若每年入流者五百人，三十年便得一萬五千人定額。然今之選士，每年入流，數過一千四百人，計應須數外，常餘兩倍（註十四）。則每年選司濫取人數，冗員過剩不下八九百名。「及高宗東封，武后預政，欲求媚於衆，始得汎階，自是品秩寖訛，朱紫日繁矣。肅宗之後，四方糜沸，兵革不息，財力屈竭，勳官不足以勸武功，府庫不足以募戰士，遂並職事官，通用爲賞，不復選材，無所愛吝。將帥出征者，皆給空名告身，自開府至郎將，聽臨事註名，後又聽以信牒投人，有至異姓王者，於是金帛重而官爵輕矣。或以大將軍告身，纔易一醉，其濫如此。重以藩方跋扈，朝廷畏之，窮極褒寵，苟求姑息，遂有朝編卒伍，暮擁節旄；夕解緹衣，且紆公袞者矣」（註十五）。官爵濫授，不成名器，銓選安得而不腐敗，「選司考練，總是假手冒名，勢家屬請，手不把筆，卽送東司；眼不識文，被擧南館。正員不足，權補試攝。檢校之官，賄貨縱橫，贓汚狼藉……。是以選人冗冗，多於羊羣；吏部喧喧，多於蟻聚」（註十六）。銓選之末流如此，抑又不足道也。

唐初依周齊舊制，每州以門望高者置大中正一人。東晉東部侍郎裴楷改九品中正爲九品法，唐之官制品階，亦沿用之。朝士俸祿，由正從一品至九品，每品又列爲上下，計分三十六級而配薪。其制：俸爲錢，按月計；祿給米，以歲計；俸則包括月俸食料防閤（六品以下爲庶僕）雜用等項。玆以開元二十四年爲例。朝士一品官，月俸錢三十一貫（內計月俸八千，食料一千八百，防閤二十貫，雜用一千二百），歲祿米七百石；二品二十四貫，五百石；三品十七貫，四百石；四品一十一貫五百六十七文，三百石；五品九貫二百文，二百石；六品五貫三百文，一百石；七品四貫一百文，八十石；八品二貫四百七十五文，六十七石；九品一貫九百一十七文，五十七石。此爲正品之俸祿也。至於從品，月俸與正品領相同，僅從歲祿減算，從一品歲米六百石，從二品四百六十石，從三品三百六十石，從四品二百五十石，從五品一百六十石，從六品九十石，從七品七十石，從八品六十二石，從九品五十二石（註十七）。俸錢包括個人薪俸，膳食費，僕役費，及雜用費，配給相當優渥。一品朝臣，個人每月薪俸，例得八貫錢，而防閤費則有二十貫，佔月俸三分之二、二品官之防閤費十五貫，三品官之防閤費十貫，此可見大臣僕從之盛。至於九品朝士，亦有庶僕費四百一十七文；但個人例得薪俸，則爲一千零五十文，佔月俸二分之一，此以個人生活費爲重，而僕役之雇用爲輕。以最低級之九品朝士論，其月俸一千零五十文，若照開元十三年每斗二十文之米價算，則可得五十一石五斗，約等於其每年祿米之數，故生活自然優異，對俸祿相當滿意。及安史亂後，社會經濟崩潰，生活程度日高，朝廷顧慮百官之衣食，俸祿迭有增加。然大曆間，因兵亂靡常，官俸濫增無度，權臣月俸，錢有增至九千貫，州刺史有增至一千貫，但亦有僅數十貫者。至十二年（七七七），調整官薪，加給月俸，如學官方面，國子監祭酒（從三品）五十貫，司業（從四品下）三十貫，國子博士（正五品上）二十五貫，太學、四門、廣文等博士各十二貫，國子助教五貫三百文，太學、廣文助教各四貫一百一十六文，四門助教、律學、醫學博士各二貫四百七十文，醫正、按摩、呪禁博士、針醫助教、書算博士及助教，各一貫九百一十七文。若與開元俸制相比，四十二年間，三品官增俸約三倍，五品官爲二倍以上，八九品官則爲一倍。建中初，曾一度減俸。貞元四年又加俸，其增額較大曆十二年俸制爲多，自三師以下，悉倍其俸。國子監祭酒八十貫，國子博士三十五貫，太學、四門、廣文博士各二十五貫，太學、廣文助教各二十貫，四門助教十六貫，律博士四貫，其餘學官各一貫。此種俸額，按月發給，名曰食料錢，而每歲又另有祿米，故生活亦足自贍。白居易爲校書郎（從九品上），作詩謂：「俸錢萬六千，月給亦有餘。既無衣食牽，亦欠人事拘。遂使少年心，日日常晏如」（註十八）。又謂：「官品至第五，月俸四五萬」（註十九）。俸錢一萬六千既感晏如，則四五萬自更滿足。敬宗時，王涯爲相，月俸約七十萬，卽七百貫，較開元俸制所定之一品階增加二十二倍以上，則權臣生活之豪華可知。至會昌年間（八四一—八四六），俸錢再增加，三師二百萬（二千貫），三公一百六十萬，侍中一百五十萬，中書令、兩省侍郎、兩僕射各一百四十萬，尚書、御史大夫各一百萬，節度使三十萬，上州刺史八萬，俸祿優厚如此，故士子之切志追求科第者，蓋有此豐裕之待遇所吸引。以視乎漢代萬石者之祿三百五十石，中二千石者一百八十石，二千石者一百二十石，比二千石者一百石，千石者九十石，相差遠矣。

二、貢舉制

唐代最重貢舉，其學校亦貢舉之一法，非專爲講學之地，而僅爲國家取士之預備場所。武德四年，開始敕貢舉，但舉人至明年始集。因其重貢舉也，故屢下求賢之詔，臚列應舉之範圍，如永昌元年（六八九）制：

「宜令文武官五品以上，各舉所知：其有抱梁棟之材，可以丹青神化；蘊韜鈐之略，可以振耀天威；資道德之方，可以獎訓風俗；踐孝友之行，可以勸率生靈；抱儒素之業，可以師範國冑；蓄文藻之思，可以方駕詞人；守貞亮之節，可以直言無隱；履清白之操，可以守職不渝。凡此八科，實該三道。取人以器，求才務適，所司仍具爲限程，副朕意焉」（註二十）。

又如景雲元年（七一零）制：

「其有能習三經通大業者；能綜一史知本末者；通三教宗旨究精微者；善六書文字辨聲象者；博雅度典和平六律五音者；韜略孫吳識天時人事者；暢於詞氣聰於受領善敷奏吐納者，咸令所司博採明試，朕親覽焉」（註二十一）。

凡具文武之才，經術詞章之業者，皆應被舉之列；貢舉考試，亦以此爲選人之目標。當時取士之科有三：（一）每歲仲多，由館監州縣學其學成者送尚書省禮部，分科考試之曰生徒；（二）其士之不由學館者，皆懷牒自列於州縣，州縣簡試之，亦每年仲多送禮部，與生徒同試者曰鄉貢（開元二十五年勅：上郡歲三人，中郡二人，下郡一人）；（三）其由皇帝自詔而舉行者曰制舉，此爲獨立之科，以待非常之才。此三科之中，以鄉貢出身者爲最多，開元十七年，定限全國明經進士及第每年不過一百人，兩監惟得一二十人，則由生徒出身而中舉者，僅佔及第五分之一。天寶中，嘗令舉人專由國學及州縣學，以生徒出身爲限，志在提高學校之地位，後又恢復鄉貢，故終唐之世士子多由鄉貢出身，人悉鶩於科名，而科目亦特備也。考試科目有制舉、孝廉、秀才、明經、進士、開元禮、三禮、三傳、三史、童子、明法、明字、明算、崇文、宏文、道舉、醫舉、武舉等，掄才之道，門徑繁多。除考試外，又有勅賜及第、表薦及第者。夫世人嘗病唐代貢舉之不善矣，然九品中正之弊，致成貴族政治，而矯之以貢舉，應試者自我報名，自由競考，廣泛開放政權，未始非政制上之一進步也。論者又輒以現代政制而衡量唐世之貢舉，譏其不足以爲文官之考試，此誠有所蔽而云然。唐世貢舉考試，原爲取才之一途，士子登科後，再經吏部考試，及第釋褐，即入仕途，層歷經驗，累功擢進，列爲公卿，是以唐代多名臣，殆皆出自科第者也。茲舉顏眞卿之履歷爲例：

二十六歲進士及第。二十八歲，平判入等授朝散郎、秘書省校書郎（從九品上）。三十四歲，舉文詞秀逸科，授醴泉尉（從八品下），後遷長安尉。三十九歲，遷監察御史（正八品下），尋充河東朔方軍試覆屯交兵使。四十歲，充河西隴右軍試覆屯交兵使。四十一歲，充河東朔方軍試覆屯交兵使。四十二歲，遷侍御史（從六品下）。四十四歲，轉兵部員外郎判南曹（從六品上）。四十五歲，平原太守（從六品上）。四十七歲，轉兵部員外郎（從六品上）。四十八歲，加戶部侍郎（正四品下）兼平原郡太守，拜工部尚書（正三品）兼御史大夫（正三品），平原郡太守河北招討使。四十九歲，授刑部尚書（正三品）兼御史大夫（正三品）。五十歲，除蒲州刺史（從三品），饒州刺史。五十一歲，昇州刺史，充浙西節度使兼江寧軍使。五十二歲刑部侍郎（正四品上），貶蓬州長史（從五品上）。五十四歲，利州刺史，戶部侍郎（正四品下）。五十五歲，吏部侍郎（正四品上），尚書右丞（正四品下）。五十六歲，檢校尚書兼御史大夫（正三品）。五十八歲，貶峽州員外別駕（從四品下）。六十歲，撫州刺史（從三品）。六十四歲，除湖州刺史（從三品）。六十九歲，刑部尚書（正三品）。七十歲，乞致仕不允進吏部尚書（正三品）。七十二歲，太子少師（從二品）。七十四歲，太子太師（從一品）（註二十二）。

顏真卿少年出身，由進士及第，學殖已足，再經五十年服官遷調，鍛鍊既多，經歷亦深，故高風亮節，一時無倫。其他大臣歷略，每多類此。唐代由科第掄才，不能謂無特有之效能也，韋貫之謂禮部侍郎重於宰相，蓋侍郎主持貢舉考試而為國家柬宰相者（註二十三），然則唐世貢舉，亦豈徒沿襲舊制，敷陳政事已哉？茲將各科選舉，分述如下。

（一）制舉科

制舉者其來遠矣。自漢以來，皇帝常稱制詔，道其所欲問而親策之。唐興世崇儒學，雖其時君賢愚好惡不同，而樂善求賢之意，未始稍怠。故自京師外至州縣有司，常選之士，以時而舉，而皇帝又自詔四方，德行才能文學之士，或高蹈幽隱，與其不能自達者，下至軍謀將略，翹關拔山，絕藝奇技，莫不兼取。其爲名目，隨皇帝臨時所欲，而列爲定科者，凡七十八科，而多至八十有六（註二十四）。此科始於顯慶，盛於開元貞元，皆試於殿廷，皇帝親臨觀之，或親自策試焉。范仲淹曰：「李唐之盛，常設制科，所得大才，將相非一，使天下奇士，學經綸之盛業，爲邦家之大器，亦策之上也。」（上執政書）。大曆六年四月戊午，代宗御宣政殿，親試諷諫主文，茂才異等，智謀經武，博學專門等四科舉人，賜御厨珍饌及茶酒，禮甚優異。舉人或有敝衣菜色者，帝憫之，謂左右曰：兵革之後，士庶未豐，皆自遠來，資糧不足故也。時方炎暑，帝具朝服，永日危坐，讀貞觀政要。及舉人策成，悉皆親覽，凡一百餘道。將夕，有策未成者，命大官給燭，令盡其才思，夜分而罷。時登科者凡一十五人（註二十五）。元稹自述詩，亦謂：「延英引對碧衣郎，江硯宣毫各別床。天子下簾親考試，宮人手裏過茶湯」（註二十六）。皇帝親臨監試及優供茶湯，殆爲制舉科之通例。試畢糊其名。於中考及第，高者特授美官，其次與出身（註二十七）。然制舉出身，名望雖高，猶居進士之下。時人謂：進士出身，制策不入；仕宦而歷清貴，寧由進士出身。士子心理所向如此，故制舉不及進士之崇顯也。每科制舉，詔勅委有司各舉所知，應試者限於當年十月到京，亦有限明年正月到京者。各年代之制舉科，列表如下：

年份	西紀	制舉科目	及第人數
顯慶三年	六五八年	志烈秋霜	一
乾封元年	六六六年	幽素	七
上元二年	六七五年	詞殫文律	一
永隆元年	六八零年	岳牧舉	一
垂拱四年	六八八年	詞標文苑	三
永昌元年	六八九年	蓄文藻之思	一
		抱儒素之業	一
長壽三年	六九四年	臨難不顧徇節寧邦	二
證聖元年	六九五年	長才廣度沉迹下僚	一
萬歲通天元年	六九六年	文藝優長	一
神功元年	六九七年	絕倫	八
大足元年	七零一年	拔萃	二
		疾惡	一

長安二年	七零二年	龔黃	一
神龍二年	七零六年	才膺管樂	九
		才高位下	三
		材堪經邦	二
		賢良方正	五
景龍二年	七零八年	抱器懷能	一
		茂才異等	二
景雲二年	七一一年	文以經國	二
		藏名負俗	一
先天元年	七一二年	文經邦國	一
		藻思清華	一
		寄以宣風則能興化變俗	一
		道侔伊呂	一
		手筆俊拔超越流輩	七

開元二年	七一四年	直言極諫	二
		哲人奇士逸淪屠釣	一
		良才異等	二
五年	七一七年	文史兼優	二
		文儒異等	二
六年	七一八年	博學通識	二
七年	七一九年	文詞雅麗	四
十二年	七二四年	將帥	二
十五年	七二七年	武足安邊	二
		高才沉淪草澤自舉	一
十七年	七二九年	才高未達沉迹下僚	一
十九年	七三一年	博學宏詞	二
二十一年	七三三年	多才	一

二十三年	七三五年	王霸		二
		智謀將帥		三
天寶元年	七四二年	文詞秀逸		二
六載	七四七年	風雅古調		一
十三載	七五四年	詞藻宏麗		一
大曆二年	七六七年	樂道安貧		一
六年	七七一年	諷諫主文		二
建中元年	七八零年	賢良方正直言極諫		四
		文詞清麗		六
		經學優深		三
		高蹈丘園		三
		軍謀越衆		三
		孝悌力田聞於鄉閭		三

貞元元年	七八五年	賢良方正能直言極諫	一四
		博通墳典達於教化	二
		洞識韜略堪任將帥	一
四年	七八八年	賢良方正能直言極諫	一五
		清廉守節政術可稱堪任縣令	一
		孝悌力田聞於鄉閭	一
十一年（或十年）	七九五年	賢良方正能直言極諫	一五
		博通墳典達於教化	一
		詳明政術可以理人	二
元和元年	八零六年	才識兼茂明於體用	一六
		達於吏理可使從政	一
二年	八零七年	賢良方正能直言極諫	一一
		博通墳典達於教化	二

		軍謀宏遠材任將帥	一
		達於吏理可使從政	一
長慶元年	八二一年	賢良方正能直言極諫	二
		詳明政術可以理人	一
		軍謀宏遠材任將帥	二
		博通墳典達於教化	一
寶曆二年	八二六年	賢良方正能直言極諫	一六
		詳明吏理達於教化	一
		軍謀宏遠材任邊將	二
太和二年	八二八年	賢良方正能直言極諫	一九
		詳明吏理達於教化	一
		軍謀宏遠堪任將帥	二
總計		七十八科	二六五

（註二十八）

制舉科考取人數無定，先天元年（七一二），玄宗初即位，宣勞使所舉諸科九人（註二十九）。貞元十年，賢良方正科十六人（註三十）。但天寶十載（七五一）九月，玄宗御勤政樓，試懷才抱器舉人，則又通場下第（註三十一）。制舉爲科第中之最高者，有中進士第後，又中制舉科者。有一人連中數科，如李懷遠孫逖連中四科，裴守眞連中六科，張鷟連中七科，員半千、陸元方、崔融、陽嶠則連中八科。貞元十年賢良方正科所舉十六人，裴垍爲首，王播次之，隔一名而裴度、崔羣、皇甫鎛繼之，六名之中，連得五相（註三十二）。唐代三百六十九名宰相之中，由制舉出身七十二人，制舉科之重要可知矣。制舉科之試題，茲舉例四則如下。

（甲）博通墳典達於敎化策（陸贄擬題）

「皇帝若曰：朕承祖宗之鴻烈，獲主神器。任大守重，懼不克堪，思與賢士大夫，共康理道，虛襟以佇，側席以求，而羣議紛然，所見異指，或牽古義而不變，或趨時會而不經，依違以來，七年於玆矣。國制多缺，朕甚恧焉。今子大夫博習墳典，深明敎化，褎然充舉，咸造於庭。其極思精心，以喻朕之未寤。仲尼叙禮樂，删詩書，修春秋，廣易道，六經之敎，所尚各殊。豈學者修行，理當區別，將聖人之意，本異宗源。施之於時，孰爲先後？考之於道，何者淺深？差次等倫，指明其義。夫知本乃能通於變，學古所以行於今。今之敎人則異於是。工祝陳禮樂之器，而不知其情；生徒誦禮樂之文，而不試以事，欲人無惑，其可得耶？將革前非，固有良術。堯舜率天下以義，比屋可封；桀紂率天下以暴，比屋可戮，然則上之化下，罔或不從，而三仁四凶，皎然自異。有敎無類，豈虛言哉？作樂移風，聞諸昔典。夫至雅必淡，至音希聲，文侯列國之賢君，猶曰則惟恐寐，矧彼流俗，其能化乎？將使天地同和，災沴不作，黎人丕變，姦慝不萌，何施何爲，以致於此？王者制理，必因其時，故忠敬質文，更變迭救。三代之際，罔不由之。自秦剗古法，漢雜覇道，紛綸千祀，王教不興。國家接周隋之餘，俗未淳一，處都邑者利巧而無恥；服田畝者朴野而近愚。尙文則彌長其澆風，復質又莫救其鄙俗。立教之本，將安所從？自昔哲王，惟以三正互用；後之術士，乃言五運相生，以漢應火行，則周爲木德。禮稱尙赤，義例頗乖，永言於玆，莫識厥理。九流得失之論，歷代興亡之由，王鄭識理之異同，公穀傳經之優劣，必精必究，用沃虛懷。」

（乙）洞識韜略堪任將帥策（陸贄擬題）

「皇帝若曰：朕遐觀典謨，詳求理道，三代之際，粲然可徵，未嘗不文武並興，農戰兼務。故能居則足食，動則足兵。兵足則威，食足則固。威則暴亂息，固則教化行。理國之本，實在於此。秦漢已降，王制不修，選士廢射御之儀，教人無蒐狩之禮，卽戎者不知其稼穡，力本者罕習於干戈。於是異文武之人，分農戰之道，守則乏食，征則鮮兵，歷玆千年，竟莫能復。抑知者蓋寡，將行之惟艱歟？朕念之甚勤，思繼前躅。良以軍旅之士，役戍靡寧，勳庸既多，爵秩咸貴。俾服田畝，慮興怨咨，仰給縣官，不可勝計。由是版圖日減，阡陌歲荒。水旱小愆，廩餉咸竭，欲使軍人悅歸於耜耒，儒者兼達於韜鈐，田萊盡耕，攻取必勝，誘人孔易，其術安施？王者之師，本於立德；兵家之法，方務出奇。德以信成，奇以詐勝。理有違反，將何適從？宋襄成列而敗軍，見嘉魯策；韓信決囊以摧敵，取貴漢朝。然則喪國亡身，豈覇王之道；冒危乘厄，非仁誼之心，所宜討論，以定褒貶。夫衆寡不敵，克必以謀，樂生下齊，孫子破楚，魏武之勝袁紹，宋高之滅姚弘，成敗之由，備陳本末。古人有言曰：誅伐不可偃於天下。又曰：善爲國者不師。二端異焉，其有深旨。子房序次兵法，任宏論譔軍書，指明異同，詳錄名氏。想聞商略，擇善而行」（註三十三）。

（丙）才識兼茂明於體用策（白居易擬題）

「問：皇帝若曰：朕觀古之王者受命，君人兢兢業業，承天順地，靡不思賢能，以濟其理；求讜直，以聞其過。故禹拜昌言，而嘉猷罔伏；漢徵極諫，而文學稍進。匡時濟俗，罔不率繇。厥後相循，有名無實，而又設以科條，增求茂異，捨斥已之至言，進無用之虛文，指切著明，罕稱於代。茲朕所以歎息鬱悼，思索其眞，是用發懇惻之誠，咨體用之要，庶乎言之可行，行之不倦。上獲其益，下輸其情，君臣之間，確然相與，於大夫得不勉思朕言而茂明之。我國家光宅四海，年將二百，十聖弘化，萬邦懷仁，三王之禮靡不講，六代之樂罔不舉，浸澤於下，昇中於天。周漢以還，莫斯爲盛。自禍階漏壞，兵宿中原，人生困竭，耗其太半，農戰非古，衣食罕儲，念茲疲甿，遠乖富庶，督耕植之業，而人無戀本之心；峻榷酤之科，而下有重斂之困，舉何方而可以復其盛？用何道而可以濟其艱？既往之失，何者宜懲？將來之虞，何者當戒？昔主父懲患於晁錯，而用推恩；夷吾致覇於齊桓，而行寓令，精求古人之意，啓迪來哲之懷。眷茲洽聞，固所詳究。又執契之道，垂衣不言，委之於下，則人用其私；專之於上，則下無其効。漢元優游於儒學，盛業竟衰；光武責諫於公卿，峻政非美。二途取捨，未獲所從。余心浩然，益所疑惑，於大夫熟究其旨，屬之於篇。與自朕躬，無悼後害」（註三十四）。

（丁）賢良方正能直言極諫策（沈下賢考試之題）

「皇帝若曰：蓋聞舜禹之有天下也，起於側微，積德累勤，多歷年所，未經盛聖之慮，豈有遺哉？然由好問察言，勤求賢士，蓋以承祧之任重，憂人之志深。況朕長於深宮，涉道日淺，奉列聖之鴻緒，撫萬寓之矜人，夙夜嚴恭，不敢有懈。實懼燭理未究，省躬未明，所以詳求讜言，以補不逮。子大夫是宜發所蘊蓄，沃予虛懷，當極意正詞，勿有所隱。昔王者之政，必臻於康泰；霸國所立，猶致於富強。我國提封，溢於三代，酌憲兼於百王，無堯湯之災，積祖宗之理，而人未蕃庶，俗尚彫訛，家無蓋藏，公闕儲峙，卒乘之數，貨幣之資，統而校之，莫繼前代，豈率土生殖變於古歟？將阜時政令戾於今歟？固已揣摩，必窮利病，明徵末失之漸，具陳興盛之謨。且文武兼學以成身，仕農迭居以豐業，故家給足以繼本，才周是以應時。近古各徇一端，不相資用，致令從事異心，難於成課，去秩無守，輕爲惰遊，指明共貫之方，訴合二途之利，永言化理，期酌厥中，施爲或差，得失斯遠。將修睦勸善，則在下難知；將任數馭情，則人心益僞。思同指要，得合誠明，精別比周之情，敷詳忠厚之道。知人則哲，從古攸慎，九徵恐泥，五事難精。或望可服人，而才非周物；或言皆詣理，而行或乖方。宜陳取舍之端，用彰眞僞之辨。至於朝廷之闕，四方之弊，詳延而至，可得直書，退有後言，朕所不取。子大夫其勉之」（註三十五）。

（二）孝　廉　科

孝廉舉，古制也。唐至寶應二年（七六三）六月勅旨始定：每州每歲察孝廉，取在鄉閭有孝弟廉恥之行者薦焉，委有司以禮待之，試其所通之學，五經中精通一經，兼能對策，達於治體者，並量行業授官。七月，禮部侍郎楊綰奏貢舉條目，規定孝廉各令精通一經，凡左傳、公羊、穀梁、禮記、周禮、儀禮、毛詩、尚書、周易，任通一經，每經問大義二十條，皆取旁通諸義，務窮根本；試對策三道，問古今治體及當今時務，要取堪行用者，仍每日問一道，連三日始畢。經義及策全通者爲上第，上第者，由吏部便與官。其經義每十條通七，策通二者爲中第，與出身。下者罷之。另論語孝經、孟子共爲一經，其試如上。孝弟力田者，但能熟讀一經，言音典切，卽令所司舉送，考試及格便與出身。孝廉科僅行十七年，至建中元年停罷（註三十六）。

（三）秀　才　科

秀才者博識高才，強學待問，無失俊選之謂也（註三十七）。秀才之名，自宋魏以後，實爲貢舉科目之最。隋世重舉秀才，全國不過十人。唐興，秀才仍爲尤異之科，不常舉，祇三十人而已。由武德至永徽間，每年進士，或至二十餘人，而秀才僅取一二人。其制：試方略策五條，文理俱高者爲上上，文高理平或理高文平者爲上中，文理俱平者爲上下，文理粗通者爲中上，文劣理滯者爲不第（註三十八）。貞觀中，有舉而不第者，坐其州長，由是廢絕。永徽二年（六五一），乃明令停之（註三十九）。事實上，舉人亦憚於方略試策，於是爲秀才者殆絕，而多趨明經進士者也。開元二十四年以後，復有秀才舉，其時以進士漸難，而秀才本科，無帖經及雜文之限，似易於中式。主司以其科廢置已久，不欲收奬，應者多落之，故其後無登第者。至天寶初，禮部侍郎韋陟，始奏請有堪此舉者，乃令長官特別考試，其常年舉送者並停。十三載（七五四）加試詩賦。及至代宗朝，楊綰請制五經秀才科，事寢不行（註四十）。獨孤及（七四四—七九五）毘陵集有策秀才文三道，玆錄如下：

「問：儒有安身以全德，有殺身以成仁，有徇名以行己，有忘名以救物，雖俱出於儒墨，而用之不同。聖人立言，豈其無持操歟？夫魏顆違命，申生受賜，伍尚赴郢，伍胥如吳，四者孰孝？比干死之，微子去之，太公投竿，伯夷采薇，四者孰義？石戶竄於海上，伯陽隱於柱下，范蠡汎舟於越，三者孰潔？今欲考其本末，度長以挈大；較其去就，合異以爲同。渴聞貫之之道，辯之之說。

問：黃帝氏以無爲爲政，垂衣裳而天下順；周人三千其儀，亦克用文；舜誅四罪，天下咸服；而成康恭己，刑措不用。致化之本，豈不同源？而文質殊貫，損益相反，以古範今，何去何就？孔子用鉞兩觀，而魯至於道；而宓子賤鳴琴愔愔，單父亦化。寬猛之際，大小不侔，比權量實，其義焉在？敷暢厥旨，敬佇嘉言。

問：傳曰：其君齋明精潔，則神饗人聰，故明神降之。夫天地絪縕，沖氣爲人，神何由降？明何由出？至如晉祟實沈，崧生申甫，編傳穀城之老，言發魏榆之石。檮杌杜伯，與商周而存亡；黃熊白毛，將晉虢而興敗，是何祥也？根本焉在？二三子賁然來斯，宜究乎天人之終始，其悉數以對」（註四十一）。

（四）明經科

明經者，以經義取士之謂也，各試所習業，文注精熟，辨明義理，然後爲通。唐初以明經進士兩科取士，原不甚相遠，皆帖經文而試時務策，但明經帖文既通而後口問大義。自孝廉科停後，而以孝廉爲明經之號。經有九：禮記、左傳爲大經；毛詩、周禮、儀禮、爲中經；周易、尙書、公羊、穀梁爲小經。明經分甲乙丙丁四科，有五經、有三經、有二經、有學究一經等，但通二經以上者爲明經。通二經者一大經及一小經，或兩中經；通三經者大中小經各一；通五經者大經並通，其孝經、論語，並須兼習（註四十二）。自武德年間起，明經惟有丙丁科焉。其試法：先帖經，帖通然後口試，經問大義十條，通而後試時務策，凡三道。但帖經試例，時有變更。開元十六年（七二八），帖試者盡帖平文。二十五年，每經帖試十條，取通五以上，免舊試一帖；經問大義十條，取通六以上，免試經策一條（通典作十條）；答時務策三道，取粗有文理者與及第。天寶十一載，試一大經及孝經、論語、爾雅、帖各有差。上元二年（七六一），帖文先試兩經，每經十條，孝經二條，論語八條，每條帖三言，通六以上然後試策，並加試老子策二條。經問大義者，周禮、左傳、禮記各四條，餘經各三條，孝經、論語共三條，皆錄經文及注疏爲問，其答者須辨明義理，然後爲通。通十爲上上，通八爲上中，通七爲上下，通六爲中上。其通三經者，全通爲上上，通十爲上中，通九爲上下，通八爲中上，通七爲不第。其通二經者，通五亦不第（註四十三）。元和七年，停試墨義，而依舊格問口義。但太和二年，以墨義而代口義焉。

明經考試，多重注疏，謂之帖括，所謂明經以帖誦爲功，罕窮旨趣。韓愈謂：「以明經擧者，誦數十萬言，又約通大義，徵辭引類，旁出入他經者，又誦數十萬言，其爲業也勤矣」（註四十四）。權德輿稍革明經考試之弊，曾奏爲二等；其有明六經之義，合先王之道者以爲上等，其精於誦注者與下等。但明經仍注重以墨義考試，柳晃與德輿書而論之曰：「自頃有司試明經，奏請每經問義十道，五道全寫疏，五道全寫注，其有明聖人之道，盡六經之意，而不能誦疏與注，一切棄之。恐清議之士，無由而進；腐生豎子，比肩登第，不亦失乎？」（註四十五）。而權德輿覆書，則謂：「注疏者猶可以質驗也；不者儻有司率情下上其才，旣失其末，而不得其本，則蕩然矣」（註四十六）。此可見明經考試，仍重記憶注疏，以爲取捨之根據也。然明經專考記誦之功，而不求其義，故明經不爲世重，而士人競趨於進士矣。

唐代入仕之數，實以明經爲最多，蓋明經每科取士，較其他各擧常倍數故也。貞元十八年（八零二）敕，明經考試取錄，不得過一百名。及太和九年（八三五），明經元格，不得過一百一十五名，後減十名。一般言之，其取士平均數，約以一百人爲限。明經策問試題，玆錄擧七道如下：

一、左傳。「問：春秋者以仲尼明周公之志而修經，丘明受仲尼之經而爲傳，元凱悅丘明之傳而爲注。然則夫子感獲麟之無應，因絕筆以寄詞，作爲褒貶，使有勸懼。是則聖人無位者之爲政也，其於筆削義例，豈皆用周法耶？左氏有無經之傳，杜氏之錯傳分經，誠多艷富，慮失根本，旣學於是，頗嘗思乎？」

二、禮記。「問：大學有明德之道，中庸有盡性之術，闕里宏教，微言在茲。聖而無位，不敢作禮樂。時當有開，所以先氣志。然則得申甫之佐，猶曰降神；處定哀之時，亦嘗問政。致知自當乎格物，夢奠奚難於宗予，必若待文王之無憂，遭虞舜之大德，然後凝道，孰爲致君？爾其深惟，以判斯惑。」

三、周易。「問：潔靜精微，研幾通變，伏羲重其象，文王演其辭，設位盡通於三極，脩德豈惟於九卦。何思何慮，既宜以同歸；先甲先庚，乃詳於出令。儉德避難，頗殊蹇蹇之風；趨時貴近，有異謙謙之吉。窮理盡性之奧，入神致用之精。乾元用九之則，大衍虛一之數。成性有存存之道，知幾窮至至之言。既所講聞，試陳崖略。」

四、尚書。「問：洪範之美大同也，曰子孫其逢吉數五福也，曰考終命皆其極也。至若允慕克讓而生丹朱，方命圮族乃產神禹，何吉凶之相戾也，金縢請命，方秉圭以植璧；元龜習吉，乃啓籥而見書，豈賦命之可移也？絕地天通，未詳厥理；血流漂杵，何乃溢言。待問而來，宜陳師說。」

五、詩經。「問：風化天下，形於詠歌，辨理代之音，厚人倫之道，邶鄘褊小，尚列於篇；楚宋奧區，豈無其什。變風雅者起於何代？動天地者本自何詩？南陔白華，亡其詞而不獲；谷風黃鳥，同其目而不刊。舉毛鄭之異同，辨齊魯之傳授。面墻而立，既非其徒；解頤之言，斯有所望。」

六、穀梁傳。「問：穀梁名經，與於魯學；劉向博習，稱於漢朝。或貶絕過深，或象類無據，非立異姓，乃以莒滅。成文同乎他人，豈謂齊侯之子。異端頗甚，後學難從。諱親諱賢，當舉其例；耳治目治，幸數其言。何詞所謂近於淸？何詞所謂失於短？凡厥師授，爲予明之。」

七、論語。「問：夫子以天縱之聖，畏匡厄陳，行合神明，固久於丘禱；將行理道，奚矢於天厭。對社栗之問，宰我强通；歎山梁之時，仲由未達。季氏旅岱，冉有莫救。皆見稱於達者，或纔比於具臣。嘗隸善言，顧多滯義，末卷載游夏之事，終篇紀舜禹之詞。頗疑不倫，可以敷暢」（註四十七）。

（五）進士科

進士者可進受爵祿者也。王制曰：大樂正論造士之秀者以告於王而升諸司馬曰進士。此爲進士之義所自出也。進士擧，隋大業中所置也，彰於武德，而甲於貞觀永徽之際，縉紳雖位極人臣，不由進士者，終不爲美（註四十八）。進士科與俊秀，同源異派，永徽以前，俊秀二科，猶與進士並列。及秀才科罷於永徽，其後則以秀才爲進士之稱。且自咸亨之後，凡由文學一擧於有司者，競集於進士矣（註四十九）。杜牧列擧唐之名臣，如房玄齡、郝處俊、來濟、上官儀、李玄義、婁師德、張柬之、郭元振、魏知古、姚元崇、宋璟、劉幽求、蘇瓌、蘇頲、張說、張九齡、張巡、李絳、裴度、等十九名，皆爲進士或登制擧科。國家與之共存亡安危治亂，若謂科第浮華輕薄，不可任用，實不知科第之選（註五十）。歐陽修亦謂：「衆科之目，進士尤爲貴，其得人亦最盛焉。方其取以辭章，類若浮文而少實，及其臨事設施，奮其事業，隱然爲國名臣者，不可勝數，遂使時君篤意，以謂莫此之尙」（註五十一）。進士擧能選拔眞才，宜爲時人所推重者矣。

進士分爲甲乙兩科，自武德以來，惟乙科而已。開元九年九月四日，玄宗親策試應制擧人於含元殿，亦無甲科。至天寶十三載，御勤政樓試舉人，登乙科者三十餘人，而登甲科者僅三人，楊綰爲之首（註五十二）。其試法，初時主在試策，而以帖經副之，故進士舉，試時務策五道，帖一小經及老子，皆經注兼帖，又試雜文兩首。文須洞識文律，策須義理愜當者爲通（註五十三）。經策全通爲甲科；策通四，帖過四以上爲乙科。貞觀八年（六三四），加試讀經史一部，仍試以策，非帖經也。開耀元年（六八一），加試雜文兩首，屬箴銘論表之類，並帖小經。神龍元年（七零五），始行三場試。開元二十四年，移貢舉屬於禮部，進士試停小經，改帖大經十條，加帖論語，取通四以上，然後准例試雜文及策考。此則改以帖經列爲第一場試，仍重記誦之力。天寶十一載勅，試帖一大經及爾雅，帖既通而後試雜文，文通而後試策五道，其中時務策三道，方略一道，徵事一道。三試皆通者爲第，此亦爲三場試也。然士子覬趨進士者多，考試倍覺困難。上元二年，加試帖老子二條。自是舉司帖經，多有驁牙孤絕倒拔築注之目。文士多於經不精，至有白首舉場者，故進士以帖經爲大厄。天寶初，達奚珣李巖相次知貢舉，進士聲名高而帖落者，時或試詩放過，謂之贖帖。十一載，楊國忠初知選事，進士孫季卿曾謁國忠，言禮部帖經之弊，舉人有實材者，帖經既落，不得試文，若先試雜文，然後帖經，則無遺才矣。國忠然之。無何，有勅進士先試帖，然仍前後開一行。十二載（七五三），取士有倍常歲（註五十四）。進士中兼有精通一史，能試策十條得六以上者，亦委舉司奏聽進止焉。凡應試進士待唱第訖，具所試雜文及策送中書門下詳覆；其所問經義日，仍須對同明經舉人考試。

進士考試之尚詩賦，始於玄宗朝。其試雜文，初用賦，後增以詩。開元間，初以賦或以詩居其一，或兼試頌論。天寶十三載，雜文則專用詩賦各一首。至於詩賦限韻，自開元二年王邱知貢擧始。然進士重詩賦，時論譏其以聲韻爲學，多昧古今，故寶應二年（七六三），楊綰反對以文辭取士甚烈，主張停之，但不行。建中二年，趙贊權知貢擧，乃以箴論表贊代詩賦，而皆試策三道，但不數年卽復舊。文宗時，鄭覃以經術位宰相，深嫉進士浮薄，屢請罷之。太和七年（八三三）遂停詩賦，翌年又復之。開成元年，文宗曾謂昨試進士，題目是朕所出，所見詩賦，似勝去年。此可見詩賦之重視，屢奏停罷而無效也。進士試大致考四場，第一場詩賦，第二場論，第三場策，第四場帖經。自盛唐以後，進士試均以詩賦爲主，詩則例用五言排律，賦之韻數多寡，平側次叙，原無定格，有三四五六七八韻者。試題多爲隱僻，茲彙列如下：

（玄宗朝）開元元年藉田賦；二年旗賦（以風日雲野軍國清肅爲韻）；四年丹甑賦（以周有豐年爲韻）；七年北斗城賦（以池塘生春草爲韻）；十一年黃龍賦；十五年積翠宮甘露頌；十八年冰壺賦（以清如玉壺冰何慚宿昔意爲韻）；二十二年梓材賦及武庫詩；二十五年花萼樓賦、高蓋賦；二十六年擬孔融薦禰衡表，明堂火珠詩；天寶六載罔兩賦（以道德希夷仁美爲韻）；十載豹鳥賦（以兩徧用四聲爲韻），湘靈鼓瑟詩；十五載東郊迎春詩。

（肅宗朝）寶應二年王字賦（以題爲韻）。廣德三年轅門箴。

（代宗朝）大曆二年射隼高墉賦（以君子藏器待時爲韻），八年東郊朝日賦（以國家行仲春之令爲韻），春松詩；九年東都試蜡日祈天賦，清明日賜百僚新火詩，上都試元日望含元殿御扇開合詩；

十年上都試五色土賦（以皇子畢封依色建社爲韻），龜負圖詩，東都試日觀賦（以千載之統平上去入爲韻）；十二年通天臺賦（以洪臺獨存浮景在下爲韻）；十四年寅賓出日賦（以大明在天恒以時授爲韻），花發上林苑詩。

（德宗朝）建中二年白雲起封中賦；三年學官箴，欹器銘；四年易簡知險阻論。興元元年朱干銘。貞元元年曲江亭望慈恩寺杏園花發詩；七年珠還合浦賦（以不貪爲寶神物自還爲韻），青雲干呂詩；八年明水賦（以元化無宰至精感通爲韻），御溝新柳詩；九年平權衡賦（以晝夜平分銖鈞取則爲韻），十一年立春日曉望三素雲詩；十二年日五色賦（以日麗九重聖符土德爲韻），春臺晴望詩；十三年西掖瑞柳賦（以應時呈祥聖德昭感爲韻），龍池春草詩；十四年鑒止水賦（以澄虛納照遇象分形爲韻，任不依次用限三百五十字以上成），青出藍詩；十五年行不由徑詩；十六年性習相近遠賦（以君子之所愼焉爲韻），玉水記方流詩；十七年樂德教胄子賦（以育材訓人之本爲韻），十八年風動萬年枝詩；十九年中和節百辟獻農書賦（以嘉節初修吉是農政爲韻）。

（憲宗朝）元和元年山出雲詩；二年舞中成八卦賦（以中和所製盛德斯陳爲韻），貢院樓北新栽小松詩；五年洪鐘待撞賦，恩賜魏文貞公諸孫舊第以導直臣詩；八年履春冰詩；十年春色滿皇州詩；十三年玉聲如樂詩；十四年王師如時雨賦（以慰悅人心如雨枯旱爲韻），騏驥長鳴詩；十五年早春殘雪詩。

（穆宗朝）長慶二年木雞賦，琢玉詩；三年麗龜賦。

（文宗朝）太和二年緱山月夜聞王子晉吹笙詩；六年君子聽音賦（以審音合志鏗鏘爲韻）。開成二年琴瑟合奏賦，霓裳羽衣曲詩。

（武宗朝）會昌三年風不鳴條詩。

（宣宗朝）大中三年堯仁如天賦。

（懿宗朝）咸通三年倒載干戈賦（以聖功克彰兵器斯戢爲韻），天驥呈才詩；四年謙光賦，澄心如水詩；七年被袞以象天賦；九年天下爲家賦。

（僖宗朝）乾符三年王者之道如龍首賦（以龍之視聽有符君德爲韻），一一吹竽詩，又試漲曲江池詩（以春字爲韻）；五年至仁伐至不仁賦。

（昭宗朝）景福元年止戈爲武賦，東風解凍詩；乾寧四年未明求衣賦，五年春草碧色詩。光化四年天得一以清賦，武德殿退朝望九衢春色詩。

詩賦題不皆有所出，或自以意爲之，故擧子皆得進問題意，謂之上請。至於策問之試題，摘錄如下。

（甲）韓愈所擬進士策問十三道

「問：書稱汝則有大疑，謀及乃心，謀及卿士，以至於庶人，龜筮考其從違，以審吉凶則易，聖人之擧事興爲，無不與人共之者也。於易則又曰：君不密則失臣，臣不密則失身，幾事不密則害成，而春秋亦有譏漏言之詞。如是，則又似不與人共之而獨運者。書與易春秋，經也，聖人於是乎盡其心焉耳矣。今其文相戾悖如此，欲人之無疑，不可得已。是二說者，其信有是非乎，抑所指各殊，而學者不之能察也。諒非深考古訓，讀聖人之書者，其何能辨之。此固吾子之所宜無讓者，願承教焉。

問：古之人有云：夏之政尚忠，殷之政尚敬，周之政尚文。是三者相循環終始，若五時之與四時焉，原其所以爲心，皆非故立殊而求異也，各適於時，救其弊而已矣。夏殷之書，存者可見矣，至周之典籍咸在，考其文章，其所尚若不相遠然，焉所謂三者之異云乎？抑其道深微不可究歟？將其詞隱而難知也？不然，則是說爲謬矣。周之後，秦、漢、蜀、吳、魏、晉之興與覇，亦有尚乎無也？觀其所爲，其亦有意云爾，循環之說安在？吾子其無所隱焉。

問：夫子之序帝王之書，而繫於秦魯，及次列國之風，而宋魯獨稱頌焉。秦穆之德，不踰於二覇；宋魯之君，不賢乎齊晉，其位等，其德同，升黜取捨，如是之相遠，亦將有由乎？願聞所以辨之之說。

問：夫子既沒，聖人之道不明，蓋有楊墨者，始侵而亂之，其時天下咸化而從焉。孟子辭而闢之，則既廓如也。今其書尙有存者，其道可推，而知不可乎？其所守者何事？其不合於道者幾何？孟子之所以辭而闢之者何說？今之學者，有學於彼者乎？有近於彼者乎？其已無傳乎？其無乃化而不自知乎？其無傳也則善矣。如其尙在，將何以救之乎？諸生學聖人之道，必有能言是者，其無所爲讓。

問：所貴乎道者，不以其便於人而得於已乎？當周之衰，管夷吾以其君覇，九合諸侯，一匡天下，戎狄以微，京師以尊，四海之內，無不受其賜者。天下諸侯，奔走其政令之不暇，而誰與爲敵，此豈非便於人而得於已乎？秦用商君之法，人以富，國以彊，諸侯不敢抗，及七君，而天下爲秦；使天下爲秦者，商君也。而後代之稱道者，咸羞言管商氏，何哉？庸非求其名而不責其實歟？願與諸生論之，無惑於舊說。

問：夫子之言，盍各言爾志。又曰：居則曰不吾知也，如或知爾，則何以哉？今之舉者，不本於鄉，不序於庠，一朝而羣至乎有司，有司之不之知也宜矣。今將自州縣始，請各誦所懷，聊以觀諸生之志。死者可作，其誰與歸？事其大夫之賢者，友其士之仁者，敢問諸生之所事而友者，爲誰乎？所謂賢而仁者，其事如何哉？言及之而不言，亦君子之所不爲也。

問：春秋之時，百有餘國，皆有大夫士詳於傳者，無國無賢人焉，其餘皆足以充其位，不聞有無其人而闕其官者。春秋之後，其書尤詳，以至於吳蜀魏，下及晉氏之亂，國分如錙銖，讀其書亦皆有人焉。今天下九州四海，其爲土地大矣，國家之舉士，內有明經進士，外有方維大臣之薦，其餘以門地勳力進者，又有倍於是，其爲門戶多矣，而自御史臺，尚書省，以至於中書門下省，咸不足其官，豈今之人不及於古之人邪？何求而不得也。夫子之言曰：十室之邑，必有忠信如丘者焉。誠得忠信如聖人者，而委之以大臣宰相之事，有不可乎？況於百執事之微者哉？古之十室必有任宰相大臣者，今之天下而不足士大夫於朝，其亦有說乎？

問：夫子曰：潔淨精微，易敎也，今習其書，不識四者之所謂，盍舉其義而陳其數焉。

問：易之說曰：乾、健也，今考乾之爻，在初者曰潛龍勿用，在三者曰夕惕若厲无咎，在四者亦曰无咎，在上曰有悔，卦六位，一勿用，二苟得无咎，有一悔，安在其爲健乎？又曰：乾以易知，坤以簡能，乾之四位既不爲易矣。坤之爻又曰：龍戰於野。戰之於事，其足爲簡乎？易，六經也，學者之所宜用心，願施其詞，陳其義焉。

問：人之仰而生者穀帛，穀帛豐無饑寒之患，然後可以行之於仁義之途，措之於安平之地，此愚智所同識也。今天下穀愈多而帛愈賤，人愈困者何也？耕者不多，而穀有餘；蠶者不多，而帛有餘。有餘宜足，而反不足，此其故又何也？將以救之，其說如何？

問：夫子言堯舜垂衣裳而天下理。又曰：無爲而理者，其舜也歟。書之說堯曰親九族，又曰平章百姓，又曰協和萬邦，又曰曆象日月星辰，敬授人時，又曰洪水懷山襄陵，下人其咨。夫親九族，平百姓，和萬邦，則天道，授人時，愁水禍，非無事也。而其言曰：垂衣裳而天下理者何也？於舜則曰愼五典，又曰敘百揆，又曰賓四門，又曰齊七政，又曰類上帝，禋六宗，望山川，徧羣神，又曰協時月正日，同律度量衡，五載一巡狩，又曰分十二州，封山濬川，恤五刑，典三禮，彰施五色，出納五言。嗚呼，其何勤且煩如是，而其言曰無爲而理者，何也？將亦有深辭隱義，不可曉邪？抑其年代已遠，失其傳邪？二三子其辨焉。

問：古之學者必有師，所以通其業，成就其道德者也。由漢氏以來，師道日微，然猶時有授經傳業者，及於今則無聞矣。德行若顏回，言語若子貢，政事若子路，文學若子游，猶且有師，非獨如此，雖孔子亦有師，問禮於老聃，問樂於萇弘是也。今之人不及孔子顏回遠矣，而且無師，然其不聞有業不通，而道德不成者，何也？

問：食粟衣帛，服仁行義，以俟死者，二帝三王之所守，聖人未之有改焉者也。今之說者，有神仙不死之道，不食粟，不衣帛，薄仁義以爲不足爲，是誠何道邪？聖人之於人，猶父母之於子，有其道而不以敎之，不仁；其道雖有而未之知，不智。仁與智且不能，又烏足爲聖人乎？不然，則說神仙者妄矣」（註五十五）。

(乙) 李翶擬進士策問二道

「問：初定兩稅時，錢直卑而粟直貴，粟一斗價盈百，帛一匹價盈二千。稅戶之歲供千百者不過粟五十石，帛二十有餘匹而充矣。故國用皆足，而百姓未以爲病，其法弗更，及茲三十年，百姓土田爲有力者所併，三分踰一其初矣。其輸錢數如故，錢直日高，粟帛日卑，粟一斗價不出二十，帛一匹價不出八百，稅戶之歲供千百者，粟至二百石，帛至八十匹，然後可足，是爲錢數不加，而其稅以一爲四，百姓日蹙而散爲商以遊，十三四矣。四年春，天子哀之，詔天下守土臣定留州使額錢，其正料米如故。其餘估高下如七供，百姓賴之，以比兩稅之初，輕重猶未相似。有何術可使國用富而百姓不虛，遊人盡歸於農而皆樂，有力所併者稅之如戶，而士兵不怨，夫豈無策而臻於是耶？吾人壹悉懷以來告。

問：土蕃之爲中國憂也久矣，和親賂遺之，皆不足以來好息師，信其甘言而與之詛盟耶？於是深懷陰邪，乘我之去而欺神雪人，係虜卿士大夫，至茲爲羞。備禦之耶？則暴天下數十萬之兵，或悲號其父母妻子，且煩饋餫衣食之勞，百姓以虛。弗備禦之耶？必將伺我之間，攻陷城池，掠玉帛子女，殺其老弱，繫累其丁壯以歸。自古帝王豈無誅夷狄之成策耶？何邊境未安若斯之甚耶？二三子其將亦有說乎？」（註五十六）

韓愈所擬之試題，多重經義；而李翺之試題，則重時務。大抵進士之試策，以時務題為主，若遇好經術之士，則其擬題，每偏重經義也。

開元以前，未嘗尙進士科，故天下名士，雜出他塗；開元以後，始尊崇之，故當時名士，中此科者十常七八（註五十七）。進士試畢放榜，其合格者賜進士及第。取士之數，每歲不過二三十人。自大中後，進士尤盛，非精究博贍之才，難以應乎茲選。由於進士之難得，故有白首而始及第者。如光化四年（九零一）杜德祥榜，新及第進士，陳光問六十九歲，曹松五十四歲，王希羽七十三歲，劉象七十歲，柯崇六十四歲，鄭希顏五十歲（註五十八），時人稱為五老榜。因此當代以進士登科為登龍門，解褐多拜清貴，十數年間，擬跡廟堂，輕薄者謂進士初擢第，頭上七尺燄光（註五十九），蓋顯之也。士子每以進士為重，入仕為輕。進士之得人推重謂之白衣公卿，又曰一品白衫，其艱難謂之三十老明經．五十少進士（註六十）。韓愈答崔立之書，謂：「及來京師，見有舉進士者，人多貴之。僕誠樂之，就求其術，或出禮部所試賦詩策等以相示。僕以為可無學而能，因詣州縣求舉，有司者好惡出於其心，四舉而後有成」（註六十一）。韓愈初羨慕進士，既而輕其試，經三次失敗而始及第。故中進士第者，常為人所推重，「御史張瓌兄弟八人，其七人皆進士出身，一人制科擢第。親故集會，兄弟連榻，令制科者別坐，謂之雜色，以爲笑樂」(註六十二)。制科不及進士之尊貴，而明經亦不如也。「元和中，……元相國稹年老以明經擢第，亦攻篇什，常願交結賀(李賀)，一日執贄造門，賀覽刺不容，令僕者謂曰：明經擢第，何事來看李賀？」(註六十三)。蓋賀以進士及第，自高其身份，不願接見明經及第之元稹者也。李珏，趙郡贊皇人，舉明經。華州刺史李絳見而謂之曰：日角珠庭，非常人也，當擢進士；明經碌碌，非子發跡之地。一舉不第，應進士舉。其後文宗召充翰林學士(註六十四)。又咸通中，輔相崔彥昭、兵部侍郎王凝，乃外表兄弟也，凝於大中元年進士及第，來年彥昭猶下第，因訪凝；凝衩衣見之，崔甚恚。凝又戲之曰：君却好應明經舉也。彥昭忿怒而出，三年乃登第(註六十五)。明經及第殊不足以饜士子之願，而必以攀登進士第爲最高之理想。然而第明經者仍得舉進士，第進士者亦得舉明經，兩科之等級原無殊，貴賤乃由俗之所尙耳。

(六) 開元禮科

開元禮舉，貞元二年所置。勅旨謂：開元禮，國家盛典，列聖增修，今則不列學科，藏在書府，使效官者昧於郊廟之儀，治家不達冠婚之義，移風固本，合正其源。自今以後，其諸色舉人中，有能習開元禮者，舉人同學究一經例，選人不限選數許習，據等第高下，量人才授官。其考試問大義一百條，試策三道，全通者超資與官；義通七十條，策通兩道以上者，放及第；以下爲不及格。其有散官能通者 亦依正官例處分。九年勅：其習開元禮舉人，問大義一百條，試策三道，全通者爲上等；大義通八十條以上，策兩道以上者爲次等。其餘一切並依三禮科例處分。中舉者有程异、杜肇、羅修占及裴某等（註六十六）。

（七）三禮科

三禮舉，貞元九年置。其要旨以爲禮者務學之本，立身之端，居安之大猷，致理之要道，故生徒肄業，執禮爲本，實百行之本源，爲五經之戶牖。勅令有習三禮（周禮、儀禮、禮記、）者，前資及出身人，依科目例選。吏部考試白身人，依貢舉例。吏、禮部考試，每經問大義三十條，試策三道。所試大義，仍委主司於朝官學官中，揀選精通經術三五人聞奏。義策全通者爲上等，特加超獎；大義每經通二十五條以上，策通兩道以上者爲次等，依資與官。

（八）三傳科

三傳舉，長慶二年置。其考試：左傳問大義五十條，公羊穀梁各問大義三十條，試策三道。義通七成以上，策通兩道以上者，與及第。其白身應試者，請同五經例處分。其先有出身及前賢資官應試者，請准學究一經例處分（註六十七）。

（九）三史科

長慶二年，諫議大夫殷侑奏言：司馬遷、班固、范曄三史，爲書勸善懲惡，亞於六經。比來史學廢絕，至有身處班列，而朝廷舊章，莫能知者。於是立三史科及三傳科。三史舉考試：史記、前後漢書、三國志，每史問大義一百條，試策三道。義通七成，策通兩道以上者爲及第。能通一史者，請同五經三傳例處分，餘同三傳科。三史皆通者獎擢之（註六十八）。據通典舉人條例，其史書範圍較廣，規定：史記爲一史，漢書爲一史，後漢書並劉昭所注志爲一史，三國志爲一史，晉書爲一史，南史爲一史，北史爲一史。習南史者，並通宋齊志；習北史者，通後魏、隋書志。自宋以後，史書煩碎冗長，但問政理成敗所因，及其人物損益關於當代者，其餘一切不問，自唐高祖以下至睿宗之實錄，並貞觀政要，共爲一史（註六十九）。中三史擧者，有嚴灌夫、朱朴等（註七十）。

（十）童子科

垂拱四年（六八八），裴耀卿中童子擧，則童子科之設，中宗朝已有之。廣德二年罷童子科，至大曆三年復置。童子擧人，取十歲以下者，習一經兼論語、孝經，每卷誦文十科全通者，予官；通七科者，予出身。仍於每年多，由本貫申送禮部，同明經擧人例考試，試訖聞奏（註七十一）。十年（七七五），勅停童子科擧（註七十二）。元和六年，仍有神童科，但諸道所薦送者多年齒已過，僞稱童子，考其所業，又是常流。大中十年（八五六），乃令各州府薦送童子，須實年十一、十二以下，仍須精熟一經，問全通兼自能書寫者。如違制條，其本道長吏，亦議懲罰（註七十三）。中童子科者，有武雲坦（開元三年），劉晏（開元九年），蕭同和兄弟（開元十七年），王珙（寶應二年），賈言忠，王邱，王沼，吳通元，鄭小謫，楊彥伯（註七十四），劉日新（光啓二年），王棲霞（景福四年）等。

（十一）明法科

明法擧所試律令，每部試帖十條，試策十條，律七條，令三條。全通者爲甲第；通八成者爲乙第。中明法擧者，有李朝隱、裴潤、裴淨、裴濟、薛敖等（註七十五）。

（十二）明字科

書學始自貞觀元年，勅京官五品以上子，有性愛學書及有書法天才者，聽於館內學書，由虞世南歐陽詢教示楷法。二年，黃門侍郎王珪奏，請爲學生置講經博士，考試經業，准式貢擧。明字擧考試，先口試，不限條數，疑則問之，通乃墨試，帖說文字林二十條，通十八條爲第。

（十三）明算科

明算擧考試，分爲兩種：（甲）試算學，錄大義本條爲問答，明數造術，詳明術理，然後爲通。試九章三條，海島、孫子、五曹、張邱建、夏侯陽、周髀、五經算各一條，十通六；記遺、三等數帖讀十得九爲第。（乙）試綴術、緝古，錄大義爲問答者，明數造術，詳明術理，無注者，合數造術，不失義理，然後爲通。試綴術七條，緝古三條，十通六；記遺、三等數帖讀十得九爲第。落經者雖通六不第（註七十六）。

（十四）宏文崇文試

凡宏文，崇文生，試一大經，一小經，或二中經，或史記、前後漢書、三國志各一，或時務策五道，經史皆試策十道。經通六，史及時務策通三，皆帖孝經、論語共十條，通六爲第（註七十七）。經史皆須讀文精熟，言音典正；其試時務策者，須識文體，不失問目。玆錄其策問兩道如下：

「問：儒館設科，以優華緒，亦明勸學，然後審官，諸生或以紈綺之年，講誦未暇，在琢玉之，或怠於製錦而如何？儻稍擧章程，以明課試，因粲粲之質，加孶孶之勤，可以遠圖，固爲盡善，但因循既久，慮物議爲難，盍自言之，將求折中」（註七十八）。

「問：鄉賦國庠，已有定制，又闢兩館，以迄諸生，蓋砥礪貴游而進之於學也。二三子江夏童年，頗聞岐嶷，舞雩春服，皆已鮮明，雖異賓興，亦稱講業，於經書所好何句？於古哲所慕何人？兼陳從政之方，用辯保家之美」（註七十九）。

（十五）道舉科

開元二十五年正月，初置玄學博士，每歲依明經舉考試（註八十）。二十九年（七四一），玄宗御興慶門，親試明經道德及莊、文、列子舉人。問策曰：

「朕聽政之暇，嘗讀道德經、文、列、莊子，其書文約而義精，詞高而旨遠，可以理國，可以保身。朕敦崇其教以左右人也，子大夫能從事於此，甚用嘉之。夫古今異宜，文質相變，若在宥而不理，外物而不爲，行邃古之化，非御今之道，適時之術，陳其所宜。又禮樂刑政，所以經邦國，聖智仁義，所以序人倫，使之廢絕，未知其旨。道德經曰：絕學無憂，則乖進德修業之教。列子力命曰：汝奚功於物，又違懲惡勸善之文。二旨孰非？何優何劣？文子曰：金積折廉，璧襲無贏，宜申其義。莊子曰：恬與和，交相養，明徵其言，使一理混同，二教兼舉，成不易之則，副虛佇之懷」（註八十一）。

權德輿擬道舉南華通玄兩經策問試題二道如下：

（甲）南華經「問：安時處順，泊然懸解，至人之心也。故曰：材全而德不形。又曰：休影息迹，與夫五漿先饋，屨滿戶外者，固不侔矣。然則以紀渻之養雞，痀僂之承蜩，匠石之運斤，梓慶之削鑛，用志不分，移於敎化，則萬物之相刃相靡者，悠然而順，闇然而和，奚在於與無趾無眼之徒，支離形德，然後爲得耶？願聞其說。」

（乙）通玄經「問：文子玄虛，師其言於老氏；計然富利，得其術者朱公。疑傳記之或差，何本末之相遠？人分五位，智辨居忠信之前，體苞五藏，耳目乖肺肝之主，皆何故耶？當有其說。至於積德積怨，實昧其圖；上義上仁，願聆其旨。大辨若訥，大道若夷，豈在顚之倒之，使學者泥而不通也」（註八十二）。

中道擧及第者，有盧復，竇滸，李栖桐等（註八十三）。

（十六）醫學科

開元二十二年詔：道術醫藥擧人，取藝業優長，試練有效者，「先令所司表薦，兼自聞達，勅限以滿，須加考試」（註八十四）。乾元元年制：以醫術入仕者，同明經例處分。至三年，右金吾長史王淑奏：醫術請同明法科例選人，各試醫經方術策十道，本草二道，脈經二道，素問十道，張仲景傷寒論二道，諸雜經方義二道。通七成以上者及第；以下不及第（註八十五）。

（十七）武擧科

長安二年（七零二）正月設武擧。初令全國有練習武藝者，每年准明經進士例擧送，行鄉飲酒禮，送於兵部。每年應試者嘗數百千人，及第者不過數十人。神龍三年（七零七），以默啜寇邊，制募猛士武藝超絕者，各令自擧，特設武藝超絕科。武擧課試之制：有長垛（畫帛爲五規，置之於垛上，相距百有五步，列坐引射），馬射（穿土爲垺，其長與垜均等，綴皮爲兩鹿，歷置其上，馳馬射之），馬槍（斷木爲人，戴方板於頂上，凡四偶人，互列垺上，馳馬入垺，運槍左右觸，必板落而人不踣，以儇好不失者爲上）；兼有步射（射草人），穿劄，翹關（翹關者，長一丈七尺，徑三寸半，凡十舉後，手持關距，出處無過一尺），負重（負米五石，行二十步），身材，言語之選，通得五上者爲及第（註八十六）。貞元十四年停武舉；元和三年復置。神龍三年，兵部試沉謀秘算科舉人，又有策問，玆列舉三道如下：

「問：詩稱有截，傳載無爲，必在得人，方致斯道。皇上心存玄默，政洽淸虛，坐五室以調氣，舞兩階以柔遠。溥天之下，計日來庭。尙有戎羯餘塵，覘長城於塞北；句驪舊壤，走都護於安東。棄招蹙國之譏，取有疲人之患。綏討之理，用捨何從？且夷狄異方，地俗殊等，借使斷山川之是利，較戰守之所長，贏糧調兵，幾何克濟？選倫求將，何者爲謀？靜聽嘉謀，將聞執事。

問：安西逈途，磧北多寇，自開四鎭，於玆十年。及瓜戍人，白首無代。分閫節使，丹旐方歸。未悟恢邊之益，且疑事遠之弊。今赤畧既幷於黃姓，默啜復覘於庭州，漢掖徒張，胡臂未斷，而內匱積穀，外非足兵，於何出踐更之師，奚使閉穹廬之黨，息人靜國，有策存乎？

問：五嶺山深，三蜀地險，篁竹之下，時驚剽刼；瓜芋之壤，歲擾居人。若縱兵揚麾，則鳥散谿谷，及旋師返旆，則螘聚津塗。窮之乃一切歸降，置之又無可反覆。安輯之術，敷陳其要」（註八十七）。

唐代貢擧，科目甚多。大足二年（七零二）置拔萃科。開元十九年置宏詞科；二十四年置平判官，皆吏部主之。博學宏詞科之考試，亦以詩賦爲主。大曆四年，五星同色賦（以昊天有成命爲韻）；十四年，放馴象賦（以珍異禽獸無育家國爲韻），沉珠於泉詩。貞元八年，鈞天樂賦（以上天無聲昭錫有道爲韻）；九年，太清宮觀紫極舞賦，顏子不貳過論；十九年，漢高祖斬白蛇賦，謁先師聞雅樂詩。

除常擧外，復有通五經一史及進獻文章，並上著述之例，或付本司，或付中書考試，亦同制擧。上書拜官，武德元年巳有之。長安三年（七零三），王玄感上尚書糾繆十卷，春秋振滯二十卷，禮記繩愆三十卷，授太子司議郎。開元四年，員俶上太玄幽贊十卷，授散官文學直宏文館。開元中，唐頻上啓典一百三十卷，穆元林上洪範外傳十卷。十七年，李鎮上注史記一百三十卷，史記義林二十卷，授門下典儀。辛之諤上叙訓二卷，授長社尉。卜長福上續文選三十卷，授富陽尉。裴傑上史漢異義三卷，授臨濮尉。韓佑上續古今人表十卷，授太常寺太祝。十九年，馮中庸上政事錄十卷，授汜水尉。二十年，高希嶠上注晉書一百三十卷，授清池主簿。陳庭玉上老子疏，授校書郎。柳縱上注莊子，授章懷太子廟丞。帥夜光上三元異義三十卷，授校書郎。二十九年，是光乂上十九部書語類十卷，授集賢院修撰。乾元二年，沈浩上廣孝經十卷，授秘書郎。元和元年，吏部試上書人，策問三道，是與制擧對策無異。九年，李渤上禦戎新錄二十卷，授秘書省著作郎。大中八年（八三四），李羣玉上詩三百篇，授宏文館校書郎。凡此上書之士，多量才授官，或霑賞賚者也。

三、貢舉人數

武德五年，諸州共貢明經一百四十三名，秀才六名，俊士三十九名，進士三十名，計二百一十八人。顯慶四年（六五九）二月，高宗親策試舉人，凡九百人（註八十八）。長安元年（七零一），大開貢舉，考功是歲有一千五百餘人（註八十九）。大唐貢士，多循隋制，上郡每歲三人，中郡二人，下郡一人，有才能者無常數。開元以後，四海晏清，士無賢不肖，恥不以文章達，其應詔而舉者多則二千人，少猶不減千人，所收僅百有一（註九十）。開元三年（七一五），張九齡上書，謂今則每歲選者動以萬計，京師米物，爲之空虛（註九十一），則其時應舉人數擁擠可知。元和長慶之際，貢士應禮部試者，每歲至三千人。長慶四年（八二四），僅就制舉試生，到者共三百一十九人。會昌五年制：國子監明經舊格，每年送三百五十人，今請送二百人。進士依舊格送三十人。其隸名明經亦請送二百人。宗正寺進士送二十人。其東監同、華、河中所送進士，不得過三十人，明經不得過五十人。其鳳翔、山南西道、東道、荊南、鄂、岳、湖南、鄭、滑、浙西、浙東、鄜、坊、宣、商、涇、邠、江南、江西、淮南、西川、東川、陝、虢等道，所送進士不得過十五人，明經不得過二十人。其河東、陳、許、汴、徐、泗、易、定、齊、魏、博、澤、潞、幽、孟、靈、夏、淄、青、鄆、曹、兗、海、鎮、冀、麟、勝等道，所送進士不得過一十人，明經不得過十五人。其金、汝、鹽、豐、福建、黔府、桂府、嶺南、安南、邕容等道，所送進士不得過七人，明經不得過一十人（註九十二）。照此推算，每年所送應舉之數，人約有一千九百餘人，大中咸通之後，每歲試禮部者，少則八百人，多則千餘人。

自武德元年起至天祐四年止，二百九十一年之間，計貢舉考試之次數：

（甲）秀才試，由武德元年至永徽二年，共二十二次；

（乙）進士試，由貞觀三年至天祐四年，共二百六十四次；

（丙）諸科試，由永徽三年至天祐四年，共一百七十五次。

此三類考試，共計爲四百六十一次，平均每年至少舉行一次。取士之數，計秀才三十人，進士六千六百二十人，（每次最少一人，最多七十九人平均約三十人），諸科舉人一千五百九十一人（最少一人，最多五十六人）。全唐三百年間取士數，共計八千二百四十一人（註九十三）。

四、考試與放榜

凡舉試之制，禮部每年十一月，率與計偕，其計有六：一曰秀才，二曰明經，三曰進士，四曰明法，五曰書，六曰算（註九十四）。每年全國舉人，來秋入貢者，始自縣報名考試，定其可舉者，然後升於州或府。故七月後，舉人開始準備競試，語曰：槐花黃，舉子忙，正謂此也。九月，州府依前科目，先起試其文章，取錄者注其等第，試官本司官錄事參軍及長史，聯同押署其後。其口試者於題策後注云口問通若干，卽相連印縫，並依寫解爲先後，不得參差。封題完訖，十月中旬，送呈觀察使。觀察使遣人都送省司，隨路程遠近，須合期限。省司重考定訖，其入第者，二月內令下諸道；諸州追之，限九月內盡到，卽重試之，其文策皆勘會書跡，調理與州試同，卽收之，僞者送法司推問。其國子監擧人，亦如前例（註九十五）。此爲禮部試之前，擧人所經鄉貢考試取得應試資格之手續。鄉貢進士，例於十月二十五日集戶部，生徒亦以十月送尚書省，正月乃就禮部試。但鄉貢擧子，來自各州縣，路遠跋涉，每窮苦顚沛，爲狀甚苦。歐陽詹自言：

「某閩越人，向京師七千里矣，去秋遠應直言極諫詔不逮試，便住西秦。今冬將從博學宏詞科，赴集期。昨至東洛，舊負人錢五萬，卒然以逢，某則合還，人又艱迫，唯一驢一馬，悉以償之，貨廡之下，如喪手足」（註九十六）。

擧人到京後，先試之期，例謁孔子。有司卜日，宿張於國學，宰輔以下皆會而觀焉，博集羣議，講論而退之，此爲未試前擧行受學之形式也。試進士之日，禮部貢院，設香案於堦前，主司與擧人對拜，所坐設位，供張甚盛，並具茶湯飲漿。至試明經生，則悉除帳幕氈席之類，亦無茶湯，渴則飲硯水，人人皆黔其吻，非故欲困之，乃防氈幕及供應人私傳所試經義（註九十七）。閱試之日，皆嚴設兵衞，薦棘圍之，搜索衣服，譏訶出入，以防假濫焉（註九十八）。但因搜索太嚴，卽發生反感：

「乾元初，（李揆）兼禮部侍郎，言主司取士，多不考實，徒峻其隄防，索其言策，殊不知藝不至者，居文史之囿，亦不能摛辭，深昧求賢之意也。及試進士，請於庭中，設五經諸史及切韻本於牀，引貢生謂之曰：大國選士，但務得才，經籍在此，請恣尋檢」（註九十九）。

「（舒元輿）擧進士，見有司鈎校苛切。（元和中）因上書言：自古貢士，未有輕於此者。且宰相公卿繇此出，而有司以隸人待之，羅棘遮截，疑其爲奸，非所以求忠直也。又言國朝校試，窮微探隱，無所不至。士至露頂跣足，以赴科場，此先輩所以有投塹而出者，然狡僞之風，所在而有，試者愈嚴，而犯者愈衆，桁楊之辱，不足以盡辜。如主司眞具別鑒，雖懷藏滿篋，亦復何益。故搜索之法，祇足以濟主司之短，不足以顯才士之長也」（註一〇〇）。

舒元輿謂考試之日，見擧子八百人，盡手攜脂燭水炭，及朝晡餐器，或荷於肩，或提於席；吏胥縱慢聲，大呼其姓名。試者突入，棘圍重重，乃分坐廡下。寒餘雪飛，單席坐地（註一〇一）。日既暮，許燒燭三條。長慶元年，白居易奏狀云：進士許用書策，兼得通宵。謂通宵則思慮必周，用書策則文字不錯。昨重試之日，書策不容一字，木燭只許兩條，迫促驚忙，幸皆成就（註一〇二）。上庠錄亦謂唐制禮部試擧人，夜以三鼓爲限（註一〇三）。元和三年勅制：擧人試訖有逼夜納策計不得歸者，並於光宅寺止宿；應巡檢勾當官吏並隨從人等，待擧人納策畢，並赴保壽寺止宿；仍各仰金吾衞使差人監引送至宿所（註一〇四）。由此觀之，夜試實未至於通宵也。

永徽四年（六五三），詔以孔穎達所撰五經正義，每年明經，依此考試（註一〇五）。儀鳳三年（六七八），以道德經孝經並爲上經，貢擧皆須兼習（註一〇六）。調露三年（六八零）以後，進士改帖大經，帖經者，以所習經，掩其兩端，中間開唯一行，裁紙爲帖，凡帖三字，隨時增損，可否不一，或得四，得五，得六者爲通（註一〇七），此卽默寫經文也。明經進士考試，皆分三場：一、雜文；二、帖經；三、經策及時務策，皆須粗通，每一場試畢，卽榜去留。除筆試墨義之外，並重口試，至元和二年，始罷試口義，祇試墨義十條（註一〇八）。

武后載初元年（六八九）二月，策問貢士於洛城殿，數日方了；殿前試人自此始。黃滔詠御試詩二首，可想見其狀；

「已表隋珠各自携，更從瓊殿立丹梯。九華燈作三條燭，萬乘君懸四首題。靈鳳敢期翻雪羽，洞簫應或諷金閨。明朝莫惜場場醉，青桂新香有紫泥。六曹三省列簪裾，丹詔宣來試士初。不是玉皇疑羽客，要教金榜帶天書。詞臣假寐題黃絹。宮女敲銅奏子虛。御目四篇酬九百，敢從燈下略躊躇」（註一〇九）。

考試通於二月放榜，四月送吏部，但東都有在十一月或十二月者，又有在夏季者。元和三年，進士堪及第者，禮部考試訖，其詩賦先送中書門下詳覆，候勅退回禮部，然後准舊例大字放榜。太和八年，中書門下奏，進士放榜，舊例禮部侍郎皆將及第人名，先呈宰相，然後放榜。今後請便令放榜，不用先呈人名，其及第者所試雜文及鄉貫三代名諱，並於當日送中書門下（註一一〇）。舊例人名先呈宰相，易生流弊，多有竄改，頗致流言。會昌三年（八四三），李德裕亦奏：便任有司放榜，更不得先呈；如有故違，由御史糾舉，蓋可以杜舞弊也。貞觀初，放榜日，太宗私幸端門，見進士於榜下綴行而出，喜謂侍臣曰：「天下英雄入吾彀中矣」。進士榜頭豎黏黃紙四張，故稱金榜，以氈筆淡墨衮轉書曰：「禮部貢院」四字（註一一一）。淡墨榜卽進士榜，祇書及第人之姓名。建中四年，李紓侍郎試進士，筆吏暴卒，召禮部令史王祖寫榜，因酒醉，昏夜之中，半酣揮毫，筆不加墨，致字有兩體，濃淡相間，反致其妍，遂以爲例（註一一二）。寫榜多用名臣或善書者爲之，元和中，詔禮部尚書王播署榜，示鄭重也。貼榜概在尚書省門外，張榜牆乃南院之東牆也，別築起一堵高丈餘，外有壖垣。元和六年，因監生郭東里破籬拆榜，後乃以虛榜自省門而出，正榜張示則稍晚焉。榜之首名爲狀頭或狀元（江南人未有得倫魁者），但出榜有分等第，有不分等第者。貞元八年，陸贄主考放榜，取歐陽詹、韓愈、李觀、李絳等，皆全國之選，時稱爲龍虎榜，亦稱虎榜，此則慶放榜得人之譽也。韋莊爲乾寧元年進士，詠放榜日詩：

「一聲天鼓闢金扉，三十僊材上翠微。葛水霧中龍乍變，緱山煙外鶴初飛。鄒陽暖豔催花發，太皞春光簇馬歸。廻首便辭塵土世，彩雲新換六銖衣」（註一一三）。

黃滔於二年（八九五）得進士，亦詠放榜日詩。

「吾唐取士最堪誇，仙榜標名出曙霞。白馬嘶風三十轡，朱門秉燭一千家。郄詵聯臂昇天路，宣聖飛章奏日華（其年當日奏試。）歲歲人人來不得，曲江煙水杏園花」（註一一四）。

此兩詩描畫中選之三十舉子，金榜題名，突呈無限之榮耀。故長慶三年（八二三），張籍喜王起侍郎放牒詩，謂：「二十八人初上牒，百千萬里爭傳名」（註一一五），聲價之大可知也。除張榜外，又有榜帖，先列主司銜，皆押字，次書主司之生年月日，及祖父名諱，私忌某日；然後載同榜之姓名、年齡、籍貫，彙集一册，以素綾爲軸，其上帖有金花，故亦稱金花帖子，可到處通傳。新進士及第，又卽以泥金書帖子，附家書中，用報登科之喜，親戚例以聲樂相慶，謂之喜信。至文宗朝遂寢削此儀（註一一六）。

然舉子千辛萬苦赴京應試，原抱無窮之希望，一旦下第，未免於邑。孟東野落第後，詠詩謂：「曉月難爲光，愁人難爲腸，誰言春物榮，豈見葉上霜。鵰鶚失勢病，鷦鷯假翼翔。棄置復棄置，情如刀刃傷！」（註一一七）再度應試，復下第，更爲感喟：「一夕九起嗟，夢短不到家。兩度長安陌，空將淚見花」（註一一八）。卽使東歸留別長安知己，亦謂：「共照日月影，獨爲愁思人，豈知鶗鴂鳴，瑤草不得春。一片兩片雲，千里萬里身。雲歸嵩之陽，身寄江之濱。棄置復何道，楚情吟白蘋」（註一一九）。表示意態闌珊，異常消極。及登科後，心花怒放，喜氣洋溢：「昔日齷齪不足誇，今朝放蕩思無涯。春風得意馬蹄疾，一日看盡長安花」（註一二〇）。其餘如賈島之下第詩：「下第只空囊，如何住（一作在）帝鄉。杏園啼百舌，誰醉在花傍。淚落故山遠，病來春草長。知音逢豈易，孤棹負三湘」（註一二一）。黃滔之下第詩：「昨夜孤燈下，闌干泣數行。辭家從早歲，落第在初場。青草湖田改，單車客路忙。何人立功業，新命到封王」（註一二二）。此皆於科場下第，吐寫其窮愁幽怨之情；士子之傾追科第，心理之狂熱可知矣。

五、貢舉習俗

神龍間，新進士放榜後，翌日排隊於光範門，候謁宰相（註一二三）。狀元以下全體舉子，又照例綴行通名，詣主司府第謝恩。其制：序立西階下，北上東向，主人席東階下西向；諸生拜，主司答拜，乃敍齒謝恩，遂升階與公卿觀者皆坐酒數行。謝恩後，方詣期集院（註一二四）。凡勅下以前，每日期集兩度，詣主司之門，三日後，主司堅請已乃止。會昌三年，宣旨新進士任一度參謁主司，向後不得聚衆參謁。主司於放榜日，亦在貢院見門生。唐人最重座主門生之誼，由此可以見之。

進士登第，杏園初宴。謂之探花宴。其時推選同榜中年最少者二人，徧遊當地名園，探採名花，謂之兩街探花使，亦曰探花郎。過關宴後，進士率皆期集於慈恩塔下題名（註一二五）。曲江遊賞賦詠，則盛於開元之末（註一二六）。當曲江宴初設，先請同榜中一人爲錄事，其餘主宴、主酒、主茶、主樂。主樂兩人中，一人主妓。宴前數日，行市駢闐於江頭，並牒請教坊。是日皇帝御紫樓（在曲江南，）垂簾以觀。公卿之家，亦傾城參觀，或於是時擇婿，鈿車珠簾，櫛比而至。撤饌後，移樂泛舟，爲竟日之飲。曲江亭子，曾燬於安史之亂。會昌三年，宣旨勅停曲江大會。每歲寒食，新進士則於月燈閣置打毬之宴（註一二七）。又尤重櫻桃宴（註一二八）。初登榮進及遷除，朋僚相慰賀，則置酒設樂歡宴，謂之燒尾（註一二九）。新進士將離都，每大宴，卿士亦與會，都中樂工倡優女子皆坐，竟吹絃簧大奏，卽暮既罷。進士爲時所尚，筵宴應酬之繁，充滿虛榮風氣。其習俗之流行，對都會謂之舉場。通稱謂之秀才。投刺謂之鄉貢。得第謂之進士。互相推敬謂之先輩。俱捷謂之同年。有司謂之座主。京兆府考而升者謂之等第。外府不試而貢者謂之拔解。將試各相保謂之合保。羣居而賦謂之私試。造請權要謂之關節。激揚聲價謂之還往。既捷列名於慈恩寺塔，謂之題名。大宴於曲江亭子，謂之曲江會。藉而入選謂之春關。不捷而醉飽謂之打毷氉。匿名造謗，謂之無名子。退而肄業，謂之過夏。執業以出，謂之夏課。挾藏入試，謂之書策（註一三〇）。

舉子常稱爲舉人，舉人者，舉到之人也。登科則除官，不復謂之舉人；而不第者則須再舉。自本人言之，謂之舉進士；自朝廷言之，謂之舉人。進士卽是舉人。進士舉人者，謂舉進士之人也。凡試於禮部者，人人皆可謂之進士，試畢放榜，其合格者賜進士及第（註一三一）。未應舉前，在館諸生，每相造詣，互結朋黨，以相傾奪，號爲之棚；推有聲望者爲棚頭，權門貴盛，無不奔走。以此熒惑主司視聽，其不第者率多喧訟，考功不能禦（註一三二）。有累舉未第，再改名赴舉者，宰相李回舊名躔是也。進士入試，遇題目有家諱，謂之文字不便，卽託疾下將息狀退出試場，云牒某，忽患心痛，請出試院將息，謹牒。如眞患暴疾，亦如是焉（註一三三）。

大中以後，禮部放榜，歲取三二人姓氏稀僻者，謂之色目人，亦謂之榜花。每歲十一月，全國貢舉人於含元殿前，見四方館舍人當値者，宣曰：卿等學富雄詞，遠隨鄉薦，跋涉山川，當其勞止；有司至公，必無遺逸，仰各取有司處分（註一三四）。又舊式，全國貢士，十一月一日赴朝見。長壽二年（六九四），改元日舉行朝見，及建中元年，又改爲十一月也（註一三五）。

六、主　考　官

主考人員，歷無規定，貢舉舊以考功員外郞主之。開元二十四年，考功員外郞李昂，摘進士李權章句之疵，榜於通衢；而權則摘昂詩句「耳臨清渭洗，心向白雲閒」之失，由是世難其事，始改禮部侍郎姚英主之（註一三六）。凡主司以禮部侍郎任者曰知貢舉，他官任者曰權知貢舉，蓋兼任也，皆於上年之秋多簡任，次年正月入闈。權知貢舉之主司，例如兵部侍郎，門下侍郎，戶部侍郎，中書舍人，國子祭酒，尚書左丞，尚書右丞，東都留守，太常少卿，吏部尚書，左僕射，工部侍郎，左諫議大夫，黃門侍郎，左散騎常侍，御史中丞，刑部尚書，禮部尚書，吏部侍郎等，常有受委充任之。但除禮部侍郎外，知貢舉者以中書舍人爲最多。主考官之出身，多爲進士，尤其大曆以後，幾全爲進士出身而充當者。其有由諸科出身者，如拔萃科，博學宏詞科，文詞雅麗科，賢良方正科，將帥科，文史兼優科，賢才科等，又有以明經出身者，但受任之數不及進士之衆。

主考官之任期，普通爲一年，至多爲連任四年（如天寶二至五載之禮部侍郎達奚珣，十二至十五載之禮部侍郎楊浚，大曆二至五年之禮部侍郎薛邕，六至九年之禮部侍郎張謂等是。）又有同年由兩主考知貢舉者（如貞元二年禮部侍郎鮑防與國子祭酒包佶是。）東西兩都會試，則有主考兩名（如永泰元年，西京以尚書右丞賈至，東京以禮部侍郎楊綰知貢舉；大曆八年，西京以禮部侍郎張謂，東京以東都留守蔣渙知貢舉是。）又有同年委派四主考者，以會試之地點不同故也，如至德二載，安史之亂未平，鳳翔試，以右補闕兼禮部員外薛邕主之，取士二十二名；江淮試，以門下侍郎崔渙主之，取士六名；成都府試，以禮部侍郎裴士淹主之，取士十六名；江東試，以禮部侍郎李希言主之，取士七名。主考官取士之數，有少至一名者（開元十三年李懷遠主考榜），多至七十九名者（咸亨四年杜易簡主考榜。）事實上多以二十至三十名爲衆數。其個人經手取士最多者，首推高鍇侍郎，由開成元年至三年（八三八），取進士一百二十人，連諸科則爲一百三十九名。其次爲王起侍郎，由長慶二、三年及會昌三、四年，共取進士一百零五名，連諸科則爲一百五十五名。

茲將德宗、憲宗及穆宗三朝之主考官，列表如下，以示簡例。

主司姓名	出身	官階	主考年份	取士數			
				進士	諸科	是年取士數	主司取士總數
令狐峘	天寶十五載進士	禮部侍郎	建中元年	二十一	二十七	四十八	四十八
于邵	天寶十四載進士	禮部侍郎	建中二年	一十七	二	一十九	一十九
趙贊		中書舍人	建中三年	二十八	一	二十九	二十九
李紓		禮部侍郎	建中四年	二十七	三	三十	三十
鮑防	天寶十二載進士	禮部侍郎	興元元年	五		五	八十七
			貞元元年	三十三	二十一	五十四	
			貞元二年	二十七	一	二十八	

包佶	天寶六載進士	國子祭酒	貞元二年	二十七	一	二十八	二十八
蕭昕	開元十九年博學宏詞科	禮部尚書	貞元三年	三十三	五	三十八	三十八
劉太眞	天寶十三載進士	禮部侍郎	貞元四年	三十一	二十六	五十七	九十九
			貞元五年	三十六	六	四十二	
張濛		禮部侍郎	貞元六年	二十九	五	三十四	三十四
杜黃裳	寶應二年進士	禮部侍郎	貞元七年	三十	二十二	五十二	五十二
陸贄	大曆八年進士	兵部侍郎	貞元八年	二十三	八	三十一	三十一
顧少連	大曆五年進士	戶部侍郎	貞元九年	三十二	八	四十	一百二十三
			貞元十年	二十八	二十六	五十四	
		尚書左丞	貞元十四年	二十	九	二十九	
呂渭	進士	禮部侍郎	貞元十一年	二十七	八	三十五	九十五
			貞元十二年	三十	四	三十四	

			貞元十三年	二十	六	二十六	
高郢	寶應二年進士	中書舍人	貞元十五年	一十七	四	二十一	七十四
			貞元十六年	一十九	八	二十七	
			貞元十七年	一十八	八	二十六	
權德輿	辟擧	中書舍人	貞元十八年	二十三	三	二十六	九十一
		禮部侍郎	貞元十九年	二十	六	二十六	
			永貞元年	二十九	一十	三十九	
崔邠	進士，貞元元年賢良方正科	禮部侍郎	元和元年	二十三	三十六	五十九	九十八
			元和二年	二十八	一十一	三十九	
衛次公	大曆十三年進士	中書舍人	元和三年	一十九	二十四	四十三	四十三
張宏靖	以蔭出身	戶部侍郎	元和四年	二十	七	二十七	二十七
崔樞		禮部侍郎	元和五年	三十二	一十二	四十四	四十四
于尹躬	大曆中進士	中書舍人	元和六年	二十	一十三	三十三	三十三

許孟容	大曆十一年進士	兵部侍郎	元和七年	二十九	一十四	四十三	四十三
韋貫之	進士	中書舍人	元和八年	三十	一十二	四十二	八十
		禮部侍郎	元和九年	二十七	一十一	三十八	
崔羣	貞元八年進士	禮部侍郎	元和十年	三十	一十四	四十四	四十四
李逢吉	貞元十年進士	中書舍人	元和十一年	三十三	一十四	四十七	四十七
李程	貞元十二年進士	中書舍人	元和十二年	三十五	一十四	四十九	四十九
庾承宣	貞元八年進士	中書舍人	元和十三年	三十二	一十三	四十五	八十八
			元和十四年	三十一	一十二	四十三	
李建	貞元十四年進士	太常少卿	元和十五年	二十九	一十三	四十二	四十二
錢徽	貞元元年進士	禮部侍郎	長慶元年	三十七	三十八	七十五	七十五
王起	貞元十四年進士	禮部侍郎	長慶二年	二十九	一十	三十九	八十六
			長慶三年	二十八	一十九	四十七	
李宗閔	永貞元年進士	中書舍人	長慶四年	三十三	一十五	四十八	四十八

容齋四筆謂：「唐世科舉之柄，顓付之主司，仍不糊名，又有交朋之厚者，爲之薦達，謂之通牓，故其取人也畏於譏議，多公而審」（註一三七）。貞元中，陸贄知貢舉，訪士之有才行者於翰林學士梁肅。肅薦崔羣，謂雖年少，他日必至公輔，果如其言。太和初，崔鄲侍郎，試進士於東都，吳武陵出杜牧所撰阿房宮賦，請以第一人處之，此知其賢而進之也。張昌齡舉進士，與王公治齊名，皆爲考功員外郎王師旦所絀，太宗問其故，對曰：昌齡等華而少實，其文浮靡，非令器也；取之則後生勸慕，亂陛下風雅。帝然之（註一三八）。此爲主考取士，試卷既不糊名，公開評選，更從多方面參酌其才行而定，並非僅以文詞取之也。主考又有好放孤寒之士者，如元和十一年（八一六），李逢吉放三十三人，皆取寒素，榜中之周匡物，詠及第詩有云：「元和天子丙申年，三十三人同得仙。袍似爛銀文似錦，相將白日上青天。」正賦此事也。

考試地點，通常多在東西都舉行。永昌元年（六八九），兩都貢舉，考取進士，神都六人，西京二人。兩都考試，睿宗朝已有之。其後大抵東都之舉試停罷，至永泰元年，因歲歉，舉人赴省者，兩都試之，兩都試舉又復之也。禮部侍郎官號，皆以知兩都爲名，每歲兩地分別放及第。大曆十年（七七五），又停東都貢舉。至德二載因安史之亂，曾分鳳翔、江淮、成都府及江東四處會試，但此僅爲偶爾行之耳。

七、舞弊與懲處

唐律「貢擧非其人條」：「諸貢擧非其人，及應貢擧而不貢擧者，一人徒一年，二人加一等，罪止徒三年。」疏義謂歲貢擧人，皆取方正淸循，名行相副，若德行無聞，妄相推薦，或才堪利用，蔽而不擧者（註一三九），均按律懲處。至於貢擧之人，藝業技能，依令課試有數，若其官司考試不以實，減「貢擧非其人」罪一等（註一四〇）。故貢擧考試，律令頗嚴，若會試中主考徇私舞弊，一旦發覺，輕則貶謫，重則斬決。既取之擧子，亦須重試，不合格者仍落第也。龍朔中，左史董思恭與考功員外郎權原崇同試貢擧，思恭洩進士試題目，三司推贓汚狼藉，命西朝堂斬決！（註一四一）開元初，考功擧人，請託大行，取士頗濫，每年至數百人（此通計諸科之數），考功員外郎王丘任主司，一切覈其實才，登科者僅滿百人（註一四二）。王如泚以妻翁邀寵玄宗，乞一進士及第，旣宣旨禮部，侍郎李暐承諮執政，宰相以國家取才，不宜濫與，乃即奏駁，飭如泚依例考試（註一四三）。此則貢擧亦相當認眞，原不容徇私也。長慶元年，錢徽侍郎知貢擧，中書舍人李宗閔子婿蘇巢，右補闕楊汝士弟殷士等三十二人，皆及第。爲段文昌所奏，指控榜內鄭朗等十四人，謂之子弟。詔中書舍人王起，知制誥白居易重試，駁放鄭朗盧公亮等十人。貶徽江州刺史，宗閔劍州刺史，汝士開江令（註一四四）。會昌四年（八四四），權知貢擧王起，奏所放進士，有江陵節度使崔元式甥鄭朴，東都留守牛僧孺女婿源重，故相竇易直子紘，監察御史楊收弟嚴，試文合格，但物議以子弟非之。勅遣戶部侍郎白敏中覆試，落下三人，准放楊嚴一人（註一四五）。此爲以官蔭子弟有請託之嫌，中第後亦應重試以甄別之也。乾寧二年，尙有一宗重大之考試舞弊案，重試之結果，二月乙未勅：

「今年新及第進士張貽憲等二十五人，並指揮取今月九日於武德殿祇候，委中書門下准此處分，仍付所司丙申試新及第進士張貽憲等於武德殿東廊內。一人盧賡稱疾不至，宣令舁入，又云華陰省親。其父渥進，狀乞落下。分二十五鋪分，不許往來，內出四題：曲直不相入賦，取曲直二字爲韻；良弓獻問賦，以太宗所問工人木心不正脈理皆邪爲理道，取五聲字輪次各雙用爲韻；詢於芻蕘詩，同文正以芻字，倒以蕘字爲韻；品物咸熙詩，七言八韻。成，令至九日午後一刻進納。……己亥勑：……昨者崔凝所考定進士張貽憲等二十五人，觀其所進，文書雖合程度，必慮或容請託，莫致精研，朕是以召至前軒，觀其實藝。爰於經史自擇篇題，今則比南郭之竽音，果分一一；慕西漢之辭彩，無媿彬彬。既鑒妍媸，須有升黜。其趙觀文、程晃、崔賞、崔仁寶等四人，才藻優贍，義理昭宣，深窮體物之能，曲盡緣情之妙。所試詩賦，辭藝精通，皆合本意。其盧贍、韋說、封渭、韋希震、張蟾、黃滔、盧鼎、王貞白、沈崧、陳曉、李龜禎等十一人，所試詩賦，義理精通，用振儒風，且躋異級。其趙觀文等四人並盧贍等十一人，並與及第。其張貽憲、孫溥、李光序、李樞、李途等五人，所試詩賦，不副題目，兼句稍次，且令落下，許後再舉。其崔礪、蘇楷、杜承昭、鄭稼等四人，詩賦最下，不及格式，蕪類頗甚，曾無學業，敢竊科名，浼我至公，難從濫進，宜令所司落下，不令再舉。其崔凝爵秩已崇，委寄殊重，司吾取士之柄，且乖愼選之圖，辜朕明恩，自貽伊咎，委中書門下行勑處分奏來。其進士張貽憲等二十四人，准此處分。……崔凝貶合州刺史」（註一四六）。

此爲主司舞弊，舉行重試後而所定之處分也。至於明經生僞造文件，闖入貢院，冒行請託而被捉獲，則依法處死焉。大中九年（八五五），御史臺據正月八日禮部貢院捉到明經黃續之、趙宏、成全質等三人，僞造堂印堂帖，兼黃續之僞著緋衫，將僞帖入貢院，令與舉人虞蒸、胡簡、黨贊等三人及第，許得錢一千六百貫文。據勘黃續之等罪款具招造僞，所許錢未曾入手，便事敗，奉勅並準法處死（註一四七）。又有懾於宦官之權勢，取士亦有所偏頗，其不公與舞弊同。太和二年，文宗親策制舉人賢良方正科，劉蕡對策，極言宦官之禍。既而裴休李郃等二十二人中第，皆除官，考官左散騎常侍馮宿，太常少卿賈餗，庫部郎中龐嚴見難服，而畏宦官不敢取。詔下，物論囂然稱屈；諫官御史欲論奏，執政抑之。舉子李郃上疏爲蕡呼冤，乞將其所授，以旌蕡直，亦不報（註一四八）。宦官之惡勢力，科舉取士亦受其影響。

然而對貢舉之責任，督限頗嚴，取士一旦失當，申送者及試官均受懲處。元和二年勅：自今以後，州府所送進士，如迹涉疏狂，兼虧禮教，或曾爲官司科罰，或曾任州府小史，一事不合入清流者，雖薄有詞藝，並不得申送。如舉送以後事發，長吏停現任，及已停替者，殿二年。本試官及司功官，並貶降。是進一不肖之人，司考之官，皆有責焉（註一四九）。因此公卿子弟之應試，試官以避嫌疑，每不敢選取。大中元年（八四七），禮部侍郎魏扶奏，所放進士三十三人，其封彥卿、崔琢、鄭延休等三人，實有詞藝，爲時所稱，皆以父兄現居重任，不敢選取。詔令戶部侍郎韋琮考覆，乃勅放及第（註一五○）。貢舉既防閑子弟之嫌，尤杜絕請託之弊。德宗每年徵四方學術直言極諫之士，聚於闕下，親自考試。或下等者，卽以筆抹之至尾；其稱旨者，必吟誦嗟嘆。翌日遍示宰相學士曰：此皆朕之門生（註一五一）。此爲皇帝親臨主持考試，以防請託之弊也。

八、貢舉之評論

隋開皇中，治書侍御史李鍔以選才失中而上書，綜評貢舉過去之得失，其言曰：

「自魏之三祖，更尙文詞，忽君人之大道，好雕蟲之小藝，下之從上，有同影響，競騁浮華，遂成風俗。江左齊梁，其弊彌甚，貴賤賢愚，唯務吟咏。遂復遺理存異，尋虛逐微，競一韻之奇，爭一字之巧。連篇累牘，不出月露之形；積案盈箱，唯是風雲之狀。代俗以此相高，朝廷據茲擢士。……至如羲皇舜禹之典、伊傅周孔之業，不復關心，何嘗入耳。以傲誕爲清虛，以緣情爲勳績，指儒素爲古拙，用詞賦爲君子，故文筆日煩，其政日亂。……及大隋受命，……公卿大臣，咸知正路，莫不鑽仰墳索，棄絕華綺，擇先王之令典，行大道於茲代。如聞在外州縣，仍踵弊風，選吏舉人，未遵典則。至於宗黨稱孝，鄉曲歸仁，學必典謨，交不苟合，則擯落私門，不加收齒。其學不稽古，逐俗隨時，作輕薄之篇章，結朋黨而稱譽，則選充吏職，擧送天朝。蓋由縣令刺史未行風教，猶挾私情，不存公道」（註一五二）。

及至唐代，其弊正與上述相同，蓋未脫其窠臼。上元元年，劉嶢上疏曰：

「國家以禮部爲考秀之門，考文章於甲乙，故天下響應，驅馳於才藝，不務於德行。……至如日誦萬言，何關理體；文成七步，不足化人。…今之末學，不近典謨，勞心於草木之間，極筆於煙雲之際，以此成俗，斯大謬也」（註一五三）。

劉嶢之疏奏，事實上為李鍔奏書之縮寫，習弊未改，所見亦復相同。開元間，洋州刺史趙匡舉選議，指出十弊，而涉於貢舉者佔其九。其弊端如下：

一、主司褒貶，實在詩賦，務求巧麗，以此為賢，…故士林鮮體國之論。

二、主司徵問，不立程限，故修習之時，但務鈔略，…故當代寡人師之學。

三、所習非所用，所用非所學，…故當官少稱職之吏。

四、受官多底下之人，修業抱後時之歎，…故士子舍學業而趨末技。

五、交馳公卿，以求汲引，毀訾同類，用以爭先，…浸以成俗，虧損國風。

六、舉選人，以秋初就路，春末方歸，休息未定，聚糧未辦，卽又及秋，正業不得修習，益令藝能淺薄。

七、羇旅往來，縻費實甚，…未及數舉，索然以空。

八、貧窶之士在遠方，欲力赴京師而所冀無際，以此揆度，遂至沒身，使茲人有抱屈之恨，國家有遺才之缺。

九、舉選之人，每年攢會，計其人畜，蓋將數萬，無成而歸，十乃七八，遂令關中煩耗（註一五四）。

此從學業、學風、實用、經濟、選才等觀點，評其得失，而流弊所及，冒名頂替者有之。楊綰以大儒輔政，懲進士之無用，議抑進士之業，欲復孝廉之擧，曾痛陳考試方法之不當。寶應二年（七六三）上疏，以爲古之選士，必取行實，近世專尚文辭。自隋煬帝始置進士科，猶試策而已，至高宗時，考功員外郞劉思立，始奏進士加雜文，明經加帖。從此積弊，轉而成俗。朝之公卿，以此待士；家之長老，以此訓子。其明經則誦帖括以求僥倖，（擧人因試帖，遂括取萃會爲一書，相傳習誦之以應試。）又擧人皆令投牒自應，如此欲其返淳樸，崇廉讓，何可得也？請令縣令察孝廉，取行著鄉閭，學知經術者，薦之於州；刺史考試，升之於省，任各占一經。朝廷擇儒學之士，問經義二十條，對策三道，上第卽注官，中第得出身，不第則罷歸。又道擧亦非理國，望與明經進士並停。肅宗命諸司通議給事中李栖筠，左丞賈至，京兆尹嚴武，並與綰同至議。以爲今試學者，以帖字爲精通，考文者以聲病爲是非，風流頽敝，誠當釐改。然自東晉以來，人多僑寓，士居鄉土，百無一二，請兼廣學校，保桑梓者，鄉里擧焉；在流寓者，庠序推焉。勅禮部具條目以聞（註一五五）。夫考試之偏重詩賦文詞，不務實學，全國競聲偶，趨祿利，蕭統文選，曾爲六經，嘗爲世詬病。然此風由來久矣，開元八年，國子司業李元瓘上言：「今明經所習，務在出身，咸以禮記文少，人皆競讀。周禮經邦之軌則，儀禮莊敬之楷模；公羊穀梁，歷代宗習，今兩監及州縣，以獨學無友，四經殆絕」（註一五六）。十六年，楊瑒爲國子祭酒亦奏言：「今之明經習左氏者十無二三，…又公羊穀梁，殆將絕廢」（註一五七）。此則士子之畏難就易，明經生祇習禮記易詩書，其他諸經，殆廢棄而不修。楊綰之倡議改革考試，蓋從經學觀點而言，欲求敦本務實者也。

進士爲時所最尙，然進士考試，未饜人望而受譏評者至多。柳宗元對此慨乎言之曰：「若今由州郡抵有司求進士者，歲數百人，咸多爲文辭，道今語古，角夸麗，務富厚，有司一朝而受者幾千萬言，讀不能什一，卽偃仰疲耗，目眩而不欲視，心廢而不欲營。如此而曰吾能不遺士者僞也」（註一五八）。閱卷甄士之無憑，此正一語道破。有所謂公卷者，進士得先投所爲文於京師達者，採名譽，觀素學，及臨試，可以不問試藝高下，專取知名士，謂之通榜，其榜帖可託人爲之。陸贄知貢擧，梁肅崔元翰所薦者皆取；韓愈負文名，延譽擧子，往往得售。流風所被，全國之士，奉幣刺以謁典客者，投其所爲文，名曰求知己；如是而不問，則再如前所爲，名之曰溫卷。如是而又不問，則有執贄於馬前，自贊曰某人上謁者。卑躬屈節之態，狀實可鄙。天授三年（六九二），左補闕薛謙光上疏痛陳之曰：「今之擧人，有乖事實。鄉議決小人之筆，行修無長者之論。策第喧競於州府，祈恩不勝於拜伏。或明制適下，試令搜揚，則驅馳府寺，請謁權貴。陳詩奏記，希承咳唾之澤；摩頂至足，冀荷提携之恩。故俗號擧人爲覓擧，覓者自求之稱也，非人知我之謂也。察辭度材，則人品可見矣，故選曹授職，諠囂於禮闈；州郡貢士，諍訟於陛闥。謗議紛紜，寖成風俗」（註一五九）。至有走門路，通關節，求必得，豪氣罵吻，遊諸侯門，諸侯望而畏之，而既得則肆意輕薄。如高鍇侍郎，知貢擧（開成元年至三年），裴思謙憑權閹仇士良之函，爭得狀元。及第後，宿平康里，賦詩作樂。至若進士不得志，則含恨於心，鋌而走險者甚多。如李山甫於咸通中不第，後流落朔方，爲樂彥禎從事，多怨朝廷之執政（註一六〇）。黃巢屢試不第，終爲巨寇。中和二年（八八二），蜀中阡能作亂，爲草書檄，以張榮爲謀主；榮屢擧不中第，乃歸於阡能。李振屢擧進士不第，深疾搢紳之士，進言於朱溫，此輩常自謂淸流，宜投之黃河，使爲濁流，乃聚朝士貶官者三十餘人，一夕盡殺之，投屍於河。此又因貢擧積怨而發生遺禍也。

且貢擧之士，呼有司爲座主，而自稱曰門生，攀援依傍，形成門戶，自中唐以後，遂有朋黨之禍（註一六一）。李德裕雖身涉朋黨之爭，亦察其弊，嘗謂：「豈可懷賞拔之私惠，忘教化之根源，自謂門生，遂成膠固，所以時風寖薄，臣節何施；樹黨背公，靡不由此」（註一六二）。德裕不欲呼有司爲座主，奉宣旨擬止之。王船山論之最透闢，曰：「貢擧者，議論之叢也，小人欲排異己，求可攻之瑕而不可得，則必於此焉摘之，以激天下之公怒，而脅人主以必不能容。李德裕修其父之夙怨，元稹佐之以擊李宗閔、楊汝士。長慶元年，進士榜發，而攻訐以逞，於是朋黨爭衡，國是大亂，迄於唐亡而後已」（註一六三）。然則政治深結嫌怨，植黨相磨軋凡四十年，貢擧之流弊爲之也。夫進士輕薄，成爲唐代社會及政治上一大惡態，交遊聲勢，矜尙富貴，不講氣節，缺乏素養，學風頹廢，爲智識界一大墮落。至晚唐爲尤甚，貢擧士子，旣無禮教修養，更乏政治常識，如黃巢之亂，禮部試士，出至仁伐至不仁賦題，士子有錯把黃巢比武王之誚（註一六四）。至其末流，人主至以進士市恩，不須考試，而劉鄴韋保乂皆賜進士及第。進士之未足饜人望如此，故歷朝不斷有人反對此制，更不斷有人奏請改革者。文宗時，鄭覃以經術位宰相，深嫉進士浮薄，屢請罷之，此從經術之觀點而反對進士者也。李德裕則以行政實藝之觀點而輕惡進士，嘗謂其祖（李栖筠）天寶末以仕進無他歧，勉强隨計，一擧登第，自後家不置文選，蓋其不根藝實。朝廷選官，須公卿子弟爲之，因少習其業，自熟政事與儀節也（註一六五）。

夫自隋朝以後，人皆重視鄉貢之考試，而輕視學校之修習，由是考試與學校，幾同殊途。唐代取士，除制舉外，其由學校出身者曰生徒，州縣出身者曰鄉貢，然生徒與鄉貢，皆須經會試始得及第，生徒與鄉貢無別也。鄉貢所取之人，均未經六館訓練，而其效力與卒業於六館者相等，考試中式，榮耀抑又過之，此爲學校不發達之第一病源。玄宗知其然，開元五年，詔鄉貢明經進士須向國子監謁先師，受學官之開講問義。七年又詔諸州貢舉人省試不第者，令其入學補習。此乃志在提高學校之地位。天寶十三載，竟停止鄉貢，詔天下舉人，不得充鄉試，皆須補國子學生及郡縣學生，然後聽舉。其不由國子及郡縣學者，不得授官。但不及三年，又恢復貢舉。太和七年，文宗詔令公卿士族子弟，非曾在國學肄業，不得應明經進士考試。會昌五年，武宗詔令公卿百官子弟及京都本籍寄籍士人，凡修明經進士之業，須隸名太學。外州寄士者，就隸名各人所在地之官學，如試帖三度不通及不就試者，便落下名籍，至貢舉時，不在送省之限。此無非擬將學校與考試聯成一氣，惟積重難返，此等學令，幾等具文而已。

（註一）新唐書，卷四十五、志三十五。

（註二）通志，卷五十八、選舉一。

（註三）唐六典，卷二。

（註四）通典，卷十五、選舉三。
（註五）同上書，同卷。
（註六）文獻通考，卷三十七、選舉十。
（註七）貞觀三年，凡百司長官，每歲校其部屬，功過分九等流納之，官叙以四善二十七最。四善者：德義有聞，清愼明著，公平可稱，恪勤匪懈。二十七最者，包括近侍、選司、考校、禮官、樂官、判事、宿衞、督領、法官、校正、宣納、學官、軍將、政教、文史、糾正、司檢、監察、役使、屯官、倉庫、曆官、方術、關津、市司、牧官、鎭防等。一最四善爲上上、一最三善爲上中、一最二善爲上下、無最而有二善爲中上、無最而有一善爲中中、其餘有中下、下上、下中、下下等，皆粗劣之級。
（註八）通典，卷十五、選舉三。
（註九）日知錄，卷十七。
（註十）同上書，同卷。
（註十一）資治通鑑，卷二一三。
（註十二）封氏聞見記，卷三、銓曹。
（註十三）司馬溫公文集，卷十一、百官表總序。
（註十四）唐會要，卷七十四。
（註十五）司馬溫公文集，卷十一、百官表總序。
（註十六）朝野僉載，卷一。

(註十七) 新唐書，卷五十五。唐會要，卷九十一。
(註十八) 白氏長慶集，卷五、古調詩，閑適。
(註十九) 同上書，卷二十八、與元九書。
(註二十) 登科記考，卷三。
(註二十一) 同上書，卷四。
(註二十二) 顏魯公文集，年譜。
(註二十三) 新唐書，卷一六九、列傳九十四、韋貫之傳。
(註二十四) 王應麟，困學紀聞，卷十四。
(註二十五) 登科記考，卷十。
(註二十六) 洪梗，唐詩紀事，卷三十七、元稹。
(註二十七) 册府玄龜，卷六三九。
(註二十八) 册府玄龜，卷六四五。唐會要，卷七十六。
(註二十九) 容齋隨筆，續筆，卷十二。
(註三十) 同上書，卷十三。
(註三十一) 册府玄龜，卷六四三。
(註三十二) 容齋隨筆，續筆，卷十三。
(註三十三) 唐陸宣公翰苑集，卷六。

（註三十四）白氏長慶集，卷三十一。
（註三十五）沈下賢文集，卷十。
（註三十六）唐會要，卷七十六。
（註三十七）日知錄，卷十六。
（註三十八）唐六典，卷二。
（註三十九）新唐書，卷四十四、志三十四。
（註 四 十）册府玄龜，卷六三九。
（註四十一）毘陵集，卷十八。
（註四十二）唐六典，卷二。
（註四十三）同上書，同卷，注。
（註四十四）韓昌黎集，卷十九、送方堪序。
（註四十五）唐文粹，卷八十三、書五。
（註四十六）同上書，同卷，答柳福州書。
（註四十七）權載之文集，卷四十。
（註四十八）唐摭言，卷一。
（註四十九）同上書，同卷。
（註 五 十）樊川文集，卷十二、上宣州高大夫書。

(註五十一)新唐書，卷四十四、志三十四。
(註五十二)舊唐書，卷一一九、列傳六十九、楊綰傳。
(註五十三)唐六典，卷二。
(註五十四)唐語林，卷八。
(註五十五)韓昌黎集，卷十九。
(註五十六)李文公集，卷三。
(註五十七)日知錄，卷十七。
(註五十八)登科記考，卷二十四。
(註五十九)唐語林，卷八。
(註 六 十)唐摭言，卷一。
(註六十一)韓昌黎集，卷十六。
(註六十二)封氏聞見記，卷三、制科條下。
(註六十三)康駢，劇談錄，卷下。
(註六十四)唐語林，卷三。
(註六十五)中朝故事。
(註六十六)登科記考，卷二十七。
(註六十七)唐會要，卷七十七。

（註六十八）同上書，同卷。
（註六十九）通典，卷十七、選擧五。
（註七十）登科記考，卷二十七。
（註七十一）唐會要，卷七十七。
（註七十二）册府玄龜，卷六四〇。
（註七十三）同上書，卷六四一、貢擧部條制三。
（註七十四）登科記考，卷二十七。
（註七十五）同上書，同卷。
（註七十六）新唐書，卷四十四、選擧志三十四。
（註七十七）同上書，同卷。
（註七十八）權載之文集，卷四十。
（註七十九）同上書，同卷。
（註八十）資治通鑑，卷二一四。
（註八十一）登科記考，卷八。
（註八十二）權載之文集，卷四十。
（註八十三）登科記考，卷二十七。
（註八十四）册府玄龜，卷六三九、貢擧部條制一。

(註八十五) 唐會要，卷八十二。
(註八十六) 通典，卷十五、選舉三。
(註八十七) 登科記考，卷四。
(註八十八) 日知錄，卷十六。
(註八十九) 張說之文集，卷二十二。
(註　九　十) 日知錄，卷十七。
(註九十一) 通典，卷十七。
(註九十二) 登科記考，卷二十二。
(註九十三) 文獻通考，卷二十九。
(註九十四) 舊唐書，卷二十三、職官二。
(註九十五) 通典，卷十七。
(註九十六) 歐陽行周文集，卷八、送張尚書書。
(註九十七) 夢溪筆談，卷一。
(註九十八) 通典，卷十五。
(註九十九) 日知錄，卷十七。
(註一〇〇) 同上書，同卷。
(註一〇一) 唐文粹，卷二十六、舒元輿論貢士書。

（註一〇二）白氏長慶集，卷四十三。
（註一〇三）呂榮義，上庠錄。
（註一〇四）登科記考，卷十七。
（註一〇五）唐會要，卷七十七。
（註一〇六）同上書，卷七十六。
（註一〇七）通典，卷十五、選舉三。
（註一〇八）舊唐書，卷十四、憲宗紀上。
（註一〇九）唐黃御史公集，卷三。
（註一一〇）册府玄龜，卷六四一。
（註一一一）唐摭言，卷十五。
（註一一二）同上書，同卷。
（註一一三）浣花集，卷一。
（註一一四）唐黃御史公集，卷三。
（註一一五）唐張司業詩集，卷四。
（註一一六）開元天寶遺事。
（註一一七）孟東野詩集，卷三。
（註一一八）同上書，同卷。

（註一一九）同上書，同卷。
（註一二〇）同上書，同卷。
（註一二一）唐賈浪仙長江集，卷三。
（註一二二）唐黃御史公集，卷二。
（註一二三）南部新書，卷三。
（註一二四）新唐書，卷四十四、志三十四。
（註一二五）唐摭言，卷三。
（註一二六）同上書，同卷。
（註一二七）南部新書，卷二。
（註一二八）唐摭言，卷三。
（註一二九）封氏聞見記，卷五。
（註一三〇）唐國史補，卷下。
（註一三一）日知錄，卷十六。
（註一三二）唐語林，卷八。
（註一三三）南部新書，卷五。
（註一三四）同上書，卷三。
（註一三五）唐摭言，卷一。

（註一三六）容齋隨筆，四筆，卷五。
（註一三七）同上書，同卷。
（註一三八）日知錄，卷十七。
（註一三九）唐律疏義，卷九、職制上。
（註一四〇）同上書，同卷。
（註一四一）唐語林，卷八。
（註一四二）日知錄，卷十七。
（註一四三）唐語林，卷一。
（註一四四）日知錄，卷十七、容齋隨筆，卷三。
（註一四五）册府玄龜，卷六四一。
（註一四六）唐黃御史公集，附錄唐昭宗實錄。
（註一四七）舊唐書，卷十八下、宣宗紀下。
（註一四八）容齋隨筆，續筆，卷十六。
（註一四九）册府玄龜，卷六四〇。
（註一五〇）日知錄，卷十七。
（註一五一）唐語林，卷三。
（註一五二）通典，卷十六、選擧四。

(註一五三) 同上書，卷十七、選舉五。
(註一五四) 文獻通考，卷二十九。
(註一五五) 資治通鑑，卷二三二。
(註一五六) 通典，卷十五、選舉三。
(註一五七) 舊唐書，卷一八五下，列傳一三五下，楊瑒傳。
(註一五八) 河東先生集，卷二十三。
(註一五九) 通典，卷十七、選舉五。
(註一六〇) 南部新書，卷四。
(註一六一) 日知錄，卷十七。
(註一六二) 李文饒文集，補，停進士宴會題名疏。
(註一六三) 讀通鑑論，卷二十六、唐穆宗。
(註一六四) 胡震亨，唐詩談叢、卷二。
(註一六五) 新唐書，卷四十四、志三十四。

第三章　教育家與教育理論

一、教育家

唐代教育家，祗有儒家一派，而富於理論之教育家，實不多見。略可枚擧者，則有韓愈、李翺、及柳宗元三人。韓愈力主崇儒反釋老，爲衞道之健將。李翺以儒者正統自居，惟思想受佛家之影響。柳宗元固崇儒道，而對佛家並不反對。經學家如陸德明，顏師古及孔穎達，雖爲宿儒，其著作對於當時教育，確有影響。但缺乏教育之理論，爲經學家而非教育家也。玆將教育家及其學說，列擧如下：

（一）韓愈（七六八—八二四）

韓愈，字退之，鄧州南陽人，曾世居昌黎，故世稱爲昌黎先生。幼年孤苦，藉賢嫂鄭氏鞠食以至成人。自少勤奮讀書，比長，盡能通六經百家學。貞元八年（時年二十五歲），膺進士試及第；九年博學宏詞科又及第。十八年調四門博士，從事教授生活。後遷監察御史，貶山陽令。元和初，權知國子博士，分司東都，三歲爲眞，改都官員外郞，卽拜河南令。七年，復爲國子博士，改比部郞中史館修撰，進中書舍人，改太子右庶子，遷刑部侍郞。十四年，因諫迎佛骨表得禍，貶潮州。未幾，改袁州刺史。十五年，召拜國子祭酒。長慶二年，以宣撫成德之亂有功，轉吏部侍郞。四年卒，年五十七，贈禮部尚書，謚曰文。

愈操行堅正，鯁言無所忌，性明銳，不詭隨，在外爲縣令刺史，皆有政聲；入內爲博士祭酒，整頓學風。文學上振衰起弊，衞道上辨儒闢佛，教育上掖誘後進，蘇軾稱其「文起八代之衰，而道濟天下之溺；忠犯人主之怒，而勇奪三軍之帥」（註一），實爲儒家陶鑄之典型人物。士子經愈指授者，往往成名，皆稱韓門弟子。每言文章，謂自漢司馬相如、司馬遷、劉向、揚雄後，作者不世出，故窮探本元，卓然樹立，成一家言。其徒李翺、李漢、皇甫湜從而效之，爲弟子中之有成就者。愈爲官雖久，但常主持教育工作，蓋兩次爲國子博士，一次爲四門博士，一次爲國子祭酒，及其平日致力於文教與衞道，實乃爲當時唯一教育家，故宋儒嘗稱其爲孟子以後第一有功之人者也。其教育學說，可論述如次：

圖十六　韓愈像

（國立故宮博物院藏品）圖

（甲）性有三品說　韓愈論性，雖似本於荀悅三品之說，但三品之意義則不同。其原性篇解釋性之理論，分析之有如下六點：

（一）性屬於先天，情屬於後天，故謂「性也者，與生俱生也；情也者，接於物而生也。」（二）人之品質，分爲上智、中人、下愚三等，但性之評定優劣，每根據仁、禮、信、義、智五條件之禀抱程度，「上焉者之於五也，主於一而行於四；中焉者之於五也，一不少有焉，則少反焉，其於四也混；下焉者之於五也，反於一而悖於四。」（三）人之對情之反應，亦分上中下三等，而情之範圍則分七種，卽喜、怒、哀、懼、愛、惡、欲，其反應之差異，「上焉者之於七也，動而處其中；中焉者之於七也，有所甚，有所亡，然而求合其中者也；下焉者之於七也，亡與甚直情而行者也。」（四）性與情是一致，性之傾向如何，情每隨之；反之，情發生某種傾向，亦可證明性之傾向，故謂「性之於情視其品」，「情之於性視其品」。（五）假定劃分性爲三品，卽善性，中間性，惡性，「上焉者，善焉而已矣；中焉者，可導而上下也；下焉者，惡焉而已矣。」此卽可上、可下、不移三品，對於孟子性善說，荀子性惡說，及揚子善惡混說，皆不贊同，以其「皆擧其中而遺其上下者也，得其一而失其二者也」（註二）。此爲一方面糾正孟荀揚等性說之失，而一方面發揮孔子性說之長。（六）應用於敎育方面，「上之性就學而愈明，下之性畏威而寡罪，是故上者可敎而下者可制也」（註三）。

（乙）敎育論　韓愈謂「上之性就學而愈明，下之性畏威而寡罪」，是承認敎育爲有效。敎育宗旨，在「明先王之敎」；而先王之敎，是以「仁義道德」四字爲中心：

「夫所謂先王之敎者，何也？博愛之謂仁，行而宜之之謂義，由是而之焉之謂道，足乎己無待於外之謂德。……其文詩、書、易、春秋、其法禮、樂、刑、政、其民士、農、工、賈，其位君臣、父子、師友、賓主、昆弟、夫婦，其服麻、絲，其居宮、室，其食粟、米、果、蔬、魚、肉。

其爲道易明，而其爲教易行也」（註四）。

明先王之教，卽爲儒家教育之宗旨，歷史之傳統已久，爲平易可行之正道：

「道莫大乎仁義，教莫正乎禮樂刑政，施之於天下，萬物得其宜；措之於其躬，體安而氣平。堯以是傳之舜，舜以是傳之禹，禹以是傳之湯，湯以是傳之文武，文武以是傳之周公孔子，書之於冊，中國之人世守之」（註五）。

此種教育之功能，應用無窮，「以之爲己，則順而詳；以之爲人，則愛而公；以之爲心，則和而平；以之爲天下國家，無所處而不當」（註六）。至於老聃所謂「剖斗折衡」，佛釋所謂「清靜寂滅」，旣違先王之教，又反自然之理，凡儒家信徒，應辭而闢之者也。夫先王之教最重師道，韓愈認爲師道有二：童子之師，在「授之書而習其句讀」；成人之師在「傳道受業解惑。」故謂「無貴無賤，無長無少，道之所存，師之所存也」（註七）。爲師之道，「弟子不必不如師，師不必賢於弟子，聞道有先後，術業有專攻」（註八）。但當時先王之教已遭摒棄，師道之不存久矣，故韓愈嘗深爲慨嘆。

（丙）學旨　韓愈認爲「讀書以爲學，纘言以爲文，非以誇言而鬪靡也，蓋學所以爲道，文所以爲理耳」（註九）。道卽爲先王之教，理乃自然之理，而所謂文者，「必有諸其中，是故君子愼其實。實之美惡，其發也不揜，本深而末茂，形大而聲宏，行峻而言厲，心醇而氣和，昭晰者無疑，優遊者有餘。體不備不可以爲成人，辭不足不可以爲成文」（註十）。爲文之養成，故「彡之以詩書六藝之學，先聖賢之德音，以成其文，以輔其質」（註十一）。因此凡讀書之人，「非三代兩漢之書不敢觀，非聖人之志不敢存」（註十二）。此完全持復古之態度者也。

（二）李翱

李翺字習之，唐室親族，爲韓愈弟子。貞元十四年進士及第，始調校書郎，三遷至京兆府司隸參軍。元和初爲國子祭酒，兼史館修撰，再遷考功員外郎，後爲禮部郎中。翺性峭鯁，好爲諤言，論議無所屈，仕不得顯官，怫鬱無所發，曾面斥宰相李逢吉。後派爲廬州刺史。元和初年，被召進京，拜爲諫議大夫，因事降階，左遷少府少監，後歷遷桂管湖南觀察使，山南東道節度使，卒於官，謚曰文。

李翺爲唐代一位文學家兼思想家，爲文章詞致渾厚，見推當時。其思想似近於佛家，惟其語氣仍以儒家道統自任，謂「吾之道非一字之道，是古聖人所由之道者也。吾之道塞，則君子之道消矣；吾之道明，則堯舜文武孔子之道未絕於世也」（註十三）。其闢佛較其師韓愈尤爲激然，謂「佛法害人，甚於楊墨，論心術雖不異於中土，考較跡實有蠹於生靈，浸溺人情，莫此之甚」（註十四）。但佛釋不能用壓力而排抑，祇能用理論以服之，此又與韓愈闢佛之方法不同也。所謂以理論服之者，李翺所持之見解，抑似較其師韓愈爲切實，謂「惑之者溺於其教，而排之者不知其心，雖辯而當不能使其徒無譁而勸來者，故使其術若彼其熾也。有位者信吾說而誘之，其君子可以理服，其小人可以令禁，其俗之化也弗難矣」（註十五）。其所著復性書三篇，尊信中庸，自認爲「尼父之心，聖人之言」，以爲拒佛之主要理論（註十六），但於滅情復性一點，仍雜乎佛老意向，故李翺之復性論，可以稱爲宋明理學之先驅。

韓愈論性情二者，根據各人之品質而生三品之差異，定其教育之可能，而情並非全惡，祇求其能合於中道與否而已。李翺論性，與其師愈不同，蓋認性爲至善，情爲至惡，故主張「滅情復性」。性是一種靈體，「寂然不動，廣大清明，照乎天地，感而遂通」（註十七），但性之本質是靜，「人生而靜，天之性也」（註十八）。由靜而生誠，「方靜之時，知心無思者是齋戒也；知本無有思，動靜皆離，寂然不動者至誠也」（註十九）。李翺並參究中庸至誠盡性之理，謂「誠而不息則虛，虛而不息則明，明而不息則天地而無遺，非他也，此盡性命之道也」（註二十）。此性在聖人則充而明，在常人則昏而塞，蓋聖人能盡其性，不爲情所惑；常人不能盡其性，每爲情所惑。聖人亦有情，雖有情而寂然不動；常人亦有性，惟因情之所惑，故不能自覩其性：

「人之所以爲聖人者性也，人之所以惑其性者情也，喜、怒、哀、懼、愛、惡、欲七者，皆情之所爲也。情既昏，性斯匿矣，非性之過也，七者循環而交來，故性不能充也。水之渾也，其流不清；火之煙也，其光不明。非水火清明之過，沙不渾流斯清矣，煙不鬱光斯明矣。情不作性斯充矣，性與情不相無也」（註二十一）。

李翺並以水喻性，謂「水之性清澈，其渾之者沙泥也。於其渾也，性豈無有邪，久而不動，沙泥自沉，清明之性，鑒於天地，非自外來也」（註二十二）。但性與情相生相明，「無性則情無所生矣，是情由性而生，情不自情，因性而情；性不自性，由情以明。性者天之命也，聖人得之而不惑者也；

情者性之動也，百姓溺之而不能知其本者也」（註二十三）。因此，性與情是相對，如「情之動弗息，則不能復其性」（註二十四）。性與情之正邪相反，猶明與昏之相對立。故復性之道：

第一、主禮以復性，「視聽言行循禮而動，所以忘嗜欲而歸性命之道也」（註二十五），卽「妄情滅息，本性清明，周流六虛，所以謂之能復其性也」（註二十六）。

第二、主靜以制邪，「心寂不動，邪思自息，惟性明照，邪何所生？」（註二十七）又謂「弗慮弗思，情則不生；情既不生，乃爲正思」（註二十八）。

李翺謂人人自可以復性，不獨聖人爲然，「百骸之中有心焉，與聖人無異也，囂然不復其性惑矣哉，道其心弗可以庶幾於聖人者，自棄其性者也」（註二十九）。人人既可以復性，其引用於敎育方面，致知然後格物，「物者萬物也，格者來也，至也，物至之時，其心昭昭然明辨焉而不應於物者致知也，是知之至也」（註三十）。並基於至誠盡性之理而定敎育之要義，謂「誠之者人之道也，誠之者擇善而固執之者也，脩是道而歸其本者明也，敎也者則可以敎天下矣，顏子其人也」（註三十一）。而敎育之內容，仍以禮樂爲本，「聖人知人之性皆善，可以循之不息，而至於聖也，故制禮以節之，作樂以和之。安於和樂，樂之本也；動而中禮，禮之本也」（註三十二）。

（三）柳宗元（七七三—八一九）

柳宗元，字子厚，其先蓋河東人，少精敏絕倫，爲文章，卓偉精緻，一時輩恒推之。二十一歲（貞元九年）中進士第，二十四歲，求博學宏詞科，二十六歲（貞元十四年），得集賢正字。調藍田尉。貞元十九年（八零三），爲監察御史裏行，善王叔文韋執誼，二人者奇其才，及執政，引內禁近與計事，擢禮部員外郎，欲大進用。俄而叔文敗，宗元貶邵州刺史，不半道，貶永州司馬。元和十年，徙柳州刺史。南方爲進士者，走數千里從宗元遊，經指授者，爲文詞皆有法，世稱柳柳州。十四年卒，年四十七。汪藻謂：「唐承貞觀開元習治之餘，以文章顯者，如陳子昂、蕭穎士、李邕、燕、許之徒，固不爲無人，而東漢以來，猥幷之氣未除也。至元和，始粹然一返於正，其所以臻此者，非先生及昌黎韓公之力歟？故以唐三百年，所以推尊者，曰韓柳而已」（註三十三）。韓愈亦許其文，謂雄深雅健似司馬子長，崔、蔡、不足多也。宗元少時志氣甚大，謂：「始僕之志學也，甚自尊大，頗慕古之大有爲者，汨沒至今，自視缺然」（註三十四）。此正爲其畢生遭遇之供述也。

宗元好佛，「謂吾自幼好佛，求其道，積三十年，世之言者罕能通其說，於零陵吾獨有得焉」（註三十五）。於韓愈之闢佛，殊不以爲然，「儒者韓退之與余善，嘗病余嗜浮圖言，訾余與浮圖遊。……浮圖誠有不可斥者，往往與易、論語合，誠樂之，其於性情奭然，不與孔子異道。……吾之所取者，與易、論語合，雖聖人復生不可得而斥也，退之所罪者其跡也。……退之忿其外而遺其中，是知石而不知韞玉也。吾之所以嗜浮圖之言以此」（註三十六）。宗元之嗜佛，因其「不與孔子異道」，且以「佛之道大而多容，凡有志乎物外而耻制於世者，則思入焉」（註三十七）。宗元之旨趣如此，故其思想，可歸納如下三點：

（甲）二維論　宗元主張禮與義之二維論，以爲管子之禮義廉耻四維，疑非管子之言，蓋廉與耻，乃義之小節，不得與義抗而爲維，故謂「吾見其有二維，未見其所以爲四也。」「若義之絕，則廉與耻其果存乎？廉與耻存，則義果絕乎？」宗元統述其觀念，謂「聖人之所以立天下曰仁義，仁主恩，義主斷，恩者親之，斷者宜之，而理道畢矣。蹈之斯爲道，得之斯爲德，履之斯爲禮，誠之斯爲信，皆由其所之而異名」（註三十八）。

（乙）天爵論　宗元之天爵論，乃申論爲人之道，似受佛家思想之影響，即主張本性要明，敏以求之；用志宜奮，爲之不厭，與宋明理學家之本體明工夫密理論契合。何謂明？「純粹之氣注於人也，爲明；得之者爽達而先覺，鑒照而無隱，肫肫於獨見，淵淵於默識，則明者又其一端耳。」何謂志？「剛健之氣鍾於人也，爲志得之者，運行而可大，悠久而不息，拳拳於得善，孜孜於嗜學，則志者其一端耳。」明爲賦於純粹之氣，志則稟剛健之質，「天之貴斯人也，則付剛健純粹於其躬，倬爲至靈，大者聖神，其次賢能，所謂貴也。……明離爲天之用，恒久爲天之道，舉斯二者，人倫之要盡是焉。故善言天爵者，不必在道德忠信，明與志而已矣。」明與志互爲表裏，有相因之關繫，即明爲體，志爲用也。「故人有好學不倦，而迷其道撓其志者，明之不至耳；有照物無遺，而蕩其性脫其守者，志之不至耳。明以鑑之，志以取之，役用其道德之本，舒布其五常之質，充之而彌六合，播之而奮百代，聖賢之事也。然則聖賢之異愚也，職此而已」（註三十九）。

（丙）文學修養　宗元謂：「文以行爲本，在先誠其中」（註四十），故文仍爲載道之用，「聖人之言，期以明道，學者務求諸道而遺其辭，辭之傳於世者，必由於書。道假辭而明，辭假書而傳，要之道而已耳。道之及，及乎物而已耳，斯取道之內者也。今世因貴辭而矜書，粉澤以爲工，遒密以爲能，不亦外乎？」（註四十一）。宗元對於文章修養，甚爲講究，「故吾每爲文章，未嘗敢以輕心掉之，懼其剽而不留也；未嘗敢以怠心易之，懼其弛而不嚴也；未嘗敢以昏氣出之，懼其昧沒而雜也；未嘗敢以矜氣作之，懼其偃蹇而驕也。抑之欲其奧，揚之欲其明，疏之欲其通，廉之欲其節，激而發之欲其清，固而存之欲其重，此吾所以羽翼夫道也」（註四十二）。其學養致力之方，先讀六經，其次論語、孟子，又其次左傳、國語、莊周、屈原、穀梁、史記等，謂「本之書以求其質，本之詩以求其恒，本之禮以求其宜，本之春秋以求其斷，本之易以求其動，此吾所以取道之原也。參之穀梁氏以厲其氣，參之孟荀以暢其支，參之莊老以肆其端，參之國語以博其趣，參之離騷以致其幽，參之太史公以著其潔，此吾所以旁推交通，而以爲之文也」（註四十三）。

韓愈嘆師道之衰微，柳宗元亦有同感，謂：「由魏晉氏以下，人益不事師，今之世不聞有師，有輒譁笑之以爲狂人」（註四十四）。因此宗元常拒爲師弟子名，而不敢當其禮，謂：「往在京都，後學之士到僕門，日或數十人，僕不敢虛其來意，有長必出之，有不至必惎之，雖若是，當時無師弟子之說，其所不樂爲者，非以師爲非弟子爲罪也。有兩事，故不能，自視以爲不足一也；世久無師弟子，決爲之，且見非，且見罪，懼而不爲二也」（註四十五）。故其認爲「苟去其名全其實，以其餘易其不足，亦可交以爲師矣」（註四十六）。

二、婦女教育

唐代婦女教育除宮庭之習藝館外，並未有正式制度之設立。習藝館本名內文學館，選宮人有文學者一人爲學士，教習宮人，至武后時改爲學藝館，掌教習宮人書算衆藝（註四十七）但此不過爲宮庭內教授宮人之學耳，普通民間，凡婦女之知書識字能文章詩詞者，皆由私學得之。婦女教育，仍以德性爲重。女則、女孝經、女論語等，爲當時著名婦女教育理論之著作，亦可窺見婦女教育之內容也。

唐太宗長孫皇后曾作女則三十卷，採自古婦人得失，以垂範後人，太宗曾以之頒行於世。陳邈妻鄭氏作女孝經十八章，自云：「上自皇后，下及庶人，不行孝而成名者，未之聞也。妾不敢自專，因以曹大家爲主，雖不足藏之巖石，亦可以少補閨庭」（註四十八）。其十八章內容如下：一、開宗明義：二、后妃；三、夫人；四、邦君；五、庶人；六、事舅姑；七、三才；八、孝治；九、賢明；十、紀德行；十一、五刑；十二、廣要道；十三、廣守信；十四、廣揚名；十五、諫諍；十六、胎教；十七、母儀；十八、舉惡。

論夫人之道，謂：「靜專動直，不失其儀，然後能和其子孫，保其宗廟」（註四十九）。爲庶人妻，「分義之利，先後人己，以事舅姑，紡績裳衣，社賦蒸獻，此庶人妻之孝也」（註五十）。事舅姑敬與父同，愛與母同（註五十一）。又認爲夫者天也，事夫必以誠敬友信，「夫有諍妻，則不入於非道」（註五十二）。故爲婦之道：

「女子之事舅姑也，竭力而盡禮。奉姊姒也，傾心而罄義。撫諸孤以仁，佐君子以智，與娣姒之言信，對賓侶之容敬。臨財廉，取與讓，不爲苟得，動必有方，貞順勤勞，勉其荒怠。然後愼言語，省嗜慾。出門必掩蔽其面，夜行以燭；無燭則止。送兄弟不踰於閾，此婦人之要道。」(註五十三)。

而爲母之儀：

「大家曰：夫爲人母者明其禮也，和之以恩愛，示之以嚴毅，動而合禮，言必有經。男子六歲，敎之數與方名，七歲男女不同席，不共食。八歲習之以小學。十歲從以師焉。出必告：反必面，所遊必有常，所習必有業。居不主奧，坐不中席，行不中道，立不中門。不登高，不臨深，不苟訾，不苟笑，不有私財。立必正方，耳不傾聽，使男女有別，遠嫌避疑，不同巾櫛。女子七歲，敎之以四德。其母儀之道如此」(註五十四)。

宋廷棻有五女，若華、若昭、若倫、若憲，若荀，皆警慧善屬文，秉性素潔。鄙薰澤靚妝，不願嫁人，欲以學名家，若華著女論語，若昭申釋之，貞元中，盧龍節度使李抱貞表其才，德宗召入禁中，試文章，論經史，俱稱旨。帝每與羣臣賡和，五女皆預其間。若昭稱爲女學士，拜內職尙宮，使敎諸皇子公主，號曰宮師(註五十五)。女論語之序曰：「大家曰：妾乃賢人之妻，名家之女，四德粗全，亦通書史。因輟女工，閒觀文字。九烈可嘉，三貞可慕。懼夫後人，不能追步。乃撰一書，名爲論語。敬戒相承，敎訓女子。若依斯言，是爲賢婦；罔俾前人，獨美千古。」全書共十二章：一、立身；二、學作；三、學禮；四、早起；五、事父母；六、事舅姑；七、事夫；八、訓男女；九、營家；十、待客；十一、和柔；十二、守節。四字一句，叶韻，平易淺白。其言婦女立身之道：

「立身之法，惟務清貞。清則身潔，貞則身榮。行莫回頭，語莫掀脣。坐莫動膝，立莫搖裙。喜莫大笑，怒莫高聲。內外各處，男女異羣，莫窺外壁，莫出外庭。出必掩面，窺必藏形。男非眷屬，莫與通名：女非善淑，莫與相親。立身端正，方可爲人」（註五十六）。

女子須學女工，紉麻，緝苧，紡織，看蠶，煮繭，採桑，摘柘，皆爲女工之事（註五十七）。要早起，五更鷄唱，起著衣裳，拾柴燒火，早下厨房。事舅姑，亦如父母。其對丈夫，「女子出嫁，夫主爲親；前生緣分，今世婚姻。將夫比天，其義匪輕，夫剛妻柔，恩愛相因。居家相待，敬重如賓」（註五十八）。營家之婦，惟勤惟儉，男女有別，待客有禮。處家之法，「以和爲貴，孝順爲先」（註五十九）。

李商隱之義山雜纂，亦載有敎女項目十則；一、習女工；二、議論酒食；三、溫良恭儉；四、修飾容儀；五、學書學算；六、小心軟語；七、閨房貞潔；八、不唱詞曲；九、聞事不傳；十、善事尊長（註六十）。此亦爲婦女敎育之準繩也。

三、家庭教育

唐制：兒童以四歲爲小，十六歲爲中。若循古禮，八歲應習之以小學，十歲從以師焉。士大夫家訓，注重讀書傳世，故裴度敎子，以保文種爲尙。家庭敎育，理論不多，李商隱之敎子項目十三則，示以矩範，蓋教條之一也。一、習祖業；二、立言不同；三、知禮義廉恥；四、精修六藝；五、談對明敏；六、進退威儀；七、忠良恭儉；八、孝敬慈惠；九、博學廣覽；十、交遊賢者；十一、不事嬉遊；十二、有守；十三、遇事有知識（註六十一）。唐世士大夫，崇尚家法，以柳氏爲冠。柳玭之家訓，述其幼年時所受家庭教育，謂：

「予幼聞先訓，講論家法，立身以孝悌爲基，以恭默爲本，以畏怯爲務，以勤儉爲法，以交結爲末事，以棄義爲凶人。肥家以忍順，保友以簡敬。百行備疑，身之未周，三緘密慮，言之或失。廣記如不及，求名如儻來，去恡與驕，庶幾減過」（註六十二）。

其家訓原以教誡成年人爲對象，爲應世保家之方，故蒞官廉潔，守法保身，以遠尤寡悔爲務，非爲兒童教育而立論也。

（註一）蘇東坡集，卷十四、潮州韓文公廟碑。
（註二）韓昌黎集，卷十一、原性。
（註三）同上書，同卷。
（註四）同上書，同卷，原道。
（註五）同上書，卷二十、送浮屠文暢師序。
（註六）同上書，卷十一、原道。
（註七）同上書，卷十二、師說。

（註八）同上書，同卷。
（註九）同上書，卷二十、送陳才彤序。
（註十）同上書，卷十五、答尉遲生書。
（註十一）同上書，卷二十、送楊支使序。
（註十二）同上書，卷十六、答李翊書。
（註十三）李文公集，卷七、答侯高第二書。
（註十四）同上書，卷十、再請停率脩寺觀錢狀。
（註十五）同上書，卷四、去佛齋並序。
（註十六）李翱於其復性書上說明此點，謂：「嗚呼，性命之書雖存，學者莫能明，是故皆入於莊列老釋，不知者謂夫子之徒，不足以窮性命之道，信之者皆是也。有問於我，我以吾之所知而傳焉，遂書於書，以開誠明之源，而缺絕廢棄不揚之道，幾可以傳於時，命曰復性書，以理其心，以傳乎其人。烏戲，夫子復生，不廢吾言矣。」（同上書、卷二。）
（註十七）同上書，卷二、復性書上。
（註十八）同上書，卷二、復性書中。
（註十九）同上書，卷二、復性書中。
（註二十）同上書，卷二、復性書上。
（註二十一）同上書，卷二、復性書上。

(註二十二)同上書，卷二、復性書中。
(註二十三)同上書，卷二、復性書上。
(註二十四)同上書，同卷。
(註二十五)同上書，同卷。
(註二十六)同上書，卷二、復性書中。
(註二十七)同上書，同卷。
(註二十八)同上書，同卷。
(註二十九)同上書，卷四、學可進。
(註三十)同上書，卷二、復性書中。
(註三十一)同上書，同卷。
(註三十二)同上書，卷二、復性書上。
(註三十三)河東先生集，集傳，汪藻，永州柳先生祠堂記。
(註三十四)同上書，卷三十四、答貢士元公瑾論仕進書。
(註三十五)同上書，卷二十五、送巽上人赴中丞叔父召序。
(註三十六)同上書，卷二十五、送僧浩初序。
(註三十七)同上書，同卷，送玄舉歸幽泉寺作。
(註三十八)同上書，卷三、四維論。

（註三十九）同上書，同卷，天爵論。
（註四十）同上書，卷三十四、報袁書陳秀才避師名書。
（註四十一）同上書，同卷，報崔黯秀才論爲文書。
（註四十二）同上書，同卷，答韋中立論師道書。
（註四十三）同上書，同卷。
（註四十四）同上書，卷三十四、答韋中立論師道書。
（註四十五）同上書，同卷，報袁書陳秀才避師名書。
（註四十六）同上書，同卷，答嚴厚輿秀才論爲師道書。
（註四十七）資治通鑑，卷二〇八。
（註四十八）女孝經，序言。
（註四十九）同上書，夫人章。
（註五十）同上書，庶人章。
（註五十一）同上書，事舅姑章。
（註五十二）同上書，諫諍章。
（註五十三）同上書，廣要道章。
（註五十四）同上書，母儀章。
（註五十五）唐詩紀事，卷七十九，女郎宋若昭。新唐書，卷七十七、列傳二、后妃下，尙宮若昭。

(註五十六) 女論語。

(註五十七) 同上書，學作章。

(註五十八) 同上書，事夫章。

(註五十九) 同上書，和柔章。

(註六十) 義山集纂。

(註六十一) 同上書。

(註六十二) 柳玭家訓，(全唐文，卷八〇六)。

第四章 學藝

唐代學藝，發遠裔皇，豐美壯偉，爲各代之冠，推其故，殆爲有唐三百年間，國家體制與社會生活安定，人民有餘暇治學使然。唐人自經國家統一，綜合南北文化而共冶於一爐，又加以西方文化之傳進，供給新鮮之活力細胞，故其眼界擴大，氣量宏濶，思想因而增新，治學之方向遂異。且既具有泱泱大國之風，又有創造進取之精神，故思想生活所結晶之學藝，乃產生輝煌之結果。從文化史眼光看之，唐代學藝，確具有其特殊之類型與優美之價值，自不能囿於傳統之舊說，以爲唐不如魏晋，魏晋不如兩漢，兩漢不如周秦而衡論之。其實唐代學藝，原由各代學術演變而產生者，無論內容與精神，均有劃時代之進步。因是之故，唐代學藝，隱然爲中古時代文化史上之黃金時期，上溯秦漢，下啓宋明，其地位與價值，誠不可磨滅者也。然唐人重文學，故本章首列文學經史。其次地輿、法律、書法、圖畫，皆有特殊之貢獻，影響以後千年之學術。至於音樂、醫藥、曆算，貢獻雖不大，但亦有其相當發展。玆於下列各節述之。

一、文學

歐陽修論唐文之變，約可分爲三期：第一期則以駢儷文爲最流行，所謂：「高祖太宗大難始夷，沿江左餘風，絺句繪章，揣合低昂，故王楊爲之伯。」第二期，駢儷之文，漸有變遷，「玄宗好經術，羣臣稍厭雕琢，索理致，崇雅黜浮，氣益雄渾，則燕許擅其宗。」第三期，駢儷之文衰，古文代之而盛，元結輩既倡導於前，韓柳因之，文章於焉復古，所謂：「大歷貞元間，美才輩出，擩嚌道眞，涵泳聖涯，於是韓愈倡之，柳宗元李翺皇甫湜等和之，排逐百家，法度森嚴，抵轢晉魏，上軋漢周，唐之文完然爲一王法，此其極也」（註一）。此爲唐代散文變遷之概觀。姚鉉亦依文體而論唐文之變革，謂：

「有唐三百年，用文治天下，陳子昂起於庸蜀，始振風雅，繇是沈李嗣興，李杜傑出，六義四始，一變至道。洎張燕公以輔相之才，專譔述之任，雄辭逸氣，聳動羣聽。蘇許公繼之以宏麗，丕變習俗。而後蕭李以二雅之辭本述作，常楊以三盤之體演絲綸，郁郁之文，於是乎在。惟韓吏部超卓羣流，獨高邃古，以二帝三王爲根本，以六經四教爲宗師，憑陵轥轢，首唱古文，遏橫流於昏墊，闢正道於夷坦。於是柳子厚李元賓李翺皇甫湜，又從而和之……。故論者以退之之文，可繼揚孟，斯得之矣。至於賈常侍至、李補闕翰、元容州結、獨孤常州及、呂衡州溫、梁補闕肅、權文公德輿、劉賓客禹錫、白尚書居易、元江夏稹，皆文之雄傑者歟」（註二）。

當初期之際，王勃（六四七—六七五）與楊炯（約六九五—七〇〇），盧照鄰（約六五〇—六八九），駱賓王，皆以文章齊名，稱爲王楊盧駱四傑（註三），其文措詞綺麗，屬對工整，流利有餘，簡重不足。其後崔融、李嶠、張說，俱重四傑之文。崔融謂王勃文章，宏逸有絕塵之跡，固非常流所及；炯與照鄰，可以企之。張說（六六七—七三〇）則謂楊炯文思如懸河注水，酌之不竭（註四）。此則爲唐初四傑文章之衡價也。其他文學家，可見諸張說所評：

「李嶠、崔融、薛稷、宋之問之文，如良金美玉，無施不可。富嘉謩之文，如孤峯絕岸，壁立萬仞，濃雲鬱興，震雷俱發，誠可畏也，若施於廊廟則駭矣。閻朝隱之文，如麗服靚粧，燕歌趙舞，觀者忘疲，若類之風雅，則罪人矣」（註五）。

第二期以制誥之文爲著，最負盛名者，首推蘇頲張說，以雍容華貴，雄渾凝重見稱，駢文作風爲之一變。同時期之文學家，「韓休之文，如大羹旨酒，雅有典則，而薄於滋味。許景先之文，如豐肌膩理，雖穠華可愛，而微少風骨。張九齡之文，如輕縑素練，實濟時用，而微窘邊幅。王翰之文，如瓊杯玉斝，雖爛然可珍，而多有玷缺」（註六）。開元文章之定評，此則得其概念。陸贄、楊炎、與常袞，亦皆長於制誥，以曲盡事情爲能。陸贄之奏議，剴切詳明，一掃浮靡之習，驕將悍卒，讀之泣下。

古文之提倡，姚思廉之梁書，已開其端，其後陳子昂、蕭穎士、元結等，亦力主掃除浮靡，反雅正，敍事傳論，皆以散體古文行之，勁氣銳筆，曲折明暢。元結（七二三—七七二）之古文，戛戛自異，變排偶綺麗之習，而爲奇古耿介之姿，以大唐中興頌序最工，蓋學左傳而神似者，然其文故爲艱深險澀，而無大變明。大曆貞元間，文字多尚古學，每效揚雄董仲舒之述作，而獨孤及（七四四—七九六）梁肅（七五三—七九三）最稱淵奧。韓愈從之遊，銳意鑽仰，於是以復古自命，古文派之基礎始立。

第三期之文章，首推韓柳。韓愈文雄厚雅健，柳宗元則雋傑廉悍；韓文議論正，規模大；柳則較精密，爲文高古。邵博謂：「韓退之之文自經中來，柳子厚之文自史中來」（註七），此可見其用力於古文之深，故卓然樹立，成一家言。然「柳州爲文，或取前人陳調用之，不及韓吏部卓然不丐於古而一出諸已」（註八）。蘇軾謂唐無文章，唯韓退之送李愿歸盤谷序一篇而已（註九），蓋推崇之至也。韓門文章，宗辭近平易者爲李翺，宗辭尙艱險者爲皇甫湜，所謂文奇而理正，至介乎艱易之間者爲孫樵，謂：「辭不必高然後爲奇，意不必深然後爲工」（註十）。蘇軾謂：「唐之古文，自韓愈始，其後學韓而不至者爲皇甫湜，學皇甫湜而不至者爲孫樵。自樵以降，無足觀矣」（註十一）。其餘尙有李觀、張籍、李漢、樊宗師、白居易等，羣起以古文相尙，蔚爲風氣。然當韓柳提倡古文之際，而駢文依然盛行不廢，李德裕、令狐楚、李商隱、溫庭筠等，皆名高一時。自晚唐駢文復興，轉爲四六體，以典麗華艷爲尙，講對仗，其格益卑，相演成風，至五季而不衰也。

唐試士初重策，兼重經，後乃觭重詩賦。中葉後，皇帝至親爲披閱，翹足吟詠所撰，嘆惜移時，或復微行諮訪名譽，袖納行卷，因此士子益競趨名場，殫工韻律，詩風遂日盛。王應麟謂：「唐以詩取士，錢起之鼓瑟，李肱之霓裳是也，故詩人多」（註十二），即謂此也。且朝士好文會，凡曹司休假，例得尋勝地宴樂，謂之開假，每月有之，京都游宴，唱酬甚多，往往因一篇之善，一句之工，名公先達，爲之游談延譽，至聲聞四馳，詩篇之盛，此亦其一助焉（註十三）。故有唐三百年之天下，詩運之天下也。然唐人之爲詩也，量力致功，精思數十年，然後名家。至其作家衆多，作品宏富，誠爲各朝之冠。宋計有功所編之唐詩紀事八十一卷，錄詩凡一千一百五十家。明高棅之唐詩品彙九十卷，錄詩五千七百餘首，凡六百二十家，又拾遺十卷，詩九百餘首，凡六十一家。清彭定求等所輯之全唐詩九百卷，錄詩四萬八千九百餘首，凡二千三百餘家。由此可見唐詩數量之大矣。唐詩之研究，每分爲數期。宋嚴羽滄浪詩話分爲唐初體，盛唐體（景雲以後開天諸人之詩），大曆體，元和體，及晚唐體五期（註十四）。明高棅則將其分爲四期：（一）初唐（由開國至太極元年共九十五年），（二）盛唐（由開元元年至寶應元年共五十年），（三）中唐（由廣德元年至寶曆二年共六十四年），（四）晚唐（由太和元年至天祐三年共九十年）。其中以高棅之分類法，較爲簡要，玆將四期之唐詩分述如下。

（一）初　唐

唐初之詩，尙不脫六朝纖麗餘風，其間特異之作品，祇有魏徵一首述懷，格調雄壯。其次爲虞世南、王績、褚遂良等。虞褚之詩，有希微玄淡之音，王績之詩，風骨遒上。上官儀（六六四年卒）之詩綺婉，稱上官體，一時貴顯多倣之，有集三十卷。又有李義府（六六六年卒）及許敬宗（五九二—六七二），亦具詩格。初唐四傑，如王勃、楊炯、盧照鄰、駱賓王等，詩婉美宏麗，但仍有絢爛色彩及駢儷詞調，不脫六朝沈庾之習。明王世貞曰：「盧駱王楊，號稱四傑，遺詞華靡，固沿陳隋之遺，骨氣翩翩，意象老境，然勝之五言，遂爲律家正始。內子安稍近樂府，楊盧尙宗漢魏、賓王長歌，雖極浮靡，亦有微瑕，而綴錦貫珠，滔滔洪遠，故是千秋絕藝」（註十五）。王勃有王子安集十六卷，詩格高華。楊炯，華陰人，曾爲盈川令，自言：「吾愧在盧前，恥居王後」，爲人頗恃才，詩亦有壯氣。盧照鄰，范陽人，官僅一尉，後以痲瘋疾，手足攣廢，貧苦不堪，至自投潁水死，故生平所作，多是愁傷之品。除詩文集七卷外，又有幽憂子三卷，其詩幽玄而清藻，由其爲人純潔，可想見其品性之高逸，長安古意一首，是有名之詩。駱賓王、義烏人，嘗作帝京篇，當時以爲絕唱，其詩波瀾廻濶，洋洋數百言，然不免有浮艷之病也。夫六朝彩麗競繁之詩風，餘韻仍被初唐，及陳子昂（六五六—六九八）出，以爲文章道弊五百年，漢魏風骨，晉宋莫傳，乃力追建安體，骨格清凝，唐詩至此，始變雅正。著有陳拾遺集十卷，其傑作有感遇詩三十八首。

中宗之世，天下無事，朝野多歡娛，詩酒唱酬甚盛，善爲詩文者，有大學士直學士之稱，如沈宋之流，皆以文筆取幸。然唐之律詩，以沈佺期（約六五〇—七一五）宋之問（六五〇—七一二）爲首，研練精切，聲韻穩順，詩之古今體，乃於斯時而分。而五言至是，始可稱律。沈佺期，內黃人，神龍間爲中書舍人，擅長七律，與宋之問詩名相齊，世稱沈宋。宋之問附寵張易之與太平公主，其詩擅長五律，七律祇有三首。自沈約庾信倡新韻律，以音韻相婉附，屬對精密，至沈宋更「回忌聲病」，「約句準篇」，越爲靡麗，如錦繡成文，首創唐詩新聲之功。

吳中四士之賀知章、張旭、包融、張若虛，亦擅於詩。惟賀張包之詩，不受人重視。張若虛於開元初，官至兗州兵曹，春江花月夜，聲調宛轉，稱爲唐詩第一品。劉希夷好作從軍閨情之詩，詞旨悲古，多依古調，不合時，有公子行、代悲白頭翁等。李嶠，贊皇人，神龍初爲中書令，其詩汾陰行是傑作，晚年尤獨享盛名，與蘇味道齊譽，號稱蘇李。杜審言，沈宋之友，常自矜其才，爲隰城尉，擅長五律，詩華藻整栗，不讓沈宋，而氣度高逸，神情圓暢，有集十卷，杜甫是其孫。其餘詩人，尚有蘇味道（武后時宰相），賈曾（開元初中書舍人），王翰（開元間駕部員外郎），李邕（開元末北海郡太守），崔融（附張易之兄弟，撰武后哀册，最富麗，絕筆而死），韋嗣立（中宗時大學士）等。

（二）盛唐——唐詩極盛時代

自景雲以前，詩人猶染齊梁之習，不除故態，率以纖巧爲工，開元後，格律一變，遂超然越度前古。而自開元天寶至大曆之始，唐詩最盛，凡五十餘年。當盛唐之初，以詩著者，首推張說與張九齡。張說，洛陽人，開元初爲中書令，封燕國公，得詩法妙處，闢盛唐詩風，以鄴都引爲著。其源出於謝玄暉，而詞取排麗，深容蒼態，自謝古人。謫岳州後，詩益悽婉，人謂得江山之助。張九齡，曲江人，開元朝稱賢相，有曲江集二十卷。其詩源出於鮑明遠江文通，是初唐之殿後，而爲盛唐之先驅，感遇十二首，大有溫柔敦厚之詩經風味，次於阮籍陳子昂，是醇粹詩品。

融合謝靈運與陶潛二家而成之詩格，則爲孟浩然與王維，有王孟之稱。李東陽評二人之詩：「王詩豐縟而不華靡，孟却專心古澹，而悠遠深厚，自無寒儉瘠枯之病，由此言之，則孟爲尤勝」（註十六）。孟浩然（六八九—七四〇），襄陽人，隱鹿門山中，以詩自適，格韻雙絕，與張九齡王維爲忘形交。蘇軾評其詩「爲韻高才短」（註十七），略似王維。擅長五言詩，文采豐茸，經緯綿密，孟浩然集四卷，氣象清遠，淡雅有餘味，開韋應物柳宗元之先路。王維（六九九—七五九），字摩詰，太原人，天寶末爲給事中，信佛，隱居輞川，集其田園所作之詩，爲輞川集。蘇軾評其詩中有畫，畫中有詩（註十八）。其詩清秀淡雅，風景詩特別巧妙，尤長於歌詠幽邃之境，發源於謝陶，恬澹一點，則似陶潛，故常列爲陶潛一派，蘇軾謂其「前身陶彭澤，後身韋蘇州」（註十九）。徐而庵謂李白以氣韻勝，杜甫以格律勝，王維以理趣勝（註二十）。王維氣魄之大，不及李杜，但精密之點，往往過之。詩才清秀，格與調均由清氣發出，稱爲神韻派始祖。律絕最妙，五言亦佳。李肇謂其好取人文章嘉句（註二十一），似不盡然。古詩隴頭吟，夷門歌，桃源行等，是自然清純作品。陶派中又有儲光羲，兗州人，天寶末爲監察御史，詩格調高逸，趣遠情深，極得風雅之妙，是山水派之詩人。蘇轍謂其詩高處似陶潛，平處似王維（註二十二）。李東陽則謂其有孟浩然之古，而深遠不及也（註二十三）。

格調以悲壯見稱者，則有高、岑。高適（七五六年卒），滄州人，累官至刑部侍郎，年五十始作詩，詩異常悲壯，風骨似岑參，有高岑之稱，大都氣象渾健，字句蒼雅，無纖弱之弊，與左思鮑照詩風相近。岑參，南陽人，代宗時，累遷侍御史，出爲嘉州刺史。岑嘉州集八卷，中多響亮悲壯邊塞之音，如山風吹空林，颯颯如有人，此悲壯而奇之句，讀之令人不勝慷慨懷感。嘗從封常清軍，往來於鞍馬烽塵之間十餘年，故擅長歌詠邊塞幽朔之詩。其詩明淨整齊，語逸體俊而意亦奇，豐縟處略似王維。高岑之比較，高以豪健見稱，岑則以奇警見優也。

同時以七絕見長者，有王昌齡與王之渙。王昌齡，江寧人，曾任汜水尉，詩緒密而思清，時謂王江寧，多奇句俊格，時又稱爲詩家天子。古體如箜篌謠，爲雄健作品。宮怨之作，尤爲古今獨步，如長信秋詞，西宮春怨，皆爲渾厚之宮詞。王之渙，幷州人，其七絕如涼州詞，聲調齊整，措詞宛曲。李頎，東川人，開元十三年進士，官至新鄉尉，詩格調措詞極清秀，七律以勻整稱。常建，長安人，大曆中爲盱眙尉，擅長風景詩，多清麗鮮明作品，又精於描寫水上景緻。賈至（七一八—七六二），洛陽人，累官至中書舍人，詩平易眞切。此皆以詩名於時者也。

李白（六九九—七六二），四川人，天寶初年，被徵到長安，賀知章大爲賞識。玄宗在金鑾殿召見，供奉翰林，專掌密令。沉香亭宴會時，詠清平調三章。在長安三年，請求還山，學道於北海高天師，往來齊魯之間凡十年，與杜甫爲至交，後流於夜郎。白受司馬相如之影響，但心好功名，後覺此志難遂，乃退而求道家之說。蘇轍謂：「李白詩，類其爲人，駿發豪放，華而不實，好事喜名，不知義理之所在也」（註二十四），正對此意而言。然因其煩悶，便成爲天才之詩人，而引入超俗之生涯。酒對其實有重大意義，自稱爲酒中仙。其性豪雋任俠，以天賦詩才，歌詠風月草木，神仙虛無，此爲其得意之所在。其詩以氣韻見稱，「神識超邁，飄然而來，忽然而去，不屑屑於雕章琢句，亦不勞勞於鏤心刻骨，自有天馬行空不可羈勒之勢」（註二十五）。有集三十卷，詩七百七十六篇，律詩少，古詩多。古詩中又以樂府爲多，共有一百五十首，借舊題發揮自己天才。遠別離，蜀道難，梁甫吟，烏棲曲，將進酒，襄陽曲，鳴皐歌，烏夜啼等是絕妙作品。五古有古風五十九首，志趣心情，盡見於此。此乃將阮籍詠懷，陳子昂張九齡之感遇，變化而成爲上乘之作品。七古以夢遊天姥吟爲最優，與蜀道難兩篇並稱絕妙。憶舊遊，寄譙郡元參軍，亦發揮其獨特妙處。律詩祇有五律七十餘首，七律十首。其絕句與王昌齡堪稱古今第一。

杜甫（七一三—七七〇），襄陽人，天寶十載獻三大禮賦（朝獻太清宮賦，朝享太廟賦，有事於南郊賦），爲玄宗所驚賞，令待制集賢院。十四載後，作有自京赴奉先縣詠懷，長達五百字，臨去京師，慨嘆天下將亂，字句流露一片憂愁，是杜詩中之大作。風疾舟中伏枕書懷三十六韻，爲其絕筆。杜甫性褊躁傲誕，一生窮愁，爲多情多淚之詩人；受儒教涵養至深，熱心時事，病哭悲憤而成忠君之念，對妻子弟妹則愛情篤厚。其詩貫透此種感情，多是實際而非空想，故其詩非由天才，乃由思想鍛鍊所成者也。句法，字法，章法，寫法，具有一切之變化，描寫出各種志趣。其詩有新奇體式，善陳時事，於政治社會之黑暗面，揭發無隱，故有詩史之稱。杜工部集二十卷，古體三百九十九首，今體一千零六首，其實杜詩仍不僅此數。白居易謂：「杜詩最多，可傳者千餘首。至於貫穿今古，覼縷格律，盡工盡善，又過於李。然撮其新安吏，石壕吏，潼關吏，塞蘆子，關花門之章，朱門酒肉臭，路有凍死骨之句，亦不過十三四」（註二十六）。五古以意爲主，以獨創爲宗，北征、詠懷二篇，奇拔沉雄，古今絕唱。前後出塞、三吏、三別、羌村、彭衙行、塞蘆子，皆骨力遒上，無可比類之絕詠。其最佳之長篇是百韻詩（秋日夔府詠懷奉寄鄭監李賓客一百韻），眞爲古今百韻之鼻祖。七古宛如大海之水，長風澎浪，泥沙飛揚，怪物舞動，靈蠢悉集。律詩是其特技，五律屈伸變化，縱橫如意，使人難於推測。七律是最佳，聲律句法，爲後人典則。七絕非其所長，但另備一體。元稹論其詩，謂：「上薄風騷，下該沈宋；言奪蘇李，氣吞曹劉；掩顏謝之孤高，雜徐庾之流麗，盡得古今之體勢，而兼前人所獨專，能所不能，無可無不可，詩人以來，未有如子美者」（註二十七），誠推崇之至也。

李白與杜甫一飄逸，一沉鬱。「太白以氣爲主，以自然爲宗，以俊逸高暢爲貴；子美以意爲主，以獨造爲宗，以奇拔沉雄爲貴」（註二十八）。太白天才放逸，故詩自爲一體；子美學優才贍，故詩衆體兼備。如李白之夢遊、天姥吟、遠別離，杜甫之北征、兵車行、垂老別，一則不用力而觸手生春，一則用力而不免痕迹，因個性不同，故詩格各異。元稹謂太白不能窺杜甫之藩籬，況堂奧乎？而韓愈謂：「李杜文章在，光焰萬丈長，不知羣兒愚，那用故謗傷」（註二十九），此則不復爲優劣之論矣。

其餘以詩名於時者，尚有李適之（天寶末代牛仙客爲左相），崔灝（司勳員外郎，七五四年卒），萬楚（開元中進士），祖詠（開元十三年進士，詩剪刻省淨，用思尤苦，氣雖不高，調頗凌俗），崔國輔（禮部員外郎，詩婉孌清楚，深宜諷味），綦毋潛（著作郎），裴迪（初與王維俱居終南，天寶後，爲蜀州刺史），丘爲（太子右庶子，與劉長卿善），李華（開元二十三年進士，天寶十一年監察御史），張謂（天寶二年進士，大曆間禮部侍郎），薛據（玄宗時禮部侍郎），元結（肅宗時爲攝監察御史），蕭穎士（與李華齊名，世稱蕭李）等。

（三）中　唐

中唐自大曆至太和間，凡七十年，時代之背景，實至紛亂。其詩穩秀清和，劉長卿開其先端，大曆十才子，追隨其後。如李端、韓翃、錢起、盧綸、吉中孚、司空曙、苗發、崔峒、耿湋、夏侯審等，皆善五言詩，一時唱和，馳名都下，號大曆十才子，稱爲大曆體。然而十才子受後人譏議者多，

「如司空附元載之門，盧綸受韋渠牟之薦，錢起李端入郭氏貴主之幕，皆不能自遠權勢」（註三十），故常爲人所輕視者也。

大曆詩人劉長卿，河間人，開元二十一年進士，終於隨州刺史，後世稱劉隨州。素性剛婞，不屑隨十才子，常忤權門，以寃罪被貶。其詩研鍊深穩，有高秀韻調，悽婉清切，盡騷人怨士之思。有劉隨州集十一卷，五言最神妙，故有「五言長城」之稱。當時詩壇上有錢郎劉李之譽，然長卿謂：「前有沈宋王杜，後有錢郎劉李，李嘉祐郎士元，焉得與予齊稱？」（註三十一）亦可見其對詩之抱負矣。李端，趙州人，大曆五年進士，在駙馬郭曖門下時，每遇宴集常賦詩，驚動座客；任爲校書郎，後移居江南，任杭州司馬卒。韓翃，南陽人，大曆十三年進士，以寒食七絕之「春城無處不飛花」一詩，見賞於德宗，由是名遍全國。有集五卷，其詩興致繁富，如出水芙蓉，尤以絕句頗多雋麗韻致，一篇詠出，朝野珍重。錢起，吳興人，天寶十年進士，因試作湘靈鼓瑟詩而得名，初授秘書郎，後除考功郎中，大曆中，爲大清宮使翰林學士，有錢考功集十卷，內有雜言一卷，往體詩（即古體詩）二卷，近體詩七卷。其詩體製新奇，理致清贍，芟宋齊之浮游，削梁陳之嫚靡，有迥然獨立之概。盧綸，河中人，大曆初，屢舉進士不第，充集賢學士，校書郎，受德宗知遇，和御製之詩，充戶部郎中，貞元中卒。其後文宗愛其詩，遣侍臣到其家索取所有巾笥，得詩五百首，合成集十卷。其詩格調雄健，意趣悲壯（如塞下曲，長安春望等）。吉中孚，楚州人，初爲道士，後還俗，至長安，謁宰相，日參與王侯高會，名震京師，未幾進士及第，累官至諫議大夫戶部侍郎判度支事，貞元初卒。其詩風格高雅。司空曙，廣平人，性磊落有奇才，登第進士，累官至左拾遺，卒於水部員外，家無儋石，宴如也。詩調幽閑而華暢，有詩集二卷。苗發是晉卿之子，終於員外郎。崔峒終於右補闕，有沖融之調。耿湋，河東人，寶應元年進士，終於左拾遺，詩才俊爽，意思不羣，有詩集二卷。夏侯審曾任御史，才思豐富。郎士元，中山人，天寶十五年進士，終於郢州刺史，與錢起詩名齊驅，二人之聲調略同。五言詩閒雅，七言亦多清幽秀澹之致。

其次爲王孟派，以韋柳爲著。韋應物，長安人，貞元初，任蘇州刺史，故稱韋蘇州。性高潔，鮮食寡欲，與顧況劉長卿相酬唱，其詩閑澹簡遠，世人比之於陶淵明，號稱陶韋。有韋蘇州集十卷，其中有賦一篇，詩五百七十首，古詩勝律詩。得陶詩之韻致者，前有王維，中有孟儲，後有韋柳，故蘇州之詩，源出於陶。白居易謂：「韋蘇州歌行，清麗之外，頗近興諷，其五言詩，又高雅閒澹，自成一家之體」（註三十二）。張戒亦謂：「韋蘇州詩韻高而氣清」（註三十三）。其詩蓋常爲幽絕之作品也。柳宗元之詩，所存不過一百五十首。其詩清峭簡澹，頗古雅。韋柳之詩，發纖穠於簡古，寄至味於澹泊。蘇軾評柳詩，是「在陶淵明下，韋蘇州之上」（註三十四）。柳善五言，長篇點綴清麗，短調清美閑勝，七言亦流暢雋妙，長一切古體。柳詩字字如珠玉，精則精矣，然不及韓詩之變態百出也。

中唐詩又有杜甫一派，主之者爲韓白，造成詩運中興，其重要僅次於李杜。韓學杜之奇險處，白學其平明處，然韓詩多悲，韓詩三百六十首，哭泣者三百首；白詩多樂，白詩二千八百首，飲酒者九百首（註三十五）。此則韓白詩之異，因其人生觀不同故也。韓愈有詩文集四十卷，其詩多本於「雅頌」，又以廣博之學問與敏捷之才力鍛鍊之，乃能在李杜以外另開一派。詩調精嚴，工於用韻，豪健雄放，風骨崚嶒，橫矯奇險，具有博厚之趣。又以學勝，雖時有晦澁之弊，大都有縱橫馳驟，奇氣襲人之勝。其生平所心摹力追者，惟李白與杜甫。甌北詩話謂：「至昌黎時，李杜已在前，縱極力變化，終不能再闢一徑，惟少陵奇險處尚有可推廣，故一眼覷定，欲從此闢山開道，自成一家，此昌黎注意所在也。然奇險處亦自有得失，蓋少陵才思所到偶然得之，而昌黎則專以此求勝，故時見斧鑿痕迹，有心與無心異也」（註三十六）。此論得之。韓詩字法，句法，格體，亦變化多端。故蘇軾謂：「詩之美者，莫如韓文公，詩格之變始於韓」（註三十七）。其集古詩多，律詩少，共有賦四篇，古詩二百一十首，聯句十一首，律詩一百六十首。古體以四言氣格最古，能運用其才，是唐詩中稀見之嚴偉作品。有韓孟並稱之孟郊（七五一—八一四），字東野，武康人，年五十登進士第，調任溧陽尉，常與韓愈詩酒唱和，有孟東野集十卷。其詩苦思深遠，託興幽微，結體古奧，蹇澁窮僻，但每從眞情流露之詩頗多，蘇軾將其與賈島並稱，有「郊寒島瘦」之譏，此乃表現唐自中世後，詩人類多窮士，故以刻琢窮苦之言爲工也。李賀（七九〇—八一六），字長吉，家居昌谷，舉進士，爲協律郎，二十七歲便卒，有李長吉歌詩（昌谷集）四卷。賀學韓愈而自成一格，瑰奇而富想像，警邁而含有熱情，因天份優越，略似李白之飄忽，故古人評之爲「鬼才」，與李白之「仙才」相對照。又長於樂府，好用奇句，可自成一派。盧仝，號玉川子，范陽人，隱居少室山，屢應進士試不第，性情淸高，破屋幾間，仰事俯畜，恬如也。嘗作月蝕詩譏諷元和逆黨，後宿於王涯之第，罹「甘露之禍」而死。其詩豪放，比李賀更怪誕，擅長歌行。張籍，烏程人，貞元十五年進士，從韓愈遊，歷任國子博士司業。性詭激，能作古體詩，多五言律，有張司業詩集八卷，就中樂府最優，後人將其與王建並稱，以其樂府宮詞皆傑出。其詩深得杜甫之簡麗，「與元白一律，專以道人心中事爲主，但白才多而意切，張思深而語精，元體輕而詞躁耳」（註三十八）。朱慶餘、項斯專學張籍，律句格調高逸，爲張籍詩派二大健將。王建潁川人，大曆十年進士，歷任侍御史、陝州司馬。初遊於韓愈門下，作忘年之交，與張籍友情洽篤，唱酬甚多，有王司馬詩集十卷，詩與張籍同，擅長樂府歌行，多是短章，思遠格幽，抑揚而不含意，宮詞百首甚著名。姚合，陝州人，姚崇曾孫，曾任武功主簿，終於秘書少監，有姚少監詩集十卷，又選王維等二十六人詩百首，名極玄集。擅長五言詩，深得杜甫之清雅，與張籍等交遊，詩名重於當時，詩家稱爲姚武功。其詩刻意苦吟，冥搜物象，務求古人體貌，多有人意想不到之處，但過求精細，反有瑣屑之弊。其詩又稱爲武功體。賈島（七八八—八四三），字浪仙，范陽人，初爲和尚，住在法乾寺，法號無本，自稱碣石山人，行坐寢食，苦吟不已。當冥搜苦思，心遊萬仞，深入詩境，王公貴人在前而不知。後來洛陽，韓愈教爲文，去浮屠，擧進士，大中末，授遂州長江簿。會昌初，任普州司倉參軍，死於官舍，家無一錢，祇有病驢古琴而已。有長江集十卷，詩三百七十九首。其詩清瘦幽僻，風骨特高，得杜甫之奇僻。五律最特色，自成一格，人常評其詩爲「寒澁」，「幽奇」，或「奥僻」，以精於用意，而拙在修詞也。

被譏爲元輕白俗之元稹與白居易，亦是絕世之詩人，有元白之稱，又稱其詩體爲元和體。李肇謂：

「元和已後，爲文筆則奇詭於韓愈，學苦澁於樊宗師；歌行則流蕩於張籍；詩章則學矯激於孟郊，學淺切於白居易，學淫靡於元稹，俱名爲元和體。大抵天寶之風尚實，大歷之風尚浮，貞元之風尚蕩，元和之風尚怪也」（註三十九）。

元稹（七七九－八三一），字微之，河南河內人，受教於母鄭氏，累官至中書舍人，承旨學士，後爲同平章事，檢校戶部尚書。著有元氏長慶集六十五卷，補遺六卷。其詩平夷，樂府歌行最優，當時詩名滿天下，元才子之名，遍傳宮中。與白居易結爲金石交，所謂：「小通則以詩相戒，小窮則以詩相勉，索居則以詩相慰，同處則以詩相娛」（註四十）。唱和之詩特多，七古長篇之連昌宮詞，爲其傑作，與長恨歌自古稱爲聯璧。元稹曾否認其詩爲元和體，上令狐楚書以辯曰：

「惟盃酒光景間，屢爲小碎篇章，以自吟暢，然以爲律體卑下，格力不揚，苟無恣態，則陷流俗，常然欲得思深語近，韻律調新，屬對無差，而風情自遠，然而病未能也。江湖間多有新進小生，不知天下文有宗主，妄相倣傚，而又從而失之，遂至有褊淺之調，皆目爲元和詩體。某又與同門生白居易友善，居易雅能爲詩，就中愛驅駕文字，窮極聲韻，或爲千言，或爲五百言律詩，以相投寄。小生自審，不能有以過之，往往戲排舊韻，別創新詞，名爲次韻，蓋欲以難相挑耳。江湖間爲詩者，或相倣傚，或力不足，則至於顚倒語言，重複首尾，韻同意等，不異於篇，亦目爲元和詩體。而司文者考變異之由，往往歸咎於某，嘗以爲雕蟲小事，不足自明也」（註四十一）。

白居易（七七四—八四六），字樂天，太原人，貞元十九年進士，任校書郎，貶江州司馬，累官至刑部尚書。後與劉夢得親近，詩名相齊，號劉白。著有白氏長慶集七十一卷，詩三千五百九十四首。其詩溫厚和平，似元稹，且毫無尤人懟天之意，因受佛教感化，知足樂天之故。好揭發民隱，刺諷時政，以淺易之體，富麗之詞，歌政治社會之不平，千言百韻，極力揣摩。趙甌北曰：「元白尚坦易，務言人所共欲言，……坦易者多觸景生情，因事起意，眼前景，口頭語，自能沁人心脾，耐人咀嚼，此元白較勝於韓孟，世徒以輕俗訾之，此不知詩者也」（註四十二）。白氏一詠一吟，曾不知老之將至，謂：「知我者以爲詩仙，不知我者以爲詩魔」（註四十三）。其詩之源流出自杜甫，而改變杜甫之雄渾沉鬱，爲流麗安詳，别是一番境界，一種風流，不學形式，而得其神韻，但往往不免陷於俚率。其詩數量之多，又爲唐賢第一，「二十年間，禁省觀寺郵候牆壁之上無不書；王公妾婦牛童馬走之口無不道；至於繕寫模勒，衒賣於市井，或持之以交酒茗者，處處皆是」（註四十四）。白居易亦自謂：「自長安抵江西，三四千里，凡鄉校佛寺，逆旅行舟之中，往往有題僕詩者；士庶僧徒孀婦處女之口，每每有詠僕詩者」（註四十五）。郎遠至高麗日本，無不吟誦歌詠其詩。對於古體如樂府歌行，能恣意得其精巧，以長恨歌、琵琶行爲全國所傳唱，娼妓以誦得白學士長恨歌，亦由是增其聲價也。

李益，字君虞，姑臧人，憲宗時爲集賢殿學士。貞元元和之間，做搢紳之羽儀，擅長七絕，有神秀之稱。其受降城聞笛一詩，且施之圖畫。劉禹錫（七九〇—八六〇），字夢得，中山人，任監察御史，坐王叔文黨，貶爲連州刺史，又貶朗州司馬，會昌時，任檢校禮部尚書。有劉賓客文集三十卷，外集十卷，詩四百○七首，與外集之文十二篇。禹錫與白居易唱和，號劉白唱和集；與裴度唱和，號汝洛集；與令狐楚唱和，號彭陽唱和集；與李德裕唱和，號吳蜀集（註四十六）。其詩以氣骨豪勁見稱，吐詞多諷託幽遠，才藻冠絕一時，詩尤長近體，含蓄不足而精銳有餘。蘇軾晚年，每令人學禹錫詩，以爲用意深遠，有曲折處也。

其餘詩人，尙有孟雲卿（河南人，與杜甫元結最善），皇甫冉（大曆二年右補闕，清穎秀拔，有江徐之風），皇甫曾（天寶中兄弟進士，爲殿中侍御史，與劉長卿善），朱放（襄州人，隱居剡溪），包何（包融之子，大曆中爲起居舍人），張繼（天寶進士，大曆末檢校祠部員外郎），李德裕（會昌宰相），裴度（元和宰相），顧況（德宗時著作郎，志尙疏逸，偏於逸歌長句），權德輿（德宗時宰相），王涯（元和中宰相），武元衡（元和二年相，喜爲五言），令狐楚（元和末宰相），李紳（會昌時宰相，有憫農詩），施肩吾（元和十年進士，才情富贍，爲詩奇麗，著百韻山居詩），羊士諤（受知李吉甫，嘗爲資州刺史），張仲素（憲宗時翰林學士，終中書舍人），竇鞏（有詩在元白唱和詩集），李涉（太和中太學博士），李約（李勉之子，兵部員外，雅度簡遠，有山林之致），歐陽詹（四門助教），楊巨源（河中少尹），呂溫（德宗時集賢院校書，後爲治書御史）等。

（四）晚唐

晚唐國家多難，日就衰替，詩道日卑，詞壇不振。王世貞曰：

「唐自貞元以後，藩鎮富強，兼所辟召，能致通顯，一時游客詞人，往往挾其所能，或行卷贊通，或上章陳頌，大者以希拔用，小者以冀霑沫，而干旄之吏，多不能分別黑白，隨意支應。故剽竊雲擾，諂諛泉涌，取辨俄頃以爲捷，使事飣餖以爲工。至於貢舉，本號詞場，而牽壓俗格，阿趣時好，上第巍峩，多是將相私人；座主密舊，甚乃津私禁臠。自比優伶，關節倖璫。身爲軍吏，下第之後，尙爾乞憐主司，冀其復進。是以性情之眞境，爲名利之驅途。詩道日卑，寧非其故」（註四十七）。

由於詞人覬逐於名利，不用力於雄篇大作，而發揮卽興偶成之絕句，是勢所必至也，故詩家日趣淺薄，其間傑出者，雖務以精意相高，亦不復有前輩閎妙渾厚之作。自文宗以後，至唐末凡八十餘年，詩之著名者爲溫李與小杜三人。溫庭筠，字飛卿，太原人，行爲塵雜，不修邊幅，好作側詞艷曲，與無賴之徒，共相滿飲，性情傲兀，屢犯高位之人，進士試故終不及第。曾任方城及隋縣尉，坎坷以終。有溫飛卿集七卷，別集（六七言律）一卷，集外（補遺）一卷。其詩艷麗綺靡，工於小賦，擅長樂府，描寫富貴之佳趣，有贍麗典雅，芊綿綺合之韻致。律詩對仗甚精，絕句俊爽雋美，風調婉約。李商隱（八一三－八五八），字義山，懷州河內人，開成二年進士，任秘書省校書郎。其後一生落魄，不能上達，文集之外，尙有李義山詩集三卷。其詩精於修辭，文字綺麗，句法綿密。諷喩時事，好用含義深奧之文字與典故，因此常不明其眞意所在，如錦瑟有「博奧奇僻」之譏。其學到杜甫之功，王安石謂：「唐人知學老杜而得其藩籬者，唯義山一人」（註四十八）。晚唐詩人中，每有溫李並稱；又有以商隱與杜牧並稱爲李杜。杜牧又稱小杜，而杜甫則稱大杜或老杜也。杜牧（八〇三－八五二）

，字牧之，京兆萬年人，杜佑之孫，官至中書舍人，有樊川詩集四卷，補遺一卷，外集一卷，別集一卷。詩得杜甫之豪健，而以俊爽宕麗勝。五言古詩中，尤其諷詠時事者，能直追杜甫之後塵，造句法亦相似，惟其所長，近體較古體爲優，絕句尚較律詩爲佳。沈德潛稱其絕句「遠韻遠神」。最特色爲懷古詠史之作品，如泊秦淮、江南春、山行、遣懷、赤壁等。

除以上三大家外，尚有許渾與劉滄以懷古詩著名，皮日休、陸龜蒙開趙宋之詩風，趙嘏、張祜與杜牧詩風相似。其餘又有鄭谷、司空圖、韓渥等，亦以詩名於時。許渾，字用晦，丹陽人，官至睦郢二州刺史，有丁卯集二卷，續集二卷，續補一卷。外遺詩一卷。詩格清麗，以整密勝，尤擅長律。劉滄，字蘊靈，魯國人，官至龍門令，其詩悠揚婉麗，颯颯有清雅之趣，與許渾相近，長於造句與懷古詩，如咸陽懷古、長洲懷古等。皮日休，字襲美，襄陽人，官至太常博士，性傲誕，家住鹿門山，自號間氣布衣，醉吟先生。其詩與陸龜蒙齊名，與龜蒙之唱和詩有松陵集十卷，兩人作品計三百四十二首。此外又附錄顏萱等幾人之詩，在皮子文藪十卷內，有詩一卷，載錄松陵集以外之詩。陸龜蒙，字魯望，蘇州長興人、久不就官，後拜左拾遺而卒。曾寓松江甫里，自號江湖散人、天隨子、甫里先生。性高潔而家貧，與日休唱和以次韻爲例，著有吳興實錄，松陵集，又有笠澤叢書四卷，補遺一卷，續補遺一卷，甫里集十九卷，附錄一卷。詩篇清麗，但格力不甚高，源出杜韓，極力馳騁，排比爲多，精意爲文，時發深抱，爲田園詩人。趙嘏，字承佑，山陽人，大中間爲渭南尉。詩贍美而多趣，出於王勃沈佺期，發聲清潤而入格未遒。其長安秋望詩，爲時人所誦，有趙倚樓之目。尤長七律，富警句。張祜，字承吉，清河人，隱居於丹陽曲阿，有詩集十卷。元和中，作宮體小詩，詞曲艷發。老大稍窺建安風格，誦樂府；樂府七律，是其長技。韓渥，字致堯，京兆萬年人，累官至中書舍人，兵部侍郎。性骨鯁，屢觸朱全忠之鋒，死生患難，經百折而晚節不移，眞是唐末之完人。有韓內翰集一卷，香奩集三卷，其七律沉麗，不忘君國。其香奩集開創艷靡之一派，專詠閨閣情事。詩篇緣情綺靡，爲錦繡才子所喜悅，自號爲玉樵山人。李羣玉，字文山，澧陽人，大中八年，授宏文館校書郎。有李羣玉集三卷，後集五卷，補遺一卷。鄭嵎，字賓先，大中五年進士，七古長篇之津陽門，有一千四百字，成一百韻，可見其才思與筆力。鄭谷，字守愚，宜春人，乾寧四年，任都官郎中。詩清婉明白，淮上與友人別爲唐絕之壓卷。司空圖（八三七－九〇八），字表聖，河內人，僖宗時，遷知制誥中書舍人，後去職，自稱知非子，又號耐辱居士。爲人矜伐，自論其詩，以爲得味外味。詩句峻厲，大抵是學張籍，除集外，尚有二十四詩品。蘇軾謂其於崎嶇兵亂之間，而詩文高雅，猶有承平之遺風（註四十九）。

晚唐詩人，尚有杜荀鶴（大順初翰林學士，自號九華山人，宮詞甚佳，著唐風集），段成式（大中間，以儷偶相夸，號三十六體），韋莊（仕王建掌書記，有浣花集），馬戴（會昌四年進士，有易水懷古，落日悵望，河梁別等詩），唐彥謙（歷慈絳澧三州刺史，自號鹿同先生，詩學義山，最善用事），羅隱（有羅隱集），沈亞之（太和初，爲殿中侍御史，有沈下賢集），王渙（大順二年侍郎）等亦有詩名。

詞起源於六朝，萌芽於盛唐之季。李白之清平調、菩薩蠻、憶秦娥，張志和之漁歌子，稱爲後世詞調之始祖。盛唐之詞人，有王維、張說、元結，其作品大抵是小令。沈佺期之廻波詞，元結之欸乃曲，可視爲詞調權輿之一。中唐詞人，韋應物之三臺令、轉應曲，韓翃之章臺柳，戴叔之轉應曲，白居易之長相思，憶江南、花非花、柳枝詞、如夢令等，爲世人所傳誦。王建有調笑令，劉禹錫有八拍蠻，小桃紅。其他劉長卿、張仲素、柳宗元、李德裕等皆有詞。然詞在盛唐時不多見，大中以後，詩漸衰弱，倚聲繼之而起，直至晚唐，逐漸發展；晚唐詞風，實開五代詞之先調。到溫庭筠時，方有專集，詩詞異趣，始漸顯著。舊傳有握蘭、金荃二集，但今所存者，花間集載六十六首，尊前集載五首，並有散見於金奩集中。其作品如南歌子、荷葉杯、蕃女怨、木蘭花、菩薩蠻等，均傳誦於世。其餘如段成式、鄭符、張希復之閒中好，皇甫松之天仙子、憶江南，司空圖之酒泉子，韋莊之荷葉杯、憶舊，韓偓之浣沙溪及生查子，張曙之浣沙溪，杜牧亦有詞，均以天籟見稱。

筆記體裁，是沿襲漢魏六朝而來，如漢劉向之新序、說苑，晉干寶之搜神記等是也。唐人仿其體裁，有劉肅之大唐新語，柳宗元之龍城錄，薛用弱之集異記，鄭還古之博異志，王惲之幽怪錄，不下數十種，其材料包括遺聞、軼事、神仙、鬼怪等，記一時代之事情，以補正史之未備，其內容當作野史看。而其文字簡古，有時亦倩麗，在文學上自有相當之價值也。

至於傳奇，是唐人創造之體裁，爲一種有組織之短篇獨立小說，多半是兒女、英雄、神仙、鬼怪，驚心動魄之奇事，故稱傳奇。每以小小事情，描寫悽婉欲絕，與詩歌可稱爲一代文學之奇。著名之傳奇，大多收入於唐代叢書中。因宗教信仰之風靡而有神仙鬼怪之傳奇，如李朝威之柳毅傳，李公佐之南柯太守傳，及李泌之枕中記等；因男女色情之浪漫，娼妓制度之盛行，而有戀愛艷情之傳奇，如元稹之鶯鶯傳，白行簡之李娃傳，及蔣防之霍小玉傳等；因藩鎮跋扈社會黑暗而有豪俠之傳奇，如楊巨源之紅線傳，張說之虬髯客傳，薛陶之英雄傳，段成式之劍俠傳，薛調之劉無雙傳，及聶隱娘傳等。其餘如李公佐之謝小娥傳，房千里之楊倡傳，馮延巳之黑崑崙傳，及陳鴻之長恨歌傳等，亦均著名。然各傳奇中，以艷情傳最爲精絕。又有變文俗文者，中唐極爲盛行，取材內容，最初多出佛說，嗣後推廣應用，且加以中國化，有寫歷史故事者，如明妃傳，舜子至孝變文等是也；有寫艷情者，如遊仙窟是也。此體演變，訖唐末五代之際，有列國故事、太宗入冥記等，純爲散文，無韻語。文體轉變，遂開宋代話本，元明演義之先聲。

二、經　學

唐有天下，崇興儒教。貞觀四年，太宗以經籍文字多訛謬，詔顏師古於秘書省考定五經，復詔房玄齡集諸儒重加評議，而異論蜂起，羣相非難，師古隨方曉答，諸儒折服。乃於七年（六三三），頒其書於全國，是爲五經定本。又詔孔穎達與諸儒撰定五經義疏，十六年，書成，凡一百八十卷。博士馬嘉運曾駁正其失，有詔更令裁定，功未就。至永徽二年，詔中書門下與國子三館博士弘文館學士考正之，於是長孫无忌、于志寧、張行成、高季輔等，就加增損。四年書始布下，是爲五經正義；經義遂統於一，每年明經，依此考試焉。然師古之新定五經，蓋本家訓之說，斷從南本；穎達之正義，本奉勅而作，但亦多從南學，南北朝對於經學注釋，各有所本，好尚不同，南朝重王肅（一九五—二五六），而北朝則重鄭玄（一二七—二〇〇）。江左周易則王弼，尚書則孔安國，左傳則杜預。河洛左傳則服虔，尚書、周易則鄭玄。詩則並主於毛公，禮則同遵於鄭氏。大抵南人簡約，得其精華；北學深蕪，窮其枝葉（註五十）。唐初之五經正義，易宗王弼注（惟繫詞爲晉韓康伯注），而疏無所主；書宗孔安國傳；詩宗毛傳鄭箋，而疏並主劉焯劉炫；禮記宗鄭注，而疏以皇侃爲本，以熊安生爲輔；左傳宗杜注，而疏主劉炫沈文阿。其偏重南學，事實顯然。

繼五經正義而作者，有賈公彥周禮、儀禮義疏，並宗鄭注，鄭學賴以保存。公彥之治禮，是淵源於北學。又有楊士勛穀梁義疏，宗范寧集解之注，徐彥公羊傳疏，宗何休解詁注，皆不聞其所本。此四經疏，雖非奉勅而作，但開元八年，四經已並立於學官，四家疏想亦與正義同其用也。諸經義疏之中，朱熹謂：「周禮疏最好，詩與禮記次之，書、易疏亂道。易疏，只是將輔嗣注來虛說一片」（註五十一）。錢大昕亦謂：「唐初正義，曲狥一家之言，彼經與此經相矛盾者甚多，要其義據閎深，則詩、禮爲上，春秋次之，易、書爲下」（註五十二）。夫詩、禮之詳實，王應麟已先爲言之（註五十三），蓋諸儒所見略同也。開元十四年（七二六），太子賓客元行沖等集義作疏，撰禮記義疏五十卷，但其書貯於內府，不得立學焉。

唐人經說，正義一派而外，其最足以資後學挹注者，前則有陸德明經典釋文（三十卷），後則有李鼎祚周易集解。陸氏之書，本爲南學，其書主於作音，兼釋經義，不唯音經，且亦音注，故體例獨別，而能集諸家之大成，古今並錄，括其樞要，經注畢詳，訓義兼辨，「先儒之精蘊賴以留，俗本之譌文賴以正，實天地間不可無之書也」（註五十四）。鼎祚之書，集子夏孟喜等凡三十餘家，而以九家易乾鑿度附焉。故名曰集解。隋唐以上易家諸書佚不傳者，於是書可見其一二，其存古之功，實與陸氏並偉。然鼎祚之集解，雖力崇漢學，排斥王注，亦無補於鄭學之衰微，此則南學盛行使然也。至若徐文遠之左傳音及義疏，許叔牙之毛詩纂義，李玄植之三禮音義，亦各有專長，不得以正義一派範圍之也。

五經正義頒行後，學固定於一尊，然長安三年（七〇三年），王玄感上其所撰尚書糾謬、春秋振滯、禮記繩愆，則皆與正義立異。詔令宏文、崇賢兩館學士及成均博士詳其可否，魏知古稱其書爲五經指南，聯疏薦之，遂下詔褒美，以爲儒宗。大曆之間，啖助、趙匡、陸淳以春秋，施士匄以詩，仲子陵、袁彝、韋彤、韋茝以禮，蔡廣成以易，強蒙以論語，皆自名其學，益不復守舊說（註五十五）。啖助有春秋集傳，雜採三傳，論其得失，各取其長。蔡廣成有周易啓源及周易外義。陸淳有春秋纂例，辨疑、微旨三書，掊擊三傳，以臆說解經，自成一派，其說本諸啖助趙匡，蓋淳與匡同師啖助也。盧仝撰春秋摘微，援經繫傳，以爲左傳解義多謬，故解經亦不用傳；成伯璵撰毛詩指說，述作詩大旨及師承次序，亦春秋毛詩之新派也。李翺易銓論八卦之性，陸希聲易傳刪去爻象，高重春秋經傳要略，分諸國各爲書，陳岳春秋折衷論，以三傳異同三百餘條，參求其長，以通春秋之義，並以意說經。韓愈李翺撰論語筆解，亦以空說解經。自大曆而後，解經多尚新說，初則難疏，繼而難注，既又難傳，於是離傳而言經矣。夫不信三傳，始於唐人，韓愈寄盧仝詩：「春秋三傳束高閣，獨抱遺經究終始」（註五十六），斯則春秋經學一大變矣。

唐代石經，以開成石經爲最著。開成石經，創議太和四年（八三〇），始事於九年，成於開元元年，後遂爲孟蜀趙宋石經，及五代雕印九經所本。其經文不從注疏者，皆有依據，實有功經學不淺，

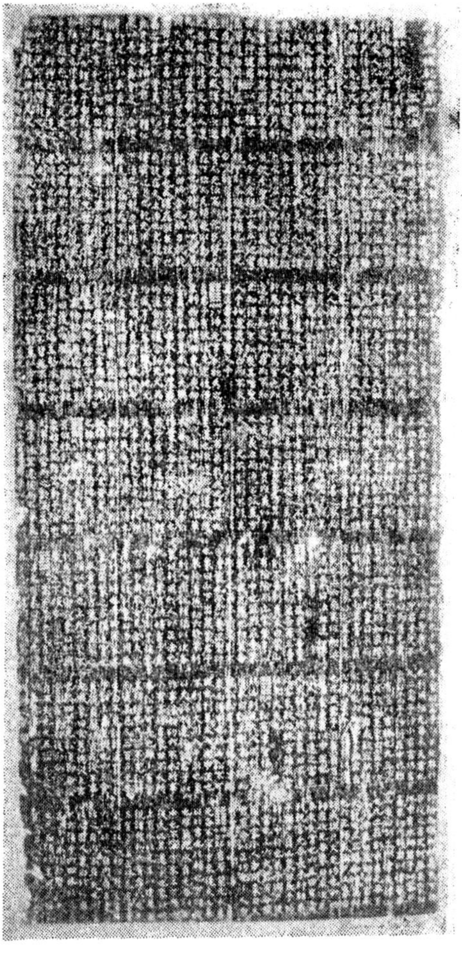

圖十七　開成石經

名爲九經，其實十二經也。石刻十二經，並五經文字，九經字樣易九石，書十石，詩十六石，周禮十七石，儀禮二十石，禮記三十三石，春秋左傳六十七石，公羊傳十七石，穀梁傳十六石，孝經一石，論語七石，爾雅五石，五經文字九經字樣共十石。每石七八層，高七八尺，廣四三尺不等，正書，題首隸書。共二百二十八石，都計六十五萬二千零五十二字（開成二年）（註五十七）。

至於聲韻學，儀鳳二年（六七七），長孫訥言著切韻箋注，此乃根據陸法言之切韻，加六百字，補其闕遺，且加箋注。天寶十載，孫愐著唐韻五卷爲最著，但其書已亡。是書就陸法言之切韻舊本而有所損益，增加新字四萬二千三百八十三字，加以詳注。顏眞卿初在平原，亦著有韻海鏡源，始創條目，成二百卷。遇安史之亂，遲二十餘年，大曆九年（七七四），及至湖州，延文士蕭存，陸士修，裴澄等十餘人，筆削舊章，該搜羣籍，撰定爲三百六十卷。其內容大凡據法言切韻次其字，按經史及諸子語，據音韻次字成句者刊成文，裁以類編。又按倉雅及說文、玉篇等字義各注其下，謂之字脚。韻海者以牢籠經史之語，依韻次之，其多如海；又以八體之本，究形聲之義，故曰鏡源也（註五十八）。

三、史　學

唐初官修前代史書，昉自令狐德棻（五八三—六六六）之建議：

「竊見近代已來，多無正史，梁陳及齊，猶有文籍，至周隋遭大業離亂，多有遺闕。當今耳目猶接，尚有可憑，如更數十年後，恐事跡湮沒。……如臣愚見，並請修之」（註五十九）。

高祖遂下詔：直中書令蕭瑀，給事中王敬業，著作郎殷聞禮，可修魏史；侍中陳叔達，秘書丞令狐德棻，太史令庾儉，可修周史；兼中書令封德彝，中書舍人顏師古，可修隋史；大理卿崔善爲，中書舍人孔紹安，太子洗馬蕭德言，可修梁史；太子詹事裴矩，兼吏部郎中祖孝孫，前秘書丞魏徵，可修齊史；秘書監竇璡，給事中歐陽詢，秦王文學姚思廉，可修陳史。瑀等受詔，歷數年，竟不能就而罷（註六十）。至貞觀三年，復詔撰定，令狐德棻，岑文本，崔仁師撰周史；李百藥撰齊史；姚思廉撰梁陳二史；魏徵撰隋史；以房玄齡爲總監（註六十一）。十八年，詔改撰晉書，同修一十八人，並推令狐德棻爲首（註六十二）。所修各史，略舉如下表：

史名	卷數	內容（卷數）				撰修人	撰修期	備註
		本紀	志	列傳	載記			
晉書	一三〇	一〇	二〇	七〇	三〇	房玄齡褚遂良等，總題爲御撰。	貞觀二十年	以南齊臧榮緒之晉書爲主
梁書	五六	六		五〇		姚思廉	貞觀十二年	以其父姚察舊稿爲主（採謝炅顧野王等諸家言）
陳書	三六	六		三〇		姚思廉	貞觀十二年	同右

北齊書	五〇	八		四二		李百藥	貞觀十年	以其父李德林之舊稿爲主，雜採他書。
周書	五〇	八		四二		令狐德棻、岑文本	貞觀十年	承牛弘周紀十八篇之業
隋書	八五	五	三〇	五〇		顔師古、孔穎達	貞觀十八年	隋王劭曾爲書八十卷，繼其遺規，附于志寧等五代史志。
北史	一〇〇	一二		八八		李延壽	貞觀十七年始，凡十六載。	其父太師擬春秋編年，刊究南北事，未成而沒，參考舊本，而編是書。
南史	八〇	一〇		七〇		李延壽	同右	同右

以上均爲奉勅所撰。此外著史者，王勃依春秋體例，自獲麟後，歷秦漢至於後魏，著紀年之書，謂之元經（註六十三）。劉允濟嘗採摭魯哀公後十二代，至於戰國遺事，撰魯後春秋二十卷（註六十四）。張昌齡撰古文紀年新傳三十卷（註六十五）。元行冲撰魏典三十卷，事詳文簡，爲學者所稱（註六十六），吳兢嘗以梁、陳、齊、周、隋五代史繁雜，乃別撰梁、齊、周史各十卷，陳史五卷，隋史二十卷（註

六十七）。敬播又著隋略二十卷（註六十八）。丘悅撰三國典略三十卷（註六十九）。蔡允恭又撰後梁春秋十卷（註七十）。

唐初官修國史，其屬於起居注實錄者，有溫大雅撰創業起居注三卷（註七十一）。貞觀十七年（六四三），許敬宗撰武德貞觀實錄（註七十二）。敬播與許敬宗撰高祖太宗實錄四十卷又撰太宗實錄二十卷（註七十三）。其屬於紀傳體者，貞觀初，姚思廉始撰紀傳，粗成三十卷（註七十四）。顧胤於永徽中，撰太宗實錄二十卷，又撰武德貞觀兩朝國史八十卷（註七十五）。劉胤之與令狐德棻及楊仁卿等，撰成國史及實錄（註七十六）。國史自令狐德棻至於吳兢，雖累修撰，竟未成一家之言，至韋述始定類例，補遺續闕，勒成國史一百一十三卷，並史例一卷（註七十七）。自天寶亂後，柳芳、休烈、令狐峘凡三修國史，然猶以述書爲藍本。

玄宗時，官修之唐六典，所述唐代典章制度，最爲完備。杜佑之通典二百卷，乃擴充開元末劉秩之政典三十五卷而成，「禮樂刑政之源，千載如指諸掌」（註七十八），爲政書之始。蘇冕之唐會要四十卷，崔鉉又撰續會要四十卷。別史類如許嵩之建康實錄二十卷；雜史類如吳兢之貞觀政要十卷，余知古之渚宮故事十卷，裴延裕之東觀奏記三卷，王仁裕之開元天寶遺事六卷，劉肅之大唐新語十三卷；載記類如樊綽之蠻書十卷。唐初門第之風未泯，譜學爲時人所重，專研者亦衆，其著者有李守素、路敬淳著考姓略記二十卷（註七十九）。貞觀中，太宗命學者撰氏族志百卷；中宗時，柳沖與魏知古、陸象先等撰成姓族系錄二百卷（註八十）。韋述又撰成開元譜二十卷（註八十一）。路敬淳有衣冠譜六十卷，柳芳有永泰譜二十卷，柳璨有姓氏韻略六卷，張九齡有姓源韻譜五卷，林寶有元和姓纂十卷，邵思有姓解三卷。其書雖多，大概分爲三種：一論地望，一論聲，一論字。論字者以偏旁爲主，論聲者則以四聲爲主，論地望者則以貴賤爲主也（註八十二）。

批評史學，有劉知幾之史通，內篇（三十六）外篇（十三）凡四十九篇，此乃探討史學方法與理論，史學更成爲專門之學問，其書議論精覈，千古不廢之作也。唐代史學風盛，漢書之學，亦唐初人士所競尙，顏師古注漢書，解釋詳明，學者奉爲準的；敬播撮漢書之要，成漢書注四十卷；劉伯莊撰漢書音義二十卷。秦景通與弟暐，皆精漢書，號「大小秦君」，爲治漢書之權威。又有劉訥言，亦以漢書名家。姚思廉之孫挺，撰漢書紹訓四十卷，以發明其家學。顧允撰漢書古今集義二十卷，李善撰漢書辨惑三十卷。唐人之究心漢書，各稟承舊說，不敢以意爲穿鑿者也（註八十三）。

四、地　理

唐代疆土遠拓，地理之學亦盛。茲分爲圖志，方志圖，及總地志，列述其概要如下：

（一）圖　志

高宗時，「西域既平，遣使分往康國及吐火羅國，訪其風俗物產，及古今廢置，畫圖以進，因令史官撰西域圖志六十卷」（註八十四）。天寶中，亦撰西域圖志（註八十五）。此等經鴻臚卿所撰之外國圖，大抵注意於人物、容狀、衣服與風俗也。其餘如顯慶三年（六五八），王玄策撰中天竺國圖，有行紀十卷，圖三卷（註八十六），閻立本撰西域諸國風物圖，太和八年，田牟撰入蕃行記圖一軸，並圖經八卷（註八十七），此皆為所撰外國之圖志也。

至於本國地圖，有長安四年（七〇四）之十道圖十三卷，開元三年之十道圖十卷（註八十八）。建中元年，諸州地圖每三年一送職方，今改為五年一造送，如州縣有創造，及山河改移，即不在五年之限，後復故例（註八十九）。元和八年（八一三），李吉甫進所撰元和郡國圖三十卷，並進六代略三十卷，又為十道州郡圖五十四卷（註九十），十道圖十卷，古今地名三卷（註九十一）。

（二）方志圖

李淳風之父李播，號黃冠子，撰方志圖（註九十二）。呂才，博州清平人，善陰陽方技之書，太宗令其造方域圖，及教飛騎戰陣圖，皆稱旨（註九十三）。武后朝，以尚獻甫為渾儀監，又令其於上陽宮集學者撰方域圖（註九十四）。廣陵李該，好地理，亦作地志圖（註九十五）。馬敬寔著有諸道行程血脈圖一卷（註九十六），左史盩厔人江融，撰有九州設險圖，備載古今用兵成敗之事（註九十七），韋瑾亦撰有域中郡國山川圖經一卷（註九十八）。

（三）總地志

貞觀十二年（六三八），魏王泰集諸學者，作括地志，十五年（六四一）完成，凡五百五十卷（註九十九）。宰相賈耽，於貞元十七年（八〇一），撰成海內華夷圖及古今郡國縣道四夷述四十卷，表獻之曰：

「…今臣修撰國圖，旋即充使魏州、汴州，出鎭東洛、東都間，以衆務不遂，專門績用尙虧，憂愧彌切！近乃力竭衰病，思殫所聞，見叢於丹青，謹令工人畫海內華夷圖一軸，廣三丈，縱三丈三尺，率以一寸折成百里，別章甫左衽，奠高山大川，縮四極於纖縞，分百郡於作繢。宇宙雖廣，舒之不盈庭；舟車所通，覽之咸在目。並撰古今郡國縣道四夷述四十卷。中國以禹貢爲首，外夷以班史發源，郡縣紀於增減，蕃落敍其盛衰。前地理書以黔州屬酉陽，今則改入巴郡。前西戎志以安國爲安息，今則改入康居。凡諸疏舛，悉從釐正。隴西十地，播棄於永初之中；遼東樂浪，陷屈於建安之際。曹公棄陘北，晉氏遷江南，緣邊累經侵盜，故墟日就堙毀。舊史撰錄，十得二三；今書搜補，所獲大半。周禮職方，以淄、時爲幽州之浸，以華山爲荆河之鎭，既有乖於禹貢，又不出於淹中，多聞闕疑，詎敢編次。其古郡國題以墨，今州縣題以朱。今古殊文，執習簡易。臣學謝小成，才非博物，伏波之聚米，開示衆軍；鄧侯之圖書，方知阨塞。企慕前哲，嘗所寄心；輒罄庸陋，多慚紕繆」（註一〇〇）。

其圖以一寸折成百里，已應用比例尺製圖；古郡國題以墨，今州縣題以朱，實爲一種配色之地圖，較其他之方志圖繪製爲進步。賈耽又撰貞元十道錄四卷，貞元十八年，權德輿序言曰：

「…其首篇自貞觀初，以天下諸州分隸十道，隨山河江嶺，控帶紆直，割裂經界，而爲都會。在景雲爲按察，在開元爲採訪，在天寶以州爲郡，在乾元復郡爲州。六典地域之差次，四方貢賦之名物，廢置升降，提封險易，因時制度，皆備於編。而又考迹其疆理，以正謬誤，採獲其要害，而陳開置。至若護單于府，並馬邑而北，理榆林關外，宜隸河東；樂安自乾元後，河流改故道，宜隸河南；合州七郡，北與隴坻，南與庸蜀，回遠不相應，宜於武都建都府，以恢邊備。大凡類是者十有二條。制萬方之樞鍵，出千古之耳目，故今之言地理者稱魏公焉」（註一〇一）。

元和年間，宰相李吉甫，撰元和郡縣圖志五十四卷，其序曰：

「所以前上元和國計簿，審戶口之豐耗；續撰元和郡縣圖志，辨州域之疆理，時獲省閱，或裨聰明，豈欲希鄧侯之規模，庶於盡朱贛之條奏。況古今言地理者，凡數十家，尚古遠者或搜古而略今；采謠俗者多傳疑而失實。飾州邦而敍人物，因丘墓而徵鬼神，流於異端，莫切根要。至於兵饟山川，攻守利害，本於地理者，皆異而不書，將何以佐明王扼天下之吭，制羣生之命，收地保勢勝之利，示形束壤制之端，此微臣之所以精研，聖后之所宜周覽也。謹上元和郡縣圖志，起京兆府，盡隴右道，凡四十七鎭，成四十卷。每鎭皆圖在篇首，冠於敍事之前，並目錄兩卷，總四十二卷」（註一〇二）。

孔述睿精於地理，在史館乃重修地理志，時稱詳究（註一〇三）。韋澳著諸道山河地名要略九卷（註一〇四）；梁載言著十道志十六卷（註一〇五），其言多稱咸通中沿革。劉之推著九州要略三卷，又郡國志十卷（註一〇六），曹大宗撰郡國志二卷，始關內，終於嶺南（註一〇七）。以上各書，內容均甚簡約，多爲便利行政經略上檢閱之需。又左武衛兵曹曹璠，撰唐須知國鏡書目二卷。璠案六典戶部十道纂撰，及採諸節府賦稅戶額物產，京畿文武百官俸給，以至岳瀆山川四夷八蠻，並撮其機要，使覽者纖毫無遺（註一〇八）。此恐為分類排次，而非按地域分編也。

五、法　律

前人謂不讀唐律，不能知先秦歷代律令因革之宜，蓋唐律上集秦、漢、魏、晉之大成，而加以改進者，審愼精密，為一代巨製，故中國歷代立法，均以唐律為宗。昔魏文侯以李悝為師，造法經六篇，分盜法、賊法、囚法、補法、雜法、具法；漢蕭何加戶興廐三篇，謂之「九章律」。曹魏因之，作新律十八篇，晉賈充增損漢魏為二十篇。北齊制齊律十二篇，後周武帝改新律為二十五篇。至隋開皇初，集歷代法律而損益之，乃定新律，共十二律，曰：名例、衞禁、職制、戶婚、廐庫、擅興、賊盜、鬪訟、詐僞、雜律、捕亡、斷獄。唐初建國，武德七年頒新律令，僕射裴寂等十五人奉詔撰武德律十二卷，式十四卷，令三十一卷，以五十三條附新律，大略以開皇律為準。貞觀二年，詔長孫无忌房玄齡等復定律令，凡律五百條，令一千五百四十六條，格七百條，成貞觀律十二卷，令二十七卷，格十八卷，留司（留本司）格一卷。永徽三年，長孫无忌等奉詔制永徽律十二卷，式十四卷，式本四卷，令三十卷，散頒天下格七卷，留本司行格十八卷。四年，又撰唐律疏義三十卷，勒成一代之典。

唐律凡十二律，計名例五十七條，衞禁三十三條，職制五十八條，戶婚四十六條，廐庫二十八條，擅興二十四條，賊盜五十四條，鬪訟五十九條，詐僞二十七條，雜律六十二條，捕亡十八條，斷獄三十四條，共五百條。其中因應損益於歷代法律者如下：（一）名例，名者五刑之罪名，例者五刑之體例，李悝法經有具法，曹魏始改漢代具律爲刑名第一、齊律則併之曰名例，後循而不改。(二)衞禁，言警衞之法，始自晉賈充所創宮衞律，隋開皇改爲衞禁律。(三)職制，言職司法制，晉爲違制律，隋則改爲職制律。(四)戶婚，言戶口婚姻，由漢至後周爲戶律，隋改爲戶婚律，(五)廐庫，言馬牛兵甲財帛之所藏聚，漢爲廐律，隋則以庫事附之，更名廐庫。(六)擅興，言重防軍戎之事，漢爲興律，魏以擅事附之，名擅興律，後改之，至開皇復用此名。(七)賊盜，言防止賊盜，李悝法經有盜法賊法，至北齊合爲賊盜律，開皇亦沿用此名。(八)鬪訟，言防鬪與訟，後魏太和年間，分擊訊律爲鬪律，北齊以訟事附之，名鬪訟律，開皇依之。(九)詐僞，言防詐僞，魏分李悝賊法爲之，歷代相因不改。(十)雜律，言拾遺補闕，錯綜成文，李悝法經有雜法之目，後周改爲雜犯律，隋去犯，還爲雜律。(十一)捕亡，言捕繫逃亡，李悝有捕法，後魏名捕亡律，隋復依之。(十二)斷獄，言決斷之法，魏分李悝囚法而出此篇，至後周復爲斷獄律。由上述各律之沿革，可知唐律原襲用隋開皇律，然開皇律多因北齊，而北齊更承後魏太和正始之舊。是以唐律上溯後魏北齊與隋，一脈相承，集歷代法律之大成，而綜合斟酌以整理之者也。

唐律有十惡八議之列，五刑之中，十惡尤厲，特標篇首，以爲明誡。十惡之例，創自開皇，唐因之，其事類有謀反、謀大逆、謀叛、惡逆、不道、大不敬、不孝、不睦、不義、內亂。八議之目，有議親、議故、議賢、議能、議幼、議貴、議勤、議賓、此爲兼重人格主義之表現。凡屬於八議之人，犯死罪者，皆先奏請，議其所犯也。刑罰所施，分爲笞、杖、徒、流、死、五刑，茲列表如下：

刑名	一等	二等	三等	四等	五等
笞刑（五等）	十	二十	三十	四十	五十
杖刑（五等）	六十	七十	八十	九十	一百
徒刑（五等）	一年	一年半	二年	二年半	三年
流刑（三等）	二千里，配役一年。	二千五百里，配役一年。	三千里，配役一年	加役流，役三年。	
死刑（二等）	絞	斬			

至於疏律問答，精嚴警闢，文字優美，法律論斷，至爲深刻。朝廷歲取明法之士，州府員定法曹之官，法律之講求，亦至爲愼重者也。夫唐代之政治觀念，以德禮爲政敎之本，刑罰爲政敎之用，故禮治居於主位，而以法律爲輔助。立法精神，仍本於周禮，採其敬老、慈幼、三赦之義，子不能告父，以孝爲重。因此其法律條文，流露家族主義之濃厚色彩，無他，法律之基礎，一本於禮敎故也。夫法既以禮爲主，故法之所禁，必皆禮之所不容；而禮之所許，自必法之所不禁，是以法不在嚴，貴於知禁；議刑連坐，常考據於禮。此與法家「萬事皆歸於一，百度皆準於法」(註一〇九)之理論不同也。

且唐代刑罰至輕，太宗不用封德彝任法律之主張，而聽魏徵一言，遂以寬仁制爲出治之本。張說對策，亦謂：「刑以助敎，德以閑邪，先王愼於好生，大易誠於緩死」(註一一〇)。刑罰之觀念如此，故唐律所定，笞杖不過二百，徒不過三年，流不過三千里，役不過四年，死不過絞斬，無終身囚禁、凌遲磔鋸之刑。雖反逆大惡，罪止於斬決。緣坐限於父子，亦無族誅之制。九十歲以上，七歲以下，雖有死罪不加刑，老小廢疾，可准其贖刑。又有自首減罪之例。議絞刑之屬五十，武德年中，皆免死而斷右趾，貞觀四年，以閱明堂孔穴圖，審決罪人不能鞭背。六年，除斷趾法為加役流。徒以上罪由縣斷定，仍送州覆審。五年（六三一）詔：死刑雖令即決，仍三覆奏，在京五覆奏，而後報可。大獄每取議三司。制度謹嚴精愼，似不輕用刑罰。凡犯罪先付平議，可宥者宥之；而刑律比隋律減大辟九十二條，減流入徒者七十一條，蓋愼於刑罰故也。自永徽定律，其後定令刪格編式，各隨世損益，科條無藝，大抵皆原於律，以有違於令及格式者，皆斷於律也。各朝之格式，有裴居道等撰之垂拱式格，韋安石等撰之刪垂拱式格，岑羲等撰之太極格，姚崇等撰之開元前後格式，李林甫等撰之開元新格式，權德輿等撰之元和格勅，許孟容等集之元和刪定制勅，謝登纂集之太和格後勅，狄兼暮纂之開成詳定格，劉瑑等纂之大中刑法總要格後勅。其他關於私人之法律著作，有王行先律令手鑑二卷，元泳式苑四卷，趙仁本法例二卷，崔知悌法例二卷，張戣大中刑律統類十二卷，盧紓刑法要錄十卷，張伾判格三卷，李崇法鑑三卷。

六、書　法

唐初，王羲之書法盛行，南派之書法，由是大盛，且因南北政權統一之故，書法亦漸形統一，而以羲之爲宗，蓋羲之實兼南北兩派之長也。唐太宗精於書法，筆力遒勁，冠絕一時。貞觀十四年，自爲眞草書屏風，以示羣臣，嘗謂：「書學小道，初非急務，時或留心，猶勝棄日。……今吾臨古人之書，殊不學其形勢，唯在求其骨力，及得骨力，而形勢自生耳。然吾之所爲，皆先作意，是以果能成也」（註一一一）。太宗好羲之書法，下詔購求，殆盡遺逸，尤其特愛蘭亭、樂毅論兩帖（註一一二）。而以蘭亭帖嘗置於座側，朝夕觀覽。又嘗語高宗謂吾死後，與蘭亭同去。及奉諱之日，用玉匣貯之，葬於昭陵（註一一三）。其眞書傳世者，以晉祠銘、溫泉銘爲最著；嘗作筆法指意，筆意三說以訓學者。又傳贊王羲之字學論。然太宗雖最好王羲之，而於獻之之書，則頗有微詞。高宗書法，亦追蹤二王。其餘如玄宗、肅宗、代宗、德宗、宣宗、昭宗，皆爲善書者也。

初唐當武德貞觀之際，如日初升，書法鴻朗莊嚴，煥然有文明之象（註一一四）。著名之大書家，爲虞世南、歐陽詢、褚遂良、及薛稷。

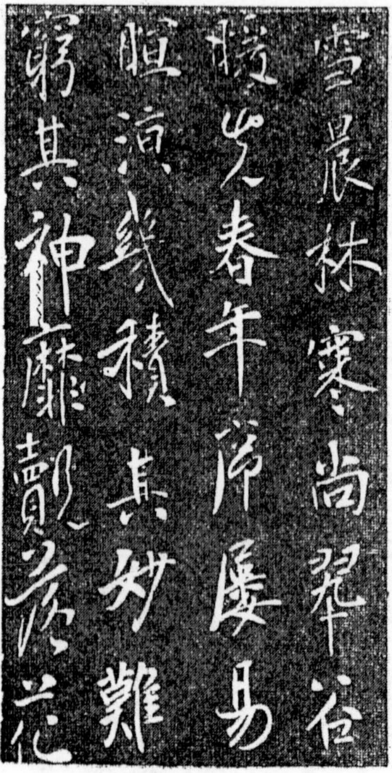

圖十八　唐太宗溫泉銘

虞世南（五五八—六三八），餘姚人，官至秘書監，與兄世基，執弟子禮於顧野王（五一九—五八一），力學不倦。釋智永（羲之七世孫）善書，得羲之法，世南往師焉，故世南書法，接智永遺軌，可謂能承南派王羲之系統者。李嗣眞評其書，謂：「蕭散灑落，眞草惟命，如羅綺嬌春，鵷鴻戲沼」（註一一五）。其代表作有：夫子廟堂碑、汝南公主墓誌銘、及積時帖，並著有筆髓論一卷。太宗嘗謂世南有五絕：德行、忠直、博學、文詞、及書翰。太宗學隸，師法世南，歎謂世南死後，無人可與論書者，其推崇世南可知也。歐陽詢（五五七—六四一），臨湘人，銀青光祿大夫，喜學王羲之書，後勁險刻厲，自成一家。議者謂其眞行有獻之法。人得其尺牘文字，咸以爲楷範，雞林亦嘗遣使求書焉。其後又揣摩索靖所書，習於北派之拘謹拙陋，由是晚年筆力益剛勁，有執法面折廷爭之風（註一一六）。八體盡能，篆尤精。李嗣眞謂：

「歐陽草書難與競爽，如旱蛟得水，毚兎走穴、筆勢恨少，善於鐫勒，及

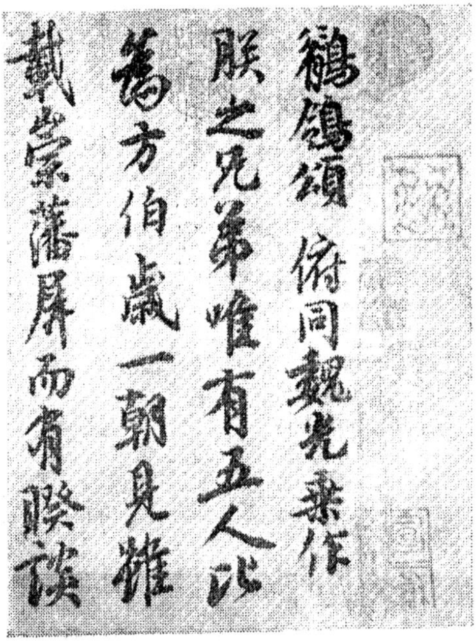

圖十九　唐玄宗　鶺鴒頌

（國立故宮博物院藏品）

飛白諸勢，如武庫矛戟，雄劍森森」（註二一七）。其代表作爲皇甫誕碑，九成宮、醴泉銘、化度寺碑，及邕禪師塔銘。議者嘗謂歐之與虞，智均力敵，虞則內含剛柔，歐則外露筋骨（註二一八）。然歐之書以勁峻勝，而潤色不及虞也。詢子通，刻意臨摹其父遺蹟，父子齊名，號「大小歐陽體」，筆法險勁，瘦怯於父，而嗣其家風。

褚遂良（五九六—六五八），河南陽翟人，尚書左僕射，書法少則服膺虞世南，長則祖述王羲之，眞書甚得其媚趣，張懷瓘評之謂：「若瑤台青瑣，窅映春林，美人嬋娟，不任羅綺，增華綽約，歐虞謝之。其行草之間，即居二公之後，隸行入妙，則得之史陵親授」（註二一九）。李嗣眞亦謂：「褚氏臨寫右軍，亦爲高足，豐艷雕刻

圖二十　虞世南夫子廟堂碑

（東京三井聽冰閣藏品）

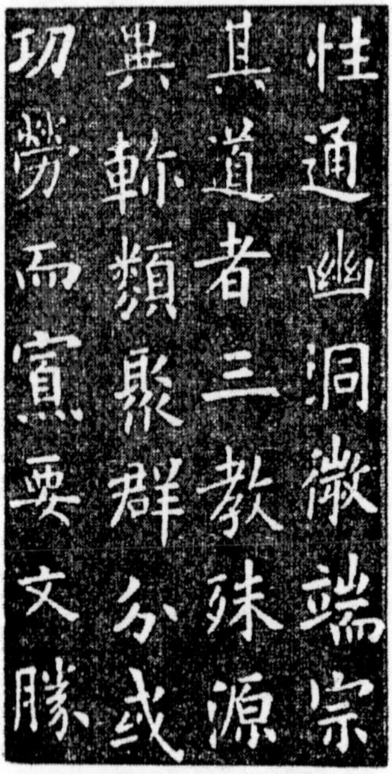

圖二十一　歐陽詢化度寺碑

（巴黎國家美術館藏品）

，盛爲當今所尚，但恨乏自然，功勤精悉耳」（註一二〇）。其書師法於古，實不名一家，結體學鍾繇，古雅絕倫，與歐陽詢同出北派，筆法則似逸少。至章草之間，婉美華麗，尤推妙品，疏瘦勁練，是其特色。虞世南死後，魏徵薦之曰：褚遂良下筆遒勁，甚得王逸少之體。太宗即日召令侍書（註一二一）。其代表作有大唐三藏聖教序、孟法師碑、房玄齡碑、枯樹賦、倪寬贊。薛稷（六四九—七一三），河東人，外祖爲魏徵，任太子少保，工隸，書學褚遂良，得其神似，尤尚綺麗媚好，膚肉得師之半。

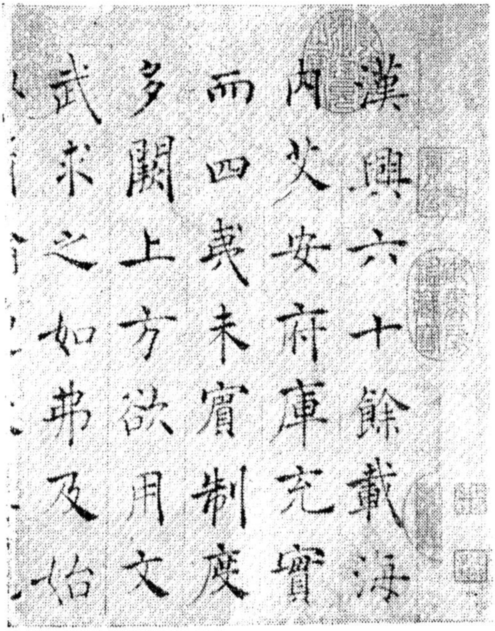

圖二十二　褚遂良倪寬贊

（國立故宮博物院藏品）

武后時，其弟薛曜，有遊石淙詩摩崖，師法北碑之峻整，更有一種瘦勁鋒銳之概。其餘以書名者，尚有陸柬之。柬之，吳郡人，官至朝散大夫，虞世南甥也，少學舅氏書，得其草體，用筆則青出於藍。多作行字，其佳處論者謂爲如偃蓋之松節。晚習二王，尤尚其右，中年之蹟，猶有怯懦，總章以後，乃備筋骨（註一二二）。但正隸工夫恨少，未至高絕者。其子彥遠，傳父書法，號稱「小陸」，後以傳其甥張旭。

初唐書體多取法於王羲之，得晉宋之風，勁健相尙，故初唐四家之書，皆有清瘦之致，而褚遂良薛稷爲尤甚。盛唐書法，初期仍有貞觀遺風，其後擺脫舊習，另創新格，張旭釋懷素之草書，李陽冰之篆書，顏眞卿之楷書，皆卓然名家。然盛唐楷書，至顏眞卿乃改瘦勁之書法，而爲筋骨遒鍊之體。經生書體，多趨華腴精整，清瘦之風骨亦變。盛唐書家著稱者如下：

賀知章（六五九—七四四），會稽永興人，開元秘書監。善草隸，當世稱重。好事者供其牋翰，每紙不過數十字，共傳寶之。米芾謂：「今

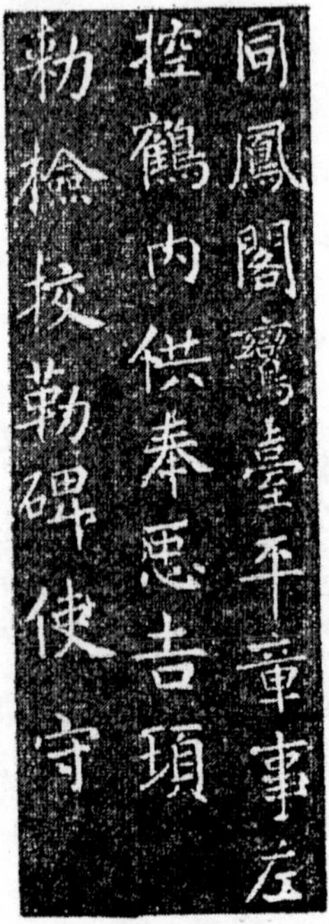

圖二十三　薛稷昇仙太子碑

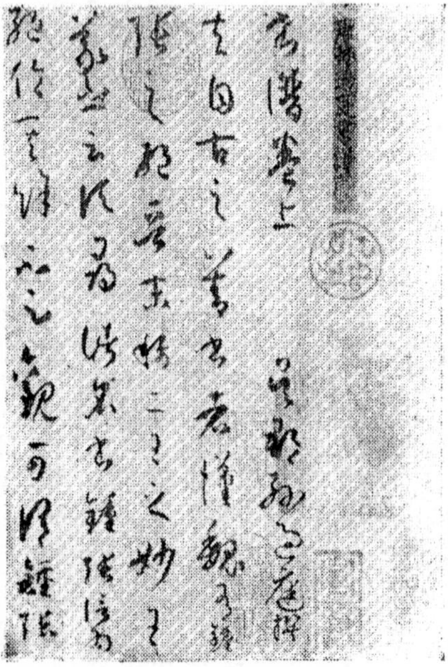
圖二十四　孫過庭書譜序
（國立故宮博物院藏品）

觀其帖（事宜帖，草書三行），高逸豁達，乃爾精絕。足以追貞觀之遺風，歐褚清塵，尚可及也」（註一二三）。李邕（六七八—七四七），江都人，號「李北海」，初學羲之行法，頓剉起伏，既得其妙，復乃擺脫舊習，筆力一新。李陽冰謂其爲書中仙手，當時奉金帛而求邕書，前後所受鉅萬。邕書源流實出於羲之，論者謂其骨氣洞達，奕奕如有神力（註一二四），但米芾謂其「脫子敬體，乏纖濃」（註一二五），然以遒逸著稱，長於行草，嶽麓寺碑、雲麾將軍碑，是其代表之作。孫過庭，陳留人，作草書咄咄逼羲獻，尤妙於用筆，儁拔剛斷，出於天才。善臨摹，往往眞贗不能辨。作運筆論，字逾數千，妙

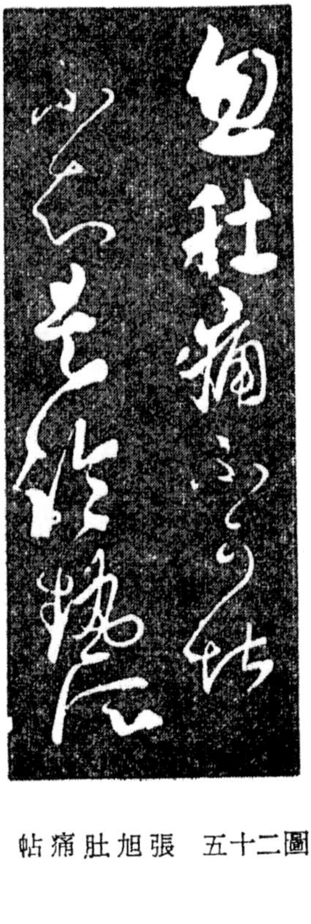

圖二十五　張旭肚痛帖

圖二十六　釋懷素自敘帖

有作字之旨，學者宗以爲法（註一二六）。秋風帖草法入聖，精藝無敵（註一二七）。書譜、千字文乃後世草書之範本，爲人所賞愛。盧藏用、長安人，黃門侍郎，工草、隸、大小篆、八分。幼師孫過庭草法，晚師羲之，雖闕於工，稍閑體範，八分之製，頗傷疏野（註一二八）。

張旭，蘇州人，書源虞陸，喜酒，叫呼狂走方落筆，意態縱橫；一日酒酣，以髮濡墨作大字，既醒視之，自以爲神，不可復得。韓愈謂：「往時張旭善草書，不治他伎，喜怒窘窮憂悲愉佚怨恨思慕，酣醉無聊不平有動於心，必於草書焉發之」（註一二九）。張旭亦嘗言：「始吾見公主擔夫爭路，而得筆法之意。復觀公孫氏舞劍器而得其神」（註一三〇）。其名本以顛草，草工肥，而於小楷行書，又復不減草書之妙。旭又得褚遂良餘論以授顏眞卿，遂傳其法（註一三一）。又李陽冰，韓滉（七二三－七八七），徐浩（七零三－七八二），魏仲犀、崔邈、釋懷素、張從甲、以至楊凝式（八七三－九五四），鄔彤、韋玩等二十二人，皆師承之。米芾謂：「長史以草聖得名，蓋其天眞爛漫，妙入神品，而非渠矱步武者可比」（註一三二）。李肇謂：「後輩言筆札者，歐虞褚薛，或有異論，至張長史無間言矣」（註一三三）。黃伯思論其筆勢，謂：「雄隱軒舉，槎枿絲縷，千狀萬變，雖左馳右騖，而不離繩矩之內」（註一三四）。旭有十二意筆法，爲書法要訣（註一三五）。其徒釋懷素，亦玄奘之門人，草書工瘦，觀夏雲隨風，頓悟筆意，自謂得草聖三昧。論者謂其筆勢，若驚蛇走虺，驟雨狂風。又謂張長史爲顛，懷素爲狂；以狂繼顛，孰爲不可。及其晚年益進，則復評其與張芝逐鹿（註一三六）。懷素嘗棄筆堆積，埋於山下，號曰筆塚（註一三七）。其學傳於鄔彤，柳公權亦得之。

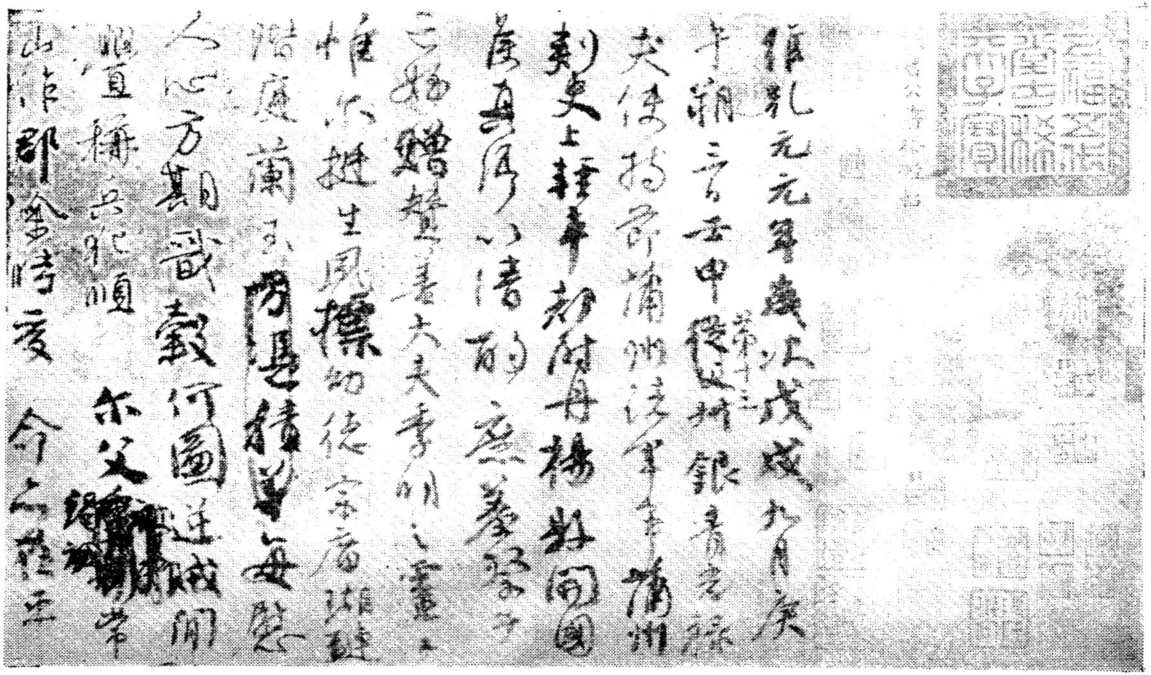

圖二十七　顏眞卿祭姪帖　（國立故宮博物院藏品）

顏眞卿（七零八—七八四），師古五世孫，善正草書，筆力遒婉，其隸書亦勁逸，抗行鍾張。眞卿書法原出自褚遂良，又得張旭敎以筆法，雄秀獨出，一變古法，而爲楷書之宗師。黃山谷謂：「魯公蕭然出於繩墨之外，自二王後，能臻書法之極者，惟張長史與魯公二人。」（註一三八）而魯公書體制百變，眞行草書隸，實皆合右軍父子筆法也。李陽冰，字少溫，趙郡人，官至將作少監，善詞章，留心小篆，初見李斯嶧山碑，與仲尼延陵季子字，遂得其法，乃能變化開合，自名一家。推原字學，作筆法論一卷，以別其點畫。全唐以篆稱者，惟陽冰獨步（註一三九）。於肅宗朝所書，以年尚少，字畫微嫌疏瘦；大曆以後諸碑，皆暮年所作，筆力愈淳勁矣。其滑州新驛記，縉雲城隍廟碑，三墳記，遷先塋記，爲後人之法則。自言斯翁之後，直至小生，曹喜蔡邕，不足言也（註一四〇）。其自負有如此。徐浩，字季海，越州人，官至太子少師，有文辭。肅宗立，授中書舍人，詔令多出其手，遣辭贍速而書法至精，帝喜之，寵絕一時。浩父嶠之善書，初以法授浩，至浩益工。嘗書四十二幅屏，八體皆備，草隸尤勝。論者謂其力如怒猊抉石，渴驥奔泉，蓋浩書鋒藏畫心，力出字外，得意處往往近似王羲之（註一四一）。米芾謂：

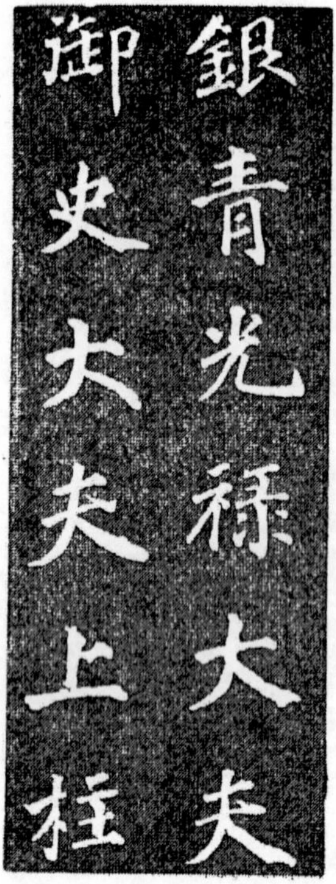

圖二十八　徐浩不空和尚碑

「開元以來，緣明皇字體肥俗，始有徐浩，以合時君所好，經生字亦自此肥。開元以前古氣，無復有矣」（註一四二）。著有書譜一卷，古蹟記一卷；不空和尚碑，爲其代表之作。浩傳子璹及皇甫閱；皇甫閱傳柳宗元、劉禹錫、楊歸厚；歸厚傳姪緯；緯傳權審、張叢、翟弘裕；弘裕傳盧潛；潛傳穎；穎傳崔紓。而柳宗元則傳房直溫也（註一四三）。

中唐之書家，首推柳公權（七七八—八六五），人常以其與顏眞卿並稱曰顏柳。公權初學二王書，遍閱各家筆法，體勢勁媚，自成一家，但其學出於顏眞卿，而能自發新意。穆宗朝爲右拾遺侍書學士，帝嘗問公權用筆法，答謂心正則筆正。其書名達於外邦，往往以貨貝購之。當時大臣之家，其碑誌非公權書，則以子孫爲不孝（註一四四）。平西王碑，玄秘塔碑，是其代表作。其他如韓擇木，昌黎人，官至工部尚書散騎常侍，工隸兼作八分，筆法清勁可愛，隸學追蔡邕遺風，風流閑媚，世有中郎中興之目。衞包，京兆人，官至尚書郎，工八分小篆，且通字學，其作字點畫不妄發，落筆必左規右矩（註一四五）。至於元稹，其楷書風流醞藉，挾才子之氣，

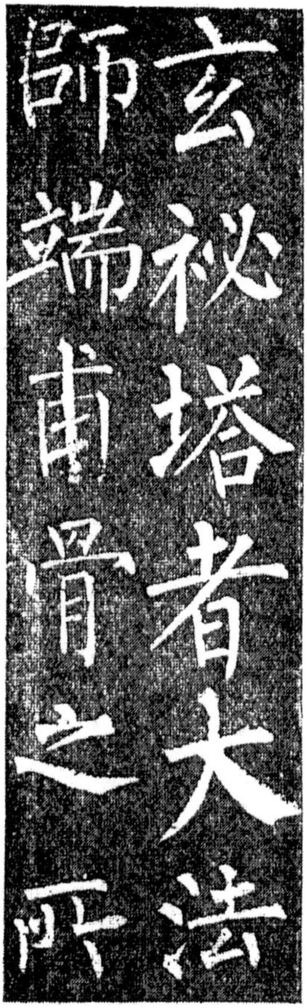

圖二十九　柳公權玄秘塔碑

而動人眉睫。李商隱字體妍媚，意態亦飛動也（註一四六）。蘇軾謂：「鍾王之蹟，蕭散簡遠，妙在筆畫之外。至唐顏柳始集古今筆法而盡發之，極書之變，天下翕然，以爲宗師，而鍾王之法益微」（註一四七）。此可見顏柳能自創其新筆勢矣。然自顏眞卿以至柳公權，爲唐楷書發達之終結時期。至開成間（八三六—八四〇），尙有經生一派，學歐者失之枯臘，學虞者失之沓拕（註一四八）。此後別無何等新意發明者矣。

唐太宗酷好法書，有王羲之眞蹟三千六百紙，率作一丈二尺爲一軸。貞觀六年，命整理御府鍾王等眞蹟，得一千五百一十卷（註一四九）。初置宏文館，選貴臣子弟有性識者爲學生，內出書命其學習。又人間有善書者，追徵入官，十數年間，海內從風（註一五〇）。玄宗時，開元五年，收綴大小二王眞蹟得一百五十卷，大王楷書三卷，行書一百〇五卷，草書一百五十卷；小王書都三十卷，楷書兩卷（註一五一）。論書者每以楷爲上，行次之，章章又次之，草書爲下，以其難工者楷法，而易工者草字也，故前人定書，以王羲之楷法爲第一、鍾繇次之（註一五二）。但姜夔謂楷書以平正爲善，古今楷書之妙，無出鍾元常，其次則王逸少（註一五三）。鍾王之高下，似無定論也。然唐代之行書，固以揣摩王羲之蘭亭詩序爲主。張懷瓘書估，列書法家爲五等，虞世南、歐陽詢、褚遂良則爲第五等，謂可敵右軍草書四分之一（註一五四），而張彥遠則列之爲妙品能品，與古書法家相儕也。唐人多宗虞歐褚柳，然此亦各持一體，語其大成，仍以追踪王氏羲獻父子爲尙。且唐以書判取士，故士大夫字畫，類有科舉習氣，顏眞卿作干祿字書，是其證也。矧虞歐顏柳，前後相望，故唐人下筆，應規入矩，無復晉魏飄逸之氣矣（註一五五）。

字學之書，有李嗣眞書後品一卷，徐浩書譜一卷，張懷瓘書斷三卷，評書藥石論一卷，書祖一卷，六體論一卷，張元景（張敬玄）書則一卷，褚長文書指論一卷，張彥遠法書要錄十卷，裴行儉草書雜體，唐太宗御製評書一卷，虞世南筆體論一卷，孫過庭書譜一卷，李陽冰筆法要訣一卷（註一五六）。

七、圖畫

古代繪畫，多以故事爲主，及至唐代，始漸有自由發展之趣向，而爲純粹鑑賞之繪畫，如山水花鳥等，漸取道釋人物之地位而代之。但中唐以前，道釋畫仍盛極一時，壁畫亦隨而發達，繪製甚多。在政治方面，每利用圖畫以爲獎勸之用。對於功褒學者，則有兩次（貞觀、開元）之十八學士圖；而功臣之圖凌煙閣者，有四次（貞觀十七年、廣德元年、貞元五年、大中初年）之多。屬於禮敎者，或圖團扇，或圖旌節，或勸忠孝（如貞觀十三年，李襲譽撰忠孝圖二十卷），或諫勸政。紀一時之盛典者，則有金橋圖，王會圖。爲學術之說明者，則有鍼灸、本草、毛詩、春秋等圖。而畫甲畫屏風等，亦頗流行。

唐高祖、太宗、中宗、玄宗等，書畫備能，藝無不周。墨竹肇自玄宗，而昭宗爲韓建畫像。王族擅畫者亦多，漢王元昌畫漢賢王圖，頗得風韻，善畫馬，筆蹟妙絕，又善畫鷹鶻雉兎。江都王緒，太宗姪也，最長於鞍馬。韓王元嘉，善畫龍馬虎豹。滕王元嬰喜作蝴蝶蟬雀花卉。嗣滕王湛然善畫蜂蟬燕雀驢子水牛。寧王憲善畫馬。至於畫蹟，太宗旁徵博採，加意搜求，名畫之收入貞觀公私畫史者，二百九十三卷。武后時，內庫圖畫，張易之又奏而脩之，但其眞者，由張易之所得，後傳薛稷；稷沒後，爲岐王範所得，後懼罪，乃焚之。至御府所藏，經祿山之亂，耗散頗多，肅宗不甚保持，頒之貴

圖三十　閻立本竹林五君圖

（國立故宮博物院藏品）

戚，輾轉流徙，多歸好事之家，及德宗艱難之後，又經散失矣（註一五七）。唐代繪畫，可分為三期，敍述如下：

（一）初　唐

武德至開元以前，為唐畫初期。此期畫風，技術方面，雖較六朝稍有進步，尚未創新畫境，而用筆細緻，刻鏤精緊，乏活潑流利之趣。閻立德立本兄弟，師承張僧繇展子虔，稟乃父閻毗（隋殿內少監）之家傳，俱造其妙，為唐代畫家之開山。立德曾為工部尚書，凡宮殿城池陵寢，皆令營建，尤善寫生，無論中外人物，奇禽異獸，觸類描寫，無不精妙。繪有王會圖，封禪圖，文成公主降蕃圖，玉華宮圖，鬪雞圖等。立本於總章元年（六六八）曾拜右相，其繪畫尤工於形似，嘗寫太宗御容，太宗與侍臣泛舟春苑池，秦府十八學士，凌煙閣功臣等圖，時人咸稱其妙（註一五八）。于闐人尉遲乙僧

圖三十一　閻立本陳帝後主像
（美國波斯頓美術館藏品）

，跋質那之子也，有大小尉遲之稱，善凹凸花，繼張僧繇復倡印度暈染之畫法，所作佛像，用色沉著，堆起絹素，而不隱指。嘗於慈惠寺塔前畫千手眼降魔像，時號奇蹟。其所畫小則用筆緊勁，如屈鐵盤絲，大則灑落有氣概。貞觀初，其國王以丹青奇妙，薦之闕下，凡畫功德人物花鳥，皆爲外國之風物，非中華之威儀。張彥遠謂閻立本吳道玄屛風一片，值金二萬，次者售一萬五千；尉遲乙僧閻立德一扇，亦值一萬金（註一五九），其畫價值之高可知矣。

其他初唐名畫家，裴飾畫有竇師綸，秦王府諮議，其作品有瑞錦對雉鬪羊翔鳳游麟圖。人物鶴畫有薛稷，所繪鳥獸人物，狀態生動，有啄苔鶴及顧步鶴兩圖。佛事鬼神畫有王定，貞觀間以畫得名，骨氣不足，遒媚有餘，好繪菩薩，高僧、士女，有本草訓戒圖；張孝師，驃騎尉，嘗死而復生，畫地獄相甚工；王韶應好繪鬼神山水人馬，畫鬼神深有氣韻，其弟子劉行臣，繪畫精采灑落，行臣子茂德，能續父畫；尹琳，及其弟子李仲昌李嗣眞，亦以繪佛事鬼神著稱。以寫貌著者有王知愼，秘書少監，師閻立本，筆力爽利，風采不凡；中宗朝周古言，其繪畫佈景命意，世稱名筆，論者謂其畫在周昉之下，周文矩之上，有宮禁寒食圖，秋思圖，謝安東山携妓圖；殷仲容，武后時秘書丞，好寫貌及花鳥，繪畫妙得其眞，其父聞禮，亦善書畫。山水畫有范長壽，師張僧繇，好山水、樹石、牛馬、田家景候，繪畫屈曲遠近，放牧閑野，皆得其妙，有風俗圖，醉道士圖；何長壽，亦師張僧繇，繪畫與范長壽相同；陳庭，師尉遲乙僧，好山水；檀智敏，振武校尉，師董伯仁，好繪棟宇樓臺，有遊春戲藝圖。畫人馬者有曹元廓，武后時朝散大夫，師閻立本，畫馬筋骨，氣力如生，有後周北齊梁陳隋武德貞觀永徽間朝臣圖，凌煙圖；郎餘令，著作佐郎，好繪山水，古賢及鳳，有自古帝王圖。

（二）中唐

開元天寶，爲唐代最隆盛之世，其畫法變前期刻劃精細之習，而爲雄壯偉健之風，又受外國畫法之暗示，遂成中外混血之新型。故中唐之際，名畫家輩出，可分爲道釋人物，山水及鞍馬三類。

畫道釋人物最著者，首推吳道玄。道玄字道子，陽翟人，大率師法張僧繇，筆法超妙，爲一代畫宗，人物山水，無所不工，而山水尤能承劉宋之宗炳王微之後。用筆淡逸，色則水墨吳裝，平遠幽深，取象意境，縱情揮灑，早年行筆差細，中年行筆磊落，實爲後來文人畫之濫觴。蘇軾謂：「有唐之

圖三十二　吳道玄寶積賓伽羅佛像

（國立故宮博物院藏品）

盛，詩至杜子美，文至韓退之，書至顏魯公，畫至吳道子，而古今之變，天下之能事畢矣」（註一六〇）。楊愼謂閻立本則畫家之李白，吳道玄則杜甫也（註一六一）。道玄在畫家地位上之被重視，往往如此。道玄既師法張僧繇，受印度暈染法之影響，故其畫法，「如以燈取影，逆來順往，旁見側出，橫斜平直，各相乘除，得自然之數，不差毫末，出新意於法度之中，寄妙理於豪放之外」（註一六二），其畫道釋人物，觀裴旻將軍舞劍，以助壯氣，每一揮毫，必須酣飲。畫圓光則一筆而成，不用尺度。又倣張孝師畫地獄變相，筆力勁怒，其狀陰慘，一時京都屠沽漁罟之輩，見之而懼罪改業。又在平康坊菩薩寺東壁上，畫佛家故事，筆蹟勁挺，如磔鬼之毛髮；在次壁畫神仙，則又天衣飛揚，滿壁風動。又與李思訓在大同殿壁同畫嘉陵江三百里山水，思訓數月之功，道玄一日而畢，不用粉本。計道玄一人所畫牆壁，凡三百餘間。夫當盛唐之際，李白之詩，張旭之草書，吳道玄之畫，三人者個性相似，性靈灑脫，心思活潑，造詣既深，不拘規矩，其作業也亦皆得力於酒，發爲狂態，而創藝術之新意境也。道玄之弟子，有盧楞伽，長安人，畫蹟似吳，頗能

圖三十三　吳道玄善神像

細畫，玄宗駐蹕之日，自汴至蜀，名播西川，嘗畫行道僧與顏眞卿題詩，並稱二絕。李生善畫地獄佛像；張藏善壁畫；道玄每畫，落墨已便去，多使翟琰布色，濃淡無不得所；王耐兒嘗畫平康坊菩薩寺，亦皆道玄之著名門徒者也。至於與道玄齊名者有楊庭光，善寫釋像與經變相，旁工雜畫山水，皆極其妙，行筆甚細而不弱。皇甫軫善畫鬼神及鵰，亦與吳同時。張萱，開元間京兆人，善畫人物，尤好繪婦女嬰兒，點簇景物位置，亭臺樹木花鳥，皆窮其妙。以「金井梧桐秋葉黃」之句，畫長門怨。又有貴公子夜遊圖，宮中七夕乞巧圖，望月圖等，皆多幽思，貴公子鞍馬，亦稱第一。其他工於寫貌者，尚有韋旡縱、楊昇（開元中爲史館畫眞）、楊寧、宋之望、陳義、殷敎、許琨、高江、車道政、錢國養、左文通、朱抱一、田琦、李果奴、談皎、解奉先、董好子等。

山水畫最著者爲李思訓、王維、張璪及王墨。李思訓出，始將畫法加以變化，側重金碧山水（卽青綠山水），王維又創破墨山水。荆浩謂：「王右丞筆墨宛麗，氣韻高清，巧寫象成，亦動眞思。李將軍理深思遠，筆跡甚精，雖巧而華，大虧墨彩」（註一六三）。明董其昌以李思訓爲北宗之祖，王維爲南宗之祖也（註一六四）。李思訓爲唐宗室，曾爲左武衞大將軍，畫山水樹石，善用青綠金碧，繁茂富麗，創爲家法，筆格遒勁而細密，似仍未脫六朝雕琢之餘習。其子昭道，時人稱小李將軍，稍變父法，妙又過之。弟思誨，及誨之子林甫，林甫之姪湊，一家五人，皆擅丹青。思訓畫法細緻工整，昭道尤爲謹細，寸馬豆人，鬚眉畢具，其筆墨之源，皆出於展子虔閻立本而別樹一幟。湊尤工綺羅人物，亦師閻立本。王維初本工青綠山水，及遭安史之亂，退居輞川，以彈琴賦詩自娛，故其畫絕去一切浮筆，僅用水墨，用筆盡變鈎斫之迹而爲渲淡，筆意清潤，工於平遠，風致標格，新穎特異，曾受吳道玄之影響，以超脫秀逸爲尙。平生喜作雪景，畫輞川圖，最爲著名。所著山水訣，謂：「夫畫道之中，水墨爲上，肇自然之性，成造化之功，咫尺之圖，寫千里之景，東西南北，宛然目前；春夏秋

圖三十四　李思訓江帆樓閣圖

（國立故宮博物院藏品）

多，生於筆下」（註一六五）。此爲其對山水畫之概念。王維胸次瀟灑，以詩境作畫，蘇軾謂其詩中有畫，畫中有詩，此乃賦予文人畫以新生命，由宗教化而入於文學化者也。王維山水畫雖注重水墨，加

圖三十五　李昭道春山行旅圖　（國立故宮博物院藏品）

意渲淡，然猶拘守規矩，筆墨謹嚴。迨至張璪，或用禿筆，或以手摸絹素，對畢宏謂其秘訣，乃「外師造化（寫生），中得心源（創作）」（註一六六）。畫古松尤爲特出，能以手握雙管，一時齊下，而生枯各別，往往得神骨。荆浩謂：「張璪員外樹石，氣韻俱盛，筆墨精微，眞思卓然，不貴五彩，曠古絕今，未之有也」（註一六七）。璪爲德宗時吳郡人，官至檢校祠部員外郎，自著繪境一篇，論列畫理（註一六八）。善潑墨山水者，則有王墨，一作王默或王洽，畫山水煙雲慘淡，脫去筆墨畦町，時人謂之「王潑墨」。好飲酒，疏逸多放傲於江湖間，酒顚畫狂，毫無繩墨，亦無拘謹之迹，純任畫家個性，信手揮灑，或淡或濃，皆成佳作。早年受筆法於鄭虔，貞元末沒於潤州。

其餘擅長山水者有盧鴻，字浩然，范陽人，開元間隱於嵩山，喜寫山水平遠之趣，嘗自畫其居之草堂圖，時號山林勝絕。鄭虔，字弱齊，鄭州滎陽人，天寶中廣文館博士，善繪山水，嘗自寫其詩並畫以獻玄宗，帝署其末曰：「鄭虔三絕」；又能畫魚水山石，時稱奇妙。張志和，字子同，金華人，爲左金吾衞錄事參軍，後居江湖，自稱煙波釣叟，善圖山水。王宰，貞元中，畫山水樹石，出於象外，又善畫四時屏風。楊炎，德宗時宰相，畫松石山水，出於人表，筆法移動造化，觀者謂之神異。工山水者率多善畫古松，如張通（河間人，曹州刺史），祁岳（玄宗時人），畢宏（天寶中御史），韋鶠，劉單（禮部侍郎），張諲（刑部員外郎），劉整（秘書省正字），齊映（貞元元年中書舍人），劉商（檢校禮部郎中，初師於張璪），顧況（王墨弟子），項容（天台處士，師事王墨，筆法枯硬而少溫潤，作松峯泉石圖），皆其著焉者。

圖三十六 王維長江積雪圖

畫鞍馬首推曹霸韓幹師生。曹霸於天寶末每奉詔寫御馬，官至左武衞將軍，亦工寫貌，筆墨沉著，神采生動。韓幹，長安人，初師陳閎，後學曹霸，工鞍馬。御廐善馬至四十萬，諸王廐中皆有善馬，幹並圖其駿，畫馬得骨肉停均法，遂爲古今獨步。天寶中，玄宗令師陳閎畫馬，帝怪其不同，奏云：「臣自有師，陛下內廐之馬，皆臣之師也。」繪有龍朔功臣圖，姚宋及安祿山圖，玄宗試馬圖，寧王調馬圖，打毬圖，貴戚閱馬圖。並著有雜色駿騎錄。孔榮爲其高足之弟子。陳閎，會稽人，永王府長史，善寫貌，工鞍馬。開元中召入供奉，每令寫御容，冠絕當代。有安祿山圖，玄宗馬射圖，上黨十九瑞圖，筆力英逸，直與閻立本，並馳爭先，故一時人多從其學。孟仲暉，筆蹟亦類陳閎。其餘工畫馬者，尚有韋無忝（玄宗朝以畫馬及異獸擅名），韋鑒、韋偃、陳子昂、齊皎等。韋鑒，長安人，善畫龍馬。鑒之子鶠，工山水高僧奇士老松異石，筆力勁健，風格高擧，又善小馬牛羊山原。鑒弟鑾，工山水松石，善圖花鳥。鑾之子偃，善山水

圖三十七　韓幹洗馬圖
（國立故宮博物院藏品）

竹樹人物松石，畫馬尤佳，蘇軾謂人間畫馬唯韋偃，備極推崇。常以逸筆點簇鞍馬人物，山水雲煙，千變萬態，或騰或倚，或翹或跂，其小者頭一點尾一抹而已。山水以墨斡水，以手擦之，曲盡其妙（註一六九），故點簇畫始於韋偃也。有天竺胡僧圖，渡水僧圖，小馬放牧圖，驗馬圖等。齊皎則以善外蕃人馬及山水著稱。德宗朝又有宰相韓滉，公退之暇，留意丹青，畫師陸探微，宗人韓幹相埒其畫，人物牛馬尤工。

（三）晚 唐

德宗以後，晚唐政治之氣運雖衰，而繪畫之發展未已，流風餘韻，尚能持續，古畫名蹟，多所摹搨，並有官搨之設，民間鑑賞之風大興。對於人物、山水、花鳥，能承先世之長，應當代之運，發育滋長，變化而加以進步。佛像人物，則有周昉、趙公佑、左全、范瓊、常粲、尹繼昭，惟山水僅傳張璪餘風，並無特出大家。牛則有戴嵩，足與韓幹之馬媲美，亦爲寫

圖三十八　韓滉文苑圖

實大家，花鳥則有邊鸞。方唐末之亂，孫位、張詢、刁光胤等避難入蜀，繪畫之重心，乃移入西州，畫家輩出，如常重胤之寫貌，張詢之寫山水，趙德齊之寫人物佛像，刁光胤之寫花鳥，孫位之寫水，張南本之寫火，俱爲一時之選。五代時蜀地藝苑隆盛，實基於此。

圖三十九　周昉內人雙陸圖　（國立故宮博物院藏品）

工人物畫者，首推周昉。昉、字仲明，京兆人，初效張萱畫，後則小異。德宗修章明寺，召昉畫之。又應郭子儀婿趙縱侍郎寫眞，得性情言笑之神氣。善畫貴遊人物，作仕女多濃麗豐肥，有富貴氣（註一七〇）。畫佛像亦皆神品。平生畫牆壁卷軸甚多，貞元間，新羅人以善價收置數十卷，携歸本國（註一七一）。弟子有王朏，太原人，劍州刺史，畫仕女菩薩；趙博文，畫仕女犬兎，並善寫貌；程修已，冀州人，師周昉凡二十年，應詔畫毛詩圖。其他如高雲、衞憲、鄭寓、亦皆昉之弟子。趙公佑，長安人，寓居成都，工畫人物，尤善佛像天王鬼神，於諸寺畫佛像甚多，太和間已著畫名。其子溫畫入王帝釋，筆法臻妙；溫之子德齊，襲二世之精藝，奇蹤逸筆，時輩咸推伏之。左全，蜀人，世備圖畫，寶曆中，聲馳闕下，佛像、樓閣、樹石、花雀、人物、冠冕，蕃漢異服，皆得其妙。范瓊，陳浩，彭堅，三人同時寓居蜀城，善畫人物、佛像、天王、羅漢、鬼神；三人同手於諸寺畫佛像甚多，名振三川。自大中至乾符，筆無暫釋，圖畫牆壁二百餘間。常粲，長安人，咸通中入蜀，畫人物佛道，喜爲上古衣冠，又善雜畫，有伏羲畫卦，神農播種，陳達鎖諫等圖，爲後學師法。粲之子重胤，在蜀曾爲僖宗寫御容。尹繼昭，工人物臺閣，世推絕格，有漢宮，姑蘇臺、阿房宮等圖。呂嶢、竹虔、皆師繼昭，工畫佛道人物，長安成都，皆有畫壁。

工畫山水者，有朱審，吳興人，畫山水深沉瓌壯；陳曇，連州刺史；沈寧，善松石山水，師張璪；蕭祐，桂州觀察使；梁洽，畫山水，以花鳥松石寫眞爲能；李方叔，工山水人物，號西河山人；張詢，南海人，避地居蜀，中和間，善畫吳山楚岫枯松怪石；李靈省，亦以山水畫著名。繪水牛最著者爲戴嵩。嵩爲韓滉之幕客，專師法於韓，畫水牛甚工。韓幹肥馬，戴嵩瘦牛；嵩於田家川原，牧子樵童，各臻其妙，所畫水中倒影，與西洋畫相同。嵩弟嶧，亦以畫牛得名，善作奔逸之狀。

圖四十　范瓊大悲觀音像

(國立故宮博物院藏品)

圖四十一 戴嵩牧童騎牛圖

（國立故宮博物院藏品）

長於花鳥者，獨推邊鸞。鸞、京兆人，擅繪花鳥折枝，草木之妙，未之有也。德宗時，於玄武殿寫新羅所獻孔雀，唐代折枝花居其第一。凡草木、蜂蝶、雀蟬、山花野蔬、無不遍寫，大抵精於設色，故穠艷如生。其弟子陳庶，揚州人，善布色；梁廣，有四季花圖，夾竹來禽圖，海棠花圖。刁光胤，長安人，天復年入蜀，工畫龍水竹石花鳥貓兎，黃筌、孔嵩，親受其訣。畫水者有孫位，一名遇，會稽人，廣明中，自京入蜀，號會稽山人，善畫人物、龍、水、松、石、墨竹、及佛像、鷹、犬之類，皆三五筆而成。其畫水也，「始出新意，畫奔湍巨浪與山石曲折，隨物賦形，盡水之變，號曰神逸」（註一七二）。盧卓，亦善畫水。張南本工畫佛道鬼神，兼精畫火，火無常態，獨得其妙。其弟子麻居禮，蜀人，光化天復間，畫譽頗高。

夫唐代圖畫，初唐中唐以佛像人物爲盛，中唐以山水，鞍馬，晚唐以花鳥人物爲著。各有師承，專攻一藝，故種種畫法，皆於此時立其基礎。要言之，初唐之畫爲政教化，故以人物功臣道釋像爲盛。中唐之畫文學化，故多嗜山水。晚唐之畫純美化，故擅長花鳥也。至於繪畫之題材，除上述人物、山水、牛馬、花鳥等外，雜畫尙有貓（盧弁），雞（張昱、于錫、李察），鷹鶻（姜皎、貝俊），虎（李漸），竹（蕭悅、張立、于邵、方著作、朱審），鶴（蒯廉），海濤（李瓊），鬪將（張遵禮）．盤車（董萼），牡丹（杜脩己），犬（趙博文、李衡、齊旻、鍾師紹），雪景（段贊），花竹（周滉），蠅蝶蜂蟬（李逖），果實（毋邱元），瀑布（崔山人），蜂蝶雀竹（衞憲），鷺鷥（裴遼、溫處士），雲霓（張敦簡），鷹鶻鴿（白旻），水鳥（强潁），蟲類（陳恪），鸂鶒（馮紹政），婦女

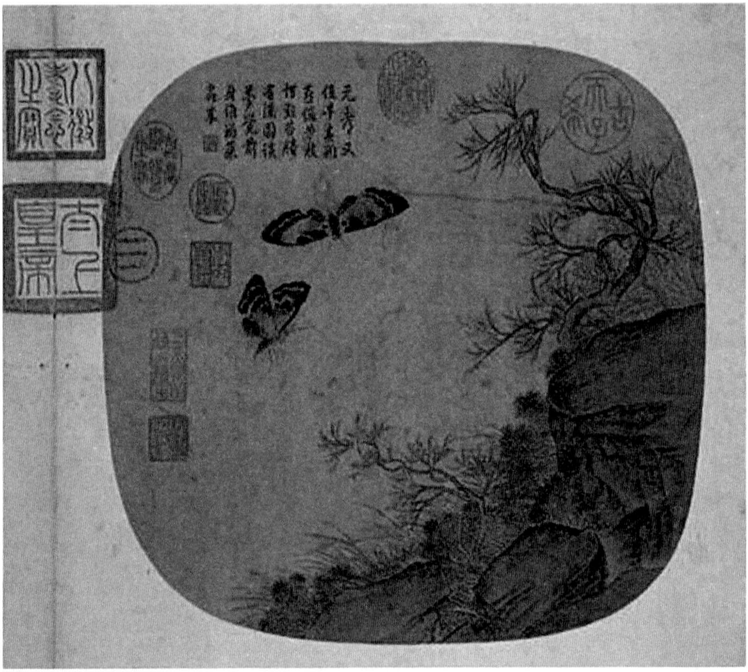

圖四十二 刁光胤寫生花卉

（國立故宮博物院藏品）

（韓嶷），蕃馬（李漸及其子仲和，胡瓌及其子虔）等，範圍甚廣。而方外之人，如智瑰（山水、鬼神），法明（寫貌）；婦女如薛媛（南楚材妻、寫貌）；娼妓如崔徽（河中娼，自寫貌）等，亦皆擅於繪畫者也。

唐代之畫論，畫品類有李嗣眞之後畫品錄，張懷瓘之畫斷，顧況之畫評，劉整之續畫評，沙門彥悰之後畫錄，朱景玄之唐朝名畫錄；畫法類有王維之山水訣，及山水論，荊浩之山水訣，吳恬之畫山水錄；畫蹟類有裴孝源之貞觀公私畫史；畫史類有張彥遠之歷代名畫記。

八、音　樂

唐代音樂，可分爲雅樂與俗樂，雅樂者用於郊廟，爲祭祀所用之古樂；而俗樂者，通俗所用之淸樂是也。

武德七年，命太常少卿祖孝孫及秘書監竇璡修定雅樂。貞觀二年，祖孝孫以梁陳之音多吳楚，周齊之音多胡夷，於是斟酌南北，考以古音，作大唐雅樂，以十二月各順其律，旋相爲宮，制十二樂，合三十二曲，四十八調（註一七三），詔協律郎張文收，與孝孫同修定之，六月，孝孫等遂奏上新樂焉（註一七四）。夫旋宮之義亡絕已久，世莫能知，一朝復古，蓋自孝孫始也。唐代之雅樂，有太常樂章（祭祀等舞樂），凱樂（鼓吹之歌曲，凡命將征伐，有大功獻俘馘者奏之，用鼓吹二部），又有破陣樂，始於貞觀元年；及七年，乃製破陣樂舞圖，左圓右方，先偏後伍，魚麗鵝鸛，箕張翼舒，交錯屈伸，首尾回互，以象戰陣之形。起居郎呂才，依圖敎樂工一百二十人，被甲執戟而習之，凡爲三變，每變爲四陣，有來往疾徐刺擊之象，以應歌節。又有慶善樂，創於貞觀六年，令兒童八佾，六十四人，皆冠進德冠，紫袴褶，長袖，漆髻屣履而舞，號爲九功之舞，多至享讌，及國有大慶，與七德之舞，皆進於庭（註一七五）。此舞進蹈安徐，以象文德，又號九功舞。其後破陣樂，改爲七德舞，擊刺往來，發揚蹈厲，以象武功，故以九功舞爲文舞，七德舞爲武舞，此略仿於隋代文武舞之遺制也。故麟德二年（六六五）詔：「其郊廟享宴等，所奏宮懸；文舞宜用功成慶善之樂，其武舞宜用神功破陣之樂」（註一七六）。其他短曲，如樂府（二百五十一曲），遺聲（四百一十九曲），及別聲（九十一曲），皆爲歷代淸商三調，逸詩之流，琴操之曲，所謂淸樂是也。於龜茲琵琶未傳入中國以前，所謂俗樂，皆爲此類調曲（註一七七）。

自北魏之際，外國樂曲傳入中國後，俗樂大盛，音樂之範圍遂擴大。隋之胡樂，多傳自北齊，而北齊胡樂之盛，實由承襲北魏洛陽之胡化所致。隋立九部樂，九部樂者，燕樂、淸商、西涼、扶南、高麗、龜茲、安國、疏勒、康國等樂是也。除燕樂，淸商爲中國舊有之樂外，其餘皆外國之樂也。且燕樂亦已參有外國樂在內，立九部樂，而獨缺雅樂一部，則其時雅樂之殘廢可知。唐初讌享，亦沿舊制奏九部樂，至貞觀十六年，則奏十部樂。十部樂者，卽九部樂中之扶南樂改爲天竺樂，而加高昌樂是也。

但從性質上言之，音樂可分爲法曲與胡部，法曲者卽淸樂南曲，胡部者，卽燕樂北曲，凌廷堪謂燕樂卽周齊北朝之樂；淸樂卽梁陳南朝之樂也（註一七八）。中國音樂發生大變化，當以唐玄宗時爲最。玄宗竭力提倡俗樂而棄雅樂。沈括謂：「自唐天寶十三載，始詔法曲與胡部合奏，自此樂奏全失古法，以先王之樂爲雅樂，前世新聲爲淸樂，合胡部者爲宴樂（燕樂）」（註一七九）。蓋自高宗以後，所作諸樂，除郊廟，祭祀諸樂章外，其餘讌享所用諸樂，皆爲燕樂；燕樂者，爲唐代最大部份之樂也。

又從伎類言之，玄宗分樂爲二部，堂下立奏，謂之立部伎，堂上坐奏，謂之坐部伎。立部凡八：一、安樂（城舞）；二、太平樂（五方師子舞）；三、破陣樂；四、慶善樂；五、大定樂；六、上元樂；七、聖壽樂；八、光聖樂。坐部凡六：一、燕樂；二、長壽樂；三、天授樂；四、鳥歌萬歲樂；五、龍池樂；六、小破陣樂（註一八〇）。立部伎多爲舞樂，而坐部伎卽燕樂。燕樂以琵琶爲主，故又謂之琵琶曲，十部樂卽列於燕樂之內。玄宗以太常閱坐部不可敎者隸立部；又不可敎者，乃習雅樂，其重視燕樂而遺棄雅樂可知也。

自古太常樂人，本因罪譴而沒入官者，藝比伶官。前代以來，轉相承襲，或有衣冠繼緒，公卿子孫，一霑此色，累世不改，婚姻絕於士庶，名籍異於編甿。及武德元年，詔令蠲除歧視，一同民例，樂工之雜士流，恢復正常身份，自玆始也。太常卿竇誕，奏用音樂博士，樂工有積勞計考，並至大官者（註一八一）。玄宗時設梨園敎坊，置梨園使及樂工三百餘人。開元二年，有音樂博士，第一曹博士。第二曹博士。京都置左右敎坊，掌俳優雜伎，自是不隸太常，以中官爲敎坊使。其官制：設大樂署，改太樂爲樂正，有府三人，史六人，典事八人，掌固六人，文武二舞郎一百四十人，散樂二百八十二人，仗內散樂一千人，音樂人一萬零二十七人（註一八二）。至若音樂敎育，則設師以敎，而歲考其師之課業爲三等以上。學樂者分難色與易色兩門：習難色大部伎三年而成，次部二年而成；易色小部伎一年而成。習難色業成者進考，得難曲五十以上任供奉者爲業成。業成行脩謹者爲助敎，博士缺以次補之。不成者隸鼓吹署，習大小橫吹（註一八三）。

此外，又有散樂，俳優歌舞雜奏，亦謂之百戲。有跳鈴、擲劍、呑刀、吐火、此實爲雜戲，而非音樂。戲曲或歌舞戲，其著者有大面（刻木假面），鉢頭（或撥頭，曲八疊，戲者披髮素衣，面作啼，蓋遭喪之狀），踏謠娘（丈夫著婦人衣，徐步入場行歌，且步且歌，謂之踏謠），參軍戲（開元中，李仙鶴善此戲），樊噲排君難戲（演樊噲與漢高祖故事），康老子（演康老子一曲本事）。又有滑稽戲，始於開元，盛於晚唐，僅以口辨爲滑稽諧戲，諷刺微中，令人捧腹，有戲無曲，而非歌舞戲也。

九、醫　學

唐代醫學家，武德中，許允宗甚著名，善醫骨蒸病。其後以孫思邈（五八九—六八二）爲最著，盧照鄰、宋令文、孟詵皆師禮之。思邈以人命至重，貴於千金，撰千金要方三十卷，千金髓方二十卷，千金翼方三十卷，醫家要略五卷行於世。方術之書，惟茲爲備。徐大椿謂仲景之學，至唐而一變：「（千金方）其所論病，未嘗不依內經，而不無雜以後世臆度之說；其所用方，亦皆採擇古方，不無兼取後世偏雜之法；其所用藥，未必全本于神農，兼取雜方單方，及通治之品，故有一病而立數方，亦有一方而治數病，其藥品有多至數十味者，其中對症者固多，不對症者亦不少，故治病亦有效有不效。大抵所重，耑在于藥，而古聖製方之法不傳矣，此醫道之一大變也。然其用藥之奇，用意之巧，亦自成一家，有不可磨滅之處」（註一八四）。

千金方之評價，仍以其用藥之奇，故思邈為醫學之一代宗師。張文仲，洛陽人，少與鄉人李虔縱，京兆人韋慈藏並以醫術知名。武后朝初，為侍御醫，尤善於療風疾，武后令其集當時名醫共撰療風氣諸方，於是撰四時常服及輕重大小諸方十八首。久視年（七〇〇），終尚藥奉御，撰隨身備急方三卷。虔縱亦官至侍御醫（註一八五）。王珪之孫燾，數從高醫遊，遂窮其術，以隋巢元方所著諸病源候論，為有論而無方，乃別撰次外臺秘要四十卷，分一千一百零四門，論宗巢元方，極醫者之能事。徐大椿謂其書，「纂集自漢以來諸方，滙萃成書，而歷代之方，於焉大備。但其本人非耑家之學，故無所審擇，以為指歸，乃醫方之類書也。然唐以前之方，賴此書以存，功亦不可泯」（註一八六）。甄權嘗以母病，與弟立言專究醫方，得其旨趣，撰脈經、鍼方、明堂人形圖各一卷；立言則撰本草音義七卷，古今錄驗方五十卷（註一八七）。陸贄既放荒遠，嘗為古今集驗方五十篇（十五卷），以示鄉人（註一八八）。崔行功著有崔氏纂要方十卷。官方之書，開元十一年（七二三），諸州置醫學博士敕：每州寫本草及百一集驗方與經史同貯。天寶五載（七四六），敕郡縣長官就廣濟方中逐要者，於村坊要路榜示公佈，方便於鄉人。廣濟方是玄宗所親製以頒示全國者（註一八九）。此為唐人所纂方書之概要也。

本草之著述，李勣等修本草二十卷，目錄一卷，藥圖二十卷，圖經七卷。王方慶著新本草四十一卷。陳藏器著本草拾遺十卷。脚氣論以蘇鑒、徐玉、唐侍中三家之說為著，而李暄有嶺南脚氣論一卷，方一卷；青溪子有脚氣論三卷，又有消渴論一卷。鄭景岫著有南中四時攝生論一卷，李繼皐有南行方三卷，此屬於南方時病之論方也。瘡瘍科則有喻義之療癰疽要訣一卷，瘡腫論一卷。婦科有楊歸厚（元和中貶鳳州司馬）之楊氏產乳雜驗方（九百一十一方）三卷。兒科有姚和衆之童子秘訣二卷，衆童延齡至寶方十卷，孫會之嬰孺方十卷。論臟腑有吳兢五藏論應象一卷，裴璉五臟論七卷，段元亮五藏鑑元四卷。

太僕令王冰，注黃帝內經素問八十一篇，雖滲入太素運氣之說，又以陰陽大論之文，補所亡之七篇，然是書排抉隱奧，多所發明，爲內經注釋之開山也。

唐代對於醫藥頗爲重視，嚴著律例，以防庸醫殺人。凡醫師爲人配和湯藥，其藥有君臣分兩，題疏藥名，或注冷熱遲駛並針刺等。若爲人配藥，及題疏針刺錯誤，不如今古藥方及本草而致殺人者，按律科徒刑二年半。其故不如本方殺傷人者，以故殺傷論，雖不傷人，杖六十，卽賣藥不如本方殺傷人者亦如之（註一九〇）。至於諸醫違方詐療病而取財物者，亦以盜論也（註一九一）。

十、曆　算

有唐三百年，曆凡八改，計有武德戊寅（六一八）元曆，麟德甲子元曆（麟德二年卽六六五年頒用），開元大衍曆（開元十七年卽七二九年頒用），寶應五紀曆（寶應元年卽七六二年頒用），建中正元曆（建中五年卽七八四年頒用），元和觀象曆（元和二年卽八〇七年頒用），長慶宣明曆（長慶二年卽八二二年頒用），及景福崇玄曆（景福二年卽八九三年頒用）。唐以前曆數用平朔，祇知月有一大一小，何承天、劉孝孫、劉焯皆議用定朔，而扞格難行。武德二年（六一九年），傅仁均造戊寅元曆，始用定朔，爲曆法史上一大改革。仁均滑州人，東都道士也，高祖受禪，將治新曆，太史令庾儉、丞傅奕薦之，詔仁均與儉等參議，合受命歲，名爲戊寅元術（註一九二），庚子詔用仁均定朔。迨貞觀十九年（西紀六四五年）九月以後，四月連大，曆家以爲非常，遂復用平朔。高宗時戊寅曆益疏，李淳風（六〇二—六七〇）作甲子元曆以獻，再用定朔，惟立進朔遷就之法，以避四大之事。此曆始廢古來章蔀紀元之法，立總法一千三百四十以爲推算之母，錢大昕謂淳風之術，「乃去章歲之名並氣朔閏餘，通爲一術，但以歲實以十二朔實相校，所多之數，卽爲一歲之閏積，而不更求齊同之率，此亦術家變古之一大端也」（註一九三）。詔太史起麟德二年頒用，謂之麟德曆，與太史令瞿曇羅所上經緯曆參行。崔善爲精曆數，曾考正傅仁均與李淳風二家之得失。中宗時，太史丞南官說，亦善曆法。開元朝，瞿曇悉達譯九執曆，又著開元占經一百一十卷。僧一行（張遂）更長於曆算，著開元大衍曆議及心機算術括諸書，推步之法，最爲完備。大衍曆實測九州北極高度，以定各地食分，其大衍曆議，則援據經傳，旁採諸家，考證古曆之得失，以明其立法之源流，具有創作之精神。建中四年，徐承嗣治正元曆。而大曆以後，曆算則推董和，著有通乾論十五卷（註一九四）。昭宗時，太子詹事邊岡，巧於用算，能馳騁反覆於乘除間，立先相減後相乘之法，著崇元曆極有名（註一九五）。然自開元以降，諸家曆法皆本麟德、大衍，而莫能出其範圍，五紀曆與大衍小異者九事，宣明曆首創日食氣刻時三差，崇元曆用算巧捷而已。唐曆如光宅、至德、正光、觀象、符天，法多不傳（註一九六）。且唐律禁私習天文，凡諸玄象器物，天文圖書，七曜曆等，私家不得有，違者徒二年；若將傳用，言涉不順者，自從造妖言之法，而私習天文者，並不在自首之例（註一九七）。故曆法皆屬官方之事，私人不得與焉，天文學未能精究，及曆法每多失傳者，職此之由也。

唐代最著名之算學家，首推王孝通。孝通於武德九年爲算術博士，校傅仁均戊寅術，後爲通直郎太史丞，著緝古算經一卷，並自爲之注。其上表曰：

「臣長自閭閻，少小學算，鑽磨愚鈍，迄將皓首，鑽尋秘奧，曲盡無遺。代乏知音，終成寡和。伏蒙聖朝收拾，用臣爲太史丞。比年已來，奉勅校勘傅仁均術，凡駁正術錯三十餘道，即付太史施行。伏尋九章商功篇，有平地役功受袤之術。至於上寬下狹，前高後卑，正經之內，闕而不論，致使今代之人，不達深理，就平正之間，同欹邪之用，斯乃圓孔方枘，如何可安？臣晝思夜想，臨書浩歎，恐一旦瞑目，將來莫覩。遂於平地之餘，續狹斜之法凡二十術，名曰緝古。請訪能算之人，考論得失，如有排其一字，臣欲謝以千金」（註一九八）。

孝通且謂：「盡性窮源，莫重於算」，其數理觀念，修養甚深。緝古原爲唐朝所撰之書，得列於學官，而修習又限三年之久，自爲算書中之最深妙者矣。是書已使用三次方程式以解各種問題，其言勾股術亦較九章爲奥，實後來立天元術之所本也。李淳風奉詔與算博士梁述、助教王眞儒等，同正五曹孫子等算經十書，刊定注解。顯慶元年付國學行用，立於學官（註一九九）。

至於物理技術，其可知者有李皐與梁令瓚。李皐，曹王明玄孫，常運心巧思爲戰艦，挾二輪蹈之，翔風鼓疾，若掛帆席，所造省易而久固（註二〇〇）。開元十三年，梁令瓚造水運渾天俯視圖，上具列宿及周天度數，注水激輪，每晝夜自轉一周，以合天象，半入木匱，以準地平。另立二木偶人，每刻擊鼓，每辰擊鐘，皆能按時自動，其制甚巧。宋蘇頌所取法也（註二〇一）。

（註一）新唐書，卷二〇一、文藝傳序。

（註二）姚鉉，唐文粹，序。

（註三）新唐書，卷二〇一、列傳一二六、王勃傳。

（註四）舊唐書，卷一九〇上，列傳一四〇上，楊炯傳。

（註五）同上書，同卷。

（註六）同上書，同卷。

（註七）河南邵氏聞見後錄，卷十四。

（註八）宋祁，宋景文公筆記，卷上。

（註九）苕溪漁隱叢話，卷十八、韓吏部下。

（註十）孫樵集，卷二、與友人論文書。

（註十一）蘇東坡集，卷二十六、謝歐陽內翰啓。

（註十二）困學紀聞，卷十八、評詩。

（註十三）唐詩談叢，卷三。

（註十四）滄浪詩話。

（註十五）王世貞，全唐詩說。

（註十六）李東陽，麓堂詩話。

（註十七）蘇詩紀事，卷下。

（註十八）同上書，卷中。

（註十九）蘇東坡集續集，卷一、次韻魯直書伯時畫王摩詰。

（註二十）徐而庵詩話。

（註二十一）唐國史補，卷上。

（註二十二）蘇籀，欒城先生遺言。

（註三十三）麓堂詩話。

（註二十四）蘇轍，詩病五事。

（註二十五）甌北詩話，卷一。

（註二十六）白氏長慶集，卷二十八、與元九書。

（註二十七）孔平仲，續世說，卷二。

（註二十八）王世貞，藝苑巵言，卷四。

（註二十九）韓昌黎集，卷五、調張籍。

（註三十）胡震亨，唐詩談叢、卷一。

（註三十一）阮一閱，增修詩話總龜，卷六、評論門中。

（註三十二）白氏長慶集，卷二十八、與元九書。
（註三十三）張戒，歲寒堂詩話。
（註三十四）東坡詩話，評韓柳詩。
（註三十五）趙吉士，寄園詩話，引說儲。
（註三十六）甌北詩話，卷三。
（註三十七）苕溪漁隱叢話，前集卷十七、韓吏部中。
（註三十八）歲寒堂詩話。
（註三十九）唐國史補，卷下。
（註 四 十）白氏長慶集，卷二十八、與元九書。
（註四十一）元氏長慶集，集外文章。
（註四十二）甌北詩話，卷四。
（註四十三）白氏長慶集，卷二十八、與元九書。
（註四十四）同上書，卷一、元微之，長慶集序。又「開成中、物價至錢，村路賣魚肉者，俗人買以胡絹半尺，士大夫買以樂天詩，則所云交酒茗。」（唐詩談叢，卷一。）
（註四十五）同上書，卷二十八，與元九書。
（註四十六）唐詩紀事，下册，卷三十九。
（註四十七）王世貞，全唐詩說。

（註四十八）苕溪漁隱叢話，前集卷二十二、引蔡寬夫詩話。
（註四十九）蘇東坡集，後集、卷八、書黃子思詩集後。
（註五　十）隋書，卷七十五。
（註五十一）朱子全書，卷六、論解經。
（註五十二）潛研堂文集，卷九、答問六。
（註五十三）王應麟，困學紀聞，卷八、經說。
（註五十四）盧文弨，抱經堂文集，卷二、重雕經典釋文緣起。
（註五十五）新唐書，卷二百，列傳一二五、啖助傳。
（註五十六）韓昌黎集，卷五。
（註五十七）王昶，金石萃編，卷一〇九、唐六十九。
（註五十八）顏魯公集，門客困亮，顏魯公行狀。
（註五十九）舊唐書，卷七三、列傳一十三、令狐德棻傳。
（註　六　十）同上書，同卷。
（註六十一）同上書，同卷。
（註六十二）同上書，同卷。
（註六十三）同上書，卷一九〇上，列傳一四〇上，王勃傳。
（註六十四）同上書，卷一九〇中，列傳一四〇中，劉允濟傳。

(註六十五)同上書，卷一九〇上，列傳一四〇上，張昌齡傳。
(註六十六)同上書，卷一〇二、列傳五十二、元行冲傳。
(註六十七)同上書，卷一〇二、列傳五十二、吳兢傳。
(註六十八)同上書，卷一八九上，列傳一三九上，敬播傳。
(註六十九)同上書，卷一九〇中，列傳一四〇中，丘悅傳。
(註七十)同上書，卷一九〇上，列傳一四〇上，蔡允恭傳。
(註七十一)同上書，卷六十一，列傳十一，溫大雅傳。
(註七十二)同上書，卷八十二，列傳三十二，許敬宗傳。
(註七十三)同上書，卷一八九上，列傳一三九上，敬播傳。
(註七十四)劉知幾，史通，卷十二，正史篇。
(註七十五)舊唐書，卷七十三，列傳二十三、顧胤傳。
(註七十六)同上書，卷一九〇上，列傳一四〇上，劉胤之傳。
(註七十七)同上書，卷一〇二，列傳五十二、韋述傳。
(註七十八)同上書，卷一四七，列傳九十七、杜佑傳，
(註七十九)同上書，卷一八九下，列傳一三九下，路敬淳傳。
(註八十)同上書，卷一八九下，列傳一三九下，柳冲傳。
(註八十一)同上書，卷一〇二、列傳五十二、韋述傳。

(註八十二) 鄭樵、通志、卷二十五、氏族略一。
(註八十三) 趙翼，二十二史劄記，卷二十、唐初三禮漢書文選之學。
(註八十四) 唐會要，卷七十三、安西都護府注。新唐書藝文志注亦謂：「高宗遣使分往康國吐火，訪其風俗物產，畫圖以聞，詔史官撰次，許敬宗領之、顯慶三年上。」(卷五十八、志四十八。)
(註八十五) 玉海，卷十五西域圖志：「天寶中，玄宗問諸蕃遠近，(鴻臚卿)王忠嗣以西域圖對，纔十數國。」(卷十五。)
(註八十六) 張彥遠，歷代名畫記，卷三、古之秘畫珍圖。
(註八十七) 玉海，卷十六、唐西極圖。
(註八十八) 新唐書，卷五十八、志四十八。又玉海卷十五，十道志謂：「寰宇記引唐開元十道要略。」又：「開元十道圖，其山川所分，貢賦所出，得禹貢別州任土之制，今載六典。」(卷十五。)
(註八十九) 唐會要，卷五十九、職方員外郎。
(註 九 十) 舊唐書，卷十四、憲宗本紀。
(註九十一) 玉海，卷十五。
(註九十二) 舊唐書李淳風傳：「父播、隋高唐尉，以秩卑不得志，棄官而爲道士，頗有文學，自號黃冠子。注老子，撰方志圖，文集十卷，並行於代。」(卷七十九、列傳二十九。)
(註九十三) 舊唐書，卷七十九、列傳二十九、呂才傳。
(註九十四) 同上書，卷一九一、列傳一四一。

(註九十五) 呂和叔文集，卷三、地志圖序：「廣陵李該，博達之士也，學無不通，尤好地理，著有地志圖。」(卷三)。

(註九十六) 新唐書，卷五十八、志四十八。

(註九十七) 舊唐書，卷九十二、列傳四十二、魏元忠傳。

(註九十八) 玉海卷十四唐天下圖：「書目：域中郡國山川圖經一卷，韋瑾撰，始關內，終劍南爲圖。」(卷十四。)

(註九十九) 新唐書藝文志：「括地志五百五十卷，又序略五卷，魏王泰命著作郎蕭德言，秘書郎顧胤，記室參軍蔣亞卿，功曹參軍謝偃、蘇勗撰。」(卷五十八、志四十八、) 玉海卷十五唐括地志，坤元錄：「魏王泰善屬文、卽府置文學館，得自引學士，貞觀十二年，奏撰括地志，引著作郎蕭德言，秘書郎顧胤，記室蔣亞卿，功曹謝偃、蘇勉撰次。衞尉供帳，光祿給食。分道計州，繙緝疏錄，凡五百五十篇，曆四期成。詔藏秘閣，賜物萬段。」(卷十五。)

(註 一 百) 舊唐書，卷一三八、列傳八十八、賈躭傳。

(註一〇一) 權載之文集，卷三十五、魏國公貞元十道錄序。

(註一〇二) 李吉甫，元和郡縣圖志，卷一。

(註一〇三) 舊唐書，卷一九二，列傳一四二，孔述睿傳。

(註一〇四) 新唐書，卷五八、志四八。玉海唐山河地名要略注：「大中九年，令澳纂次諸州境上風俗及諸利害爲一書。」(卷十五。)

（註一〇五）新唐書，卷五八、志四八、玉海十道志：「唐太府少卿梁載言十道四蕃志十卷，以十道爲本，而以州縣圖志附列於下。」（卷十五。）

（註一〇六）新唐書，卷五八、志四八。

（註一〇七）玉海，卷十五、唐郡國志。

（註一〇八）同上書，同卷、唐須知國鏡。

（註一〇九）尹文子，大道上。

（註一一〇）文苑英華，卷四七七、永昌元年詞標文苑策科第二道對策。

（註一一一）張彥遠，法書要錄，卷四、唐朝敘書錄。

（註一一二）同上書，卷三、武平一徐氏法書記。

（註一一三）雲麓漫鈔，卷六。

（註一一四）葉昌熾，語石，卷四。

（註一一五）法書要錄，卷三、李嗣眞，書品。

（註一一六）宣和書譜，卷八。

（註一一七）法書要錄，卷三、李嗣眞書品。

（註一一八）宣和書譜，卷八。

（註一一九）法書要錄，卷八、張懷瓘，書斷，上。

（註一二〇）同上書，卷三、李嗣眞，書品。

（註一二一）同上書，卷四、唐朝叙書錄。
（註一二二）宣和書譜，卷八。
（註一二三）米芾，寶眞齋法書贊，卷五。
（註一二四）宣和書譜，卷八。
（註一二五）米芾，海岳名言。
（註一二六）宣和書譜，卷十八。
（註一二七）寶眞齋法書贊，卷五。
（註一二八）法書要錄，卷九、書斷下。
（註一二九）韓昌黎集，卷二十一、送高閑上人序。
（註一三〇）唐國史補，卷上。
（註一三一）宣和書譜，卷十八。
（註一三二）寶眞齋法書贊，卷五。
（註一三三）唐國史補，卷上。
（註一三四）黃伯思，東觀餘論，卷上、論張長史書。
（註一三五）顏魯公文集，卷十四，張長史十二意筆法意記，其十二意筆法：平（天平謂横）、直（直謂縱）、均（均謂間）、密（密謂際）、鋒（鋒謂末）、力（力謂骨體）、轉（轉謂屈折）、決（決謂牽制），補（補謂之不足），損（損謂有餘），巧（巧謂布置）、稱（稱謂大小）。工書之妙，妙在執筆，

（眞草用筆悉如畫沙，）令其圓轉，勿使拘攣。其次諸法須口傳，手授之訣，勿使無度，所謂筆法也。其次在於布置，不慢不越，巧使合宜。其次紙筆精佳，其次諸變適懷，縱捨規矩。

（註一三六）宣和書譜，卷十九。

（註一三七）唐國史補，卷中。

（註一三八）豫章黃先生文集，卷二十八，題顏魯公帖。

（註一三九）宣和書譜，卷二。

（註一四〇）唐國史補，卷上。

（註一四一）宣和書譜，卷三。

（註一四二）海岳名言。

（註一四三）馮武，書法正傳。

（註一四四）宣和書譜，卷三。

（註一四五）同上書，卷二。

（註一四六）同上書，卷三。

（註一四七）蘇東坡集，後集卷八、書黃子思詩集後，

（註一四八）語石，卷四。

（註一四九）法書要錄，卷四、唐朝叙書錄。

（註一五〇）唐會要，卷三十五。

（註一五一）法書要錄，卷三、徐浩古蹟記。
（註一五二）宣和書譜，卷十。
（註一五三）姜夔，續書譜。
（註一五四）法書要錄，卷四。
（註一五五）姜夔，續書譜。
（註一五六）通志，卷六十四。
（註一五七）張彥遠，歷代名畫記，卷一。
（註一五八）舊唐書，卷七七、列傳二十七、閻立德附立本傳。
（註一五九）歷代名畫記，卷二。
（註一六〇）蘇東坡集，卷二十三、書吳道子畫後。
（註一六一）楊愼，畫品，卷一，畫家四祖。
（註一六二）蘇東坡集，卷二十三、書吳道子畫後。
（註一六三）荆浩，筆法記。（畫論叢刊第一册）
（註一六四）董其昌，畫旨。（畫論叢刊第一册）
（註一六五）王維，山水訣，（唐寅，六如畫譜，卷二。）
（註一六六）山靜居畫論，卷下。
（註一六七）荆浩，筆法記。

（註一六八）圖畫見聞誌，卷五。
（註一六九）山靜居畫論，卷上。
（註一七〇）湯垕，古今畫鑑。
（註一七一）圖畫見聞誌，卷五。
（註一七二）蘇東坡集，卷二十三、書蒲永昇畫後。
（註一七三）舊唐書，卷七十九、列傳三十九、祖孝孫傳。
（註一七四）資治通鑑，卷一九二。
（註一七五）唐會要，卷三十三。
（註一七六）同上書，卷三十二。
（註一七七）凌廷堪，燕樂考原，卷一。
（註一七八）同上書，卷一。
（註一七九）沈括，夢溪筆談，卷五。
（註一八〇）資治通鑑，卷二一八。
（註一八一）唐會要，卷三十四。
（註一八二）新唐書，卷四十八、百官志三十八。
（註一八三）同上書，同卷。
（註一八四）徐靈胎先生醫書全集，卷一、第二、醫學源流論，千金方外臺論。

(註一八五) 舊唐書，卷一九一、列傳一四一、方伎。

(註一八六) 徐靈胎先生醫書全集，卷一、第二、醫學源流論，千金方外臺論。

(註一八七) 舊唐書，卷一九一、列傳一四一，甄權傳。

(註一八八) 同上書，卷一三九，列傳八十九，陸贄傳。

(註一八九) 唐會要，卷八十二。

(註一九〇) 唐律疏義，卷二十六、醫合藥不如方。

(註一九一) 同上書，卷二十五、醫違方詐療病。

(註一九二) 阮元，疇人傳，卷十三。

(註一九三) 潛研堂文集，卷十四、答問十一。

(註一九四) 唐國史補，卷下。

(註一九五) 疇人傳、卷十七。

(註一九六) 朱文鑫，天文學小史，上册。

(註一九七) 唐律疏義，卷九、職制上，玄象器物。

(註一九八) 疇人傳，卷十三。

(註一九九) 同上書，同卷。

(註二百) 舊唐書，卷一三一、列傳八十一、李臯傳。

(註二〇一) 蘇頌，新儀象法要，卷上。

下篇　唐代文化教育之影響

唐代文化教育，綜合前代典章文物，而加以一番之融滙與變化，遂能獨有建樹，絢燦於中古。春秋戰國之際，百家爭鳴，學術思想之蓬勃，似春卉競放。然至唐代，國家强盛，如日中天，而文物制度，社會生活，風俗習慣，以至學藝技術，均普遍發展，多方進步，乃構成大唐型之文化。論其內容，比諸前代，爲最有活力，豐富圓滿，實用而可行。厥後宋元明清四朝之創述，不過作蕭規之曹隨，細目枝節雖異，而綱領仍不失大唐之體貌，直可謂爲唐代文化教育之延續。是以自第七世紀迄今，中國固有文化之各種因素，殆無一而非經唐代所傳遞、陶範、變革、孕育及啓導而來者。至若東鄰之日本與高麗，汲引唐代文化綦深，亦可謂爲大唐文化之移植。又北至渤海、契丹、突厥，西迄高昌、吐蕃、南詔，亦受大唐文化之浸漬。夫從唐代文化教育之影響言之，廣被遠澤，地域包括東亞，時間綿延千年，不可謂不偉大者也。茲就下面三章，引申述之。

第一章　對宋元明清之影響

一、學校與貢舉

唐末因藩鎭與宦官之禍而亡，統緒中斷，大位易主，然其文化教育之植於社會者深，不因朝代覆滅而褪色。唐人文物學藝，尚為以後宋元明清四朝所繼承而勿替，唐其藝苑也，四朝不過施以接枝溉植耳。其心靈思想，影響於後代者至巨也。

唐代學校制度，後世尚依循採用，其立學範圍雖大小有別，而國子學內容，一仍舊貫。五代之際，日事干戈，學校多已停廢，所謂教育，僅存貢舉而已。及至宋代，學校始復興，然制度直接摹仿唐朝。中央官學，有國子學、太學、四門小學、辟雍、及廣文館，皆屬於高等教育；律學、算學、書學、畫學、醫學、道學、及武學，皆屬於專門教育；小學則屬於小學教育。又有宗學，諸王宮學，及內小學三所，統為貴族學校。地方教育，州有州學，府有府學，軍有軍學，監有監學，縣有縣學。中央之國子學，太學、辟雍、四門學、廣文館、武學、律學、及小學，統歸國子監管轄。算學隸於太史局，書學隸於書藝局，畫學隸於圖書局，醫學隸於太醫局。地方學校隸於各地方行政長官而統屬於各路提舉學事司。唐制之國子學、太學、四門小學、廣文館、律學、書學、算學、醫學、小學，皆沿用而未改，僅撤棄崇文館、宏文館，而增設宗學（或可等於崇文館），武學，及畫學。地方教育，每一行政單位皆置有學，與唐相同，惟唐附設有醫學，而宋則闕耳。至於學校之隸屬，唐初各學校，除崇文隸東宮，宏文隸門下省，玄學隸祠部，醫學隸太醫署外，其餘均歸國子監管理，教育行政上事權似較為集中；其後律學始改隸刑臺，書學改隸太史，算學改隸蘭臺。宋代之國子監，僅管轄國子學等八學，而書、算、畫、醫等學，亦分別隸屬，此大抵依據唐代後期教育系統而設置也。然宋之太學，辦理較唐代為完善，王安石秉政時，太學分為三舍，學生定額為七百人，其後外舍生增至三千人，有獨立性之畢業試，效力與貢舉相等，此則重視學校教育之功能，未始非新政之特色，而爲唐代所不及。學生額每學均較唐學爲多。各學之課程，則與唐學無異焉。除官學外，宋代尙有書院之制。書院雖萌芽於晚唐，創自元和時李寬於衡州所設之石鼓書院，但宋代則大盛，遍設於郡國，其著者如石鼓、白鹿、嶽麓、及應天府等書院，私人講學勃興，對後世教育以極大之影響。

元代學制，大致與宋代相同。但有元數主，文治寥寥，所謂好儒，名焉而已。中央官學，除蒙古國子學，回回國子學之外，另有國子監學，爲漢人南人而設，課程亦爲經學，與宋之太學相似。地方教育，計有路學、府學、州學、縣學等，又設有蒙古字學（其制與蒙古國子學相同），醫學，陰陽學等，此則地方學校編制，較中央官學爲繁複。書院制度仍盛行，數量且益加多，以燕京之太極書院爲最著。明代學校制度，編制範圍縮小，與元代相同。中央官學，祇有國學、宗學、武學三種。其後國學改爲國子監，課程有經學（以四書五經大全爲教材），律令，書數，御製大誥，書法，及性理大全，此似爲包容多方面科目，作統一辦理之大學性質，而包括以前之國子學、太學、四門學、及書算律等學在內，與唐宋取分別設置者不同。全監分六堂，即六齋遺意，約分爲初中高三級，與宋之三舍法相似。洪武十六年（一三八三），歲貢生至京，從翰林院試經義四書義各一道，判語一條，中式者始得入監。學生曰監生，來自舉監、貢監、蔭監、及例監。洪武永樂間，監生原有數千，但弘治間衰歇，祇有六百人，嘉靖以後更減少，一切循故事而已。地方教育，有府學、州學、縣學、衞學，統稱儒學，但祇管理各生員之歲課，而無實際之教學。又有宗學武學設置。此外負有實際教學性質者，多爲社學及書院。社學爲小學性質，普遍設立。書院亦各地設置，但以明季之首善、東林爲最著。清代學校制度，仿效明制，學校與貢舉相輔而行。然明初仍重視學校教育，辦理亦嚴格，中明以後，士人偏重貢舉，學校等於具文，於是演成重貢舉而輕學校之趨勢。清代對此傾向，尤爲顯著。中央有國子監，一面爲最高教育行政機關，一面又爲最高學府，明清均相同，監內亦分設六堂。其監生由拔貢、優貢、歲貢、恩貢等貢生而經各省學政所選送者。又鄉試副榜之副貢生，亦卽送國子監。又設有宗學與旗學；宗學分爲宗學與覺羅學二種。此外，尙有算法館及鄂羅斯學。地方教育，有府學、直隸州學、州學、縣學、衞學，亦皆稱儒學，受各省學政管轄。各鄉又有社學、義學、及私塾。書院制度，清初曾一度禁止，其後仍許存在，較明代稍覺普遍，多由官辦，而私立者仍不少。

上述宋元明清四朝學制，是沿襲唐制而來，宋代學校制度，更緊隨唐制而加以擴充者。元代以異族入主中國，學制上遂發生種族分校問題，祇保存國子學，對於唐宋所分設之書、算、律、醫等專門學校，及四門學，廣文館等駢枝機關，一律裁撤。明代志在集中統馭，教育上雖無種族問題，但學制削繁就簡，學校祇縮爲一種，又旣以制義考試，故教育內容全限於五經四書，書算律雖略存科目，有名無實，完全失去唐宋學校教育各科相輔發展之精神。其後士人群趨於貢舉一途，學校更形同虛設。清代因之，其學制旣無唐宋之分科設校精神，而重蹈明代之狹隘課程，又襲元代種族分校之弊，夫異族之入主中國，殫思竭慮以講求統治之術，其教育措施不免發生此矛盾現象，故學制卑不足道也。

貢舉取士，各朝皆取法於唐制。五代歷五十二年中，惟梁與晉，曾以舉子未精之理由，各停貢舉者兩年外，其餘未嘗廢。宋代貢舉，初年沿襲唐舊，有進士、九經、五經、開元禮、三史、三禮、三傳、學究及明經、明法等九科。此九科中，以明經進士兩科爲最普遍，尤以進士得人最盛，實與唐制無異。此外又有制科，亦仿唐制而策對孝悌、力田、人材、武學，經學優深可爲師法，詳明吏理達於教化，賢良方正能直言極諫等科，御試策一道，限三千字以上。宏詞科則肇自紹聖二年（一〇九五），雖仿唐之科目，而所試者爲章表露布等文，與唐之限於詩賦不同也。宋初進士，如考試兼採時望，用糊名法，放榜後報喜，用金花帖子，中第後曲江賜宴，無一而非唐之舊習。每歲考取不過二三十人，少或六七人，開寶六年（九七三），禮部初取十一人，但殿廷覆試，則取一百二十七人；及太平興國二年（九七七），以地方官吏多闕，竟放五百人，比舊額二十倍。進士考試，試詩賦論文各一首，策五道，帖經論語十道，墨義春秋或禮記十條。其他各科目，均考帖經與墨義。進士初用詩賦取士，故有「文選爛秀才半」之諺，及王安石秉政，取消詩賦及帖經墨義，專用經義取士，計分四場試，兩場考經義，一場論，一場策。元祐元年（一〇八六），舊黨執政，罷明法科，復詩賦與經義並行。紹聖元年（一〇九四），新黨又起，復安石制凡三十五年。南宋之初，經義與詩賦，又復兼用。貢舉之科目，熙寧年間，王安石以明經諸科，過於機械，或空疏無用，乃盡除之，化繁爲簡，獨存進士一科，別立新科明法。徽宗初年，蔡京專權，曾一度將貢舉停辦，取士全由學校出身，但不久蔡氏失敗，進士科仍舊恢復。宋代貢舉，除常貢及制舉外，又有學選。學選者由三舍選充，但此制僅由元符二年（一〇九九）至宣和三年（一一二一），施行二十二年。此外又有醫科，武舉及童子科，但亦不常行。至於元祐十科，多爲選舉有官者而設，則與制科舉相似焉。貢舉初如唐制，每年一次，仁宗改爲兩年一次，自神宗後，又改爲三年一次。唐代貢舉，分鄉試與省試兩級制，宋於省試後，又加殿試（起於開寶六年）。殿試時，初試賦論三篇；熙寧以後，專試策一道。則宋代之進士試，蓋用三級制矣。又唐於進士放榜，首名爲狀頭或狀元，其餘不甚重視等級。宋則不然，太平興國八年（九八三），殿試進士以三甲放榜。景德二年（一〇〇五），又分爲三甲五等，以後成爲定制。第一第二兩等爲第一甲，賜以及第；第三等爲第二甲，賜以出身；第四第五等爲第三甲，賜以同出身。省試第一名爲省元，殿試第一名爲狀元。凡進士及第，卽令卸除常服，授以官職，其與唐制有異者，以唐進士必經吏部試一關，方得釋褐及第。由上言之，宋代貢舉，原沿襲唐制，但其形式，由多方漸趨於單一，由九科而變爲一科也。與宋同時而相對抗之遼金，亦仿行唐制之貢舉。遼於統和六年（九八八）起，詔開貢舉，初仿唐制，每年一次，其後仿宋制改爲隔三年一次，以詩賦經義取士，但純爲漢人而設。亘遼之世，考取進士數，共達二千三百五十七名（註一）。金承遼後，凡事皆欲軼遼世，天會（一一二三—一一三七）間，其取士之制，有詞賦、經義、策論、律科、經童、及女眞進士七科，其試詞賦、經義、策論中選者謂之進士，爲正科；律科、經童中選者謂之舉人，爲雜科，然不擢用，止於簿尉。十年（一一三二），有鄉府省三試之法：凡鄉試，試詩賦者兼論策作一日，試經義者兼論策作三日。凡府試，試詩、賦、論、時務策，經義則試五道，三策，一論，一律義。省試中選者分上中下三甲。天德（一一四九—一一五二）間，又設殿試，凡三年一貢，鄉試聚於州，限三人取一人；府試六處，限四人取一人；省試以五百人爲定格；殿試第一名特加一官，第二三名止授徵仕郎，其餘授從仕郎。大定（一一六一—一一八九）間，殿試第一名依舊爲承德郎，第二三名爲儒林郎，並賜祿，其餘皆從仕郎。金世進士科目，兼採唐宋之法而增損之，其及第出身，視前代特重而法亦密也。元初貢擧，數議不決，至皇慶二年（一三一三）始詔行之，每歲取士僅三十餘人。至元元年（一三三五）詔罷貢擧；六年（一三四〇）復之，詔謂擧人宜以德行爲首，試藝則以經術爲先，詞章次之，中式者十八名。其貢擧原沿襲宋制：一爲三年一開科，二爲分鄉試會試及廷試三級，三爲榜第列爲三甲。雖置有制科，亦有由國子生貢試積分法而歲貢生員，但不常行。貢擧最特色者，爲考試確定日期：鄉試第一場爲八月二十日，每閱三日再試一場；會試第一場定於次年二月初一日，每閱三日再試一場：會試後卽擧行廷試，則爲三場。各級考試內容，蒙古色目人與漢人南人不同，但皆以經學考試。蒙古色目人爲右榜，漢人南人爲左榜。

明取士沿唐宋之舊，而規制亦略與元同，但明初視貢擧與學校並重，貢擧之士，必經學校出身（卽生員出身），始有應試資格，故貢擧與學校相輔而行，與唐宋微有別。洪武三年（一三七〇），鄉試中式者，後十日復以五事試之，曰騎、射、書、算、律。當時以爲取懷才抱德之士，務在經明行修，博通古今，文質得中，名實相稱，頗有一番革新之意。及至十七年（一三八四），命禮部頒行貢擧程式，文詞增而實事變，有明一代，相沿而不變。貢擧科目，祇有進士一科，考試亦分爲鄉試、會試、殿試三級，每三年擧行一次。鄉試定子午卯酉年秋季，會試定辰戌丑未年春季。中鄉試者謂之擧人，會試中式，皇帝親策於廷曰殿試，試時務策一道，惟務直述，限一千字以上，中式者謂之進士，分三甲發榜。第一甲三名，第一名爲狀元，第二名榜眼，第三名探花，賜進士及第。第二甲若干名，賜進士出身。第三甲若干名，賜同進士出身。狀元授修撰，榜眼探花授編修，二三甲選用庶吉士者，皆爲翰林官，其他或授給事、御史、主事、中書行人，國子博士，或授府推官，知州知縣等官。鄉試派主考二人，同考四人，由教官充當。會試主考二人，同考八人（成化十四年增至十四人，正德六年十七人），多由翰林充當。殿試由皇帝主考，但皆派翰林或大臣充閱卷官。考試範圍更形狹隘，內容可分爲三類：一、經義；二、當代詔誥律令；三、史事及時務策。自成化以後，試卷文體，取用制義，即所謂八股者，格式太呆板，桎梏士子心靈。考試時糊名及限燃燭三條，殿試中式後，張掛黃榜，賜宴，謝恩，詣國子監，謁先師廟，行釋菜禮，則一仍唐之舊也。

清代貢舉，分爲三類：一、特科；二、常科；三、繙譯科。特科仿唐之制舉，如山林隱逸科，博學鴻詞科，及經濟特科等。繙譯科在提倡滿洲蒙古文字。常科最爲普遍，分文科武科兩種。文科之童生，先應縣之歲試，再應府試，最後經本省學政考試，錄取優秀者送入儒學，謂之附學生員，或稱秀才，始得入庠。又有拔貢，優貢，恩貢等，亦經特別考試而得，資格較歲貢略高。有儒學生員資格，始許參加鄉試。鄉試每三年舉行一次，及第者稱舉人。會試每五年舉行一次，由禮部主辦，中式者爲會士，再參加殿試，中式者曰進士。考試分三級，及其他形式，原沿襲明制。鄉試會試，皆分爲三場。鄉會試第一場試書藝三道，第二場試經藝四道，五言八韻排律一首，第三場試時務策一道。但試律詩，始自乾隆二十年（一七五五），前此之第二場，試判五道，詔誥表內科一道。殿試由皇帝御製策問，令貢士條舉以對，凡三試。關於經書文以雅正爲佳，詩以清華爲尚，策對以切實爲主。殿試後亦以三甲放榜，又有朝考考選庶吉士，及入館讀書之例。武科考試年月，與文科同，其內容分術科與學科。至若繙譯科，對於八旗滿蒙子弟，如能將漢文經學譯成滿蒙文者一律給以秀才、舉人、進士等名號，與常科相同。

二、各種學藝

唐代文化教育，其影響於後世者，不唯學校制度與貢舉取士之踵武遺意已也，而教育內容之學藝，實留貽一千年來以深厚之師承，如文學、經學、地理、法律、書法、圖畫、醫學等，爲其著焉者。後世名家輩出，雖各有創作，刻意建樹，然終不免受唐人之影響，而莫逾其治學之範圍。然則唐人藝苑之豐美，由其對後代示範之廣，足以見之。茲探其源流，綴述如次。

唐代古文，自韓柳倡復後，北宋之柳開、穆修、尹洙、歐陽修、蘇子美等，散文流利通暢，皆不出韓柳規範，蘇軾謂韓愈文起八代之衰，正以其復古文而推崇之也。後人嘗以歐陽修、王安石、曾鞏、蘇洵、蘇軾、蘇轍，稱爲六家，其文體以歐陽長於言情，王曾長於論學，三蘇長於策論；明初朱右（一三一四—一三七六）曾併之於韓柳，而稱爲唐宋八大家焉。穆修爲文，全師韓柳，得其善本，自序謂天旣饜我以韓，而又飫我以柳。修一傳而爲尹洙，再傳而爲歐陽修。歐陽初作偶儷之文，於河南遇洙，見韓愈之文而大悟，其才氣大而工夫深，卒自成家，遂以古文倡導一代。且由歐陽之汲引，王曾三蘇，皆習韓文，各得其妙，自爲風格，成一家法，一時古文稱盛。金元惟曲特放異彩，散文不足論。明自正德後，王愼中、唐順之、歸有光、茅坤等，提倡韓柳歐曾八大家之文，力求返虛入渾，積健爲雄。順之喜唐宋八大家，所著文編，自韓柳歐王曾三蘇八家外無所取，故茅坤選編八大家文鈔，以爲操觚者之劵。此爲李夢陽等七子倡復秦漢一派之反響。清初，魏禧、汪琬、侯方域皆長古文，學唐宋八家。桐城方苞，學自歸有光，古文取法韓歐，爲文謹嚴，標明義法，爲桐城文派之開宗。方苞傳劉大櫆、姚範，劉姚又授姚鼐，皆桐城人，故稱桐城派，古文風氣大盛，故周永年謂天下文章其在桐城乎。鼐爲文高簡深古，近司馬遷韓愈，編古文辭類纂一書，士人服其精鑿。其弟子管同、梅曾亮、方東樹、姚瑩，傳授徒友，著譽於文苑。長沙王先謙，學於梅曾亮，專宗姚氏，亦編續古文辭類纂。桐城古文傳於陽湖，又有陽湖派，始自惲敬與張惠言，以王悔生錢伯坰（魯斯）之介紹，學桐城文，繼而上溯明三家以至唐宋。曾國藩亦私淑方苞姚鼐，重振桐城，爲文氣體淸閎，輯經史百家雜鈔一書，可爲桐城派之別支，影響文壇垂數十年。吳汝綸、嚴復、林紓等繼之，然僅爲桐城之餘波，論者嘗訴其空疏，及風氣一變，遂乏嗣響者也。

唐人氣象渾厚，詩歌富於情感，多暢吟風景，溫潤而有鏗鏘之音，於文學上成就最大，影響於後世亦至深。王維、杜甫、韓愈、白居易，姚合、李賀、張籍、李商隱等，爲其著焉者。杜甫之詩，歷代宗之。宋初西崑體風靡一時，自蘇舜欽（一〇〇八－一〇四八），梅堯臣（一〇〇二－一〇六二）

起，歐陽修（一〇〇七—一〇七二）繼之，專主氣格，詩體一變，始認識杜甫之眞面目。杜詩於宋雖爲晚出，但旣出而學詩者非子美不道。各家或專攻杜甫，或兼宗杜韓，以韓愈亦溯源於杜甫也。歐陽修之詩，敷愉雄渾，存雍雅之音，則學韓愈，雖不甚喜杜，但溯其源而攻之。王安石（一〇二一—一〇八六）精嚴深刻，旣通商隱，亦追宗杜韓之古聲。蘇軾（一〇三六—一一〇一）詩始學劉夢得，造詞遣言，峻峙淵深，自元豐末還朝後，乃出入李杜。江西派詩祖黃庭堅（一〇四五—一一〇五），詩拗峭豪險，力學杜甫，變而爲深刻，但其失也，稍流於生硬，以其「過於出奇，不如杜之遇物而奇也」（註二）。沈德潛評之曰：「江西派黃魯直太生，陳無已太直，皆學杜而未嚌其胾者，然神理未浹，風骨猶存」（註三）。庭堅之父黃庶，及其岳父謝景，亦皆學杜，可見其家學之淵源。陳師道（一〇五三—一一〇一）號后山，從山谷學，但反山谷之脫穎而出，此獨沉思而入，拙樸毋華，不失爲高格。陳與義（一〇九〇—一一三八）字去非，詩學杜甫，平淡有工，與山谷后山並稱一祖三宗，蓋以杜爲祖也。高荷，字子勉，荆南人，學杜，頗得句法。曾幾（一〇八四—一一六六）著有茶山集，詩以杜甫山谷爲宗。陸游（一一二五—一二一〇）爲南宋詩人之冠，詩凡三變，初好岑參，又以李杜爲宗，偏於雅正。文天祥（一二三六—一二八二）之詩，亦留意於杜甫。金之元好問（一一九〇—一二五七），律切精深，有豪放邁往氣概，蓋以李杜爲祖，並重柳宗元。及至元代趙孟頫（一二五四—一三二二）詩體清麗，范梈（一二七四—一三三〇）以刻峭見稱，踸踔宕逸有遠情，均得自杜甫。明詩趨於復古，或摹盛唐，或仿晚唐，或擬中唐。明初吳中四傑，高啓（一三三六—一三七四），徐賁、張羽

（一三三三—一三八五），楊基，詩法均以唐爲宗。閩中十子之林鴻，字句與題目仿自唐，尤以盛唐爲楷式。高棅（一三五〇—一四二三）之唐詩品彙，爲明詩之宗，以唐音爲正聲。張以寧（一三〇一—一三七〇）之詩，清新雋逸，可比盛唐，長古浩瀚雄豪似李白，五七律渾厚老成似杜甫。貝瓊（一三七九年卒）之五律，袁凱之近體，皆力仿杜甫者也。永樂以後，盛明著名之詩人，李東陽（一四四九—一五一六），李夢陽（一四七一—一五二九），何景明（一四八三—一五二一），刻意學杜甫，發揮格調之說。夢陽與景明，同倡返古之論，然夢陽主摹仿，刻劃過甚；景明主擬造，作品以秀雋穩雅勝。至明末之李攀龍（一五一四—一五七〇），以七絕是唐人妙技，而竭力仿韓柳焉。清初，錢謙益（一五八二—一六六四），近體溯源杜甫，出入韓白蘇陸，沉博藻麗，逸情高致。孫衣言（一八一四—一八九四），近體炙杜甫，其詩發揮中晚唐之長處。康有爲之詩，亦力仿少陵。至於摹擬李白者，以明清詩人爲衆。徐渭（一五二一—一五九三）以李長吉爲本，詩則出入於李白李賀之間。宗臣（一五二五—一五六〇）有宗子相集，詩法李白，但意興不深，有淺俗之嫌。清初陳子龍（一六〇八—一六四七）詩宗李白，七古則學高適岑參。嶺南詩家屈紹隆，詩磊怪偉，五古往往得李白之隻鱗片甲也。

宗白居易者曰白體，王禹偁（九五四—一〇〇一）詩師法樂天，精深雄渾，以矯正由五代至宋初之纖麗詩風，而創設白體。張耒（一〇五二—一一一二）有柯山集，其詩略平淡，效白居易、樂府則仿張籍。明代，袁宗道、宏道、中道三昆季之詩，稱爲公安體，宗道則學樂天。清之尤侗（一六一八—一七〇四），詩以亢厲見勝，仿白體而流於淺易。宋初之西崑體，始自楊億（九七四—一〇二〇）

，劉筠，錢惟演，均宗李商隱，致力於硏華詞句，祥符天禧之間，三人唱和之作，有西崑酬唱集，故時人名之曰西崑體。王安石晚年亦喜稱商隱。元代楊維楨（一二九六—一三七〇）號鐵崖，有楊鐵崖詩集，宗李商隱李賀，才情雙絕，又有一種雋致。清末王樹枏，爲桐城派，初學義山。樊增祥詩仿溫李，繼晚唐香艷體，因有「樊美人」之稱。其餘詩家，宗初唐四傑者，則有吳偉業（一六〇九—一六七二），奉王維孟浩然而以神韻相尙者，則有王士禛（一六三四—一七一一），選唐賢三昧集，不錄李杜之詩，一反明代格調之說，一再引司空圖之詩品，而傾心於自然、清奇、含蓄、纖穠四者。直追大曆諸人之後，最以性情勝者，有嶺南之陳恭尹（一六二九—一六九九），拔俗迥凡，有獨漉堂詩集。宋之范成大（一一二六—一一九三），號石湖。詩則仿李賀王建，且雜有長慶體，受晚唐五代之遺響。謝翶（一二四九—一二九五）字皐羽，詩充滿南宋亡國之音，樂府各體似李賀張籍，近體出入於孟郊賈島。南宋之四靈派，則專追隨姚合之武功體。由上所言，唐代古文詩歌影響於後世之學者，誠踵武相接，其深入於人心者可知。玆再述傳奇小說。

唐代之傳奇小說，至宋而衰，然其體裁爲後人所摹仿，如宋之李昉太平廣記，洪邁夷堅志，明之瞿佑剪燈新話，李禎剪燈餘話；清之蒲松齡聊齋志異，陳球燕山外史等。且唐之傳奇，元明人多本其故事以作雜劇式傳奇，影響遂及於曲。元稹之會眞記，亦名鶯鶯傳，敍崔張風流故事，導源以後之戲曲甚大。自會眞記以後，一變而爲宋趙德麟之商調蝶戀花十闋，譜西廂傳奇；再變而爲金董解元之西廂搊彈詞，有白有曲，專以一人搊彈，並念唱之；三變而爲元之北曲，如王實甫西廂記，關漢卿續西廂記；四變而爲明之南曲，如李日華陸采之南西廂記。董西廂可稱爲戲曲之祖，但會眞記之本事，又爲西廂記之所根據也。

唐人治經，雖不及宋代之狂熱，然唐頒定五經正義，統一經學之義疏，以五經取士，歷五代迄宋，其制不改，士子皆謹守官書，凡數百年。宋初經學，大都遵唐人之舊，即邢昺所定孝經、論語、爾雅三疏，亦確守唐人正義之法。故宋初治經者，因襲雷同，既不出唐人正義之範圍，則宋初經學，猶是唐學，不得謂之「宋學」。錢大昕謂：「宋初經生帖括，遵守漢唐注疏，音義異同，必準諸陸氏釋文，無敢少有出入」（註四）。可見唐代五經正義之勢力，依然影響於宋初也。及慶曆之間，諸儒漸思立異，歐陽修不慊唐學，請刪去九經之疏於先，孫復又倡摒棄傳注於後，雖孫論徒高，歐陽之議亦不行，然風氣一變，學者解經互出新意，視注疏如土苴，所謂宋學，蓋已見其端倪矣。夫唐人猶守古義，而宋人則多矜新意，王應麟曰：「經學自漢至宋，初未嘗大變，至慶曆始一大變也」（註五）。然宋學之懷疑傳注，始自唐季經師啖助趙匡陸淳等廢三傳而開其端。自寶慶而後，朱學盛行，凡治經莫不崇尚朱說，以迄元明清，唐代經說，遂遭廢棄。清乾嘉之際，漢學再興，而唐學依然衰歇。然唐季啖趙陸一派，影響宋人仍鉅。如劉敞春秋傳，本啖趙陸之法，刪改三傳合爲一傳。胡安國春秋傳，仿啖助雜採三傳，參以己意，謂事莫備於左氏，例莫明於公羊，義莫精於穀梁。孫復春秋尊王發微十二卷，乃本於陸淳之說。王晳春秋皇綱論，考辨三傳及啖助趙匡之得失。孫覺春秋經解十三卷，雜取三傳及歷代諸儒啖助陸淳之義。蘇轍春秋集解，以左氏爲主而輔以公穀啖助趙匡之論。葉夢得春秋讞三十卷，主信經而不信傳，猶沿啖助孫復之餘波。其他如崔子方，呂本中、高閌、呂祖謙、張洽、程公說等，均為啖趙陸之一派。程子稱啖陸絕出諸家，有據異端開正途之功。朱子對於春秋，亦尚啖趙陸淳（註六）。由此言之，啖趙陸之治春秋，大有功於後代者也。唐賈公彥周禮義疏，尚為後世重視，宋王與之周禮訂義，清孫詒讓周禮正義，皆採賈疏以為參訂。李鼎祚周易集解，則為清惠棟講易所援引取材。孫愐唐韻，又為宋陳彭年廣韻撰著之淵源。

唐代修史，多命史官為之，倉卒成於眾人之手，無復有創作之可言，故修史雖多，其影響於後代不大。惟劉知幾之史通，為以後治歷史方法及理論之所本；而杜佑之通典，為鄭樵通志及馬端臨文獻通考之先導也。地理方面，宋代職方，承隋唐舊制，圖經之編制，如各州縣圖，天下形勢圖等，當參據舊籍。宋崔峽之華夷列國入貢圖二十卷，當仿自唐鴻臚寺之職貢圖。唐代諸州縣地圖，每三年一送職方（建中元年改為五年一送），五代則於閏年合送圖經地圖，宋亦以閏年造送，五年間實為兩次，稍為變更，但仍沿唐制。宋人除沿襲唐賈耽之華夷圖外，官用地圖，大抵依傳統之繪法。賈耽與李吉甫，影響於宋代輿圖甚大，北宋樂史撰太平寰宇記三百卷，雖譏賈耽李吉甫為漏闕，然因其十道志及元和郡縣志之舊，概列其名，故王應麟謂李吉甫，徐鍇（方輿記一百三十卷），樂史諸書，雖詳略不同，大抵皆相因（註七）。南宋紹興七年（一一三七），華夷禹跡二圖刻石，賈圖勢力，殆流於强弩之末。迄元代，朱思本（至元十年生順帝初年卒）撰輿地圖二卷，歷明代以迄清初，多受其影響，乃取元以前之賈圖而代之，賈耽得諸傳說詢問者，更姑用闕如，賈圖勢力始衰歟。然朱自序謂曾閱唐杜佑通典李吉甫元和郡縣志，參考古今，量校遠近，既得其說，然則朱氏之輿地圖，仍受杜佑與李吉甫之影響者也。

唐律影響於後代者至鉅，為歷代治律所取法。五代政刑紊亂，初無要典可述，然如後梁之大梁新定律令格式後唐之同光刑律統類，其律皆仍唐之舊；後周之刑統，亦祇「申劃一規」，別無創作；後晉後漢，更無論矣。宋初沿用後周刑律，建隆四年（九六三），重定刑統，全部實為唐律，後雖以敕代律，而律未見更改，故終宋之世，律令仍以唐律為藍本。元初循用金律，而金律於皇統（金熙宗）間，原採隋唐之制，參遼宋之法，泰和元年（一二〇一），新定泰和律凡十二篇，實唐律也。至於遼律，其施於漢人者，仍以唐律為斷。夫元代原不仿古制，取一時所行之事為條格，然其後頒至元新格，為目二十，計名例、衞禁、職制、祭令、學規、軍律、戶婚、食貨、大惡、姦非、盜賊、詐偽、訴訟、鬬毆、殺傷、禁令、雜犯、捕亡、恤刑、平反，凡一千零四十一條（註八），其面目始稍變，而猶同於唐律者九，其異者十一，大體在命名分章；至於八議十惡官常之制，皆仍唐也。明律尤直承唐律，洪武元年（一三六八），定大明律令、律準唐之舊而增損之，計一百八十五條。左丞相李善長等議律，謂：「今制宜遵唐舊」，而太祖尤傾心唐律，洪武九年（一三七六），命儒臣四人，同刑官講唐律，日進二十條，太祖親自斟酌，擇其可行者從之。至是重命刑部尚書劉維謙詳定大明律，篇目一準於唐，計有禁衞、職制、戶婚、廐庫、擅興、盜賊、鬬訟、詐偽、雜律、捕亡、斷獄、名例，採用舊律二百八十八條，續律一百二十八條，舊令改律三十六條，因事制律三十一條，掇唐律以補遺一百二十三條，合六百零六條，分爲三十卷（註九）。夫明律初以六部（吏戶禮兵刑工）爲依歸，名例居後；繼又援用唐篇目，而最後於洪武二十二年（一三八九）修訂，更定大明律，仍以六部爲綱，而以舊律各目，分屬其下，名例特載之篇首。其五刑：徒刑流刑加杖；死刑加凌遲。十惡八議、仍採唐之舊。故其內容十之七八，無改唐律，大抵視唐簡賅而寬厚不如宋，三十年（一三九七）頒示天下。清律屢經修校，其篇目一同明律，而五刑、十惡、八議，同於唐律，損益甚微。

唐人書法，氣度雍容，名書家輩出，蔚爲大觀。自唐以後，歷代書家，除宗鍾王之外，唐代書家之影響後世者，楷書爲虞世南、歐陽詢、李邕、徐浩、顏眞卿、柳公權；篆書爲李陽冰；草書爲張旭釋懷素。顏書以端正豐麗，柳書以規矩易學，故師承相傳最久，臨摹者多。楊凝式（八七三—九五四）原師顏柳，行筆結字，肥厚雄强，則楊之書法，亦卽顏柳之系統也。宋蔡襄（一〇一二—一〇六七）之變體，出自顏眞卿；米芾（一〇五一—一一〇七）之行草書法，學王右軍，又學顏。蘇軾書法，學自徐浩，並師顏與楊凝式。學楊凝式者，又有王安石黃庭堅，歷元明人士，猶相繼推重。而臨摹顏柳之書法，宋爲黃伯思（一〇七九—一一一八），明爲徐霖、董其昌（一五五五—一六三六），清爲傅山（一六〇七—一六八四），梁同書（一七二三—一八一五），何紹基（一七九九—一八七三），曾國藩（一八一一—一八七二）。夫宋之書學，以二王、歐、虞、顏、柳之眞行爲法，而明之國子監，字學一科，亦以二王、智永、歐、虞、顏、柳爲藍本，然則顏柳書法之爲後人所宗可知矣。學虞世南者，元爲康里巎巎（一二九五—一三四五），明則爲董其昌與趙崡。學歐陽詢者，明爲李應楨（一四三一—一四九三），清則爲翁方綱（一七三三—一八一八）與包世臣（一七七五—一八五五）。元趙孟頫與清曾國藩，晚均傾注於李邕。宋徽宗則學薛稷，自變其法度，號「瘦金書。」篆書自李陽冰而後幾中絕，獨南唐徐鉉（九一六—九九一）能存其遺法，獲見嶧山碑，自謂：「得師於天人之際，」宋鄭文寶師之，宋元明三代之篆書，仍承李陽冰之系統。張旭釋懷素之草書，宋黃庭堅宗之，得窺其筆法。自清嘉慶間，鄧石如出，刻苦力學，臨摹秦漢以後金石善本，精於篆刻。其弟子包世臣復倡之，著藝舟雙楫，康有爲又著廣藝舟雙楫，倡尊碑之說，研究北碑之風，盛行於時，而帖學舊派爲人所厭棄，唐代書法之勢力遂稍退矣。

唐代圖畫，影響於後世者，當以閻立本、吳道玄、王維、李思訓、刁光胤、孫位等爲著，啓導師承，垂範於後。前蜀釋貫休，善道釋人物，天福年入蜀，師法閻立本，畫羅漢十六幀。北宋畫道釋人物者，多汲吳道玄之餘波，無特出之大家。宋初，高文進自蜀往，善畫道釋，其筆勢曹吳兼備焉。他如王瓘、孫夢陽、侯翌、武洞清、楊棐、王靄、孫懷說、李用及等畫道釋，多不出吳道玄之窠臼。景德末，營玉清招應宮，募道釋畫家至三千人之多，武宗元爲左部長，王拙爲右部長，皆宗吳生。嘗與武宗元對畫之王兼濟，及張昉、李元濟，亦師法於道玄。李公麟畫佛像，深得道玄用筆意，宣和間，其畫幾與吳生等。王維之水墨山水與李思訓之青綠山水，人雖非南北，而其畫則分爲南北二宗，一重神韻，一爲寫實，流派久遠，影響於後世至巨。北宗始自李思訓父子之青綠山水，金碧輝映，或稱著色山水。但自五代至北宋，水墨山水派較佔優勢，及至南宋，青綠山水乃復興，趙伯駒、伯驌（一一二四—一一八二）昆季宗之，駒又傳單邦顯。南宋院體之山水四大家，有李唐、劉松年、馬遠、夏珪、皆爲北宗之佼佼者。由李唐傳至蕭照，閻仲一家（其子次平次于，）及張敦禮；敦禮授劉松年。馬遠一家（其子麟）及夏珪一家（其子森，）均師李唐。元初之青綠山水，以趙孟頫爲著，孟頫主張師古，而學自趙伯駒。明代青綠山水，多繼承南宋之院畫，宗李劉者有之，宗馬夏者有之。宗李唐劉松年者爲唐寅（一四七〇—一五二三）與仇英，此所謂南宋院體之一派也。宗馬遠夏珪者爲浙派三大家，即戴進、吳偉（一四五九—一五〇八）與藍瑛，授徒衆多，頗盛一時。清初，北宗衰歇，惟藍瑛一派，遠馳聲譽，有沈石田（沈周）再世之目，差足繼武焉。南宗山水畫，由王維始用渲淡，一變拘斫之法，取其意氣所到而不必求形似，畫品以神逸爲高，技巧以惜墨如金爲貴，開中國之文人畫風。其傳爲張璪、荆浩；關仝師荆浩，喜作秋山寒林，並時師弟，驥足同展。洛陽郭忠恕，又師關仝，每繪天外數峯，略有筆墨，意在筆墨之外。南唐之董源，以平淡幽雅之筆，寫江南秀麗之景，董源傳僧巨然，嵐氣清潤，積墨幽深，世稱董巨。劉道士亦學於董源。巨然傳釋惠崇，惠崇再傳於僧玉澗。迄北宋，李成初師關仝，又師荆浩，山水稱爲第一，傳其學者，有許道寧得其氣，李宗成得其形，翟院深得其風；再傳則有高克明、郭熙、王詵（晉卿，）而郭尤爲傑出，布置筆法，獨步一時。范寬（名中正）初師李成，又師荆浩，得荆關雄渾之筆，作雪山全師王維。宗范寬者有紀眞、黃懷玉、商訓、高洵、李元崇、劉翼、劉堅、楊安道等。米芾（元章）及其子友仁（一〇八六—一一六五），亦受董源巨然之影響，信筆揮灑，不取細意。王士元，汝南人，與郭忠恕爲畫友，山水學關仝，陳士元宗之。龍眠山之李公麟，畫法可謂古今絕藝，亦得水墨山水之眞傳。南宋山水畫，雖以北宗爲盛，但朱銳師王維，龔開師二米，楊士賢師郭熙，田宗源師范寬，江參亦師董源而豪放過之，南宗仍一脈相傳。元代畫家，泰半爲崇拜宋人，以復古爲念，四大家者，黃公望（子久，一二六九—一三五四），王蒙（叔明，一三八五年卒），吳鎭（仲圭，一二八〇—一三五四），倪瓚（元鎭，一三〇一—一三七四），均學董巨與荆關，得其正傳。公望傳張中、陳植與沈瑞。又有高克恭，初學二米，後師李成與董巨，寫林巒煙雨，造詣精絕。朱璟合米高二家之法，自成一家，亦一時之秀。明畫祇爲宋元之繼承，墨守舊規，臨摹前賢，所謂吳派者，以荆關董巨李成二米及元四家，多爲吳人而得名。沈周（一四二七—一五〇九）與文徵明（一四七〇—一五五九）師承元四大家，亦遠接衣鉢，與唐寅仇英並稱爲四大家焉；又與松江派之董其昌（學黃公望）及陳繼儒（一五五八—一六三九）而稱爲吳派四大家。吳派之支流，有趙左（宗董源）之蘇松派，顧正誼（宗黃公望）之華亭派，沈士充（師宋旭及趙左）之雲間派，及蕭雲從（一五九六—一六七三，宗倪瓚黃公望）之姑熟派。清代山水畫，畫壇主盟者，仍爲號稱南宗正傳之董其昌一派，而吳支派亦具有相當勢力。新安派始自釋弘仁（鷗盟），以倪瓚爲宗。江西派始於寧都之羅牧，以董源黃公望爲宗。所謂金陵八家，以龔賢爲首，亦遠宗董巨也。然而清初山水畫之最著者，首推四王，王時敏（煙客，一五九二—一六八〇），王鑑（湘碧，一五九八—一六七七），王翬（石谷，一六三二—一七二〇），稱江左三王，與時敏之孫王原祁（麓臺，一六四二—一七一五），則稱爲清初四王，皆推崇元四大家，而於黃公望尤爲傾倒，蔚爲風氣。盛清之際，宗王翬者稱爲虞山派，宗王原祁者稱爲婁東派，亦皆以元四大家爲宗。直至晚清，畫家仍規撫四王者也。

花鳥自北宋以來，分爲後蜀黃筌（九六五年卒）與南唐徐熙兩大系統，所謂黃家富貴，徐熙野逸。筌以鈎勒塡彩一派，爲院體之標準；熙以疊色漬染，爲在野派之領袖。黃筌之師承，竹石花雀學刁光胤，龍水松石學孫位，山水竹樹學李昇（前蜀成都人，初得張璪山水，後出意寫蜀中山川，心思造化，獨創一家），鶴學薛稷。黃筌早與孔嵩同師刁光胤，嵩但守師法，形神逼肖，不及筌之富有創造性。筌之子居寶居寀，均能世傳其學。北宋設畫院，居寀自蜀往，其學傳夏侯延祐、李懷袞、李吉、傅文用、李符，師承不絕，而成爲系統，迄明代而未衰歇。其他雜畫，宗周昉之士女，有王士元、王居正；蒲永昇仿孫位，始作活水；李用及畫馬，深得韓幹筆法，事例甚多，不勝枚舉。

唐代醫學，孫思邈之千金要方及王燾之外臺秘要，重在集方，各有師承，其淵源與張機（仲景）微別，然此書爲後世治醫藥者之要典。後此名醫，如金李杲（東垣）重脾胃，劉完素（河間）主火說，元朱震亨（丹溪）主滋陰，張子和主吐瀉法，號爲金元醫家四子，以至明薛已（立齋）之膚淺騎牆，張介賓（景岳）之濫用熟地人參，常爲醫家所詬病。獨於千金外臺，採用其方，並無間言，其地位僅次於傷寒金匱之列，爲後人所重視可知矣。徐大椿曰：「讀千金外臺者，必精通於內經，仲景、本草等書，胸中先有成見，而後取其長舍其短，則可資我博採之益，否則反亂人意，而無所適從」（註十）。此足爲代表後世對是書之評價者也。至於曆算，其影響於後世，不及文學書畫之大，然唐之八曆，常爲後世制曆所參定。李淳風之麟德術，推步七政，以總法爲母，自後術家多效之。元人授時術，不用積年與日法，亦卽採麟德術之意。僧一行之大衍曆議，爲宋周琮明天曆論，元李謙授時曆議所取法者也。邊岡之相減相乘法，宋天聖元年（一〇二三年）張奎宋行古造崇天術，以赤道推變黃道，採用此法而演算。唐代算學，以王孝通之緝古算經爲最深，其勾股形算法，實爲元李冶立天元術之所本也。其餘如文舞武舞，後代仍效之，宋寧宗時，尚用破陣樂。百戲散樂如舞柘枝，角觝戲，擊鞠，及魚龍曼衍之戲，歷代相傳，流行而未已也。

（註一）續文獻通考，（一）、卷三十四、選擧一。

（註二）陳師道，後山詩話。

（註三）沈德潛，說詩晬語，卷下，（螢雪軒叢書第十卷）。

（註四）錢大昕，潛研堂文集，卷二十七、跋羣經音辨。

（註五）困學紀聞謂：「自漢儒至於慶曆間，談經者守訓詁而不鑿，七經小傳出，而稍尚新奇矣，至三經義行，視漢儒之學若土梗。」（卷八、經說。）

（註六）朱文公文集，卷六十九，學校貢擧私議。

（註七）玉海，卷十五、地理志。

（註八）續文獻通考，卷一三六，刑一。

（註九）同上書，刑二。

（註十）徐靈胎先生醫書全集，卷一、第二、醫學源流論，千金外臺論。

第二章　對日本之影響

中日兩國之關係，古來以文化爲主，政治之意義不大。中國文化之影響日本，可見諸王維之言：「海東之國，日本爲大，服聖人之訓，有君子之風，正朔本乎夏時，衣裳同乎漢制」（註一）。本宮泰彥謂中國爲日本文化之母（註二），此誠的確不磨之論。然中國文化何以能影響日本如是深且厚，首當追溯日本之傾慕大陸文化，及遣唐留學生之衆而種其因也。

自東晉南北朝以後，中日交通漸繁，日本由中國文化上獲益甚大。及推古天皇（五九三—六二八）在位，聖德太子當政，致力於儒教建國，制定冠位，頒佈憲法十七條，講究禮儀，重視仁義禮智信之五常，及獎植忠孝貞節之觀念，大陸文化遂油然勃興。推古十五年（六〇七），遣小野妹子聘隋，爲正式通聘中國之始。唐武德六年（六二三），留學生惠濟惠光等返日本，奏曰：「唐禮義之國也，宜常相聘問；學生在唐者，皆已成器，願召還之。」此可見日本對初唐之認識，學生留學漸著文化媒介之效矣。舒明天皇二年（貞觀四年，六三〇），遣大仁犬上御田鍬、藥師慧日於唐。及四年（六三二），唐使高表仁送犬上御田鍬等至對馬，入唐學問僧靈雲，僧旻勝鳥養，及新羅送使從之（註三）。十一年（六三九），新羅遣使，送入唐學問僧慧隱、慧雲至日本京都。翌年五月五日，大設齋會，使慧隱說無量壽經。十月，入唐學生高向玄理，學僧清安，原隨小野妹子入隋，留學凡三十二年，亦從新羅使而還（註四）。皇極天皇四年（六四五），乃以高向玄理爲國博士（註五）。

孝德天皇大化元年（六四五），改革政制，開始施行新政，採仿中國之官制、禮制、學制、田制、稅制及刑律，以改革日本當時之政制，脫離氏族社會，而建設政治經濟統一之集權國家，故稱「大化革新」。白雉四年（六五三）五月，以小山上、吉士長丹爲遣唐使，小乙上、吉士駒爲副使，學生巨勢藥、冰老人，學問僧道嚴，道通等一百二十餘人從之。又以大山下、高田根麻呂爲大使，小乙上、掃守小麻呂爲副使，別船使唐，學問僧道福道向等一百二十人從之，七月，高田根麻呂等至薩麻竹島，全船漂沒，唯門部金等五人得免（註六）。五年（六五四）二月，以大錦上高向玄理爲遣唐押使，小錦下、河邊麻呂爲大使，大山下藥師慧日爲副使（註七）。至齊明元年（六五五）八月，河邊麻呂等還自唐（註八）。五年（六五九）七月，又遣小錦下、坂合部石布爲大使，大山下、津守吉祥爲副使，分乘兩船，聘於唐（註九）。此可見第七世紀日本遣使赴唐之盛也。

一、奈　良　朝　（七〇八—七九三）

奈良朝約值中國開元天寶之際，唐代文化達全盛時期，故在日本，亦爲唐制之摹仿時期，遣使赴唐，繼續不輟。唐長安三年（七〇三），日本遣其朝臣眞人粟田朝唐，貢方物。朝臣眞人者，猶中國之戶部尙書，好學能屬文，進止有容，武后宴之麟德殿，授司膳卿還之（註十）。靈龜二年（開元四年，七一六），遣唐押使多治比縣守，大使阿倍安麻呂，大使大伴山守，副使藤原馬養使於唐。翌年出發，總數爲五百五十七人，留學生阿部仲麻呂，吉備眞備，學問僧玄昉等隨之。開元初，眞人粟田又入唐，因請士授經，詔四門助教趙玄默就鴻臚寺教之，乃遺玄默濶幅布，以爲束脩之禮，題云「白龜元年調布」，所得賜賚，盡購文籍，泛海而還。其偏使朝臣仲滿，卽阿部仲麻呂，（六九八—七七○）慕中國之風，因留不去（註十一）。仲滿後易姓名曰朝衡，（朝晁相通，亦作晁衡）歷左補闕儀，在唐五十四年，與詩人王維、李白、包佶、儲光羲等相酬答。天平勝寶五年（七五三），仲滿欲從大使藤原河清東歸，王維以詩送之曰：

「積水不可極，安知滄海東。九州何處遠，萬里若乘空。向國唯看日，歸帆但信風。鰲身映天黑，魚眼射波紅。鄉樹扶桑外，主人孤島中。別離方異域，音信若爲通？」（註十二）。

仲滿之辭別詩亦云：

「銜命將歸國，菲才忝侍臣。天中戀明主，海外憶慈親。伏奏違金闕，騑驂去玉津。蓬萊鄉路遠，若木故園鄰。西望懷恩日，東歸感義辰。平生一寶劍，留贈結交人」（註十三）。

圖四十三　遣唐使印

既而泛海遇颶風，漂泊安南，人或傳仲滿沒於海，李白作詩哭之：

「日本晁卿辭帝都，征帆一片遶蓬壺。明月不歸沉碧海，白雲愁色滿蒼梧」（註十四）。可見仲滿在唐之士林中，人緣頗好。未幾，仲滿自安南復至長安，肅宗喜其無恙。上元（七六○—七六一）中，擢左散騎常侍，安南都護，累遷北海郡開國公。光仁天皇寶龜元年（七七○）卒，年七十或云七十三。代宗悼惜之，贈潞州大都督。

吉備眞備入唐後，留學十九年，飽受儒學，博覽五經，子史、法制、曆算、兵學及其他衆藝。天平七年（七三五），與學問僧玄昉自唐還，聖武天皇信任之。歸日時，携帶唐禮一百三十卷，樂書要錄十卷，大衍曆經一卷，大衍曆立成十二卷，測影鐵尺一枚，銅律管一部，鐵如方響，寫律管聲十二條，紘纏漆角弓一張，馬上飲水漆角弓一張，露面漆四節角弓一張，射甲箭二十隻，平射箭十隻，獻諸朝廷。孝謙天皇天平勝寶三年（天寶十年，七五一），復奉命入唐。吉備眞備於孝謙朝（七四九－七五七），位至東宮學士（太子侍講），授禮記及漢書（註十五）。聖德朝（七六五－七七〇），升至右大臣。太平勝寶六年（七五四），揚州鑑眞大和尚渡日，除帶佛舍利及經典外，並有玄奘法師西域記十二卷，王右軍眞蹟行書一帖，王獻之眞蹟行書三帖。又帶有麝香、沉香、阿梨勒、胡椒等藥材。在日本傳授醫學，嗅辨藥物之眞僞，著有秘方一卷，對於奈良時代之醫學貢獻不少。建中元年（七八〇），使者眞人興能朝唐，獻百物。興能善書，其紙似繭而澤，人莫識。貞元（七八五－八〇四）末，桓武天皇延曆二十三年（八〇四），遣使者朝其，學子橘逸勢，學問僧空海，願留肄業，歷二

圖四十四　鑑眞和尚像

十餘年。及使者高階眞人入唐，請逸勢等俱還（註十六）。

奈良時代，其憲法十七條（六〇四）及大寶令（七〇二），均仿自中國。憲法十七條之制訂，是根據儒家之思想，故其條文，引用詩經、書經、禮記、論語、孟子、孝經、左傳之文句。大寶令於大寶元年修訖施行，內容則抄自唐六典，其中關於教育部份者如下：

（一）大學寮，由式部省管轄，設置各科博士、助教、分爲四科。

（甲）經學。掌教授學生經業課試，設博士一人，助教二人，學生四百人。授周易（鄭玄或王弼注），尙書（孔安國或鄭玄注），周禮、儀禮、禮記、毛詩（鄭玄注），左傳（服虔或杜預注），兼習孝經（孔安國或鄭玄注），論語（鄭玄或何晏注）。

（乙）音學。教授字音，分四聲清濁，設音博士二人。

（丙）書學。教授書法，設書博士二人。

（丁）算學。教授算術，設算博士二人，學生三十人。授孫子（一卷），五曹（一卷），九章（九卷），海島（一卷），六章（六卷），綴術（五卷），三開重差（三卷），周髀（一卷），及九司（一卷）等，各爲一經，學生分經習業。

學令二十二條，其內容包括教師、學生、課程、訓導、考試、管理、行政等，與唐代學式完全相同，茲錄如下：

「凡博士助教，皆取明經堪爲師者；書算亦取業術優長者。

凡大學生取五位以上子孫，及東西史部（或爲史官、或爲博士，弈世繼業）子爲之。若八位以上子情願者聽。國學生，取郡司子弟爲之，並取年十三以上十六以下聰令者爲之。

凡大學國學，每年春秋二仲之月，上丁，釋奠於先聖孔宣父，其饌酒明衣所須，並用官物。

凡學生在學，各以長幼爲序。初入學，皆行束脩之禮於其師，各布一端，皆有酒食。其分束脩，三分入博士，二分入助教。

凡經，周易、尙書、周禮、儀禮、禮記、毛詩、春秋左氏傳，各爲一經，孝經、論語，學者兼習之。

凡教授正業，周易鄭玄王弼注，尙書孔安國鄭玄注，三禮、毛詩鄭玄注，左傳服虔杜預注，孝經孔安國鄭玄注，論語鄭玄何晏注。

凡禮記、左傳，各爲大經，毛詩、周禮、儀禮，各爲中經，周易、尙書，各爲小經。通二經者，大經內通一經，小經內通一經；若兩中經，卽併通兩經。其通三經者，大經中經小經各通一經。通五經者，大經並通。孝經、論語須兼通。

凡學生先讀經文通熟，然後講義。每旬放一日休假；前一日博士考試。其試讀者，每千言內，試一帖三言；講者，每二千言內，問大義一條，總試三條，通二爲第，通一及全不通，斟量決罰。每年終，大學頭助國司藝業優長者試之。試者，通計一年所受之業，問大義八條，得六以上爲上，得四以上爲中，得三以下爲下。頻三下，及在學九年不堪貢擧者，並解退。

凡博士助教，皆分經教授學者，每授一經，必令終講；所講未終，不得改業。
凡博士助教，皆計當年講授多少，以爲考課等級。
凡學生，通二經以上，求出仕者，聽舉送。其應舉者，試問大義十條，得八以上，送太政官，若國學生，雖通二經，猶情願學者，申送式部，考練得第者，進補大學生。
凡學生，雖講說不長，而閑於文藻，才堪秀才進士者，亦聽舉送。
凡算經，孫子、五曹、九章、海島、六章、綴術、三開重差、周髀、九司，各爲一經，學生分經習業。
凡國郡司有解經義者，卽令兼加教授，若訓導有成，卽宜進考。
凡書學生，以寫書上中以上者，聽貢。其算學生，辨明術理，然後爲通，試九章三條，海島、周髀、五曹、九司、孫子、三開重差各一條。試九，全通爲甲，通六爲乙；若落九章者，雖通六猶爲不第。其試綴術、六章者，准前，綴術六條，六章三條。試九，全通爲甲，通六爲乙。若落經者，雖通六猶爲不第。其得第者敍法，一准明法之例。
凡學生請假者，大學生經頭，國學生經所部國司，各陳牒量給。
凡學生，自非行禮之處，白不得輒使。
凡學生在學，不得作樂及雜戲，唯彈琴習射不禁。其不率師教，及一年之內違滿假百日者，並解退。

凡學生，年二十五以下，遭喪服闋，求還入學者聽之。

凡大學國學生，每年五月放田假，九月放授衣假，其路遠者，仍斟量給往還程。

凡學生被解退者，皆條其合解之狀，申式部，下本貫。其五位以上子孫者，限年二十一，申送太政官，准蔭配色。

凡學生，公私有禮事處，令觀儀式」（註十七）。

又每國設有國學，置博士醫師各一人，博士與大學之經學博士同。學生額大國五十人，上國四十人，中國三十人，下國二十人。學生取郡司之子弟，授課管理條例，包括於上述之學令。醫科敎授醫術，醫生額，大國十人，上國八人，中國六人，下國四人。

(二) 陰陽寮，屬中部省，司天文曆數。內分三學：

(甲) 陰陽學，置陰陽師六人，掌占筮、相地。陰陽博士一人，敎授陰陽生。陰陽生定員十人，授周易、新撰陰陽書、黃帝金匱、五行大義。

(乙) 曆學，置曆博士一人，敎曆生。曆生定員十人，授漢書及晋書之律曆志，大衍曆議。

(丙) 天文學，置天文博士一人，候天文，且授學生，天文生十人。另漏刻博士二人，授學生以史記之天官書、漢書及晋書之天文志、三色薄讚、韓楊要集。

(三) 典藥寮，由宮內省管轄，內設醫學（醫師十人，醫博士二人，醫生四十人），針術（針師五人，博士一人，針生二十人），按摩術（按摩師二人，博士一人，按摩生十人），咒禁

（呪禁師二人，博士一人，呪禁生六人），藥學（藥園師二人，藥學生六人）。醫學生授太素、甲乙、脈經、本草。針生授素問、針經、明堂、脈訣。

（四）雅樂寮，屬治部省，內設歌（歌師四人，歌人三十人，歌女一百人），儛（儛師四人，儛生一百人），笛（笛師二人，笛生六人，笛工八人），唐樂（樂師十二人，樂生六十人），高麗樂（樂師四人，樂生二十人），百濟樂（樂師四人，樂生二十人），新羅樂（樂師四人，樂生二十人），伎樂（吳樂，樂師一人，樂生及樂戶若干），腰鼓（吳樂之樂器，樂師二人，樂生若干）（註十八）。

貢舉之制，由式部主理，大學與國學，在學年限爲九年，學生欲求出身者，可參加如下四種之貢舉：

（甲）秀才，試方略策二條，文理俱高者爲上上（正八位上），文高理平、理高文平者爲上中（正八位下），文理俱平爲上下，文理粗通爲中上，文劣理滯皆爲不第。

（乙）明經，取通二經以上者，試周禮、左傳、禮記、毛詩各四條，餘經各三條，孝經、論語共三條，皆舉經文及注爲問。其答者皆須辨明義理，然後爲通。通十爲上上（正八位下），通八以上爲上中（從八位上），通七爲上下，通六爲中上，通五及一經，若論語、孝經全不通者，皆爲不第。通二經以外，別更通經者，每經問大義七條，通五以上爲通。

（丙）進士，取明閑時務並通文選、爾雅者，試時務策二條，帖所讀文選上秩七帖，爾雅三帖。

其策，文詞順序，義理慥當，並帖過者，爲通；事義有滯，詞句不倫，及帖不過者，爲不通。帖策全通爲甲（從八位下），策通二，帖過六以上爲乙（大初上），以外皆爲不第。

（丁）明法，取通達律令者，試律令十條（律七令三），識達義理，問無疑滯者，爲通；粗知綱例，未究指歸者，爲不通。全通爲甲（大初位上），通八以上爲乙（大初位下），通七以下爲不第。

凡貢人，皆由本部長官，貢送太政官；若無長官，由次官貢。其人隨朝集使赴集，至日皆引見辨官，卽付式部。旣經貢送，而因有事故不及應試者，後年聽試。其大學舉人，具狀申太政官，與諸國貢人同試。貢舉人考試，皆於卯時付策，當日對畢，由式部監試。試訖，對本司長官，定等第唱示。得第者，奏聞留式部；不第者各還本色（註十九）。

釋奠禮歷代行之，孝謙朝（七四九—七五七），天皇親自釋奠，講孝爲百行之先，並令全國每戶備孝經一本，以爲習行。高野天皇神護景雲元年（七六七）二月，幸太學釋奠。先是，文武帝始行釋奠之禮，而儀文器制未備，迨吉備眞備親覩唐家典禮，歸國後，於是斟酌古今，以定儀制。大學助教膳臣大丘（膳大丘，天平勝寶年間入唐，在長安國子監肄業）並請以唐所追謚稱孔子爲文宣王。射禮，亦仿自中國而習之。天武天皇四年（六七五）正月壬戌，公卿大夫及百寮諸人，初位以上射於西門庭中（註二十）。五年亦同。六年七年正月，均射於南門（註二十一）。持統天皇三年（六八九）秋七月，詔左右京職及諸國司，築習射所（註二十二）。八年（六九四）正月辛丑，漢人奏請踏歌，五位以上射。壬寅，六位以下射，四日而畢。十年（六九六）正月，公卿百寮射於南門（註二十三），蓋習射久已列爲常禮者矣。養老之制，亦定於大寶令。元正天皇靈龜三年（七一七）十一月，詔定養老，改爲養老元年，年八十以上者賜絁一疋，綿一屯，布二端，粟一石；九十以上者約倍之。十二月令，以醴泉發現，仿唐制，亦以爲大瑞也。

自第五世紀以後，漢文已爲日本通用之文字，著述均以漢文爲之。惟中國文化對日本之傳播，多屬書本，而非會話，不過以文字達其意耳。故教育學藝之傳授乃經目而非經耳者也。唐人袁晉卿，於天平八年（七三六）隨大使多治比廣成赴日，年尚弱冠，通音韻，賜音博士，誦唐音而正吳音之訛，開始教習漢音，歷任玄蕃頭、大學頭等，敍從五位上，賜姓清村宿禰。及寶龜七年（七七六），吉備眞備創假名，始有日本式之文字。然自兩國交通以來，漢學之在日本，大爲進步，大學國學之設置，國文、祝詞、宣命、和歌等之應用，甚爲流行。安麻呂之古事記、日本書紀（三十卷，繫圖一卷），及風土記之撰述，概以漢文爲之。古事記及日本書紀，更仿自史記、前漢書、後漢書、及隋書之作法。朝廷既以漢文爲日本書紀之撰著，故漢文學日以隆盛，詩賦散文，逐漸流行。懷風藻所載之詩文，有五言七言絕詩，五言七言律，及五古，仿自六朝體，於天平勝寶三年（七五一）序，載有漢詩一百二十首，作者多至六十四人（註二十四）。後石上宅嗣及淡海三船兩人，均名顯文壇。貴族每於遊宴盛會，常吟詠中國之詩詞。由於漢學隆盛，及貢舉考試之重經學，故經史典籍之需求甚切。稱德天皇神護景雲三年（七六九）十月：「大宰府言，此府人物殷繁，天下一都會也。子弟之徒，學者稍衆，而府庫但蓄六經，未有三史正本，涉獵之人，其道不廣。伏乞列代諸史，各給一本，傳習管內，以興學業。詔賜史記、漢書、後漢書、三國志、晉書各一部」（註二十五）。

孝德朝（六四五—六五四）因與唐代發生接觸，故藝術急激進步。日本藝術，受中國之影響，可分爲三期：（一）由漢、南北朝、隋唐傳入者；（二）經高麗半島由南北朝傳入者；（三）由印度、中亞細亞而與南北朝隋唐相滙合後傳入者（註二十六），若由日本方面觀點言之，奈良時代之藝術，亦可分爲三期：（一）推古期（五九三—六二八），一切建築、雕刻及繪畫，以法隆寺爲代表；（二）白鳳期（約六四五—六九六），以藥師寺爲代表；（三）天平期（約六二七—七五七），以東大寺、唐招提寺爲代表。推古期之藝術，經高麗半島傳入南北朝時代之樣式。白鳳期爲「大化革新」前後，藝術亦具有六朝之風。天平期之藝術，則仿自唐代者也。因此日本人每以奈良朝爲日本藝術史上之黃金時代。例如奈良朝之雕刻，堪媲美於希臘，以其雕刻線條之構想及表現，較希臘爲尤美（註二十七）。繪畫約可分爲佛釋畫、山水畫及裝飾畫三類，尤其山水畫，仿自唐代之李思訓，但以天平期之畫爲最佳。

印刷術始自隋開皇十三年（五九三），於聖德四年（七六八）傳入日本，蓋藏在百萬塔之無垢淨光經（Dharani），已於此時付梓者也。風俗習慣，亦染唐風，由窄袖短裙，漸慕唐制而變爲寬長者。天武朝（六七二—六八六），下令束髮。中國不願學夷狄之左衽，日本亦轉而用右衽，娛樂遊戲如圍棋、雙六、蹴鞠、打毬、游獵、放鷹，在唐之社會甚爲流行，日本人皆盛行之也。時節慶會，如二月二日、三月三日曲水宴、五月五日端午節（用菖蒲爲縵），七夕、八月十五夜、菊宴遊樂、九月九日重陽賦詩，多至、大儺等，則全仿自中國。神龜五年（七二八）三月，曲水之宴，召文人詠詩賦，各賚絁十疋，布十端。

日本自「大化革新」後，傾慕唐代文化，熱誠達於沸點，由教育學藝、文物制度、風俗習慣、以至觀念意識，無不悉心摹仿，細大無遺，故唐代文化教育之移植日本，實由奈良朝而奠下其基礎。然則日本嚮慕唐代文化，用心何以如此專誠，而無條件大量吸納之者，良以日本當建國之初，規模草創，文物空虛，而西望鄰邦，正値唐代武功文物鼎盛之際，聲勢遠被，而藹然可親。心悅其生活之方式，社會之組織，政制之美備，敎育學藝之蔚盛，在在足爲日本之榜樣，而爲其建國之借鏡。夫飢者易爲食；渴者易爲飮，日本留學生學問僧，寧冒東海波濤之險，相將赴唐者無他，蓋切志鑽研唐代文化之誠故也。而唐室對外文化政策，本於聲敎訖於四海之義，以大事小精神，獎掖備至，亦大有助於文化移入東鄰者也。

二、平安朝（七九四—一一九三）

由桓武天皇延曆十三年（七九四）遷都始，至後鳥羽天皇建久三年（一一九三）止，爲平安朝。初，由長岡遷都平安，京城擴建，仿唐東西兩都之洛陽與長安，官省宮殿之建築，畫樑雕棟，飛簷碧瓦，效中國之式樣。平安朝初期之文化，乃唐代文化，佛釋文化，及加以若干日本本土文化之混合而成。故平安朝文化，實爲大陸文化之同化時期。是時遣唐使組織亦較爲擴大。初時每次遣使，大使副使各一人，押使及通譯官各一人。文武天皇時（六九七－七〇七），大使副使各一人，下設判官及錄事。聖武天皇時（七二四－七四九），判官錄事各增至四人，其後，副使二人或三人，但大使祇定一人。大使副使判官錄事，爲遣唐使四等官，均選博通經史，文藝優長，熟悉大唐情形者任之。又有知乘船事，造舶都匠，譯語，主神，醫師，陰陽師，畫師，史生，射手，船師，音樂長，新羅譯語，奄美譯語，卜部，雜史，音聲生，玉生，鍛生，鑄生，細工生，船匠，柂師，傔人，挾抄，水手長，水手等。又有大批學問僧學生同行，故同行人甚多，由二百餘人以至六百五十人，平均多爲五百人（註二十八）。每次使舶由二艘至四艘，但因海上遇難者多，被任爲遣唐使者每設法規避，朝廷爲獎勵計，特加優待。文武天皇以後，任命時有拜朝，賜節刀禮，復賜饗餞；饗餞之際，又賜御製之歌，或賜御衣，黃金等物（註二十九）。由日本赴唐固多遇險，卽由唐返日本之際，船舶亦多失事。開元二十四年，玄宗曾勑日本國王書，報告使節遇難情形：

「勑日本國王主明樂美御德，彼禮義之國，神靈所扶，滄溟往來，未常爲患。不知去歲，何負神明，丹墀眞人廣成（卽多治比廣成）等，入朝東歸，初出江口，雲霧斗暗，所向迷方，俄遭惡風，諸船飄蕩。其後一船在越州界，卽眞人廣成，尋已發歸，計當至國。一船飄入南海，卽朝臣名代（中臣名代），艱虞備至，性命僅存。名代未發之間，又得廣州表奏，朝臣廣成等，飄至林邑國；既在異國，言語不通，並被劫掠，或殺或賣，言念災患，所不忍聞！然則林邑諸國，比常朝貢，朕已勑安南都護，令宣勑告示，見在者令其送來，待至之日，當存撫發遣。又一船不知所在，永用疚懷，或已達彼蕃，有來人可具奏。此等災變，良不可測，卿等忠信則爾，何負神明，而使彼行人罹其凶害。想卿聞此，當用驚嗟。然天壤悠悠，各有命也。中冬甚寒，卿及百姓並平安好。今朝臣名代還，一一口具，遣書指不多及（註三十）。

不唯日本遣唐使之迭相往來，中國商人赴日本者亦多。會昌二年（八四二），日僧惠運乘唐人李處人之商船入唐；大中元年，更乘唐人張支信之船歸國。大中七年，日僧圓珍乘唐人欽良暉之商船入唐，十二年（八五八），更乘唐人李延孝之船歸國。李延孝當爲是時唐日間交通之航業家。清和天皇貞觀四年（唐咸通三年，八六二）七月，李延孝之船載客四十三人抵日本，七年，（八六五）七月又載客六十三人抵日。其餘商人之赴日本者，如八年（八六六）九月，張言等四十一人；十六年（八七四）六月，崔岌等三十六人；陽成天皇元慶元年（唐乾符四年，八七七）七月，崔鐸等六十三人（註三十一）。

奈良平安兩朝間，遣唐使可分爲四期：（一）自舒明天皇至齊明天皇，其間凡三十年，遣使四次。唐繼隋後，日本因欲吸收中國之優秀文化，故繼續遣使，但其組織尚無一定，規模較小。（二）天智朝之兩次遣唐使，乃因百濟與唐之政治關係而遣者。（三）自文武天皇至孝謙天皇，約計五十年間，四次遣唐使，當時值唐中宗、睿宗、玄宗之世，爲唐代文化達於鼎盛時期，日本以前代之形式仿摹既未滿足，乃進而欲深求其眞髓而徹底攝取，遣唐使人員之組織亦有一定，規模宏大，儀容亦整，可謂遣唐使之最盛期。天平時代，燦然美備之文化，多為此期學問僧，留學生所負擔者。（四）自光仁天皇至仁明天皇，凡六十年間，三次遣使，是期遣唐使之組織與規模或與前期同，形式上亦頗盛，而其實已至衰微之期。是時唐室當安史亂後，文運漸衰，日本對唐之文化可攝取者既略取之，日本自己之文化，已在萌芽時期，故對於使唐一事，不若前代意氣之盛，不過以其先人之貽謀，乃於義務上遵行之耳（註三十二）。宇多天皇寬平六年（八九四）五月，勅廢止遣唐使，其理由謂因大唐凋零，是時為唐昭宗乾寧元年，唐室日漸衰亡固矣，其實日本亦因朝廷財政困難，遣使費負擔太重之故（註三十三）。計自舒明天皇二年（六三〇）至宇多天皇寬平六年，遣唐使前後凡十九次之多，小遣使更不計其數也（註三十四）。歷次遣唐留學生計一百四十五人，其中赴新羅者十四人，未到唐者十人，實數約為一百二十一人，但大部份為學問僧（註三十五）。文武朝以前遣唐留學期間皆久，至二三十年者不少，奈良朝之留學生，留學時期亦長，及至平安朝，留學期間頗短，普通一二年，超過五年者甚少。留學生中，又可分為留學生，還學生，請益生等（註三十六）。留學生於留學期間之生活維持，其所依靠者：（一）任命遣唐使時，留學生所得之賜物，較判官為多，為充入唐後學費之用；（二）遣使歸國請衣糧；（三）唐廷對日本新羅等留學生，每年給絹若干疋，及四季衣服。留學生在唐，皆從唐之風俗習慣，不僅衣食住為然，即其姓名，仿唐人者亦不少。其中且有娶婦生子者，全與唐人同化，與唐人營同樣生活，習其學問，信其宗教，並傳入唐之風俗習慣，故對於日本之衣食住各方面，皆有極大之影響（註三十七）。著名之留學生，除眞人粟田、朝衡、及吉備眞備等外，可考者尚有如下五名；大和長岡，天平六年（七三四）歸國，在唐十七年，精刑名之學，與吉備眞備同刪定律令二十四條。永忠（僧），寶龜初年赴唐學經論及音律，延曆初返國，齎歸律呂旋宮圖、日月圖各二卷，律管十二枚，塤一枚。伊豫部家守，赴唐學五經大義，及切韻說文之字體，寶龜九年（七七八），歸國，歸國後建議定孔子之享坐爲南面，擧爲大學助教。春苑宿禰玉成，承和五年（八三八）入唐，爲遣唐陰陽師兼陰陽請益生，傳入難義一卷，以教陰陽寮諸生。菅原梶成，承和五年入唐，六年歸，通醫術，歸爲鍼博士，繼爲侍醫（註三十八）。

教育方面，當時如家庭教育，可以空海大師爲例，十二歲時，由其叔授以論語及孝經，十五歲入大學。圓仁大師，九歲時由其兄授以經史。嵯峨天皇（八〇九——八九三，）亦親授太子五經音樂（註三十九）。大學對於漢籍，先求中國音之正確，而家庭與私塾，祇讀普通字音而已。

平安朝之大學制度，乃繼承奈良朝之制而增加紀傳，明法兩道，共分六道：

一、明經道——置博士、助教、直講，教授經書。

二、紀傳道——置文章博士，教授中國歷史，如史記、漢書、後漢書，及漢文寫作，後專習文章詩賦、如文選、爾雅及日本紀史等。

三、明法道——置明法博士，加授大寶令及唐格式。

四、算道——置算博士。

五、書道——置書博士。

六、音道——置音博士。

六道學生，凡五百人。明經道除授經書外，加授史記、前漢書、三國志、及晉書（註四十）。桓武天皇延曆十一年（七九二，）詔諸學士學漢音。十七年（七九八），式部省奏請，立春秋公羊、穀梁二傳於學官（註四十一）。大學之維持，藉勸學田（如置公廨之田，大學寮田等，）以新錢借貸出息，貸穀收息，及補助金，以爲經費，然亦常感困難。大學授課之內容，可見諸延喜式卷二十之大學式（九二七年修撰，）其規條如下：

「凡應講說書籍者，先錄講書並博士名申省，始曰本司設座於堂上，省輔已下學生已上各著座，諸博士皆集講場，相共論義，若有不通義者，講畢之日，注其所疑申省。

凡應講說禮記、左傳、各限七百七十日。周禮、儀禮、毛詩 律、各四百八十日。周易三百二十日。尚書、論語、令、各二百日。孝經六十日。三史、文選各准大經。公羊、穀梁、孫子、五曹、九章、六章、綴術、各准小經。三開重差、周髀，共准小經。海島、九司，亦准小經。

凡博士講說者，依日數給食料（日米二升，酒一升，鹽一合，東鰒二兩，雜鮓二兩，維鮓二兩，海藻一兩，油夜別一合。）講說訖准經賞錢，大經三十貫，中經二十貫，小經一十貫，論語、孝經共一十貫。其三史、文選、律，各准大經。令、孫子、五曹、九章、六章、綴術、各准小經。三開重差，周髀共准小經。海島、九司，亦共准小經。

凡講經博士已下座料，黃端茵四枚、折薦茵四枚、長疊二十八枚，竝隔三年，申省請受。

凡學生入學，經九年不成業者，錄名送省，但雖過年限，才近成立，量狀聽留。

凡得畢業者，明經四人，文章二人，明法二人，算「道」二人，並賜夏多時服，人別夏絁一疋，布一端，多絁二疋，綿四屯，布二端，申省給之。

……

凡須講經生者三經，傳生者三史，明法生者律令，算生者漢晉律曆志、大衍曆、九章、六章、周髀定天論。

凡擬文章生，每年春秋簡試，以下第已上者，補文章生，縱落第之輩，猶願一割，聽任擧之。

凡擬文章生，以二十人爲限，補其闕者，待博士擧卽寮博士共試一史，文五條，以通三已上者補之；其不任寮家者，不得貢擧」（註四十二）。

但是時，藤原族與其他貴族繼續爭鬨，朝廷財政窮乏，官學不易維持，而流於廢弛，於是私立學校興起，其著者有：

一、弘文院，約於桓武朝（七八二——八〇五），和氣清麻呂之子廣世創立，藏典籍數千卷，置墾田四十町，延喜年間（九〇一——九二三）廢。

二、勸學院，嵯峨天皇弘仁十二年（八二一），左大臣藤原多嗣立，鎌倉時代末廢。

三、學館院，承和年間（八三四——八四七），嵯峨天皇皇后橘嘉智子之弟右大臣橘氏公立，以教授橘氏一族之子弟，其授課以經史爲主，平安時代末廢。

四、奬學院，陽成天皇元慶五年（八八一），在原行平立，平安時代末廢。

上述四院，爲專以中國經史授貴族子弟之所，程度與大學相同，當時甚爲著名。

五、綜藝種智院，淳和天皇天長五年（八二八），僧空海立，專授儒家五經及佛典，但其主要目的，亦在訓練官吏，與大學無殊，此乃仿唐之鄉學。空海於延曆二十三年（八零四），入唐，大同元年（八零六）歸國。留唐時，除就長安青龍寺惠果學密教外，對唐之文化，如繪畫、雕刻、詩文、書法、音韻學　醫道、藥物、儀軌典禮、土木、造筆、製墨、製紙等，無所不學。空海死後，維持困難，創設後僅十餘年，遂告閉歇。

校書殿之設置，亦仿唐制（註四十三）。大學授課，全根據漢學，對平安朝文化，奠立更厚之基礎。明經道之經學用書，全採唐朝藝文志及經學之注釋，如孝經、書經、詩經、易經，及其他經籍，均編有課本。日本歷史最重要之編撰，如日本紀，及天皇紀，爲研究日本古代史之要典，由漢文寫成。又如明法道，其授課以唐之律令爲課本，對日本之法制方面影響甚大，如嵯峨天皇弘仁格式（五十卷，）清和天皇貞觀格式（三十二卷，）及醍醐天皇延喜格式（六十二卷，）爲著名之三代格式，均仿自唐制。算道之課本，採用中國之算書及算籌，尤其對唐代之曆法及刻漏，全部仿用（註四十四）。日本初用劉宋時之元嘉曆，約在唐武后時，改用麟德曆。開元十六年，僧一行作太衍曆，至淳仁天皇天平寶字七年（七六三）八月，又廢麟德曆而採用太衍曆（註四十五）。唐咸通二年，八六一，）羽粟翼由唐齎回長慶宣明曆，日本亦於是年漸採用之。

平安朝漢學既隆盛，皇帝亦治經不倦。弘仁七年（八一六）六月十五日，嵯峨天皇受史記於勇山連文繼，至是而畢。承和二年（八三五）七月十四日，仁明天皇御紫宸殿，菅原朝臣清公侍讀後漢書。五年（八三八）六月二十六日，又御清涼殿，令助教直道宿禰廣讀羣書治要第一卷。十四年（八四七）五月十一日，受莊子於文章博士春澄宿禰善繩，行束脩之禮，令左右近習臣各賦莊子一篇，管絃交奏，酣暢爲樂。二十七日，又引春澄宿禰善繩於清涼殿，始讀漢書。嘉祥四年（八五一）四月丁卯，文德天皇講文選；齊衡三年（八五六）十一月壬寅，講晉書。貞觀二年（八六〇）二月十日，清和天皇講孝經，十二月二十日御注孝經，三年（八六一）八月十六日，講論語（註四十六）。皇帝講經，亦仿自中國之禮制也。平安朝初期之經學家，三禮有御船氏主，及滋善宗人；春秋有山口西成，其後演而爲三禮派與三傳派。仁明天皇（八三四——八五〇）崇經學，召儒士於御前論難，大學博士御船氏主精於三禮，助教刈田種繼則精於三傳，爭論相持，而種繼子安雄亦精三傳。其餘葛井宗之左傳，菅野佐世之禮經，卜部月雄之禮記，山邊善直之左傳，亦均著名（註四十七）。以文學著稱者，如嵯峨天皇、空海大師、良岑安世、小野岑守、菅原清公、滋野貞主、小野篁（唐宣宗時爲遣唐副使，橘逸勢（唐人稱橘秀才，）都良馨、最澄大師等。著名之詩文集，如經國集，淳和天皇天長四年（八二七），滋野貞主及良岑安世等奉勅編，凡二十卷，賦十七首，詩九百一十七首，序五十一篇，對策三十八篇，作者一百七十八名。凌雲集，小野岑守奉嵯峨天皇勅編纂，詩九十一首，作者二十四名。文華秀麗集，藤原多嗣奉嵯峨天皇勅編，凡三卷，詩一百四十八首，作者二十八名，詩包括遊覽、宴集、餞別、贈答、詠史、述懷、艷情、樂府、梵門、哀傷、雜詠等十一部門。醍醐天皇延喜期（九〇一——九二三）前後四十年間，爲日本之經文學時期，作文均以漢文爲之。南北朝隋唐間流行之四六駢體，日本亦效之。白居易文集，甚爲風尚。故平安朝爲日本文學上成就之黃金時期。雖自宇多朝（八八八——八九七）後，漢文學漸失其以前之勢力，然藤原期，菅野道眞與藤原繼繩之續日本紀（四十卷、）藤原多嗣之日本後紀（四十卷、）藤原良房與春澄善繩之續日本後紀（二十卷、）藤原基經等之文德實錄（十卷、）藤原時平與大藏善行等之日本三代實錄（五十卷，）相繼編撰。菅原道實、紀長谷雄、三善清行、菅原文時、藤原明衡、大江匡房等。均爲有名之漢學家。菅家文章、（十二卷）菅家後草、（一卷）類聚國史（二百卷，）和名類聚抄、和漢朗詠集、匡房之江家次第、明衡之本朝文粹等，亦爲學者所崇尚也。

日本學者喜學王羲之及歐陽詢之書法，如空海大師（草書）、橘逸勢（善隸）、及嵯峨天皇（喜學衞夫人書），均爲著名之書家。其餘如淳和天皇皇子恒貞親王及小野篁之草隸，亦稱佼好。篁之孫小野道風之書體，遒勁神逸，古今冠絕。又如藤原岳守（草隸）、藤原忠方（隸），藤原關雄（草）、紀椿守（隸）、藤原良相（隸）、良岑安世等，書法有名於時（註四十八）。天平勝寶六年（七五六）鑑眞抵日本，齎王右軍眞蹟行書一帖，小王眞蹟三帖（註四十九）。最澄大師於延曆二十三年（七九四）入唐，翌年歸國，攜帶佛經疏二百三十部，四百六十卷，及佛畫佛具等，於其法門道具等目錄內，有特標爲書法目錄者，石搨眞蹟凡十七種，計有趙模千字文，眞草千字文，臺州龍興寺碑，王羲之十八帖，歐陽詢書法，褚遂良集一枚，梁武帝評書，大唐聖教序，天后聖教碑，潤州牛頭山第六祖師碑，開元神武皇帝書法，王獻之書法，安西內出碑，（以上大唐石搨），天臺佛窟和上書法一枚（眞蹟），兩書本一卷，古文千字文，眞草文一卷。如此大批石搨眞蹟之傳入日本，自爲平安朝書法發達所不可忽視者也（註五十）。

至於中國册籍之携入日本，數量浩繁，殊難彙計，玆舉圓仁、宗叡兩大師爲例。圓仁於承和五年（八三八）入唐，十四年（八四七）歸國，於其入唐新求聖教目錄中，在揚州求得者有大唐新修宜（定）公卿士庶內族吉凶書儀三十卷，開元詩格一卷，祇對義一卷，判一百條一卷（駱賓王撰，）祝無（无）膺詩集一卷，杭越定和詩集一卷，詩集五卷；在長安求得者有嗣安集一卷，百司舉要一卷，兩京新記三卷，皇帝拜南郊儀注一卷，丹鳳樓賦一卷，詩賦格一卷，杭越唱和詩一卷，進士章解集一卷，僕郡集一卷，莊翔集一卷，李張集一卷，杜員外集二卷，臺（素）山集雜詩一卷，白家詩集六卷。宗叡大師於貞觀四年（八六二），乘唐人張支信之船赴唐，七年（八六五）歸國，於其書寫請求法門等目錄所載漢籍，有都利聿斯經一部五卷，七曜禳災決一卷，七曜二十八宿曆一卷，七曜曆日一卷，六壬名例立成歌一部二卷，明鏡連珠一部十卷，秘錄藥方一部六卷（兩策子），削繁加要書儀一卷，西川印子唐韻一部五卷，同印子玉篇三十卷（註五十一）。

白居易初著長慶集五十卷，由惠蕚於承和十一年（八四四）第二次入唐時携歸，其後新著之後集二十卷，續後集五卷，惠蕚似未求得。淳和天皇天長元年（八二四）勅滋野貞主等編次古今文書，以類相從，八年乃成，此卽秘府略一千卷，爲漢學傳入日本以來最大之編纂。是書乃根據梁之華林遍略，北齊之修文殿御覽，唐之藝文類聚，初學記，北堂書鈔，白氏六帖等而編纂者，較諸宋李昉之太平御覽，尤爲詳細，惜散佚不存耳（註五十二）。

爲追慕中國先賢，宇多天皇在紫宸殿玉座後立有賢聖之屏風（障子）畫像。東面爲馬周、房玄齡、杜如晦、魏徵、諸葛亮、遽伯玉、張良、管仲、鄧禹、子產、蕭何、伊尹、傅說、太公、仲山甫。西面爲李勣、虞世南、杜預、張華、羊祜、揚雄、陳寔、班固、桓榮、鄭玄、蘇武、倪寬、董仲舒、文翁、賈誼、叔孫通。此與唐太宗在凌煙閣畫功臣圖相似（註五十三）。禮儀概依唐制、嵯峨天皇弘仁九年（八一八）詔：「朝會之禮，常服之制，拜跪之等，不分男女，一準唐儀，但五位以上，禮服服色及儀仗之服，並依舊章。」清和天皇貞觀二年（八六〇），亦仿唐之開元禮，新修釋奠式制，頒行全國。至於射禮，經常擧行。貞觀二年正月八日，淸和天皇車駕幸豐樂院，觀賭射，左右近衞少將各一人，相分昇侍帝座東西，書諸人射的中否，如舊儀（註五十四）。三年、四年、五年，皆在武德殿或豐樂院擧行。元慶二年（八七八）正月十七日，陽成天皇御建禮門觀射禮，親王以下及六府以次射焉。翌日，又御射殿，覽四府賭射（註五十五）。宗教方面，老莊學說，亦受歡迎。承和十四年（八四七）仁明天皇大宴學士，並在殿庭奉祀老莊。自延喜（九零一——九二三）以來，老莊陰陽之說，與儒釋並立，而爲日本流行之三種外國宗教（註五十六）。日本對外國宗教之容忍，一似受唐初政策之影響，人民每信仰中國及本土之宗教，貴族則奉佛，但大部份學者，以至天皇，皆崇奉儒教者也（註五十七）。

平安朝之藝術，可分爲三階段：（一）弘仁期，以嵯峨天皇之弘仁年間（八一〇——八二三）爲中心，受佛教及唐文化之影響；（二）藤原期（約八三三——一〇六八，）以豪華生活爲背景之優雅式文化，此乃由佛釋及唐文化之融滙而對大陸文化之同化者；（三）源平期，是時武士活躍，開始戰亂之期，表現武家之色彩。在此三期之中，以藤原期應爲平安朝藝術之代表，而爲中國大陸與日本本土藝術之混合品。繪畫方面，除佛寺壁畫外，如山水、馬、花草、鳥獸、畫像、屛風畫等，皆受中國之影響（註五十八）。藤原期之雕刻，以空海大師爲最著名，原學自中國。音樂方面，自第七世紀推古朝末至平安朝末止，乃由中國、高麗及印度音樂所構成，前半期之音樂，均屬摹仿，先由高麗傳入，印度次之，中國又次之。但在三者之中，中國音樂此後流傳最廣。及至後半期，外國與其本土音樂配合，而產生日本新音樂。舞樂原傳自中國，用於宮廟之八佾舞，盛行於元明朝（七〇八——七一五）。嵯峨天皇亦擅長中國之舞樂（註五十九）。唐太宗之破陣樂，早已傳入日本。另有二十三種著名舞樂，如太平樂、千秋樂、萬壽樂、武德樂、慶雲樂、孔子琴操、王昭君、打毬樂等，惟傳其譜而不用其詞。唐代之歌謠，同時盛行。中國樂器之採用者，計有琴、瑟、箏、箜篌、簫、笛、及鼓等（註六十）。

平安朝之文化，已較奈良朝進一步，對於中國文化由摹仿而臻於同化之時期。當奈良朝之際，積極移植中國文化，初創規模，雅好儒學政制，矢志揣摩。平安朝則注意吸收而融滙之，假諸西鄰，引爲已用，且漢學家輩出，故學藝有長足之進步，文學藝術，卓然有所建樹。又將中國文物因素滲入日本本土文化之中，逐漸建立以日本爲體漢學爲用之文化。蓋平安朝對於中國文化之吸收，已至相當成熟，此時之日本，儼同中國文化上之一省，經過大唐三百年璀璨文化之薰陶，而追慕之專勤，移植之殷切，使中國文化在東方溉植而放一異彩，故日本之與中國文化關係，猶拜占庭王朝之於羅馬焉。然中國文化之輸入日本，端有賴於奈良朝啓其濫觴，平安朝則導其巨流。若從大體言之，日本於二百六十四年之遣唐使期間，移植中國文化，曾努力不懈，故漢學東漸，一脈相承，奈良平安兩朝之追踪漢學，又爲整體而不可分者也。

(註一) 唐王右丞集，卷五、送秘書晁監還日本國詩序。
(註二) 木宮泰彥，中日交通史，陳捷譯，序。
(註三) 源光圀，大日本史，卷八。
(註四) 同上書，卷八。
(註五) 同上書，卷九。
(註六) 同上書，同卷。
(註七) 同上書，同卷。
(註八) 同上書，同卷。
(註九) 同上書，同卷。

（註十）新唐書，卷二二〇，列傳一四五、日本傳。

（註十一）唐會要，卷一百。

（註十二）唐王右丞集，卷五、送秘書晁監還日本國。

（註十三）綜合日本史大系，卷二、奈良朝。

（註十四）李太白集，卷二十四、哀晁卿衡。

（註十五）青木武助，大日本歷史集成，卷上。

（註十六）新唐書，卷二二〇、列傳一四五、日本傳。

（註十七）令義解，卷三、學令第十一、（國史大系，第十二冊。）

（註十八）青木武助，大日本歷史集成，卷上。

（註十九）令義解，卷四、考課令第十四、考貢人。

（註二十）安麻呂，日本書紀，各朝車駕。

（註二十一）同上書。

（註二十二）同上書。

（註二十三）同上書。

（註二十四）青木武助，大日本歷史集成，上冊。

（註二十五）續日本紀，卷三十。

（註二十六）奈良時代史論。

（註二十七）The Japan Year Book 1943-44, P. 772.
（註二十八）木宮泰彥，中日交通史，卷一。
（註二十九）同上書，同卷。
（註 三 十）曲江張先生文集，卷十二。
（註三十一）辻善之助，日支文化の交流。
（註三十二）木宮泰彥，中日交通史，卷一。
（註三十三）青木武助，大日本歷史集成，上册。
（註三十四）木宮泰彥，中日交通史，卷一。
（註三十五）同上書，卷二。
（註三十六）同上書，卷二。
（註三十七）同上書，卷二。
（註三十八）同上書，卷二。
（註三十九）太田亮，日本文化史，平安朝初期，卷三。
（註四十）同上書，同卷。
（註四十一）源光圀，大日本史，卷二十一。
（註四十二）國史大系，第十三卷，延喜式卷二十。
（註四十三）青木武助，大日本歷史集成，上册。

（註四十四）太田亮，日本文化史，卷三、平安朝初期。
（註四十五）木宮泰彥，中日交通史，卷二。
（註四十六）類聚國史，卷二十八、帝王八、天皇讀書。
（註四十七）太田亮，日本文化史，卷三、平安朝初期。
（註四十八）同上書，同卷。
（註四十九）中日交通史，卷二。
（註　五　十）同上書，卷二。
（註五十一）同上書，同卷。
（註五十二）同上書，同卷。
（註五十三）大日本歷史集成，上册。
（註五十四）日本三代實錄。
（註五十五）同上書。
（註五十六）太田亮，日本文化史，卷三、平安朝初期。
（註五十七）同上書。
（註五十八）小林廣，詳說日本歷史，卷一。
（註五十九）太田亮，日本文化史，卷三、平安朝初期。
（註　六　十）同上書。

第三章　對高麗之影響

相傳紂臣箕子率中國人五千，避地高麗半島，遂都平壤。箕子之宮蹟，在平壤正陽門外，其墓在北門外玉兎山，南門外又有井田制遺蹟，然則箕子之遯隱平壤，爲中國文化傳入高麗之始歟。當樂浪文化時期，發現中國之文物，有漢孝文廟銅鐘容十升（永光三年六月造，）秦之戈（秦始皇二十五年，「二十五上郡造」），漢居攝元年之年鏡、漆器及厭勝錢等（註一）。此可知中國文化，早已傳入高麗。高麗之思想、學藝、政敎、規制、史例、及朝代之名，均由中國所傳入；其歷史與哲學，原屬儒家之理論，文學生活，亦來自中國之思想背景。高麗人且認爲除仿自中國者外，其本身殊乏文化生活可言，故中國學藝，相繼傳入高麗半島而受熱烈歡迎，刻意摹仿。中國爲日本文化之母，抑亦高麗文化之母，蓋古代中國與高麗之文化關係，實不可分，而高麗更大有感中國文化之惠者也。雖然，高麗半島與中國遼東郡接壤，人民交相移居，血統混雜，故古代高麗人有認其先民乃來自中國者。中國對高麗人，素無歧視之觀念，高麗人入仕於中國者，不可勝計，唐朝大將如黑齒常之、泉男生、高仙芝、王毛仲、王思禮、李正已等，皆爲高麗人。其美女且有奉獻唐室爲妃子者。然則古代之高麗，實與中國爲一體，又何止文化不可分已也？古代高麗，分爲百濟、高句麗、新羅三國；三國之中，新羅與唐之政治關係最爲密切，輸入中國文化亦至深厚。爲敍述簡便計，玆分百濟高句麗與新羅爲兩節，論其與中國文化之關係如下。

一、百濟與高句麗

百濟（三四六——六六〇）接受中國文化最早，自近肖古（三四六——三七五）以後，且將中國文化傳入日本。應神天皇十六年，百濟王使王仁率冶工卓素，吳服西素，釀酒仁番等赴日，獻論語十卷，千字文（古千字文爲三國魏鍾繇撰）一卷（註三）。王仁之祖父爲王狗，原屬漢人，入仕於百濟者。聖明朝以來，佛教全盛，並輸入中國六朝文化。聖明二年（五二四）、十二年（五三四）、十九年（五四一）、二十七年（五四九），梁遣使朝聘。十九年時，梁使兼貢毛詩博士，涅槃經義，工匠、畫師等。及威德王十四年（五六七），陳遣使；十七年（五七〇）、十八年（五七一）、十九年（五七二），北齊高氏遣使；二十四年（五七七），陳、宇文周遣使；二十五年（五七八），宇文周遣使；二十八年（五八一）、二十九年（五八二），隋遣使；三十一年（五八四）、三十三年（五八六），陳遣使。由於與南北朝信使往來及通商貿易之故，乃輸入文物工藝（註四）。其書籍，有五經子史，表疏亦依中國之法（註五）。音樂方面，有鼓、角、箜篌、箏、竽、篪、笛之樂，投壺、圍棋、樗蒲、握槊、弄珠之戲（註六），與中國胥同。開皇九年（五八九），隋統一中國，遣使入隋朝貢，受册封。大業三年（六〇七），又派遣留學生及僧赴隋，蓋與日本小野妹子之使隋同時也（註七）。

高句麗文風頗盛，街衢間每造大屋，謂之局堂，子弟未婚者，晝夜於此讀書習射。其書有五經、及史記、春秋、漢書、後漢書、三國志、孫盛晉春秋、玉篇、字統、字林，又有文選，尤重愛之（註八）。平原王朝，音樂進步，發展爲六藝之一，公卿好講求之。榮留王（高建武）朝，於武德二年（六一九，）遣使朝唐。高祖致書修好，約高句麗人在中國者護送，中國人在高句麗者遣還。於是榮留王搜遣中國亡命者，且達萬人之衆。後三年，高祖遣刑部尚書沈叔安，拜榮留王爲上柱國遼東郡公高句麗國王（註九）。老子學說，早傳入高句麗，榮留王七年（六二四）春二月，遣使如唐請班曆，高祖命道士以天尊像道法往，爲之講老子。榮留王率國人共聽之，每日數千人（註十）。二十三年（六四〇）春二月，又遣世子桓權入唐朝貢，太宗勞慰賜賚之特厚。其後又遣子弟入唐，請入國學焉（註十一）。武德九年（六一六），新羅、百濟、高句麗，三國有宿仇，迭相攻擊，唐太宗遣國子助教朱子奢往諭指勸和，三國皆上表謝罪（註十二）。此爲唐初以前，中國與百濟、高句麗等國間信使往還，及其文化東被之概要也。

二、新羅

高麗半島三國之中，新羅與中國關係，最爲親睦。新羅遣使隋唐而有書紀可載者，爲隋開皇十四年（眞平王十六年，五九四），唐貞觀五年（六三一），二十二年（六四八）（註十三），永徽元年（六五〇），顯慶元年（六五六），延載元年（六九四），開元十年（七二二），十二年（七二四），二十一年（七三三），二十三年（七三五），天寶三載（七四四），七載（七四八），廣德元年（七六三），大曆二年（七六七），八年（七七三），元和三年（八〇八），五年（八一〇），七年（八一二），十一年（八一六），長慶二年（八二二），寶曆二年（八二六），開成元年（八三六），等年份（註十四）。智證王（第二十二代，五〇〇——五一二）立，禁殉葬，勸農商，國號新羅，君主之號仿漢制而稱王，制定喪服，置州郡縣，中國之文化於時輸入。法興王（第二十三代，五一三——五三九）三年置兵部，七年頒律令，二十三年制定年號，稱建元元年（五三五），是時，新羅已有曆法，爲民間通用，惟官方仍採用中國曆。新羅統一，成於文武王十五年（第三十代，六七五）。及至景德王（第三十五代，七四二——七六五）時，爲新羅文物制度最完備之時期，官制仿自唐六典，官號亦襲用漢名。中央集權色彩，漸趨濃厚。中央之執事省（等於唐之尚書省），下分設六部，即吏部、倉部、禮部、兵部、左右理方府（司律令）、例作府（司工事）。郡縣政治確立，全國各重要箇所，配置軍隊，設有幢、誓、弓之編制，原仿自唐之府兵制（註十五）。當新羅全盛之際，京都繁榮，人煙稠密，有一十七萬八千九百三十六戶，一千三百六十坊（註十六）。唐代名門大族，如清河與博陵崔氏，范陽盧氏，隴西李氏，滎陽鄭氏，瑯玡王氏，河東裴氏、薛氏、樂安孫氏。新羅亦效之，其大族爲李、崔、孫、鄭、裴、薛等姓（註十七）。

唐貞觀五年（六三一），新羅獻女樂。善德王九年（第二十七代，六四〇），夏五月，王遣子弟於唐，請入國學（註十八）。眞德女王襲位，明年（六四八），遣子文王（汪）及弟（相國）伊贊子金春秋朝唐，文王儀表英偉，太宗待之優厚，拜爲左武衛將軍，封春秋特進，因請改章服從中國制，內出珍服賜之。又詣國學，觀釋奠講論，太宗賜所製晉書，辭歸時，太宗勅三品以上郊餞（註十九）。

三國史記謂：

「眞德二年（六四八），……遣伊湌金春秋及其子文王朝唐，太宗遣光祿卿柳亨郊勞之。既至，見春秋儀表英偉，厚待之。春秋請詣國學，觀釋奠及講論，太宗許之，仍賜御製溫湯及晉祠碑，並新撰晉書，嘗召燕見，賜以金帛尤厚。問曰：卿有所懷乎？春秋跪奏曰：臣之本國，僻在海隅，伏事天朝，積有歲年，而百濟强猾，屢肆侵凌。況往年大擧深入，攻陷數十城，以塞朝宗之路，若陛下不借天兵，翦除凶惡，則敝邑人民，盡爲所擄，則梯航述職，無復望矣。太宗深然之，許以出師。春秋又請改其章服，以從中華制，於是內出珍服，賜春秋及其從者。詔授春秋爲特進，文王爲左武衛將軍。還國，詔令三品以上燕餞之，優禮甚備」（註二十）。

新羅與唐之邦交，可謂篤厚，幾隔三數年間，便朝貢一次，而唐亦以大事小之精神，慰勉備至。眞德女王又於四年（唐永徽元年，六五〇）夏六月，自作五言太平歌，繡以織錦，遣春秋子法敏入唐奉獻。其詞曰：

「巨唐開洪業，巍巍皇猷昌。止戈成大定，興文繼百王。統天崇雨施，治物體含章。深仁諧日月，撫運邁時康。幡旗既赫赫，鉦鼓何鍠鍠。外夷違命者，翦覆被天殃。淳風凝幽顯，遐邇競呈祥。四時和玉燭，七曜巡萬方。維嶽降宰輔，維帝任忠良。三五成一德，昭我唐家皇。」

唐高宗嘉賞之，改封爲雞林國王，授法敏爲大府卿（註二十一）。後又遣春秋次子金仁問如唐宿衛，仁問時年二十三，博覽羣書，兼及釋老之說，工隸書，善射御，曉音律，對中國教育造詣頗深。及春秋卽位爲太宗（第二十九代），唐高宗遣使抗議，以僭天子之名，應改其號（註二十二）。春秋沒，子法敏立，是爲文武王（第三十代）。唐開耀元年（六八一），法敏沒，子政明（第三十一代）襲位，爲神文王，二年（六八二），建國學，獎勵大儒。六年（唐垂拱二年，六八六），遣使朝唐，上表請唐禮一部，並雜文章，武后令所司寫吉凶要禮，並於文館詞林採其詞涉規誡者，勅成五十卷以賜之（註二十三）。孝昭王（第三十二代，六九二——七〇二）時，設醫學，諸生受業。及至聖德王（金興光，第三十三代，七〇二——七三六）時，唐又封爲雞林州大都督新羅王，勅書詞意親媚，謂「……況文章禮樂，粲焉可觀，德義簪裾，浸以成俗，自非才包時傑，志合本朝，豈得物土異宜，而風流一變？乃比卿於魯衛，豈復同於蕃服。朕之所懷，想所知也」（註二十四）。聖德王十二年（七一三），崇尚貢舉。十六年（七一七），入唐大監守忠歸國，獻孔子十哲七十二弟子之圖，卽置之於國學。並置醫學博士及算學博士。十七年（七一八），置博士典刻漏。二十七年（開元十六年，七二八），遣使入唐獻方物，又遣子弟入太學，學經術（註二十五）。孝成王（第三十四代，開元二十五年，七三七）卽位，聖德王卒，唐玄宗遣左贊善大夫邢璹往新羅弔祭，並謂璹曰：「新羅號爲君子之國，頗知書記，有類中華。以卿學問，善與講論，故選使充此。到彼宜闡揚經典，使知大國儒敎之盛」（註二十六）。邢璹並以老子道德經等文書獻於孝成王。

景德王（第三十五代，七四二——七六五）置天文博士。六年（七四七），置國學諸業博士助敎（註二十七）。至元聖王（第三十八代）四年（七八九），始定讀書三品出身科，出身分爲上中下三品

：凡讀春秋左氏傳，若禮記，若文選，而能通其義，兼明論語、孝經者爲上；讀曲禮、論語、孝經者爲中；讀曲禮、孝經者爲下。若博通五經、三史、諸子百家書者，超擢用之（註二十八）。昭聖王（第三十九代）在位僅一年卒，由哀莊王（金重熙，第四十代，八〇一——八〇九）繼位，與唐邦交，依然親睦，唐憲宗貽之書曰：

「勅新羅王金重熙，金獻章及僧冲虛等至，省表兼進獻及進功德並陳謝者，具悉。卿一方貴族，累葉雄林，仗忠孝以立身，資信義而爲國。代承爵命，日慕華風；師旅叶和，邊疆寧泰。況又時修職貢，歲奉表章，進獻精珍，忠勤並至，功德成就，恭敬彌彰，載覽謝陳，益用嘉歎。滄波萬里，雖隔於海東；丹慊一心，每馳於闕下。以玆嘉尙，常屬寢興；勉弘始終，用副朕意。今遣金獻章等歸國，並有少信物，具如別錄。卿母及妃並副王宰相以下，各有賜物，至宜領之。多寒卿比平安好，卿母比得和宜，官吏僧道將士百姓等，各加存問。遺書指不多及」（註二十九）。

憲德王十七年（第四十一代，八二六）夏五月，遣王子金昕入唐朝貢，遂奏言：先在大學生崔利貞、金叔貞、朴季業等放還蕃，其新赴唐金允夫、金立之、朴亮之等一十二人，請留宿衞，仍請配國子監習業，鴻臚寺給資糧，朝廷允其所請（註三十）。開成元年（八三六），唐文宗勅新羅宿衞生王子金義宗等，所請留住學生員，准舊例留二人，衣糧照例支給。至二年三月，新羅差入朝宿衞王子，並准舊例，割留習業學生，並及先住學生等，共二百一十六人，請時服糧料，又請舊住學習業者，放還本國。勅新羅學生內，許七人准去年八月勅處分，餘勒還蕃（註三十一）。當時朝廷對新羅留學生，以公費供應，惟名額常受限制，稍多則放還。故開成五年（文聖王二年，八四〇），新羅留學生一百零五人放還。景文王（第四十八代）三年（八六四）春二月，王幸國學，令博士以下講論經義，賜物有差（註三十二）。九年（八七〇）秋七月，遣王子蘇判金胤等入唐謝恩，又遣學生李同等三人，隨金胤入唐習業（註三十三）。崔致遠曾奏請遣宿衛學生首領等入唐，附國子監肄業，蓋當時入唐肄業，甚爲重視。憲康王五年（第四十九代，八八〇）春二月，幸國學，命博士以下講論（註三十四）。十一年（八八六），遣守倉部侍郎金頴爲賀正使，並有留學生崔愼之等八人赴唐（註三十五）。是時以赴唐留學生之資歷最佳，例如元聖五年（七九〇）九月，以子玉爲楊根縣小守，執事史毛肖駁言：子玉不以文籍出身，不可委分憂之職。侍中議云：雖不以文籍出身，曾入唐爲學生，不亦可用耶？王從之（註三十六）。此可知留唐學生聲價之大，而入唐習業者故踵相接也。

在高麗半島促進儒教之著名學者，以薛聰及崔致遠爲最，漢城小東門孔廟中，尚有薛崔之碑在焉。神文王時（六八一—六九一），薛聰以博學聞，以新羅方言讀九經，訓導諸生，能屬文而世無傳者。聰與崔致遠，皆從祀於成均館文廟（註三十七）。崔致遠，字孤雲，景文王十四年（唐乾符二年，八七五），年十二，入唐。其桂苑筆耕集自序謂：

「臣自年十二，離家西泛，當乘桴之際，亡父誡之曰：十年不第進士，則勿謂吾兒；吾亦不謂有兒往矣，勤哉無隳乃力。臣佩服嚴訓，不敢弭忘，懸刺無遑，冀諧養志，實得人百之已千之。觀光六年，金名榜尾」（註三十八）。

二十歲，貢擧試及第，授江南道宣州溧水縣尉，後調淮南節度使之從事官，掌文筆。在唐前後十八年。歸國後，從事官時所作公私文，撰成二十卷，今之桂苑筆耕集是也。崔與杜牧有文字因緣（註三十九）。其遺著尚有中山覆簣集五卷，今體賦一卷，今體詩一卷，雜詩賦一卷，類說經學隊仗三卷。類說經學隊仗之內容，純爲儒家之政教思想，其節目如下：

卷一：道、德、心、性、仁、義、禮、智、信、孝、悌、忠、誠、敬、明、勤、謙、儉、勇、敏、文、武、寬、中、一、學、問、辨、敎、性命、仁義、忠恕、聰明、剛柔、志氣、修身、齊家、天民、法天、敬天、得民、化民、愛民。

卷二：用賢、得賢、求賢、治本、保治、爲治、君臣、君道、臣道、正百官、待諸侯、古法、用舊、用人、知人、資人、創業、守成、中興、傳世、建極、謹始、保終、察微、應變、守常、取士、改過、好善、成材、通民情、贊君德、進諫、聽諫、大臣、將帥、近臣、史臣、同列、出處、言行、名實、文質、隱顯、內外、文武。

卷三：王伯、政學、威權、告諭、謀議、報功、薦賢、至公、遲速、天地、萬物、人物、神人、風俗、經濟、節義、名分、富敎、制貢、訓兵、兵器、車政、馬政、刑德、謹刑、刑賞、賞賚、禮樂、境土、服飾、射禮、燕禮、器用、酒禮、作樂、奉祀、天時、農時、都邑、治水、封建、疆理、宮室、卜筮、災祥、四夷、文章、安民（註四十）。

金大問本新羅貴冑子弟，以著述能書名於時，聖德三年（七〇四），爲漢山州都督，作傭記若干卷，又有高僧傳、花郎世記、樂本漢山記等（註四十一）。新羅極重中國文章，大中四年（八五〇），進士馮涓登第，榜中文譽最高，是歲新羅建樓，厚賫金帛，奏請撰記（註四十二）。新羅末期，文人高僧，殆皆爲留唐學生。其文士之留唐者如金弼奚，金獻貞、元傑、巨仁、朴仁範，崔仁滾、金雲卿、金垂訓、崔承佑、崔彥撝、崔愼之（八六九—九四四）等，甚爲著名。崔仁滾爲崔致遠之從弟，撰有新羅朗空大師行寂碑。崔承佑以唐昭宗龍紀二年（八九〇）入唐，至景福二年（八九三），侍郎楊涉下及第，有四六五卷，自序爲餬本集（註四十三）。崔彥撝年十八入唐留學，中和五年（八八五）進士。四十二歲歸國（註四十四）。又有金文蔚，留唐及第，歷官至工部員外郎沂王府諮議參軍，至唐天佑三年（孝恭王十年，九〇六）三月歸國。

中國之雅樂，亦用於宗廟祭祀，射禮甚爲流行，嘗於八月十五日設樂，令官人射，賞以馬布（註四十五）中國曆法，早已採用，善德女王九年（六四〇），設立瞻星臺於慶州（註四十六）。蓋天理論之天文表，於孝昭王元年（六九二），僧徒由中國携歸。新羅人更好中國美術，唐貞元（七八五—八〇四）末，於江淮間曾以善價收購周昉畫數十卷焉（註四十七）。至於道教傳入後，混融儒釋，而產生一種典型人物，謂之源花，國花仙郎，鷄郎，或花郎。由花郎而擢爲將相者比比也。高麗未創其字母之前，使用中國文字，不僅用以達意，且以表達其語音者，易讀體之文字，以之寫成新羅詩初期御集，此詩集乃代表新羅之文學，猶中國之詩經，與日本之萬葉集相同也。孝昭王元年，薛聰創吏讀體文字，以翻譯中國經學而爲高麗之方言。此體似爲日本假名之起源。然高麗人對此種字體並不滿意，直至西紀一四四二年世宗朝（李朝時代），由鄭麟趾、申叔舟、成三向所創之二十八字母，名爲「諺文」，最後始告完成者也。

（註一）稻葉岩吉，朝鮮文化史研究。
（註二）源光圀，大日本史卷三。
（註三）今西龍，百濟史研究。
（註四）同上書。
（註五）舊唐書，卷一九九上，列傳一四九上，東夷傳，百濟。
（註六）隋書，卷八十一。
（註七）小田省吾，朝鮮史大系，卷一。
（註八）舊唐書，卷一九九上，列傳一四九上，東夷傳，高麗。
（註九）新唐書，卷二二〇，東夷列傳一四五。三國史記，卷二十，高麗本紀。
（註十）新唐書，卷二二〇，東夷列傳一四五。
（註十一）三國史記，卷二十，高麗本紀。
（註十二）資治通鑑，卷一九二。
（註十三）新唐書，卷二二〇，東夷列傳一四五。
（註十四）唐會要，卷九十五。
（註十五）小田省吾，朝鮮史大系，卷一。

（註十六）三國遺事，卷一。
（註十七）稻葉岩吉，朝鮮文化史研究。
（註十八）三國史記，卷五，新羅本紀。
（註十九）新唐書，卷二二〇，東夷列傳一四五。
（註二十）三國史記，卷五。
（註二十一）同上書，卷五。
（註二十二）三國遺事，卷一。
（註二十三）舊唐書，卷一九九上，列傳一四九上，東夷傳，新羅。
（註二十四）曲江張先生文集，卷九。
（註二十五）新唐書，卷二二零，東夷列傳一四五。
（註二十六）舊唐書，卷一九九上，列傳一四九上，東夷傳，新羅。
（註二十七）三國史記，卷九。
（註二十八）同上書，卷十。
（註二十九）白氏長慶集，卷三十九，翰林制詔三。
（註三十）三國史記，卷十。
（註三十一）唐會要，卷三十六。
（註三十二）三國史記，卷十四。

(註三十三) 同上書，卷十一。
(註三十四) 同上書，卷十一。
(註三十五) 今西龍，新羅史研究。
(註三十六) 三國史記，卷十。
(註三十七) 小田省吾，朝鮮史大系，卷一。
(註三十八) 桂苑筆耕集，序。
(註三十九) 朝鮮，總督府，朝鮮史のシハベ。
(註 四 十) 今西龍，新羅史研究，慶州聞見雜記。
(註四十一) 三國史記，卷四十六，列傳六。
(註四十二) 唐語林，卷七。
(註四十三) 三國史記，卷四十六，列傳六。
(註四十四) 同上書，同卷。
(註四十五) 隋書，卷八十一。
(註四十六) 小田省吾，朝鮮史大系，卷一。
(註四十七) 圖畫見聞誌，卷五。

結論

中國四千年歷史，凡二十二朝代中，其最能創建國家深厚之基礎，發揚華夏鴻烈之威儀，爲後世所矜慕者，曰漢曰唐而已。漢承周秦之後，成大一統之局，法度綱紀，儼然確立，外王內覇，以臻兩漢之治。且於前代之學術文獻，經秦火之餘，曾蒐葺整理，厥功甚偉。然偏於求治，乃罷黜百家，獨崇儒術，一代士人，精力消磨於五經訓詁，宗經師古之風特盛，儒行砥礪之極致，遂養成士子之崇尚名節。論者謂漢之治過於唐，夫漢人在大一統之下，受四百年儒敎之薰陶，樸質厚重，敦尚廉恥，但氣度不及唐人之閎恢，魄力不及唐人之堅毅，對文化敎育，亦不及唐人之具有豪放膽量，發展而加以創造。漢唐兩代之相類點頗多，程伊川謂漢大綱正，唐萬目擧（註一），蓋前者純爲中國型之社會與文化，而後者爲綜合中國與西方之文化，乃形成唐代之獨有面貌，所謂有夷狄風是也。由於時代背景及社會環境之不同，漢唐之孰優孰劣，自難相提並論，惟從其文化發展程度衡之，則唐又似較漢代爲優。

夫唐於各朝代中，國勢最強，領域最廣，財物最殷阜，法制最美備，文物鼎盛，敎育發達，於中國文化史上，佔最重要之地位者也。脫使非大唐聲敎，波瀾壯濶，震爍於中古，則中國歷史，將大爲遜色，以後一千年間宋元明淸四朝之文化，本質亦大有變化；又苟非有唐代爲之大統一，大綜合，則南北朝及隋之文化，勢必趨另一方向演進，爲盛爲衰，殆難逆料，此爲中國文化史上一個大關鍵。

及唐朝開國，旣融滙中國古代之文化，又吸收西方文化之新血輪，而孕育大唐型之文化，乃爲中國文化史上奠下更充實之基礎。雖然，唐代文化本質，傾向於實用性，不尙高談空論，每實事求是以解決政教之問題。建國雖法周制，但政制施行，亦不必全囿於儒家之榘矱，仿效其精神而已。歐陽修以唐太宗比迹湯武，庶幾成湯而贊之，但程伊川則謂以功業言，太宗不過只做一箇功臣，朱晦翁亦謂其本領不是，與三代便別。此乃理學家以大綱爲言，拘於儒家之細節，而忽略其建國成就之大，評斷仍未得其公允者也。

一、建國之特徵

唐代政體，是君主專制，惟君權並不過大，門下可以批敕，詔書容許封還。依據唐制，君主尙受三省及御史臺之牽掣，政務上權力，集中於中書門下，與現代內閣制相類似。換言之，宰相統攝行政之權，君主祇例行降勅而已。初唐雖以武功建國，然以文治政，太宗本於化家爲國之精神，以治國大業，付託於一羣儒生肩上不疑，對魏徵之頑强諫諍，嘗忿言會須殺此田舍翁，但到底向文人低頭，屈志相就。行政制度，漸趨於合理化，組織嚴密，權能劃分，不能不謂爲實驗儒教治國之一種特色。其次，國家之力量，基於經濟與軍事之建設，班田與府兵之制，戎馬初定，即頒佈實施，相輔而行。此周代井田出夫兵之遺意，先求足食足兵，解決糧食兵源，鞏固國防基礎。當武德之際，以逼於突厥，曾擬遷都，及壓於太宗一言，其事遂寢。唐初羣雄雖次第剷平，仍受外患威脅，但中樞所賴以確保無虞，國境所藉以維持安謐者，由於軍事善爲部署，國防之妥爲策劃而已。是以重兵集於關中，拱護京畿，既行府兵之制，兵力無虞匱乏，邊將三年一易，勿使其兵權坐大，戍兵之更番，服役者亦有年限。且西北要鎭，皆配駐勁旅，嚴備烽火。天寶之際，置十節度使以備邊，全國兵力凡四十九萬人，而配備於安西、北庭、河西、朔方、河東、隴右等六節度使以保衞西北邊防，共三十一萬一千九百人，兵力佔全國總額四分之三。又築三受降城，跨黃河以北向，制胡馬之南牧。另設斥堠幾二千所，分形以據，同力而守，屯堡相望，兵農兼施。振武屯田，以供芻粟，而傳驛迅速，軍書無誤，凡所以爲國防上着想，均精研深算，有備無患。及其衰也，前代之良法美意，往往不善保持，自開元末募置彍騎，又因承平日久，府兵日益隳壞。寖假節度使之權過重，尾大不掉之勢成，安史之亂起於前，藩鎭之禍接踵於後，內憂紛乘，外患交侵，回紇吐蕃，威脅於西北。且其釀成軍閥之患，一部份又由於豢養胡將之故。彼以胡人驍勇善戰，治邊平亂有功，擢次任用，封爲疆吏，一旦蓄懷異志，反戈作叛，造成禍亂者，屢見不鮮。夫唐之盛衰治亂，其關鍵在於對軍事措施之得失，而其弊又咎於朝廷不能統攝軍權，中央集權之原意全失；以幅員之廣袤，任由武人盤據跋扈，權柄倒置。朝廷投鼠忌器，對武臣作羈縻之計，又輒任以同平章事，開武人干政之漸。兵部尚書，雖由文人主之，又有觀察使監軍之派遣，仍無法消除武人之擅兵權，終爲唐亡之要因。由此言之，唐代以武功建國，控制一失，玩兵自戕，其遺禍竟如此之烈，故宋代以文人主兵，乃引唐爲鑑戒者也。

雖然，唐代治體，文武劃分，至爲嚴格，以文主政，相沿不變。武臣雖備列三品，任同宰相，亦祇掛空名，實權仍操在文人之手。中唐以後，綱紀日非，但文官制度，尚能維持不墜。夫唐既講求文治，用人之標準，社會之矜尚，政治之措施，皆以文詞爲本。蓋自晉室東遷，中原文物衣冠，相率南移，江左究竟爲正統，故唐於開國後，卽傾慕於南朝風氣，以房杜之重實際，亦終不能移太宗嗜好梁齊文章之心。夫北朝重實，以義理訓詁爲主；南學尚文，以詞章相競。唐受南學之影響，故義理訓詁，不及詞章之盛，詩賦書畫，凡屬於文藝一類，有其特殊之進步，蔚而爲普遍之風氣。唐初建功立業，多屬北人，開元天寶後，南人漸多，深染南方之風俗習慣。且南方人口漸蕃，生產豐饒，盛唐以後，殆爲全國之府庫。因此社會之民風，以北方之剛毅爲表，而以南方之溫雅爲裏，處處表現其好大、樂觀與愉快之景象，講求形式與虛榮，氣質不免流於浮誇。此種特徵之養成，一則因國勢爲歷史上空前之强大，賦簿上列有五千萬之人口，又擁有廣大之領域，財物殷阜，兵力强盛，聲名文物，遠被遐方，故唐人自信心甚强，養成自大之心理，以視宋人畏金，如賀子忱輩聞持節河北，詐疾以避者不同。而一則又由國家有長時期之承平，政制經悠久之實施，上下信守，內向之意志堅强，而生產充物，衣食贍給，生活遂流於奢侈逸樂，以深受儒家禮教拘束之士子，亦每色情浪漫，風流自賞。至若門第望族，愛好故事虛文，豪華相尙，以爲誇耀，又與羅馬之貴族相類焉。

二、教育與貢舉之評價

唐代教育，爲治術性之教育，換言之，爲政治教育，目的在陶鑄治術之人才。中央各學之入學資格，基於官廕之大小，而帶有階級性。敎學之主要課程，爲儒家經學，蓋以經學爲治國之準繩，猶之乎希臘以哲學，羅馬以演講及修辭，爲治政者所尙然也。何況儒家之五經，爲政治思想之淵源，傳統政制所依歸，敎學採爲內容，乃應實際之需要。與唐朝同一時期之西歐，其敎學之課程，亦不外爲基督敎義之神學及自由七藝（Seven Liberal Arts），治西洋史者既不以其思想之狹隘而病之，然則唐代敎育之以五經爲內容，且加以旁系之法律、書法、算學、醫術、及玄學等，比諸西歐中世紀敎育，並無遜色。且世界各國古代之敎育，莫不以治術爲目的，如希臘在訓練詭辯家，羅馬則演講家，中世紀則敎士，而唐代敎育所訓練者，志在養成國家行政之人才，上至宰相，下至地方胥吏，皆由學校訓練，並經貢擧考試而掄選之，目的原無不同也。夫以唐代人才之盛，及其智識能力之高，名臣輩出，儒林薈蔚，爲政則卓立規模，治學則廣開師法，如非儒家敎育有其可稱之效能，曷克臻此乎？至若中央各學，雖具有階級性之明文，惟其有貢擧制度之施行，實已打破敎育上之階級限制，爲全國士子之一大解放。唐代三百餘名宰相，而屬於宗室者，如李林甫、李回、李宗閔等，不過十五人，大多由科第出身。宗室之爲進士狀頭者，僅得李肱一人。原則上，貢擧考闈之前，人人平等，於門第之貴賤無與焉。又如王播之飯後鐘，千古傳爲美談，無他，以王播年少寒酸，丐食於寺院而讀書，迨一擧成名，竟位至卿相，苟非有貢擧之開放，其不湮沒天才者幾稀。此一故事之膾炙人口，以其謂爲羨美王播勤奮之功，毋寧頌貢擧之不拘階級，掄選公平，使寒士有進身之路者也。故唐代寒士對窮達之態度，別具一種人生觀，與西歐不同，其讀書求上進之自由，似亦較爲充份。唐代官學數量雖不多，名額有限，且非普及性之教育，然貢舉可讓人人自由參加，凡懷抱志氣之士，均有舒展天才之機會，爲讀書人打開一條正當出身之途徑。皇帝詔旨，每諄諄明言國家掄才，必公必正，對潔身寒士，尤表歡迎。是以山陬海澨，窮鄉僻壤，貧寒士子，蟻聚京師，以應大選。至於考試選士，雖重質而不重量，然貢舉種類有十餘科，平均每年有之，其制度之合情合理，取士之公平無偏，故能博得舉國之信仰，得失榮辱，深植於人心而不可拔也。古代雖未有所謂民主之選舉，但在敎育上有民主性之貢舉，以掄選國家之政治領袖人才，自宰相以至地方政權，人人可以參加；參加之途徑，通過貢舉而得。要言之，貢舉是士子參加政治之階梯，完成治術敎育之工具，而兼政治與敎育之雙重意義，爲唐代政治上用人之瑣鑰。唐代敎育之地位，足以駕凌政治之上，可由貢舉證之。杜佑通典，列選舉爲第二、僅次於食貨之下，其功能之重要可知矣。然則唐人之眼光，以政治重乎？抑敎育重乎？由於政治之決定貢舉，考試並非獨立而歸於禮部管轄，當作通常行政之一部份，似以政治爲先。然由於侍郎重於宰相之義，則敎育又較政治爲重矣，蓋前者爲因，而後者爲果也。故唐代敎育，其地位仍放在政治之上，至少亦政敎不分，實一物而兩面。唐人出仕，既多由科第，然辟署亦時有之，與貢舉並行。辟署之法不一，此制自漢以來已有之，故隱逸智略之士，多起自白衣。劉貢甫言：「唐有天下，諸侯自辟幕府之士，唯其才能，不問所從來，而朝廷常收其俊偉，以補王官之缺，是以號稱得人」（註二）。唐代士子出身之途徑甚多，而出路亦較易，此爲貢舉選士之餘，又由辟署用人，以補其不足也。

或謂唐代學校，全爲官學，敎育由國家集權式掌管，爲統治者所御用。雖然，自古及今，世界各國教育，孰能離却國家之目的或公衆共同之目的而存在者哉？歐洲不必論，以現今美國號稱所謂民主教育，其主要功能亦不過因應國家之目的而存在，自可恍然不應獨以唐之教育國家化爲詬病矣。基於此義，治教育史者，當知教育實爲治國之工具，從心理學觀點，教育自宜注重個性之發展與學習；若從社會學意義言之，教育乃爲達成共同之關係與國家之目的所經之訓練過程，而具有因果之作用。梁任公嘗謂種瓜得瓜，種豆得豆，世人引爲教育之名言，其實此不過偏重教育之結果言之耳。時無論古今，教育實爲建國之主要條件，抽象言之，謂之靈魂，謂之精神；具體言之，乃爲一種中心力量，一種維繫社會及護持政治之基本動力。其性質乃根據歷史傳統、政治、社會、風俗習慣等條件而定，確立於國家之內，爲人人所信賴所共赴之鵠的。由於上述之條件各殊，故唐代教育不盡與西歐古代教育相同，西歐教育，亦不能與印度阿拉伯古代教育相提並論，然各賴以爲社會原動力一也。就唐代言之，儒家政教既爲治國之準繩，上自天子，下至童生，旁及婦人孺子，販夫皂隸，對於忠孝仁義之信條，禮儀政制之形式，率能一脈貫承，息息相通，深入於心坎，實踐而不易，故能凝成一種思想，構成國家社會之心理基礎，爲不可擊破之精神文化體系。從瓜豆種穫之義，則由於此種文化體系所孕育陶鑄之人物類型，爲國家政治社會之領袖，其稟賦之意識、觀念、性格、抱負、姿態與舉動，爲此種文化體系之特殊產物，各國英雄式人物之突現，就由此而生，唐代多產名臣，如房玄齡裴度優於德量，宋璟張九齡優於氣節，魏徵陸贄優於學術，姚崇李德裕優於才能（註三），亦基於此理。其次，論乎文化交通之義，自己有固定之文化體系，對外來思想文化之傳入，如非排拒，則爲吸收。吸收者揚精棄粕，引爲己用，然必先自己文化體系之完整而固定，則於外來文化之傳入，始能含英咀華，以壯長自己之文化本體。故外來文化一旦傳入後，則融化而併進於自己文化體系之內，作爲滋養之用，增加新血輪新細胞，而非喧賓奪主，拋棄自己之文化體系，屈志以從外之謂。唐代文化之特殊進步，未始不因與西方文化之交流，吸收其文化因素之效也。再其次，當自己文化體系之發揚光大，其力量每影響於外，如水流濕火就燥，自然傳播，故效果保持最久。此種王道精神，爲中國歷來對外文化之基本政策，因此大唐文化之宏揚於域外，熙熙攘攘，心悅而誠服。西歐各國，基於羅馬之武力征服，及基督敎之衞道鬪爭，習其傳統，每用覇道以傳播文化，強人之所不能受。是以東方與西方對外文化政策，實大異其趣也。又其次，一代文物之鼎盛，其應付政治、經濟、社會等各方面問題，多運用自己之創造性天才，想出有效之辦法，解決當前之困難。法度之創制，雖參考前代遺法，然不需盡師古，蓋自己有信心、有識力，既有眞知，又有灼見，自能解決此時此地之事。初唐制度，臺閣規模，多出房杜之手，其良法美意，每傳後而不朽，卽本於是道。上述四端，可爲綜述唐代文化敎育之一種輪廓，爲優爲劣，可向此尋索焉。

三、外來思想之接受

當唐代之世，西方宗敎及文化思想傳入者多矣，如佛敎、回敎、景敎、祆敎、摩尼敎等，流行無禁，遍於國中。而一技一藝之相將傳入，更不可勝計，爲歷代中外國文化傳入之最盛時期。從態度上言，唐人信敎既不甚篤，則凡無害於秩序與善良風俗者，皆可聽其流行。從政策上言，唐室待遇外人，素持寬大，對此從未排拒，且細大不捐，兼收並蓄，遂使唐代文化，益能發射毫芒。且唐人有其適應國情滿足自己需要之文物制度，自不宜貪新惡舊，見異思遷。抑又有完整之文化體系，西方文化之零碎枝節傳入，既無法改變唐人之生活方式，搖動其中心思想，當無法取唐代文化地位而代之。卽使以佛敎吸引力之大，曾風靡朝野，會昌五年（八四五），武宗廢浮屠法，全國毀寺四千六百，招提蘭若四萬，僧尼還俗二十六萬人，奴婢十五萬人，田數千萬頃，其勢之大可知矣，然而入中國者則中國之，不過以天竺之思想，裝飾華夏之習俗。夫佛敎之與儒家，思想上原大相逕庭，蓋一則爲出世，而一則爲入世也。韓愈反對佛敎最烈，嘗言：「夫文暢浮屠也，如欲聞浮屠之說，當自就其師而問之，何故謁吾徒而來請也？彼見吾君臣父子之懿，文物事爲之盛，其心有慕焉，拘其法而未能入，故樂聞其說而請之。如吾徒者宜當告之以二帝三王之道，日月星辰之行，天地之所以著，鬼神之所以幽，人物之所以著，江河之所以流而語之，不當又爲浮屠之說而瀆告之也」（註四）。儒釋兩種思想相衝突之點，似鑿枘之不相容。然佛家一死生，言淡泊，消極退隱，視禮樂爲陷阱，覺詩書爲桎梏，逃於空虛，作精神上一大解脫，於儒家思想以外擴展其領域，對性命之說加深一層之了解，此爲補儒家思想之所不及，故能相長相成。唐世每有假浮屠以爲高，爲緇衣之學者多幾與儒相等。且浮屠志行高潔，不爭名利，好與賢士大夫遊，又有善於文詞，咏歌其所志，順乎中國之習慣。儒家雖不滿其消極淡泊之說，但本於「在門牆則揮之，在夷狄則進之」之義，以其「墨名而儒行」，故亦認爲可取，此乃在不同中求其同，柳宗元所謂佛說亦與論語易無異，儒釋所以能相混合，而構成中國思想之一部份者，蓋以此也。佛教傳入之過程如此，其他思想文物之所以接受，殆亦同一道理。夫唐代既有强固之文化基礎，西方思想傳入後，適融注於其文化系統之中，而益增內容之豐富，擴大思想之眼界，是以唐人從無排斥西方文化之東來，却歡迎以採用之。此可以看出唐代文化之特質，及其所以臻於偉大者也。

四、唐代與羅馬比較

中國之有唐代，猶歐西之有羅馬焉。羅馬由西紀前七五三年起，至西紀四七六年帝國沒落止，凡一千二百二十九年，在歐洲文化史上佔極重要之地位。而後期之羅馬，爲强大之帝國，其影響於歐西文化，亦猶唐代影響中國以後一千年之文化也。東西兩帝國之存在時期，雖相距百餘年，但類似點頗多。羅馬於奧加斯都（Augustus）時代，人口七千萬；唐於天寶之際，人口亦五六千萬，同爲人口衆多之泱泱大國。羅馬於帝國時期，四境安謐，旅行無阻，廣築公路，設置驛站，制帝國公路圖以供遊客之參考，羅馬城爲世界之中心都市，貿易朝貢，羣趨於是。夫當唐之盛也，「凡四方萬國，不論海內外，無大小，咸臣順於唐，時節貢水土百物，大者特來，小者附集」（註五）。長安爲當時東方天下之政治文化中心，「凡萬國之會，四夷之來，天下之道塗，畢出於邦畿之內，奉貢輸賦修職於王都者，入於近關，則皆重足錯轂，以聽有司之命」。長安四周，設有館驛，「由四海之內，總而合之，以至於關；由關之內，東而會之，以至於王都。華人夷人，往復而授館者，旁午而至，傳吏奉符而閱其數，縣吏執牘而書其物。告至告去之役，不絕於道；寓望迎勞之禮，無曠於日」（註六）。長安與羅馬兩古都，當年絹轂天下，控制八荒，其聲威又無不同也。茲就兩者再比較而論述之：

（一）羅馬武功最盛，征服鄰邦併吞弱小民族甚多。共和時期，征服迦太基（Carthage），馬其頓（Macedon），拍加曼（Pergamum），敍利亞、西班牙、科西嘉（Corsica），撒地尼亞（Sardinia），熱諾亞（Genoa），及高盧（Gaul），地中海四週自西班牙至小亞細亞各地，均歸入版圖。帝國時期，第一第二世紀諸帝，繼又降服英格蘭之不列顚人，來茵河（Rhine）左岸之日耳曼人，及多瑙河（Danube）上之達西亞（Dacians），並侵入波斯。故當時羅馬帝國，包括現今之英格蘭、西班牙、意大利、比利時、瑞士、奧大利、匈牙利、土耳其、摩洛哥、阿爾及耳、突尼斯、埃及、敍利亞、巴列斯坦等地，版圖甚廣。唐代統一中國，亦經略域外，但羅馬征服鄰邦，全賴用兵流血之結果；唐代則大半由於外交玉帛之關係，而發生信使之聯繫，性質迥然不同。李唐之世，用兵征服者，僅爲東突厥、高昌、龜茲、黨項、吐谷渾、高句麗、與百濟。其餘均是懾於唐之國威，而自動朝貢臣服者，東方如契丹、霫、室韋、奚、蒙兀、靺鞨、渤海、樺太島之流鬼、新羅、日本；西方如焉耆、疏勒、于闐、天竺、罽賓、康國、朱俱波、甘棠、泥婆羅、鐵勒、石國、西突厥、黠戛斯、吐火羅、波斯、大食、拂菻；南方如林邑、驃國、占婆、眞臘、婆利、室利佛逝、扶南、陀洹、訶陵；而判服之不常，則又有和親者，如回紇、吐蕃等。唐設安西、安北、單于、北庭、安東、安南六都護府，置都督，遙爲控制蕃屬，管理域外之行政焉。羅馬帝國，將全境分爲四十八省，每省委派一副官，代表皇帝以治理全省，統率軍隊，巡視轄境，及判決重要案件。羅馬軍團，屯駐於邊疆各省，而不置於內地。唐代於邊疆，置鎭西、北庭、朔方、河西、隴右、河東、范陽、平盧、劍南、嶺南等十節度使，配備重兵，而府兵則大半集於京畿所在之關中，與羅馬不同。蓋唐都關中，西北層巒疊峪，如高屋建瓴，野蠻民族之遷徙不常，流竄無定，窺伺邊陲，擾及近畿。從對外言，唐之配重兵於節度使，乃在捍衞邊疆，而府兵集於關中，則握全國兵力之實權，又爲鞏固京師，强榦弱枝，採取重點防禦之策略，而非如羅馬軍團之分散鎭壓各地，形成內地空虛之弊。夫羅馬之亡，外患上受匈奴之禍最深，匈奴之爲中國邊患，漢永元元年（八九），竇憲大破北匈奴於金微山，自此匈奴西走，至三七六年，侵入羅馬。南匈奴雖爲亂華五胡之一，但晉咸和三年（三二九），劉曜被石勒所滅，中國遂無匈奴之患，祇羅馬告警，受禍愈烈，以至於覆亡。唐代對於西北國防之苦心經營，中唐後雖受突厥、回紇、吐蕃之侵擾，而卒無事，然唐之亡，由於內亂之結果，與外患之關係不大。此則唐代與羅馬之國防上比較，其優劣又不同也。且唐代對外政策，祇求羈縻與懷柔，和平相處，信使朝貢爲已足，而不在佔領其土地，奴役其人民。羅馬則相信力量，崇拜力量，自信羅馬一名城，已成爲世界永久之首府，而爲各民族同化渾一之中心，每用强迫手段，使許多弱小之民族，將其語言法律宗敎，劃歸於統一。唐人對世界之觀念，與羅馬大異，深信世界各民族，可以親睦相安，不相侵犯，故不需求形式之統一。褚遂良謂：「龍沙以北，部落無算，中國誅之，終不能盡，當懷之以德，使爲惡者在夷不在華，失信者在彼不在此」（註七）。唐人講求仁義，而不相信力量；信賴精神之感召，而不用暴力之高壓，換言之，唐人採用王道，而羅馬則採用覇道也。故羅馬帝國，征服各弱小民族，便佔爲己有，亡人國家，奴役鞭撻，盡剝削之能事。唐代對於藩屬，財政上負擔甚重，例如媾和相約，購買突厥回紇之羊馬，而授以繒帛，中唐以後財政收支不相抵，乃受其負累之影響，於是迭有人主張罷止朝貢之議。因此唐代對於藩屬之維繫，祇爲消費之關係，而羅馬帝國之對於被征服者，則爲剝削之關係，甚至所謂善牧者剪毛而不鞭其羊，推爲剝削之上策。要言之，羅馬是搾取者，而唐人是餽與者，此爲兩國對外政策基本不同之點。其次，唐代對外用兵，多屬防禦之性質，至多亦僅爲維持威信，每遇小國乞援，出兵相救而已。平亂以後，華夷一視同仁，從無有屠城暴殺之事，比諸羅馬征服他國後，屠戮逞威以外，俘虜罰充奴隸，財產沒歸國庫，仁暴奚啻霄壤。夫以唐之對外政策，「仁恩結庶類，信義撫戎夷」（註八），情意溫暖而可親也，域外之民，皆悅意入唐；赴唐後而不願歸。唐有急難，帝室蒙塵，西域各國之師凡十五萬相援，收復兩京。至於兵團組織，唐有府兵制，羅馬有軍團制，皆由國民服兵役。然羅馬祇有富人始能服兵役，貧民無與焉，視當兵爲一種權利。唐之兵役，寓兵於農，並無階級性，視當兵爲一種義務也。

（二）羅馬於共和時期，中央政府最高長官爲監察官，其次爲元老院之三百名議員，爲羅馬之實際統治者，而處理國家大事。帝國時期，國家最高權力屬於皇帝一人，皇帝並兼元老院主席。然此時元老院已無權力，皇帝雖移尊就詢，但不受其勸諍之束縛。皇帝當位，尊爲神明，惟死後，元老院可以人民之名義，追議其平生事蹟，決定應否升爲神祇。國家行政，除皇帝外別無所謂長官，政事皆集於皇帝一身，而襄助行政者，常由於寵信之奴隸中求助手，如秘書與大臣，多擢用希臘及東方之外國人充之。皇帝倦勤時，每將國事相付託。且皇帝握無限大權，既爲萬民之主，又兼軍中之元帥，土地之領主，最高之法官，與教堂之教主，盡獨裁之能事，生殺予奪，不受任何拘束，無制度法律足以囿其意志，故皇帝之命令，具有法律之效力。皇帝之聰明誠實者固有之（如奧加斯都，惠思葩西安 Vespasian 提塔斯 Titus等），而暴虐無道者不少，如提庇留（Tiberius），尼羅（Nero），杜密善（Domitian）以暴虐著，維忩利阿斯（Vitellius）以貪饕著，喀羅狄（Claudius）以癡呆著，不一而足。皇帝之專制如此，一旦殂逝，則百事紛亂，元老院雖有擁立之權，亦不能不選皇帝所指定或將士所擁戴者以繼之。夫羅馬共和時期之政治，實爲貴族之政治，蓋元老院由貴族所組成，又於元老中選任將軍，於騎士中選任財政官，高級將官，無非貴族也。帝國時期之政治，則爲典型之獨裁政治焉。

唐代政治組織，與羅馬不同，朝廷雖有世襲之皇帝，但其權力不及羅馬皇帝之大。行政權操在宰相之手，由中書門下尚書三省，統攝國家政務。軍國大事或大臣奏疏，皇帝每詔下公卿詳議，博採衆言。中央政府，行政上規矩化，合乎法度，依據情理。皇帝既受三省之牽掣，又畏天命，畏祖宗之法，畏御史之諫諍，畏讀書人之言。宗室雖享有特殊之地位與待遇，亦不能干涉政治。政治由讀書人所把持．大臣多來自田間之子弟。官吏之登庸，以公開考試爲限，崇尚才德，大公無私。身爲宰相尚書，位列公卿，每不營家產，致仕後仍恢復寒儒身份，或在官身沒，家境蕭條，如盧懷愼家無餘蓄，惟一老蒼頭；劉晏家惟雜書二乘，米麥數斛而已。蓋讀書人以善始善終，保全名節爲最光榮，彼志行高潔，淡泊退隱，沒後之誄銘，爲文人學士所贊頌，否則雖權臣顯宦，熱中富貴，每爲人所不齒，廉恥之觀念，常在精神上支配讀書人之人生觀，使其內心得圓滿之理解，施之於政治，亦復如是，與羅馬之貴族及獨裁政治專以統治而剝削之姿態不同，因兩者基本觀念迴異故也。

（三）羅馬法與唐律，爲西方及東方歷史上最具權威之法典，制法之完美，效力之廣，影響之大，而各在法理上自成體系，東西兩帝國之制法，眞無獨有偶。然羅馬法之制訂，注重形式主義，以權利爲主；而唐律之修訂，在通達情理，以禮教爲中心，故注重人格主義，感應主義。兩者同爲成文之法律，但前者法律條文，謹守其嚴峻，後者則保持其寬大。羅馬法淵源於十二律，經歷代民法家之修訂及創制，著名者如龐波紐斯(Pomponius)，帕皮尼安（Papinian），給雅斯（Gaius），阿爾皮安（Ulpian），波拉斯（Julius Paulus），摩狄斯替奴（Modestinus）等，其著作遂完全確立羅馬法。故羅馬法者，爲王政、共和及帝國三時代法制之總滙。然而法律界著名人物，原非羅馬人，而爲希臘人或希臘之東方人。法律界之最佔有勢力，爲最有才能最高尚者研究之領域，又不在共和時期，而在後期之帝國時代。因此羅馬法典（Corpus Juris Civilis），始於朱斯丁尼安朝（Justinian, A. D. 527-565），由其大臣突波尼安（Tribonian）及其他學者彙集律例，於五三四年督修完成，此爲代表羅馬法最後之發展。後期帝國時代各大學，用爲正式科目之一，亦爲中世紀及近代歐西各國制法所依據也。唐律則溯源於李悝之法經，及參考歷代之律例，至永徽四年而成。此可知制律乃本於傳統習慣，因應社會實際需要，實驗修訂以成之者，並非一蹴即就或摹仿抄襲而得也。羅馬法分爲民法與萬民法，前者爲處理羅馬公民之法律，後者爲審理公民與外人間訟案之法律；唐律凡化外人犯法依外國法治之，中國人與化外人間之訟案，則依唐律爲斷，雖亦分法而治，但較羅馬法爲平等。羅馬法與唐律之條文，其內容有許多暗合或相似者，如崇官、幼小、孳息、罰盜、良賤、定婚、禁婚、離婚、畜主、夜盜、父權、水利、宿藏物等是也。

（四）羅馬民性，注重具體性，實用性，建設性，而非想像性。希臘常愛好個人之滿足，審美之享受，心性之愉快，及智識之活動，然羅馬認爲此乃主觀上空想，而不切於實際，遂偏重客觀上之現實，講求效用及方法，以實用爲主。其對文化之貢獻，爲法律秩序、社會組織、與行政管理。夫希臘人崇尚美與善，生活上作合理與高尚之享受；羅馬則崇尚力量與效能，爲統治與權力而生活。凡事每以服務性與效用性爲衡，卽使宗敎亦具有實用之形式，而與家庭、政治、及商業等相聯繫。其觀念如此，是以羅馬缺乏科學，無推理之哲學，抽象之智識，及審美之因素。對於敎育上之貢獻，則不及希臘之有永恒價值。然羅馬爲實用性敎育之最佳表徵者，其初期之敎育理想，全在乎道德、注重虔誠、服從、守禮、剛毅、勇敢、謹愼、公平、勤儉、高尙、嚴肅之德性。從個人觀點言，此等德性屬於其責任之範圍；從國家觀點言，則概括於公正理念之內。敎育之目的，在訓練嚴父、戰士、與良民。故注道德權限由法律規定，宗敎之訓練，則配合道德及公民之訓練。又認爲生活是實際性與眞實性，故注重耕稼與經商之職業。由此言之，初期羅馬敎育，是注重體格訓練、軍事訓練、公民訓練、及職業訓練。家庭爲敎育之重要單位，敎學之方法，在摹仿、讀習傳記、及生活與行爲之實踐。迨至帝國時期及基督教世紀開始之前夕，希臘思想傳入而控制羅馬，於是希臘教育之內容，遂被採用，而變爲希臘化之時期。後期羅馬教育之目的，在求智識之發展。語言能力，公共演講與辯論，爲訓練之重要目標，但初期羅馬之道德性仍保存。教育之作用，在培養善於詞令而對國家能勝任服務之人物。此等人物卽爲演講家。羅馬認爲偉大領袖，亦爲偉大之演講家；演講家較哲學家爲偉大，蓋演講家可概括哲學家也。故演講家須具有高尚之道德、廣博之智識，及流利之演講能力。其教育制度，初等學校（Ludus）僅授讀寫算之基本教程。中等學校，一爲拉丁文法學校（The School of the Grammaticus），授予文法、文學、歷史、數學、音樂、論理等自由藝（Liberal Arts），一爲修辭學校（The School of Rhetoric），在訓練演講家、律師、及公務人員。此兩種學校，每一城市幾有之，均由政府所設立。至於高等教育，自征服者亞美留斯（Paulus Aemilius）於西紀前一六七年首先傳入圖書館之制，其後惠思葩西安於和平廟（Temple of Peace）設立圖書館，爲羅馬大學之起源。歷代皇帝繼續發展之，形式與內容，逐漸確定，但對於法律與醫學之課程，較哲學爲重；文法及修辭等自由藝，亦爲主要之課程。其後又委任建築、數學、及機械之教師，分科之形態漸著。然自中等以上之教育，祇表現於較高級之自由民社會間，於奴隸無與焉。唐代雖秉承中國文化之傳統，但重視客觀之現實，初唐期間注重實用之精神，與羅馬相似。其對中國文化貢獻最大者，亦爲法律秩序、社會組織、與行政管理。希臘崇尙美與善，羅馬崇尙力量與效能，而唐代則崇尙人性與秩序，此則觀念不同也。王通謂學者博誦必先貫乎道（註九），所謂道者，一曰仁義，二曰禮樂。仁義爲教之本質，禮樂爲教之內容；仁義爲人性之極致，禮樂爲秩序之軌則。教育之最高目標在感化，而以善爲最高之道德標準。如達成此種標準，對個人言，謂之君子；對國家言，謂之王道。由此言之，唐代教育之理想，傾向希臘之善而缺乏其美感；傾向羅馬之法治秩序，而缺乏其窮追法理之精神。對於道德訓練，重視家庭管教，與初期羅馬教育無異。惟唐人重文，而非崇尚力量，故對於體格與軍事訓練，不及羅馬之普遍。至於後期羅馬教育上目的，在培養演講家，而唐代則在掄選擧人。前者以善於詞令片言折獄爲能，而後者則以文章秀麗宏揚風雅爲得，兩者皆爲教育所陶鑄之典型人物，而爲國家政治之領袖所自出，雖其所表現方式，一在口給，一在筆墨，而皆重修辭，其於治術之目的一也。羅馬與唐代之學校，均屬國家集權制，由政府供給。唐代學校雖略可分爲三級，但劃分不及羅馬之顯明，蓋唐代教育之中心精神，在於貢擧，全憑個人之自發力學，以競爭考試，學校訓練之性能，不及羅馬之重視。學校課程，唐代以五經爲主，羅馬則注重文法修辭與法律。圖書館之制，兩者皆注意創設，惟羅馬由圖書館發展而爲大學之雛型，唐代雖有此種傾向，但因限以貢擧爲學問完成之衡尺，而未能充份利用圖書館之功用者也。

（五）羅馬與唐代，在歷史上均爲文學最發達之時期。兩者以武功建國，而文風特盛，尤其詩人最多。羅馬文學，乃繼承希臘戲劇、英雄詩，及羅馬之戰勝歌詠作品，以至其思想生活之發展而成；唐代統一大業告成，卽崇尚文德，走上文治之一途，加以朝廷倡導之故，文學自然發達，兩者發展之趨向又不同也。羅馬最初文學家，如伽圖（Cato the Censor, 234-149 B. C）忒棱斯（Terence

C. 185-159 B. C.）等，甚爲著名。凱撒 (Caesar, 48-44 B. C.) 時，在範圍上及質量上，文學均有顯著之進步，而當西紀前一世紀之際，文學家輩出，最富創作性之詩人有魯克里休士 (Lucretius, 96-55 B. C.)，抒情詩有嘉圖魯 (Catullus, 84-54 B. C.)，演講家有西塞祿 (Cicero 106-43 B. C.)，散文作家有凱撒 (Julius Caesar, 102-44 B. C.)，薩魯斯特 (Sallust, 86-34 B. C.)，尼泊斯 (Nepos) 等。及至奧加斯都時代，帝國如日中天，五十年間，爲拉丁文學最光明時代，著名之文學家，有加魯士 (Gallus)，惠吉爾 (Virgil, 70-19 B. C.)，賀拉西（Horace, 65-8 B. C.)，奧維得 (Ovide, 43 B. C.-18 A.D)，替巴拉斯 (Tibullus, C. 54-19 B. C.)，普洛帕休斯 (Propertius, C. 50-C 15 B C.)，李維（Livy, 59 B. C.-17 A. D.）等，尤以惠吉爾、賀拉西、及奧維得爲羅馬文學史上最著名之詩人。迨白銀時代 (The Silver Age, 17-130 A. D.)，文學家甚多，但偉大者少，而最有名之詩人，爲魯剛 (Lucan 39-65 A. D.) 與辛尼加（Seneca, 4 B. C.-65 A. D.)。辛尼加倡斯多噶派 (Stoicism) 而代惠吉爾派，以哲學之書信及悲劇稱，使羅馬詩壇，得豐富之收穫。此時太平景象，猶唐之開元天寶，但不能持久耳。其餘之文學家，尚有史達西（Statius)，大普林尼 (Pliny the Elder)，及昆體良（Quintilian）等。史達西之詩，工於鋪寫纖靡溫膩之情致，詞句極委婉馴熟，但仍流露矯揉造作之態，猶晚唐之有溫李相似。至羅馬文學將衰時，尚有一代雄豪之達西圖斯 (Tacitus)，爲散文之傑出人才。然散文祇佔一種次等之地位，而有利於演講耳。羅馬人除詩文外，演講亦最爲重要，其中最偉大者爲西塞祿、辛尼加等。西塞祿嘗謂希臘人是爲演講而演講，而羅馬人則爲欲在法律界成功而演講，目的各異也。其後變爲公開演講狂，奧加斯都時代之坡力奧（Pollio）首樹其端，百年之間，演講者競向羣衆朗誦詩文悲劇，蔚爲一時風氣。然是時演講，漸缺乏眞實性而日趨卑下，古人是演講家，而當時之人不過是修辭家耳。夫羅馬文學，乃藉拉丁語而傳播於歐洲各野蠻民族；各民族皆棄其固有語言而習拉丁語，自身既無文學，乃採其主人之文學，故羅馬文學，遂深植歐西文學之基礎焉。唐代文學之盛衰過程，與羅馬相髣髴，而詩文最盛，如王維、李白、杜甫、白居易等之詩，韓柳之文，其聲價與影響之力量，不啻羅馬之西塞祿、惠吉爾、賀拉西、奧維得等。羅馬之文學，摹仿希臘而來，唐之作家，亦祖述前世之文學而得，兩者文學風氣之盛，既禀賦其歷史之傳統，又由社會之傾向與鼓舞所造成。唐人嗜好詩歌之狂熱，與羅馬無異，而其詩歌之地位，猶羅馬人之演講，蓋兩者除具有文學價值爲衆鑑賞外，當時亦皆爲干祿之具。演講每朗誦詩文，又與唐人絕詩之譜唱於歌曲同也。要言之，羅馬與唐代文學，在古代均開創一燦爛之時期，影響於後世爲最大也。

（六）羅馬藝術發達，塑像與半浮雕，雖爲希臘之摹仿品，但半浮雕與半身像，最爲逼眞。建築術亦仿自希臘，然不及其優美，而以強大堅固，滿足實際需要爲主，如廟宇、會議廳、圓形劇場、馬戲場、凱旋門、公共浴場與橋樑等，構想精妙，匠工偉大。尤以圖拉眞（Trojan）朝，爲雕刻及建築之極盛時代，圖畫秀雅，但從未發現有羅馬之基礎耳。唐代藝術，以圖畫及書法爲最盛，建築工程，可見諸長安大小雁塔、香積寺塔；石窟雕刻佛像，如洛陽龍門、太原天龍山、敦煌莫高窟、濟南神通寺千佛崖、九塔寺千佛巖，其著者也，然建築不及羅馬之偉大，雕刻亦不及羅馬之精緻，且受犍陀羅藝術之影響。質言之，羅馬藝術爲立體性，中心在建築；唐代藝術爲平面性，中心在圖畫也。

至於社會方面，羅馬人民分爲自由與奴隸，唐代亦分爲良民與奴婢，但後者階級劃分，不及前者之明顯。羅馬初時以農業爲重，商人地位並不重要，其後經屢次戰爭，版圖統治擴大，商業遂興，小規模農業衰落，產業多操於貴族之手。然羅馬與唐人，均爲農業之社會，唐人固秉承中國之傳統觀念，深知稼穡之艱難；羅馬亦如惠吉爾之正告國人，謂：「天主並未曾以農人之生活爲容易。」羅馬爲大家庭制，父權特別大。家庭之內，不祇包括夫妻兒女，並包括僕人、雇傭、與監護人。父親爲家長，有管理妻子及僕役之絕對權力。父親既沒，由子繼承。子貴爲執政官，亦須遵嚴父之命。女子伏處室內，受母親之監督，或紡或織；在家從父，出嫁從夫，主婦之尊嚴與夫同。婚姻之義甚爲重視，蓋社會之根基在於婚姻，以其承先啓後，繁殖胤裔，故婚姻爲政治上之一種理想，而並非純爲愛情者也。家庭注重道德，崇尙倫理，虔拜祖宗，祭祀家神，故羅馬人服從神祇、國家、父母、及法律，以顯耀家庭光寵祖先爲訓。凡此風俗習慣，均與唐代相似。然當國家昇平之際，宮庭聲色淫逸，社會生活奢靡，追求享受，道德崩潰，而影響國力於衰微，東西同蹈此覆轍。夫羅馬民族，旣注重實用性，因此止重視人生之實際方面，而忽略其理論方面，唐人亦然。兩大民族之思想趨向如此，故哲學算理不發達，讀書人致力之方，對生活嗟歎而歌詠，精神消磨於感情上之喜怒哀樂，此則文學之所以燦然特盛也。史家謂希臘爲西方文明之母，羅馬爲其傳佈，在中國而言，春秋戰國爲文明之母，唐代亦爲其傳佈。然中國本同一民族，文化是一脈相承，唐代祇在文化演進過程中發生綜合作用與闡揚力量；羅馬於各別民族及不同文化背景中，繼承希臘文化遺產，綜合各民族之文化而融滙統一，以傳播於各國，兩者性質有別。中世紀以後之歐洲，文物制度，皆追溯於羅馬；宋元而後，中國之聲名文物，亦多淵源於唐代，文化史上賦予之使命，奚東西之如此相似也歟！

五、對中國文化之貢獻

唐代政教，對中國文化影響之深，貢獻之大，可得舉而言者，約有數端：

（一）民性之統一，中國幅員廣袤，南北風土互殊，所謂燕趙多慷慨悲歌之士，吳越多纖歌曼舞之文，因地理關係，民性各別。自五胡亂華，南北對峙凡二百七十年，風俗民性，逐漸形成差異。唐代統一後，各地民性，仍未融合，關中隴右河東并州多健兒，關東河北多門第望族，淮西民風強悍，江淮產富商巨賈，西蜀民性脆弱，閩越百粵，多雜蠻獠。盛唐之際，差異性仍大，北人騎馬，南人乘船，風俗習慣既殊，方音難通。惟唐代以大統一姿態，既有施行政令之強大政府，又有驛運水道漕運之交通便利，而學校教育之發展，貢舉制度之普及，歲時節序之流行，四海之內，莫非唐民，經三百年之悠久薰陶，使全國民性，逐漸減削其差異，而傾向於混同與統一，生活背同，觀念一致。即使西域朔方胡人移居中國之衆，亦受同化。長安一故事之興，流於民間，每遍傳南北。例如飲茶既興，江浙嶺南劍南，均產名茶。擊鞠之風盛行，各大城市，遍築毬場，此可知也。由於貢舉盛行，全國士子，蟻聚京師，張九齡來自曲江，歐陽詹原籍閩南，爲有名之進士。加以宰輔大臣，謫放嶺表，流風餘韻，澤化僻壤。北方健兒，遠戍南陲；府兵更番，守望朔方。接觸日多，全國民性之同化，而爲其媒介。至於道釋之流行，亦大有助於民間習慣之趨於一致。大唐聲教，遂深入於全國之民心，凝融中華民族爲一體。故自唐代以後，中國幅員與人口，越變龐大。宋元明清四朝之統一，其領域均依循大唐之遺業，蔑以復加，蓋全國民性，已由唐代範鑄爲一故也。

(二) 法律與政制。唐代法律，集歷代律例之大成，而確立中國法治之基礎。夫唐律多仿自北齊與隋之律例，參究禮教，斟酌人情，制法嚴密，用刑寬輕，實爲一部最完美之法典，對中國法律貢獻至大。故自唐以後，宋元明清纂修之刑統律例，均不出唐律之範圍。政治方面，中書門下尚書三省之組織，爲中央行政一種優美之制度，蓋將行政首腦之內閣，劃分三種功能，寓立法、監察、行政三權獨立，使在政治上發生平衡力量，有互相監督之效，不能不謂非政制上一種特色。惜乎宋元明清各朝，君主志在獨攬實權，三省之制不行，行之或有名無實，而失其原意也。至若班田、租庸調、兩稅、府兵、漕運、驛運、水運、義倉、常平倉、關塞、屯田守衞等制，各有特殊之功用，表現唐人創造之天才，深遠之眼光，强毅之魄力，與行政上充份之經驗，宜爲後世所取法也。然而近人不審前代之良法美意，倡政治改革者，汲汲焉騖外，孰知西方之制度，多由其古代政制演變與發展而致。中國人每惰於研究固有之政制，忘却自己歷來施行有效之經驗，又不肯將前賢遺下之心血，改善與運用，發揚而光大之，遂使良法美意，每隨朝代衰亡而湮沒，良可慨矣！

（三）教育制度。唐初天下未平，即立制設學，教育制度，雖因襲隋舊，然將範圍擴展，中央六學，旁及諸館，粗定規模，宋人仿唐制，官學門類更繁，數量幾倍之。明清兩朝，僅設國學，中央學制之範圍縮小，比諸唐人之獎飾學術，多方造才，相差甚遠。夫唐以前之歷代學制，不過設立國子學四門小學等，祇授五經，迄隋始增設書算博士，未幾亦廢棄。唐代統一中國，中央官學，除教授五經外，尚能認識書、算、律、醫、玄等學之重要，分科立學，更予以科第。中國學制，至唐代變爲最完備，置有龐大之系統，此不能不深佩唐人經營教育之苦心。書院制度，盛於南宋，然亦起源於唐代之麗正書院及石鼓書院。地方教育，府州縣均設有學，置博士助教，爲以後各朝地方教育所取法。

（四）貢擧。隋以進士科取士，唐代因之，貢擧遂興，而科目最多，選人亦盛，經行不易，有唐三百年，殆無歲無之。貢擧爲國家掄才大典，擧國所信仰，以進士科爲最時尚，規制完備，成爲系統化。自唐以後，宋元明清，均仿唐制行之。明清以制義取士，考試之內容稍變，殿試列三甲，較唐進士試尤密，然談貢擧制度，實以唐代爲之淵源。

（五）學藝。唐代學術文藝，於歷代中最爲發皇，經學曆算，雖或未超逾前古，音樂亦無特殊貢獻，但文章詩賦、歷史、地理、法律、書法、圖畫、醫藥，其創作之富，人才之多，爲前世所罕見。夫前世非無特出之士，然於芸芸學藝中，不及唐人之盛。唐代學藝，祖述歷代師承，發生綜合之作用，又加以一番創作，故各種學藝，至唐代益形昌明。因此宋元明清之學藝，其所揣摩者，文章則韓柳，詩歌則李杜，歷史則姚思廉、劉知幾、杜佑，方志則賈耽、李吉甫，法律則長孫无忌之唐律疏義，書法則顏柳，圖畫則吳道玄、王維、李思訓，醫術則孫思邈、王燾，曆數則李淳風，學派流衍，殆不出其範圍，故有唐三百年學藝，實爲中世紀中國學術之黃金時代也。

（六）文獻整理。中國圖籍，歷代屢修屢毁。武德、貞觀、開元、開成之間，迭次蒐遺，加以修輯，四部書之整理，凡八萬卷，貯於集賢院。集賢院者，不啻當日之國立圖書館，以政府之力，整理文獻，由秘書省主之。此對於國家典籍之整理，曾盡最大之努力，維護文獻，厥功甚偉。

上述各端，唐代對中國文化之貢獻，略可窺其一斑。雖然，唐代文化教育，依然囿於政教合一之觀念，爲適應當時社會之環境，而產生其特有之形態。矧文化教育誠不能脫離實際需要，而另尋空想無據之途徑，雖有智者，亦莫之能爲，此則詭辯家教育所以適應於希臘，演講家教育所以產生於羅馬，若以移之於中國，定知其不可也。所以然者，社會與政治之背景不同，其所需要之教育便異。若以今人衡量古人，猶以西方比論東方，粗陳其得失，不免各有所蔽而已。夫以經學家或宋儒之眼光觀之，唐代政教，以功利著，每不爲其所悅，蓋泥於理學之空談心性，思想狹隘，猶諸以管窺天，其不愜於唐代，亦猶中世紀基督教之鄙棄羅馬學藝爲異端（Pagan）者然也。然而羅馬文化，始終保持其璀璨之面目，不因教士之歧視而褪色；大唐文化，其莊嚴偉大性，亦非宋明禪儒之訾議，而失其價值。中國文化之主流，經唐代之接力，益形昌明。儒家之政教，至唐代始發揮其功能，表現其眞力量。自唐以降，宋人之氣象褊狹，元人之專制戕性，明人之志氣沉鬱，清人之鉗痼復古，皆不及唐人之氣度雍容，性靈舒發，具有泱泱大國之風。從文化體系言，唐其亘浸也，宋元明清不過其細流耳。抑自最近數十年以還，國家之政敎失墜，文化之傳統蕩然，民風偸薄，譎而不正，治術措施，竟本末之倒置；臨淵羨魚，唯騖外以爲訓。廻顧大唐遺規與精神，昭然尙可依循，談民族中興者，尤應力追大唐之榜樣，然則此書之編述，亦足爲參考之資也歟。

（註一）河南程氏遺書，中册，第十八。
（註二）文獻通考，（一）卷三十九，選擧十二。
（註三）葉夢得，避暑錄話，卷下。
（註四）韓昌黎集，卷二十，送浮屠文暢師序。
（註五）同上書，卷二十一，送殷員外序。
（註六）柳河東集，卷二十六，館驛使壁記。
（註七）資治通鑑，卷一九七。
（註八）同上書，同卷。
（註九）文中子，中說，卷二十，天地篇。

參考用書

一、古籍

尹文子，（四部叢刊初編集部），上海商務印書館縮印江南圖書館藏明覆宋刊本。
長孫無忌，隋書。八十五卷，上海涵芬樓版，丙辰歲。
劉昫，舊唐書，二百卷，上海涵芬樓影印常熟瞿氏鐵琴銅劍樓藏宋刊本，民國二十五年。
歐陽修，新唐書，二百五十卷，上海涵芬樓影印日本岩崎氏靜嘉文庫藏北宋嘉祐刊本，民國二十五年。
司馬光，資治通鑑，二百九十四卷，上海涵芬樓版，民國六年。
王溥，唐會要，一百卷，萬有文庫第二集本，商務印書館，民國二十四年。
杜佑，通典，二百卷，萬有文庫第二集本。
鄭樵，通志，二百卷，萬有文庫第二集本。
馬端臨，文獻通考，三百四十八卷，萬有文庫第二集本，民國二十八年。
清高宗敕撰，續文獻通考，二百五十卷，萬有文庫第二集本，民國二十五年。
王欽若，册府玄龜，二十四函，一千卷，承德堂藏板。
王應麟，玉海，十函，二百四卷，江寧學宮板，乾隆三年。
董誥等，欽定全唐文，一千卷，嘉慶十九年。

唐玄宗，唐六典，三十卷，廣雅書局刋，光緒二十一年。
吳兢，貞觀政要，十卷，四部備要史部，上海中華書局。
范祖禹，唐鑑，二十四卷，（胡鳳丹編，金華叢書，第八十九至九十二册），同治八年初刻，民國十八年浙江退補齋補刻。
孫甫，唐史論斷，三卷，（學津討原，第五册），上海涵芬樓影印琴川張氏藏板。
王夫之，讀通鑑論，三十卷，四部備要本，中華書局。
姚鉉，唐文粹，一百卷，（四部叢刊初編集部），上海涵芬樓影印明嘉靖刋本。
洪楩，唐詩紀事，八十卷，上海教育書局，民國三十七年。
李肇，唐國史補，三卷，（張海鵬，學津討原，第七十四册），上海涵芬樓影印琴川張氏藏板。
趙翼，二十二史劄記，三十六卷，（叢書集成初編本），商務印書館，民國二十六年。
徐松，登科記考，三十卷，（南菁書院叢書第一集第一種），光緒戊子年。
張說之文集，二十五卷，（四部叢刊初編集部），商務印書館縮印明嘉靖丁酉刋本。
岑嘉州詩，七卷，（四部叢刊初編集部），商務印書館縮印蕭山朱氏藏明正德本。
張九齡，曲江張先生文集二十卷，（四部叢刊初編集部），商務印書館縮印南海潘氏藏明成化本。
元次山文集，十卷，（四部叢刊初編集部），商務印書館縮印江安傅氏雙鑑樓藏明刋本。
王維，唐王右丞集，六卷，（四部叢刊初編集部），商務印書館縮印元刋本。
李太白集，三十卷，上海，文瑞樓印，民國二年。

杜少陵集詳註，二十五卷，仇兆鰲注，（國學基本叢書簡編本），商務印書館。
顏魯公文集，十六卷，（四部叢刊初編集部），商務印書館縮印明刊本。
唐陸宣公翰苑集，二十二卷，（四部叢刊初編集部），商務印書館縮印宋刊本。
韓昌黎集，四十卷，外集十卷，（國學基本叢書簡編本），商務印書館。
權德輿，權載之文集，五十卷，（四部叢刊初編集部），商務印書館縮印無錫孫氏藏大興朱氏刊本。
柳宗元，河東先生集，四十五卷，外集兩卷，附錄兩卷，（萬有文庫第一集本），商務印書館，民國十八年。
李翺，李文公集，十八卷，（四部叢刊初編集部），商務印書館縮印江南圖書館藏明成化刊本。
唐張司業詩集，八卷，（四部叢刊初編集部），商務印書館縮印明刊本。
孫樵集，十卷，（四部叢刊初編集部），商務印書館縮印明吳氏問青堂本。
孟東野詩集，十卷，（四部叢刊初編集部），商務印書館縮印杭州葉氏藏明弘治本。
劉夢得文集，三十卷，（四部叢刊初編集部），商務印書館縮印武進董氏影宋本。
獨孤及，毘陵集，二十卷，（四部叢刊初編集部），商務印書館縮印趙氏亦有生齋校刊本。
韋應物，韋江州集，十卷，（四部叢刊初編集部），商務印書館縮印明刊本。
唐呂和叔文集，十卷，（四部叢刊初編集部），商務印書館縮印常熟瞿氏藏述古堂精鈔本。
元氏長慶集，六十卷，集外文章一卷，（四部叢刊初編集部），涵芬樓影印江南圖書館藏明嘉靖壬子董氏刊本。
白氏長慶集，七十一卷，（四部叢刊初編集部），商務印書館縮印江南圖書館藏日本活字本。
唐賈浪仙長江集，十卷，（四部叢刊初編集部），商務印書館縮印江南圖書館藏明刻本。

李德裕，李文饒文集，二十卷，（四部叢刊初編集部），商務印書館縮印常熟瞿氏藏明本。
歐陽行周文集，（四部叢刊初編集部），商務印書館縮印江南圖書館藏明刻本。
杜牧，樊川文集，二十卷，外集，別集，（四部叢刊初編集部），商務印書館縮印江南圖書館藏明翻宋刊本。
沈亞之，沈下賢文集，十二卷，（四部叢刊初編集部），商務印書館縮印明刻本。
黃滔，唐黃御史集，八卷，一附錄，（四部叢刊初編集部），商務印書館縮印閩縣李氏觀槿齋藏明刻本。
韋莊，浣花集，十卷，補遺一卷，（四部叢刊初編集部），商務印書館縮印江安傅氏藏明朱子儋刊本。
崔致遠，桂苑筆耕集，二十卷，（四部叢刊初編集部），商務印書館縮印無錫孫氏小淥天藏高麗本。
長孫無忌，唐律疏義，三十卷，（叢書集成初編本），商務印書館，民國二十八年。
李吉甫，元和郡縣圖志，五十四卷，（叢書集成初編本），民國二十八年。
李肇翰林志，一卷，（說郛，第十一函，第一〇四册），宛委山堂藏板。
劉肅，大唐新語，十三卷，（叢書集成初編本），民國二十六年。
劉餗，隋唐嘉話，一卷，（陶宗儀編，說郛，第八函，第七十五册）。
柳宗元，龍城錄，一卷，（陳蓮塘，唐代叢書，第七册），禪山翰寶樓藏板，同治八年。
劉知幾，史通通釋，二十卷，清浦起龍釋，汪氏重校本，翰墨園印。
呂榮義，上庠錄，（說郛，第十一函，第一〇四册）。
尉遲偓，中朝故事，一卷，（歷代小史卷二十），涵芬樓縮影明刻本。
張鷟，朝野僉載，六卷，（叢書集成初編本），民國二十五年。

段成式，酉陽雜俎，前集二十卷，續集十卷，（四部叢刊初編集部），商務印書館縮印明刊本。

段柯古，髻鬟品，（說郛，第十六函，第一五五册）。

王仁裕，開元天寶遺事，（說郛，第十一函，第一〇六册）。

武平一，景龍文館記，（說郛，第十函，第九十六册）。

韋巨源，食譜，（說郛，第十九函，第一八九册）。

張彥遠，法書要錄，十卷，（叢書集成初編本），民國二十五年。

張彥遠，歷代名畫記，十卷，（叢書集成初編本），民國二十五年。

陳鴻，東城老父傳，（唐代叢書，第十二册）。

辛文房，唐才子傳，十卷，（黃燦生、黃潤生同編，佚存叢書，卷十一、十二、十三），上海涵芬樓影印，甲子年。

陳邈妻鄭氏，女孝經，（說郛，第十五函，第一四二册）。

宋尚宮，女論語，（說郛，第十五函，第一四二册）。

李商隱，義山雜纂，（唐代叢書，第七册）。

孫棨，孫內翰北里誌，（叢書集成初編本），民國二十八年。

蘇東坡集，前集四十卷，後集二十卷，續集十二卷，奏議集十六卷，外制集三卷，內制集十卷，應詔集十卷，（國學基本叢書簡編本），商務印書館。

司馬溫公文集，十四卷，（四部備要集部），上海中華書局。

陸放翁集，一一五卷，（萬有文庫合訂本），商務印書館，民國二十二年。

御纂朱子全書，六十六卷，康熙五十二年刋本。
朱文公文集，一百卷，（四部叢刋初編集部），商務印書館縮印明刋本。
朱熹編，河南程氏遺書，二十五篇，（萬有文庫第二集本），商務印書館，民國二十四年。
蘇轍，欒城應詔集，十二卷，（四部叢刋初編集部），商務印書館縮印影宋舊鈔本。
黃庭堅，豫章黃先生文集，三十卷，（四部叢刋初編集部）商務印書館縮印嘉興沈氏藏宋本。
陸九淵，象山先生全集，三十六卷，（四部叢刋初編集部），商務印書館縮印明刋本。
宋白等，文苑英華，一千卷，福建巡撫塗澤民刋本，隆慶元年。
王應麟，困學紀聞，二十卷，（萬有文庫第二集本），民國二十四年。
孫光憲，北夢瑣言，二十卷，（商濬，稗海全書，第十八至二十册），振鷺堂藏板。
王讜，唐語林，三卷，（萬有文庫第二集本），民國二十四年。
錢易，南部新書，十卷，（叢書集成初編本），民國二十五年。
王定保，唐摭言，十五卷，（四部備要史部），中華書局。
洪邁，容齋隨筆，五集，七十四卷，（萬有文庫第二集本），民國二十四年。
葉夢得，避暑錄話，二卷，（叢書集成初編本），民國二十八年。
葉夢得，石林燕語，十卷，（叢書集成初編本），民國二十八年。
黃伯思，東觀餘論，兩卷，（學津討原，第十三集，第二、第三册）。
封演，封氏聞見記，十卷，（學津討原，第十三集，第一册）。

宋祁，宋景文公筆記，二卷，（學津討原，第十三集，第八册）。
沈括，夢溪筆談，二十四卷，（學津討原，第十三集，第四、五、六册）。
周密，齊東野語，二十卷，（叢書集成初編本），民國二十八年。
河南邵氏聞見後錄，三十卷，（叢書集成初編本），民國二十五年。
孔平仲，續世說，十二卷，（叢書集成初編本），民國二十五年。
龐元英，文昌雜錄，六卷，（學津討原，第十三集，第九册）。
王延德，高昌行紀，（說郛，第十二函，第一一四册）。
康駢，劇談錄，三卷，（學津討原，第十六集，第九册）。
郭若虛，圖畫見聞誌，六卷，（叢書集成初編本），民國二十五年。
宣和書譜，二十卷，（叢書集成初編本），民國二十五年。
宣和畫譜，二十卷，（叢書集成初編本），民國二十五年。
米芾，海岳名言，（叢書集成初編本），民國二十五年。
米芾，寶眞齋法書贊，二十八卷，（叢書集成初編本），民國二十五年。
姜夔，續書譜，（叢書集成初編本），二十五年。
楊愼，畫品，一卷，（叢書集成初編本），民國二十六年。
方薰，山靜居畫論，二卷，（叢書集成初編本），民國二十五年。
湯垕，古今畫鑑，一卷，（叢書集成初編本），民國二十六年。

蘇頌，新儀象法要，三卷，（叢書集成初編本），民國二十六年。
張戒，歲寒堂詩話，（螢雪軒叢書第九卷），南州外史近藤元粹評訂，青木嵩山堂出版，明治二十九年。
東坡詩話，（螢雪軒叢書第七卷）。
蘇詩紀事，三卷，（螢雪軒叢書第七卷）。
蘇轍，詩病五事，（螢雪軒叢書第八卷）。
后山居士詩話，（左圭，百川學海，卷二十八），上海博士齋影印，辛酉歲。
蘇籀，欒城先生遺言，（百川學海，卷二十一）。
胡仔，苕溪漁隱叢話，前集六十卷，後集四十卷，（萬有文庫第一二集簡編本），商務印書館，民國二十八年。
李東陽，麓堂詩話，（螢雪軒叢書第六卷）。
王世貞，藝苑卮言，八卷，（歷代詩話續編，卷十六至十八），無錫丁仲祜輯校刊，民國四年。
王世貞，全唐詩說，（叢書集成初編本），民國二十五年。
徐而庵詩話，（螢雪軒叢書卷六）。
胡震亨，唐詩談叢，（叢書集成初編本），民國二十五年。
嚴羽，滄浪詩話，一卷，（叢書集成初編本），民國二十五年。
阮一閱，增修詩話總龜，四十八卷，（四部叢刊初編集部），商務印書館縮印明嘉靖刊本。
趙彥衞，雲麓漫鈔，十五卷，（叢書集成初編本），民國二十五年。
焦竑，焦氏筆乘續集，（叢書集成初編本），民國二十四年。

唐寅，六如畫譜，三卷，（叢書集成初編本），民國二十八年。
董逌，廣川畫跋，六卷，（叢書集成初編本），民國二十八年。
陸深，河汾燕閒錄，一卷，（叢書集成初編本），民國二十五年。
陸深，金臺紀聞，一卷，（叢書集成初編本），民國二十五年。
顧炎武，日知錄，三十二卷，日知錄之餘四卷，（國學基本叢書），商務印書館，民國二十四年。
錢大昕，潛研堂文集，五十卷，（四部叢刊初編集部），商務印書館縮印嘉慶本。
盧文弨，抱經堂文集，三十四卷，（四部叢刊初編集部），商務印書館縮印閩縣李氏觀槿齋嘉慶本。
沈德潛，說詩晬語，二卷，（螢雪軒叢書第十卷）。
趙吉士，寄園詩話，（螢雪軒叢書第十卷）。
趙翼，甌北詩話，十卷，壽考堂藏板。
徐大椿、徐靈胎醫書全集，四卷，上海廣益書局，民國二十八年。
阮元，疇人傳，四十六卷，（萬有文庫，第一、二集簡編本），商務印書館，民國二十四年。
王昶，金石萃編，二十四册，上海醉六堂，光緒癸巳年。
凌廷堪，燕樂考原，六卷，（叢書集成初編本），民國二十五年。
徐松，唐兩京城坊考，五卷，（叢書集成初編本），民國二十五年。
葉昌熾，語石，十卷，（萬有文庫第一二集簡編本），商務印書館，民國二十八年。
馮武，書法正傳，（國學基本叢書本），商務印書館。

金富軾，三國史記，一冊，京城府，朝鮮史學會，昭和三年。

朝鮮史學會，三國遺事，一冊，京城府，朝鮮史學會，昭和四年。

二、現代書籍

朱文鑫，天文學小史，二冊，（萬有文庫第一二集簡編本），商務印書館，民國二十八年。

于海晏，畫論叢刊，六冊，北平，中華書局，民國二十六年，

徐道鄰，唐律通論，重慶中華書局，民國三十四年。

兪劍華，中國繪畫史，二冊，（中國文化史叢書第一輯），商務印書館，民國二十六年。

馬宗霍，中國經學史，（中國文化史叢書第一輯），民國二十六年。

王庸，中國地理學史，（中國文化史叢書第二輯），民國二十七年。

澤田總清原，中國韻文史，二冊，王鶴儀編譯，（中國文化史叢書第二輯），民國二十六年。

木宮泰彥，中日交通史，七冊，陳捷譯，（萬有文庫第二集本），民國二十四年。

三、日本書籍

安麻呂，日本書紀，三十卷（國史大系，六國史，第一冊），東京，合名會社經濟雜誌社，大正七年。

菅野道眞，續日本紀，四十卷，（國史大系，六國史，第二冊），東京，合名會社經濟雜誌社，大正六年。

藤原時平，日本三代實錄，五十卷，（國史大系，六國史，第四冊），東京，合名會社經濟雜誌社，大正三年。
清原眞人夏野，令義解，十卷，（國史大系，第十二冊），東京，合名會社經濟雜誌社，明治三十七年。
朝臣忠平等，延喜式，五十卷，（國史大系，第十三冊），東京，合名會社經濟雜誌社，明治三十七年。
菅原道實，類聚國史，一冊，二百卷，（實一九九卷），東京，合名會社經濟雜誌社，大正五年。
源光圀，大日本史，第一冊，東京，共同印刷株式會社，昭和三年。
太田亮，平安朝初期，（日本文化史，卷三），東京，大鐙閣，大正十一年。
青木武助，大日本歷史集成，三冊，東京，隆文館圖書株式會社，大正九年。
日本歷史地理學會，奈良時代史論，東京，仁友社，大正三年。
西岡虎之助，奈良朝，（綜合日本史大系，卷二），東京，內外書籍株式會社，大正十五年。
小林廣，詳說日本歷史，第一冊，東京，大東館，昭和四年。
辻善之助，日支文化の交流，東京，創元社，昭和十三年。
小沼勝衞，東洋文化史大系，第三卷，東京誠文堂新光社，昭和十三年。
今西龍，新羅史研究，京城府，近澤書店，昭和八年。
今西龍，百濟史研究，京城府，近澤書店，昭和九年。
稻葉岩吉，朝鮮文化史研究，東京，雄山閣，大正十四年。
朝鮮總督府，朝鮮史のシハベ，朝鮮印刷株式會社，昭和十二年。
小田省吾，朝鮮史大系，上世史，卷一，京城，朝鮮史學會，昭和二年。

The Foreign Affairs Association. The Japan year Book, 1943-44 Toyko.

中華史地叢書 / 大學用書

唐代政教史（修訂本）

作　　者／劉伯驥　著
主　　編／劉郁君
美術編輯／中華書局編輯部

出 版 者／中華書局
發 行 人／張敏君
行銷經理／王新君
地　　址／11494 臺北市內湖區舊宗路二段181巷8號5樓
客服專線／02-8797-8396　　　傳　　真／02-8797-8909
網　　址／www.chunghwabook.com.tw
匯款帳號／兆豐國際商業銀行　東內湖分行
　　　　　067-09-036932　臺灣中華書局股份有限公司

法律顧問／安侯法律事務所
製版印刷／維中科技有限公司　海瑞印刷品有限公司
出版日期／2015年3月修訂二版
版本備註／據1974年10月修訂一版復刻重製
定　　價／NTD 648

國家圖書館出版品預行編目（CIP）資料

唐代政教史 / 劉伯驥著. -- 修訂二版. --
臺北市 : 中華書局, 2015.03
面 ; 公分. -- (中華史地叢書)
ISBN 978-957-43-2402-6(平裝)

1.政教關係 2.唐史

624.1　　　104006391

NO.G0012
ISBN 978-957-43-2402-6（平裝）

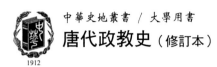